행동하는 선비정신

가족법 수호투쟁의 발자취

인산 이덕희(仁山 李悳熙, 1933~) 옹은 율곡의 고제 연평부원군의 12대손으로 이 시대를 대표할 수 있는 유림 가운데 한 사람이라 할 수 있다. 한국 최대의 인문지리서 〈조선환여승람朝鮮寰輿勝覽〉과 〈대성단大成壇〉으로 알려진 고 송석 이병연(松石 李秉延, 1894~1976) 선생의 장자로 태어나 신학보다는 구학으로 가통을 잇고 사회활동을 하면서 지난 20여 년간 다방면으로 사도斯道 수호에 헌신해왔다. 그의 사도 수호는 특히 가족법 개악 반대투쟁과 성균관 정화활동에서 돋보인다. 이 책은 그런 활동의 결과물이라 할 수 있다. 이 책의 축사나 여행기 등은 이 시대에 행동하는 한 유림의 다른 면모를 이해하는 데에 도움이 될 것이다. 17세에 최면암 선생의 현손 최연규 여사와 결혼하여 슬하에 5남 2녀를 두고 있다.

행동하는 선비정신

© 이덕희, 2011

1판 1쇄 인쇄 ‖ 2011년 08월 10일
1판 1쇄 발행 ‖ 2011년 08월 15일

지은이 ‖ 이덕희
펴낸이 ‖ 이종엽

펴낸곳 ‖ 글모아출판
　　　　등　록 ‖ 제324-2005-42호

공급처 ‖ (주)글로벌콘텐츠출판그룹
　　　　주　소 ‖ 서울특별시 강동구 길동 349-6 정일빌딩 401호
　　　　전　화 ‖ 02-488-3280
　　　　팩　스 ‖ 02-488-3281
　　　　블로그 ‖ http://www.gcbook.co.kr
　　　　이메일 ‖ edit@gcbook.co.kr

값 15,000원
ISBN 978-89-94626-02-4 03300

행동하는 선비정신

가족법 수호투쟁의 발자취

인산 이덕희 지음

글모아출판

본 책자는 본인이 중년 이후 사회활동을 시작하면서 다방면으로 써온 원고를 모아 둔 것을 엮은 바, 내용은 주로 가족법에 대한 것입니다. 이 구석 저 구석에서 나온 원고가 휴지조각으로 버리기에는 아까운 생각이 들어 모아둔 것이 그럭저럭 한 권의 책이 된 것 같습니다. 아무리 생각해 봐도 그리 대단한 책은 못 되겠지만, 한 시대의 유림정신을 읽어낼 수 있는 자료라도 되지 않을까 위안을 삼으며 그런 대로 주워 모아 편집을 하게 된 것입니다.

정부에서 짐승만도 못한 몇몇 정치인들이 앞장서서 가족법 없애기에 온갖 힘을 경주할 때, 유림들의 역부족에 수천 년 전통의 가족법이 결국 무가내하로 끝나다시피 하였습니다. 그러나 언젠가 국운이 회복되고 사람다운 위정자가 출현한다면 가족법은 원상으로 회복되리라고 믿습니다. 이제는 세월이 흐르면서 국민들은 점점 가족법에 대한 개념조차 잊어버리고 있는 실정입니다. 참으로 국가 장래를 위해서 통탄하지 아니할 수 없습니다. 만고불변의 철칙인 윤리 도덕이 짐승 같은 몇몇 정치인에 의하여 일조에 여지없이 박살나고 말았습니다. 이들은 국민의 대역 죄인으로 다음날 역사의 준엄한 심판을 받을 것이요, 우리 민족의 대대손손 망국적인 원수로 영원히 남을 것입니다.

가족법의 핵심은 수천 년간 우리 조상들이 지켜온 가통 혈통을 이어 국민 모두가 자기 본성本姓을 변함없이 간직하며 호주제도를 수호하면서 동성동본 간의 절대 금혼은 물론 어머니의 성을 따르지 아니 하는 것입니다. 그런데 정부에서 개악한 현행법은 우리 국민이 자자손손 지켜온 이러한 불변의 법칙을 묵살했습니다. 그리고 성도 마음대로 바꾸고 조상도 족보도 다 없앴습니다. 호주제 폐지는 물론 동성동본도 결혼하게 만들어 결국 형제가 사돈이 되고 일가친척도 없어지게 되었으니, 불원장래에 가정도 잡성이 모여 사는 짐승우리가 될 것입니다. 이래도 인간이 만물의 영장이라고 하겠습니까?

　본 책자는 기막힌 사연과 투쟁했던 당시 상황을 여실히 보여주는 것이며 아울러 다소의 연설문 및 신문사 기고와 방송 인터뷰 내용 등을 포함하고 있습니다.

　본 책자를 편집하다보니, 여러 가지로 부족하고 아쉬운 점이 많아 마음으로 결연하기 짝이 없습니다. 글을 잘 쓰고 못 쓴 것은 고사하고, 별로 체계적이지도 못할 뿐 아니라, 시기가 불분명하여 순서가 뒤바뀐 것도 적지 않은 것 같아 끝내 아쉬움이 남습니다. 또, 글에 따라서는 보내는 곳이 각각 달라 부득이 중복문장이 있음을 알려 드립니다. 독자 제위께서는 이런 저런 부족한 점들을 너그러이 이해하여 주시고 많이 질정해 주시면 감사하겠습니다.

　본 책자가 가족법이 무엇인지, 윤리 도덕이 무엇인지 또는 윤리도덕이 인간사회에 얼마만큼 중요한 영향을 미치는 것인지를 세상에 알리고 다음 세대에 알릴 수 있다면, 또 당시 악덕 정치상을 100% 공개하는 데는 불충분하겠지만 다음날 위정자로 하여금 세상을 바로잡는 데에 조금이라도 도움이 될 수 있다면, 그리하여 이 땅에서 사도를 수호하고 새로이 하는 데에 추호라도 보탬이 될 수 있다면 더 큰 기쁨은 없을 것입니다.

2011년 8월
전 성균관 가족법대책 위원장 이덕희 씀

세부목차

1. 가족법 수호

1. 가족법 수호

1.1 온 국민께 호소합니다!

1.1.1 현명하신 국민 여러분께 눈물로 호소합니다.

장래는 생각 못하고 눈앞만 쳐다보는 소수의 어리석은 자들이여! 국가기강과 질서가 엉망이 되고 가정은 주인이 없어 아수라장이 되어도 좋단 말인가? 호주제가 폐지되면 결과가 어떻게 된다는 사실을 알고 날뛰어라! 호주제가 폐지되는 날 가정은 선장 없는 선박이 되고 성씨는 뒤죽박죽되어 형제 사촌이 결혼하고 친아버지가 시아버지가 된다는 무서운 사실을 아는가? 성이 다른 남매가 결혼해도 법적으로 하등 하자 없는 것을 누가 막을 것인가? 그리하여 가정마다 잡성雜姓 가족이 형성되고 집안은 짐승우리가 된다는 것을 똑똑히 알아야 한다. 이것은 상상이 아닌 현실이 될 것이다. 동성동본금혼법이 경제 성장을 저해하는 것도 아니요, 호주제 때문에 정치를 못하는 것도 아니다. 그런데 왜 역사를 더럽히고 국가와 민족을 망치려 하는가? 진정 이 나라 이 민족이라면 불원간 가정이 파괴되고 나라가 망할 것을 알면서 의분이 복받쳐 어떻게 좌시만 할 수 있겠는가?

36년간 잃어버렸던 조국도 다시 찾고 6·25전쟁에 폐허된 건물도 다시 복구했지만 저마다 성씨는 한 번 잃으면 모든 것을 다 잃으면서 백년, 천년가도 영원히 찾지 못한다. 우리는 다 같이 온전한 성씨를 자손에게 물려주어야 이 세상에 왔다간 흔적이 남을 것이다. 만일 그러하지 못할 때, 국민마다 뿌리를 잃고 집집마다 가정은 산산조각이 난다. 오늘날 이혼과 주부가출이 일익 증가하는데, 가정을 파괴하는 이유는 바로 정부가 호주제 폐지를 강력 주장하면서 이른 바 여권신장에만 앞장서고 있기 때문이다.

우국충정에 불타는 애국지사들이여! 우리는 하루속히 봉기하여 날로 파괴되는 가정과 점차 망해 가는 조국을 구하여야 합니다.

우리 민족이 수천 년을 지켜온 이 나라 이 민족의 혼과 정신이 담겨 있는 유일한 전통 민족문화 호주제가 백척간두에 서 있습니다. 현재 가족법이 다 무너지고 겨우 남은 마지막 보루 호주제마저 폐지되고 성 변경이 법적으로 허용될 때 가정파괴는 시간문제입니다. 조상과 족보 그리고 일가친척이 다 없어지는 것은 고사하고 부자가 없어지고 형제자매도 없어집니다. 이것은 짐승이 아닌 인간이라면 차마 못할 것입니다. 가정이 파괴될 때 국가는 또한 안전하겠습니까?

명철하신 국민여러분!

국가 흥망과 가정의 운명이 달려있어 황금보다 소중하고 목숨보다 귀한 호주제만은 어떠한 일이 있어도 지켜내야 합니다. 가정이 파괴될 때, 돈은 벌어 무엇 하며 명예는 얻어 무엇 하겠습니까? 진돗개도 족보가 있고 나무도 뿌리가 있는데 하물며 만물의 영장, 인간이 부자간에 성이 다르고 일가친척은 물론 형제자매도 성이 각각일 때 누가 부자, 형제자매라고 하겠습니까? 이것은 여지없이 가지를 치고 뿌리마저 잘라내는 비인도적인 잔인행위입니다.

존경하는 남녀노소 국민여러분!

우리는 다 같이 총궐기하여 반민족적이요, 망국 망가亡家적인 호주제 폐지를 한사코 저지해 주실 것을 눈물로 호소합니다. 오늘날 막다른 극한상황에서는 불의와의 극한투쟁만이 문제를 해결할 수 있습니다. 전국 방방곡곡에 은둔해 계신 애국지사 여러분! 우리가 현재 태연하게 있을 때가 아닙니다. 우리는 다 같이 시대의 잘못을 바로잡는다는 비장한 각오와 정의는 반드시 승리한다는 굳은 신념을 가지고 위국, 위민에 앞장서야만 전무후무한 이 난국을 타개할 것입니다.

때문에 이를 위해서 최후의 수단으로 호주제 폐지만은 어떠한 일이 있어도 목숨 걸고 불의와 끝까지 투쟁할 자신만만한 정의파 불굴의 애국투사를 100명한 7월 10일까지 규합하여 결사대를 결성하겠사오니, 전국적으로 남녀노소를 막론하고 어리석은 자들의 짐승 같은 행동에 의분을 참을 수 없어 구국대열에 참여하실 투사들께서 아래 연락처로 속히 연락해 주시면 즉시 모임을 갖고 행동에 옮기겠습니다.

(인터넷으로도 다방면으로 홍보되고 있습니다!)

·연락처(신청하실 곳)
충남 36개 향교재단 충남 계룡시 금암동 146-5번지

접수기간 : 2004년 7월 10일까지

접수요령 : 주소, 성명, 성별, 연령, 전화번호 등(사태가 긴박하여 전화로만 접수하겠습니다.)

1.1.2 친양자 제도는 국기를 흔들고 가정을 파괴하는 망국적인 악법입니다.

국민 여러분!!

우리 민족이 명절에 고향을 찾아 대 이동하는 이유가 어디에 있습니까? 이것은 바로 부모가 계시고 조상이 계신 자기의 뿌리를 찾아가는 것에 있습니다.

그런데 여성부나 여성단체에서는 현재 자기를 낳아 주신 부모님과 조상님의 뿌리까지 없애자고 주장하는 것입니다. 까마귀는 부모의 은혜를 갚는다고 해서 효조孝鳥라고 합니다. 그리고 진돗개도 뿌리를 찾기 위해서 족보가 있다고 들었습니다. 그런데 하물며 만물의 영장인 인간이 짐승만도 못한 행동을 해서야 되겠습니까?

때문에 타고난 성을 바꾸는 친양자親養子 제도를 절대 용인할 수 없는 6가지 이유가 있습니다.

1. 친양자 제도의 근본이념은 자식 없는 사람에게 자식을 갖게 하기 위한 제도라고 생각합니다. 그런데 현재 여성부나 여성단체에서 이 제도를 악용하여 재혼 여성의 자녀로 하여금 타고난 제 성을 버리게 하고 아무 상관없는 의부義父의 성을 붙여주려 하는 것은 천인이 공노할 행위이며, 친양자법의 근본 취지에도 위배된다고 생각합니다.

2. 친양자법은 바로 성이 없는 유기아 또는 미아들을 자식 없는 부모들이 양육하여 자기의 호적에 입적시켜 자기 자식으로 만드는 제도라고 생각합니다. 그런데 엄연하게 내 성이 있고 의부도 자식이 있는데, 재혼모의 편의만 위해서 때로는 두 번, 세 번 어미가 결혼할 적마다 자식이 타고난 제 성을 버리게 하고 마음대로 성을 몇 번씩 이 성, 저 성으로 바꿔 주어서야 되겠습니까? 이것은 부모로서 할 짓이 아니라고 생각합니다.

3. 그런데 현재 여성부나 여성단체에서 재혼 여성의 편의만을 위해서 낳을 때부터

가지고 나온(불변의 원칙) 자기 성을 버리고 의부의 성을 따르게 하고자 하는 것은 반윤리적, 반도덕적 행위일 뿐 아니라, 의부의 성을 따른 자식이 성장해서 제 성이 아닌 걸 알게 되면 제 성을 도로 찾아가는 것이 일반적인 상례로 되어 있는데 이것은 자식에게 커다란 충격과 상처만 남겨 줄 뿐이라고 생각합니다.

4. 여성부나 여성단체에서 주장하는 친양자법은 뿌리와 근본을 버리는 제도로서 이 제도는 인간을 뿌리와 족보를 따지는 진돗개만도 못한 짐승으로 취급하는 제도입니다. 그러므로 이 제도는 자기 뿌리인 애비도 조상도 족보도 친척도 형제도 다 버리는 비인도적인 제도로서 짐승이 아닌 인간이라면 절대 수용할 수 없는 제도라고 생각합니다.

5. 만일 재혼녀가 데리고 간 자식이 제 성을 버리고 의부의 성을 따를 때, 우선은 모든 것이 편리하다고 하겠지만, 만약 두 번, 세 번 결혼한다면 그 자녀의 성도 두 번, 세 번 바뀌는 것입니다. 그렇다면 아무리 자식이지만 어미의 행복을 위해서 제 성을 두 번, 세 번 바뀌는 수모를 겪으면서 어미의 희생양이 되어서야 되겠습니까? 이것이 바로 인권 유린이 아니고 무엇이겠습니까?

6. 여성단체에서 주장하는 친양자 제도는 가장 사랑하는 자식으로 하여금 애비를 둘씩, 셋씩 만들어 주는 악법입니다. 부모가 되어 어떻게 자식에게 이러한 치욕을 남겨 줄 수 있습니까? 예로부터 욕하려면 이부지자二父之子라고 하였는데 애비가 둘 셋이 된다면 얼마나 더러운 욕이 되겠습니까? 또한 성이 몇 번씩 바뀌게 되면 자식에게 얼마나 큰 상처를 주는 행위가 되겠습니까? 그리고 재혼에 뜻이 있는 여성은 재혼, 삼혼 결혼할 적마다 자식의 성을 바꾸려면 절차상 얼마나 힘이 들겠습니까? 그놈의 원수 같은 성 때문에 시집도 마음대로 못갈 바엔 차라리 성 없애기 운동을 전개하는 것이 나을 것입니다. 또한 성 역시 이렇게 천대받을 바에는 성 없는 것이 좋을 것입니다. 성이 없으면 자연 부모, 자식, 조상, 친척도 다 없어집니다. 얼마나 편하겠습니까? 이것을 바라는 것이 바로 여성부요, 여성단체라고 생각합니다.

그러나 이것은 짐승이나 하는 짓이기 때문에 절대 하늘이 용서하지 아니할 것입니다. 예로부터 역천자逆天者는 망亡이라 하였습니다. 때문에 사람은 매사를 순리에 따라야 할 것입니다.

존경하는 국민 여러분! 어미의 행복을 위해서 자식의 타고난 성까지 바꾸는 친양자제도는 절대 있을 수 없습니다. 우리 다 같이 가정을 파괴하는 이 악법을 앞장서서 막읍시다.

2002년 3월

성균관가족법대책위원회에서 드림

1.1.3 국회에 상정되어 있는 친양자제도는 한사코 저지해야 합니다.
- 친양자제도의 폐단을 아십니까? -

친양자제도의 근본목적은 성을 모르거나(고아나 기아), 성이 다른 아이를 양자로 들였을 때 양부의 성을 따라서 아이의 본래의 성을 고칠 수 있게 하자는 제도입니다.

그런데 현재 이혼한 여자가 전 남편의 아이를 데리고 개가하였을 경우 전 남편자식을 개가한 새 남편의 성으로 바꾸자는 제도로 악용하려고 하고 있습니다.

피(혈)는 물(법)보다 진합니다. 아이가 당장 목이 마르다고 어찌하여 피를 마시게 하는 우를 범합니까?

일부 우리 전통문화를 가치 없는 것으로 매도하고 서양사대주의에 젖어 있는 여성단체에서 소수 아이들의 딱한 경우를 해결해줘야 한다는 구실로 개가한 어머니의 일방적 의사에 따라 어린 자녀의 천륜과 인륜을 무시하는 편의주의적 생각에만 집착하여 여성부와 정부 일각에서는 법제화를 서두르고 있습니다.

국회차원에서도 일부 의원들이 깊은 사려 없이 민족의 뿌리를 흔드는 일부 여성의 뜻에 동조하여 국회에서 공청회를 거쳐 3월중 입법조치하려고 합니다. 그러나 국민전반에 흐르는 정서는 결코 소수의 여성단체나 몇몇 국회의원들의 의견과는 전혀 다르게 우리 민족문화의 오랜 전통적 가치를 중요시하며 아름다운 가정을 꾸미기를 더 원합니다.

민의를 저버린 입법추진을 더 이상 방관할 수 없습니다. 일천만 유림과 대다수 국민은 주장합니다. 사랑(仁)으로 감싸는 도덕과 윤리가 살아 숨 쉬는 가정을 이룩해 가야 합니다.

당초의 발상은 고아나 기아처럼 성이 없는 아이들을 데려다 기르면서 양부모의 성을 따르게 하자는 것이었는데, 이것이 변질되어 이혼녀의 개가에 따른 자식의 성을 바꾸자는 쪽으로 가고 있습니다.

피는 속일 수 없습니다. 친양자제도의 도입은 이혼여성이 자녀를 핑계로 가정 붕괴(이혼)에 대한 자신의 부도덕을 감추는 임시방편에 불과하며, 자식이 제 본성조차 바뀐 사실도 모르게 호적을 고치자는 것인데, 아이가 커서 본래의 성과 뿌리를 찾겠다고 할 때 어떻게 할 것입니까?

이제는 법 만능주의에서 과감히 벗어나야 합니다.

애완동물은 기르는 집주인이 바뀌면 '바둑이'가 되었다가 '검둥이'가 되기도 하지만, 어떻게 만물의 영장인 사람의 자식을 어머니의 개가에 따라 '김씨'도 됐다 '박씨'도 됐다 함부로 바꿀 수 있는 것입니까? 가정의 행복은 사랑과 인내심으로 극복해

가야 합니다. 이제 인성적 가치를 다시 펼 때가 왔습니다.

어머니가 자식을 데리고 개가하였을 때, 그 집의 양형제들과 성이 달라서 학교에서 놀림을 받는 등 성장기 아이의 정서상 문제가 있다고 하나, 아이의 입장에서 볼 때 친가의 형제나 삼촌, 사촌과의 성이 바뀌어 생기는 문제는 생각지도 않는 것이며, 심할 경우 성장 후에 서로가 몰라 친남매와도 결혼하는 패륜행위가 발생하지 않는다고 누가 장담할 것입니까?

동방예의민족의 참된 전통을 하루빨리 회복합시다.

친양자제의 입법은 수천 년 내려온 부계혈통 중심의 전통 가족제도를 점차 파괴하는 악법으로 우리의 전통문화와 미풍양속을 송두리째 흔들어 놓는 무서운 결과를 가져오므로 결단코 막아야 합니다.

성균관가족법대책위원회 위원장 이 덕 희

1.1.4 가족법에 대한 정부의 반민족적 시책을 전 국민에게 알립니다.

현재 우리나라 민법상 가족법 중 가장 중요한 것은 세 가지입니다. 동성동본금혼법과 호주제도 그리고 요즘 거론되는 친양자제도입니다. 그러나 내용은 대동소이한 것입니다. 물론 재산 상속문제도 중요하지만 다음에 논하기로 하고 다만 국가의 안위와 가정의 존속 내지 파멸 여부가 목금 백척간두의 위급한 상황에 처해 있는 상기 세 가지에 대한 정부의 반인륜적 시책을 국민에게 알리고자 합니다.

우리 대한민국은 문화국가이며 법치국가이기 때문에 전통과 법은 다 같이 공존해야 할 것입니다. 그러나 현재 정부에서는 우리 전통적인 윤리문화와 헌법 9조에 명시된 국가의무까지 모두를 무시하고 말살하려고 합니다. 그리고 일부 무모한 여성들이 가족법 개악을 주장한다고 해서 정부까지 가세하는 것은 헌법 9조의 국가 의무도 저버릴 뿐 아니라 법을 멸시하는 망국적 처사라고 생각합니다. 국가에서 법을 지키지 아니 하면 어느 국민이 법을 지키겠습니까? 정부의 반민족적 시책을 열거하겠습니다.

첫째, 우리 민족의 동성동본 금혼제도는 인간의 가치와 자손위생의 지혜로서 조상 전래 미풍양속으로 지켜온 세계의 자랑으로 신성한 혼인 전통문화입니다.

그런데 헌법 10조에 엄연히 인간으로서의 존엄과 가치를 가지며 행복을 추구하라고 명시되어 있음에도 불구하고, 인간 존엄과 가치를 무시한 불합치 판결은 행복만 추구하고 인간의 존엄성은 전혀 고려하지 아니 하였으므로 분명한 위헌 판결입니다. 그리고 헌법 9조에 국가는 전통문화의 계승 발전과 민족문화의 창달에 노력한다는 국가 의무조항이 있음에도, 동성동본의 신성한 민족문화를 무시한 불합치 판결은 이것 또한 헌법정신에 위배된 판결입니다. 또, 모든 법은 법 이전에 윤리와 도덕과 관습 등을 바탕으로 하여 제정하는 것인데, 불합치 판결은 도덕과 관습을 전혀 무시했을 뿐 아니라, 헌법 10조 행복추구권과 민법 9조 동성동본금혼법은 제정 당시부터 근본이념이 다름에도 불구하고 이에 결부시켰으므로, 불합치 판결한 자체가 위헌 판결입니다.

이상 세 가지를 볼 때, 정부 안으로 제출한 8촌 이내 금혼법도 위헌이 분명하다고 생각합니다. 헌재에서 헌법 10조와 민법 809조가 불합치 된다고 했다면 촌수 관계없이 동성동본금혼법 자체가 헌법과 불합치하다는 것입니다. 그런데 정부에서는 8촌 이상은 결혼하고 8촌 이내는 결혼하지 말라하는 것은 불합치 원칙에 어긋나는 안을 내놓고 있는 것입니다. 그리고 8촌 이상 9촌부터 결혼하는 사람이 6촌, 4촌인들 못하겠습니까? 그렇다면 형제가 사돈이 되고 삼촌이 시아버지가 안 된단 말입니까? 이렇게 되면 조상도 족보도 친척도 다 없어집니다. 이와 같은 8촌 이내 금혼 안이 어떻게 정부에서 나올 수 있단 말입니까? 이것은 눈 가리고 아웅하는 식입니다. 정부에서 전통문화의 수호 권장은 고사하고 우리 민족 고유의 전통을 말살한대서야 어찌 국민정부란 말입니까?

둘째, 호주제 폐지 문제는 어불성설입니다. 당초 호적 없이 호주는 있을 수 없습니다. 호적은 상고부터 있었고 가부장적 호주제도는 일제의 잔재가 아니라 우리나라가 전통적으로 이어오는 제도입니다.

오늘날 일부 여성단체에서 주장하는 호주제 폐지 목적은 남녀평등과 가족 간 평등권입니다. 그러나 호주는 가문의 혈통을 이어 가정을 대표하는 통솔자입니다. 만일 통솔자가 없다면 국가나 가정은 물론 어느 단체인들 운영이 되겠습니까? 그리고 다음으로 부부간 자식을 공동으로 나누어 입적시키자는 것입니다. 그렇게 되면 어느 가정을 막론하고 대대로 이어오는 혈통이 무너지는 것입니다. 혈통이 무너지면 가정마다 성이 뒤죽박죽되면서 짐승우리가 되기 때문입니다.

셋째, 다음은 친양자 제도입니다. 친양자 제도의 근본 취지는 부모도 없고 성도 없이 버려진 불우한 기아, 미아 등을 입양 보육하여 자기 호적에 입적시켜 자기 자식으로 만드는데 목적이 있는 것입니다. 그런데 일부 여성단체에서는 이것을 역이용하여 재혼 여성들이 데리고 간 자식으로 하여금 본 성을 버리게 하고 의부 성에 붙여주자고 떼를 쓰고 있습니다. 그러나 어미의 행복을 위해서 어떻게 불변의 원칙인 자식의 타고난 성을 임의로 바꿀 수 있단 말입니까? 그리고 데리고 간 자식을 의부에게 입적시키고 생부와 친형제는 왕래까지 단절시킨다는 것입니다. 이것이 얼마나 반천륜적이며 몰인정한 행위입니까? 그리고 어미가 몇 번씩 재가하면 자식의 성도 몇 번씩 바뀌는데 만물의 영장 인간으로서 이럴 수가 있습니까?

또 있습니다. 국민에게 부모의 성을 합쳐서 쓰라고 권장하면서 현재 한명숙 여성부 장관도 그 자녀에게 부의 성 박씨를 합쳐 박한씨로 바꾸면서 갈수록 점점 성자가 많아지면 그 중에서 성을 골라 쓰면 된다고 하는데 성씨가 아이들 장난감은 아닙니다. 아버지는 박씨, 자식은 박한씨라면 이것은 부자가 아닙니다. 성씨 고치는 날부터 박씨, 박한씨는 남남이 되는 것입니다. 이것은 서로가 아버지라고 부르고 자식으로 부르면 욕이 되는 것입니다. 지도층에 있는 분들이 이것을 모르고 언행을 경솔히 해서야 되겠습니까?

국민여러분! 이상 말씀드린 것이 정부가 일부 여성단체와 같이 가족법 개악의 추진 현황입니다. 현명하신 국민여러분께서는 긴 안목으로 먼 앞날을 내다보시면서 옳고 그른 것을 정확히 판단하셔야 됩니다.

현재 정부는 국론을 모아야 할 때 국론을 분열시키고 있습니다. 그리고 현재 여성부의 출범이래 가출부와 이혼여성이 날로 늘고 있습니다. 이것은 여성부에서 여권을 지나치게 부추기고 있기 때문이라고 생각됩니다. 그러므로 망국의 근원이 되는 가출과 이혼문제는 여성만을 위해서 출범한 여성부에서 반드시 책임져야 할 것입니다.

앞으로 이 모든 것을 해결하고 민심을 안정시키기 위해서 국회에서 하루속히 헌법을 고쳐 헌법 10조의 행복추구권 하단에 '단 동성동본은 제외시킨다.'는 단서만 달면 모든 문제는 영원히 해결될 것입니다. 따라서 헌법재판소는 일사부재리 원칙만 논할 것이 아니라 사실상 이미 위헌으로 판명된 잘못된 불합치 판결을 무효화해야 할 것입니다.

존경하는 국민여러분! 우리 민족은 현재 짐승이 되느냐, 가정이 파괴되느냐 하는 기로에 서 있습니다. 국민 모두가 다 같이 앞장서서 이것만은 반드시 막아주실 것을 간절히 호소합니다.

2002년 3월

성균관가족법대책위원회에서 올림

1.1.5 대한민국 지도자 여러분께 드리는 호소문

존경하는 지도자 여러분!

현하 우리나라 정치는 진로를 잃고 우왕좌왕하고 있어 정치, 사회, 경제, 문화가 완전히 질서를 잃어가고 있으며, 국민 거의가 미래는 전혀 생각을 아니 하고 하루살이 생활을 영위하고 있습니다. 이것은 바로 국기가 흔들리고 있다는 것을 의미하는 것입니다. 왜 우리나라가 이 지경까지 와있는지 모르지만 참으로 안타까운 일입니다.

아시다시피 우리 민족은 약소국가의 약소민족으로 태어나서 수천 년간 외세로부터 무수히 침략을 받아오면서도 슬기롭게 견디어 왔으나 결국 일제 36년의 치욕이 우리 민족사를 더럽히고 말았습니다. 이후 6·25의 아픔과 보릿고개, IMF 환란 등 온갖 고통을 다 겪어온 국민들입니다. 그럼에도 불구하고 현재 우리민족은 상하를 막론하고 아직도 정신을 못 차리고 하는 일마다 주체성 없이 외관적이고 부당한 짓만 하고 있는 것 같습니다. 이제 조금 배가 부르다고 해서 본분을 망각하고 있습니다.

사람은 항시 지난날을 회상하면서 미래를 걱정하여야 후환이 없을 것입니다. 그런데도 우리나라는 조금도 미래를 생각하지 않고 목전이익만 추구하고 있는 것 같습니다. 중대한 실례 하나만 든다면, 요즘 와서 더욱 전 국민의 관심사가 되고 있는 호주제 존폐문제입니다. 일찍이 일부 대통령이 호주제 폐지를 선거 공약公約으로 내세워 놓고 국민으로 하여금 갈등하게 하고 국론을 분열시키고 있는 것입니다. 설상가상으로 여기에 편승해서 일부 여성단체는 호주제 폐지 강도를 더욱 높이고 있으며, 덩달아 몰지각한 국회의원 52명도 호주제를 폐지하자는 법안을 만들어 국회의안국에 제출해 놓고 있습니다. 그러나 눈치나 보고 추시부세趨時附世하는 정치인이 되어서는 아니 될 것입니다. 정치인이라면 사리판단이 정확하고 떳떳한 일을 당당하게 하여야 할 것입니다. 아무리 대통령이 공약을 하고 국회의원 일부가 서명을 했다 해도, 대의명분이 뚜렷하지 아니한 일에 현명한 우리 국민들은 절대 호응하지도 용납하지도 아니할 것입니다. 호주제 폐지해서는 결코 아니 되기 때문입니다.

누구나 사리를 전혀 판단 못하는 숙맥菽麥이 아닌 이상, 너나할 것 없이 조상족보의 뿌리가 다 없어지고 성씨가 뒤죽박죽되며 혈통·가계가 단절되면서 가정이 완전 파괴되는 망국적인 호주제 폐지를 어느 누가 찬성하겠습니까? 이것은 국가를 망치려하고 전 국민을 모독하는 극악무도한 발상으로 보지 아니할 수 없습니다. 때문에 절대 전통문화 중 가장 소중한 호주제가 폐지되어서는 아니 될 이유에 대한 글을 동봉하오니, 존경하는 우리나라 지도자 여러분께서는 아무리 바쁘시더라도 꼭 한 번 읽어보시고 좀 더 정확한 판단을 내리시어 아직도 호주제 폐지에 대한 내용을 분명히 모르는 국민에게 많이 홍보하시어 호주제만은 우리 민족이 영원히 지킬 수 있도록 하여주시길 간곡히 호소 드립니다. 끝으로 더욱더 건강하시어 국가와 민족을 위해서 많이 공헌해 주시기를 부탁드립니다.

※ 추신 : 호주제 폐지에 서명한 국회의원 52명에게 보내는 성토문 1부씩 동봉하오니 참고로 보시기 바랍니다.

2003년 6월
성균관가족법대책위원회 위원장 이덕희 외 임원일동

※ 수신처 : 대통령, 국무위원전원, 국회의원전원, 헌법재판소 판사전원, 각 언론 매체, 각 시·군 자치단체장, 각 사회 단체장, 성균관 임원 및 전국 234 전교 및 도 재단 이사장, 도 유도회본부회장, 기타 유관기관

1.1.6 국회 법사위원님들에게 보내는 호소문

예로부터 사람이면 다 사람이냐, 사람이 사람 노릇을 해야 사람이라고 하는 명언이 있습니다. 그러나 사람이 다 사람 노릇을 할 수는 없습니다. 그렇지만 짐승 노릇을 해서는 아니 될 것입니다. 그런데 현재 8촌 이내 금혼법과 호주제폐지, 친양자법 등은 국민으로 하여금 금수로 만드는 제도라고 생각합니다.

동성동본금혼법이 사문화된 이후 원근을 막론하고 동성 간 결혼이 비일비재하다고 들었습니다. 그렇다면 6촌, 4촌 결혼인들 아니 하겠습니까? 짐승이 따로 없습니다. 이들이 바로 짐승이 아니라고 할 수 있습니까? 이것은 바로 정부에서 우직한 국민들을 짐승으로 만들고 있는 것입니다. 앞으로 이것을 정부에서 또는 법사위원님이 막아주시지 아니 하는 한, 우리나라는 너, 나 할 것 없이 가정마다 짐승우리가 될 것입니다. 이것을 누가 책임지겠습니까? 아무도 없습니다. 우리나라가 어찌하다가 이렇게 되었는지 참으로 통탄할 일입니다.

존경하옵는 법사위원님, 우리나라 운명과 그리고 국민 모두가 짐승이 되고 안 되는 것은 오직 법사위원님 장중에 달려 있습니다. 국가 장래와 후손들을 위해서 집집마다 혈통은 이어져야 합니다. 호주제도가 폐지되고 타고난 성이 없어지며 친양자 제도가 도입되어서는 아니 됩니다.

현명하신 위원님은 이 문제를 깊이 살피시어 헌법에도 명시된 전통문화를 계승, 발전시켜 주시고 가족법으로 인해 16대 국회에서 역사상 큰 오점을 남기시는 일이 없도록 하여주시기를 애원하나이다.

2002년 3월

성균관가족법대책위원장 이 덕 희

1.1.7 성균관 재단이사님들에게 보내는 호소문

이사장님 그리고 이사님 여러분 안녕하십니까?

그간 성균관 발전과 업무 정상화를 위하여 참으로 노고가 많으신 것으로 알고 있습니다. 진심으로 위로의 말씀을 드립니다. 이미 들으시어 잘 아시고 계시리라 사료됩니다만, 저는 9월 26일 가족법대책위원장으로 임명받은 전 공주향교 전교 이덕희입니다. 모든 면에서 부족한 제가 외람되게 감당하기 어려운 막중한 책임을 수락하다 보니 문부태산蚊負泰山과 같아 앞으로 맡은 바 소임을 다할까 걱정스럽기만 합니다.

　이사님 여러분의 아낌없는 지도와 성원을 부탁드립니다. 아울러 드릴 말씀은 제가 위원장으로 임명받고 그간의 대책위원회 실정을 알아본바, 생각했던 바와는 너무나 차이가 있었습니다. 앞으로 불행하게도 가족법이 완전 무너진다고 가정할 때, 유림은 설 땅이 없습니다. 성균관도 재단도 유도회도 지방향교까지도 다 같이 문을 닫아야 할 것입니다. 가족법 대책위원회의 기구는 어느 기구보다도 가장 중요하다고 생각되는바, 그간에는 사무실하나 제대로 없고 재정 뒷받침이 조금도 안되었다고 하는 말을 듣고 놀라지 아니할 수가 없었습니다. 가족법 수호를 위해서 활발하게 움직여야 할 가장 중요한 대책위원회가 계속 폐쇄되다시피 했다는 것은 참으로 이해가 아니 됩니다.

　존경하는 이사장님, 그리고 이사님 여러분! 앞으로 유교진흥은 물론 유림이 살아남기 위해서는 성균관을 위시하여 재단, 그리고 유도회가 삼위일체가 되어 손을 마주 잡고 합심 육력戮力하여 이 소중한 가족법만은 반드시 지켜야 합니다. 정당한 가족법은 유림의 생명체이기 때문입니다. 그러므로 이 생명체를 지키기 위해서는 전 유림의 대표기관인 성균관과 재단, 그리고 유도회가 다 같이 앞장서야 하고, 3개 기관이 앞장서기 위해서는 가족법 대책위원회가 활발하게 움직여야 할 것입니다. 제가 비록 부족하지만 위원장이라고 하는 중책을 맡은 이상 선배님 여러분의 지도하에 열과 성을 다하여 가족법 수호에 분골쇄신 하겠습니다. 그러므로 저는 정의가 반드시 승리한다는 굳은 신념을 가지고 최선을 다하여 소임을 다하겠습니다.

　앞으로 이사님 여러분께서 제가 사력을 다하여 일 할 수 있도록 물심으로 뒷받침하여 주시기를 간곡히 부탁드리며, 조속한 시일 내에 우선 시급히 해결하여야 할 문제점에 대하여 특별하신 배려있으시기를 바라면서 여불비례餘不備禮 상上하나이다.

2001년 10월

성균관가족법대책위원회 위원장 이덕희 올림

1.1.8 전국 234 향교의 전교에게 보내는 호소문(1)

복유춘화지제에 존체만안하시며 향교 수호와 사도 발전에 얼마나 노고가 크십니까? 위로의 말씀을 드립니다. 드릴 말씀은 다름이 아니오라, 지금 가족법 중 가장 중요한 세 가지 모두가 백척간두에서 위급한 상황에 처해 있습니다.

첫째, 현재 정부 안으로 제출한 8촌 이내 금혼법과 친양자제도 두 가지가 다 같이 국회 법사위에서 계류 중에 있어 어느 때 어찌될지 잠시도 긴장을 풀 수 없는 긴박한 처지에 놓여 있으며,

둘째, 호주제도 폐지문제 역시 헌법재판소에 계류 중에 있어 이것 또한 위태롭기는 금혼법과 호주제와 조금도 다름이 없다고 사료됩니다.

그러므로 우리 성균관에서는 세전세후 국회 또는 헌재를 수시 왕래하면서 다각도로 정보도 입수하고 교섭도 하면서 최선을 다하고 있습니다마는, 그러나 각종 유인물 등 활동상황이 정부로부터 적극 지원을 받는 여성단체에 비하여 우리 유림은 경제력이 취약하여 이를 따라잡지 못하는 것이 참으로 안타깝습니다.

그동안은 세전 정기국회와 세후 2월 임시국회는 별고 없이 지나갔습니다만 그러나 현재도 어느 때 위험이 닥쳐올지 잠시도 안도할 수 없는 초비상 사태 중에 있습니다. 지난 일이 되겠습니다만 실은 세전세후 한 번쯤은 전국 유림궐기대회를 서울에서 개최하려고 생각해 보았으나, 너무나 규모가 크다보니 전국 향교 부담도 염려가 되어 차일피일 미루어 왔던 것이 오늘날까지는 다행히도 무사했습니다. 그러나 이제 와서는 중앙지(조선일보, 중앙일보는 일차 5단 전면광고가 무려 2천 5백만 원이라고 함)에 한두 번이라도 광고하여 전 유림의 참뜻을 전 국민에게 밝히는 것이 좋겠다는 다수 의사가 지배적이었습니다. 전국 향교 전교님의 힘을 모으지 아니 하고는 이 일이 불가능하옵기에 적극 협조해 주시기를 간곡히 부탁드립니다. 이번이 처음이자 마지막으로 생각하시고 유림정신을 최대한 발양하시어, 일차 궐기대회 비용으로 생각하시고 향교별 총력을 기울여 형편에 의하여 10만원 이상 특별출연 해 주시면 가족법 수호에 커다란 도움이 될 것입니다. 두 번 다시 이런 일이 없을 것입니다. 어느 때보다 가장 위급한 시점에서 전교님의 도움이 가족법 수호에 획기적인 성과를 거둘 수 있도록 최

대의 힘을 경주해 주시기를 진심으로 호소하나이다.

끝으로 전교님의 건강과 하시는 일 모두가 성취되시기를 기원하면서 여불비례상하나이다.

2002년 3월

성균관장 최창규·가족법대책위원장 이덕희

1.1.9 전국 234 향교의 전교에게 보내는 호소문(2)

존경하는 전교님 안녕하십니까? 그리고 사도진작과 향교 발전에 얼마나 노고가 많으십니까? 위로를 드립니다.

저는 거번 유림신보에 소개된 바 있는 9월 26일자 성균관 가족법대책위원장으로 임명받은 전 공주향교 전교 이덕희입니다. 학식과 역량이 부족한 제가 외람되게 가장 중요한 시기에 가족법 대책위원장이라고 하는 중책을 수임하다보니 이 무거운 책임을 어떻게 감당할는지 조석으로 걱정스럽기만 합니다.

아시는 바와 같이 가족법의 골격인 동성동본금혼법도 아직 해결되지 못한 시점에서 설상가상으로 여성단체에서는 또다시 호주제도 폐지까지 강력히 주장하고 나섰습니다. 그리고 정부에서는 여성부장관까지 가세하여 부추기고 있습니다.

생각건대 가부장 호주제도 폐지는 동성동본금혼법 폐지보다 그 해악이 가일층 심하여 씨족을 완전 말살시키고 가정을 무참히 파괴하는 극악한 행위입니다. 만고에 없는 윤리대변을 보고 우리 유림이 어떻게 좌시할 수 있겠습니까?

존경하는 전국 전교님, 우리 전국 유림들은 성균관이 주축이 되고 전국 향교 전교님들이 합심 육력하여 한사코 이 금수행동을 막아내야 합니다.

제가 비록 미력하지만 이에 선봉장이 되어 열과 성을 다해서 분골쇄신하겠습니다. 이것을 방어하기 위해서는 첫째, 우리 유림가족의 결집된 진솔한 모습부터 전 국민에게 보여 주어야 하겠습니다. 우리 유림으로서는 유일한 방파제요 무기인 전 유림 총궐기만이 밀려오는 노도를 막아낼 수 있을 것입니다.

지금 성균관에서는 수시로 국회의 동향을 살피되 시기가 도래하면 또다시 총궐기하여 아직도 유림은 건재하다는 강력한 저력을 국회와 전 국민에게 과시하기로 의견을 모으고 있습니다.

조만간 성균관에서는 긴급한 유림 동원령이 있을 시에는 전국 전교님께서는 솔선하시어 유림 일인이라도 더 출동하도록 적극 협조하시어 여성단체에서 요구하는 금수법이 국회에서 통과하지 못하도록 우리 다 같이 막아내야 하겠습니다.

이것이 오늘을 사는 우리 유림에 부하된 숙명적 의무가 아닌가 사료됩니다.

만일 가족법의 핵심인 동성동본금혼법과 가부장 호주제도를 존속시키지 못한다면 우리 유림의 생명은 죽은 목숨이나 다름없습니다. 그럴 때 성균관이 무슨 필요가 있으며, 향교가 무슨 필요가 있겠습니까?

존경하는 전교님 앞으로 불원간 있어야 할 전국 유림의 대대적인 시위에 대비하시어 차질이 없도록 사전계획과 마음의 준비를 하시고 대기하시기를 간곡히 부탁드리면서 불비례상하나이다.

2001년 10월

성균관가족법대책위원회 위원장 이덕희 배상

1.1.10 전국 234 향교의 전교에게 보내는 호소문(3)

관생冠省하옵고

우리는 다 같은 이 나라 이 민족으로서 예의동방이라고 하는 커다란 명예를 걸고 우리 전교님들이 총궐기하여 목숨 걸고 앞장서서 지켜야 할 것이 있습니다. 아시다시피 이것은 바로 우리 조상님으로부터 물려받은 생명보다 소중한 윤리전통문화 동성동본금혼제도인 것입니다. 그러나 현재 우리 민족은 불행히도 못된 몇몇 무리에 의해서 이 귀중한 문화가 완전 말살되고 말았습니다. 그럼에도 불구하고 성균관에서는 과거는 모르는 체했고 현재는 법적으로 죽은 것을 다시 회생시킬 생각은 아니 하고 응급조치라 하면서 엉뚱한 짓을 하고 있습니다. 참으로 한심하고 답답만 하옵기에 전국 전교님들에게 호소하는 것입니다.

아시다시피 동성동본금혼법는 우리 유림이 혈전사투를 계속하면서 무려 20여 년을 지켜온 것입니다. 그런데 이제 와서 정부의 비위를 맞추기 위해서 내 주관 소신 다 버리고 소위 전국 유림을 대표하는 성균관에서 겨우 하는 소리가 부모가 승낙하면 촌수 없이 일가끼리 혼인해도 좋다는 것을 주장하고 있습니다.

명색 선비들이 모여 있는 수선지지首善之地 성균관에서 이게 웬 말입니까? 이 안을 국회에 제출해 놓고 하는 말이 어떤 부모가 일가 간에 결혼하라고 승낙하겠는가 하고 변명하지만 천만의 말씀입니다. 요즘 젊은이가 부모의 승낙을 얻어 결혼할 사람이 과연 몇 명이나 되겠습니까?

이것은 정부에서 주장하고 있는 8촌 이내 절대 금혼한다는 것보다도 더한 악법입니다. 그러나 현재 성균관에서는 이것을 주장하면서 금혼법 폐지에 대한 입법 대체안으로 국회에 제출해 놓고 통과되기만 기다리고 있으니 이것은 동성동본 결혼의 물고를 합법적으로 터놓는 것입니다. 참으로 우리 유림으로서는 통곡을 아니 할 수 없습니다. 죽으면 앉아 죽었지 어떻게 성균관에서 천인이 공노할 부모의 승낙만 있으면 남매, 사촌까지 결혼해도 말 못할 입법안을 내놓는단 말입니까?

현명하신 우리 전국 전교님 여러분! 앞으로 국가의 장래와 자손만대를 위해서도 이것만은 한사코 막아야 합니다. 그러므로 성균관에서 보내드린 설문서 내용 중 적극적으로 유도하는 제2호 안 근친혼 방지와 가문 존립 운운하는 감언이설에 현혹되지 마시기 바랍니다. 보내드린 설명서는 결국 모든 책임을 전교님들에게 전가시키려는 술책으로 비록 사후의 형식적 설문이지만 그러나 제2호 안을 절대 반대해 주셔야 하겠습니다. 만일 국회에서 2호안이 통과된다면 조상에게 득죄는 물론 5천년 역사가 무너지고 말 것이니 이것을 지켜온 유림 체면은 말할 것도 없고 앞으로 유림 설 곳이 없습니다. 그렇다면 생불여사生不如死한 유림들은 차라리 다 죽어야 마땅할 것입니다. 이것은 누구를 위하는 일이 아니고 각자 자신을 위하는 일입니다. 이 점 헤아려 주시고 앞으로 동성동본금혼법 수호에 적극 협조해 주시기를 천만앙망하나이다.

1999년 10월

공주향교 전교 이덕희 외 임원일동

1.1.11 전국 234 향교의 전교에게 보내는 호소문(4)

아시는 바와 같이 지금 가족법이 다 무너지고 겨우 남은 마지막 보루 호주제마저 풍전등화같이 위급상황에 처해 있습니다.

만일 호주제마저 폐지된다면 우리 유림은 무슨 얼굴로 세상에 남을 것이며 성균관과 향교가 무슨 소용이 있겠습니까? 다 같이 문을 닫아야 할 것입니다. 이러한 시점에서 성균관만 믿을 수는 없어 최후의 수단으로 별지 호소문과 같이 결사대를 조직하게 되었습니다. 그러나 강 건너 불 보듯 하는 일반 국민들이 얼마나 호응하겠습니까? 비록 인터넷으로 홍보는 하고 있습니다마는 국민들이 얼마나 인터넷을 보느냐가 문제입니다.

존경하옵는 전국 향교 전교님께서는 아무리 어려우시더라도 향교 당 1명씩만 수화를 가리지 아니 하고 끝까지 투쟁할 수 있는 정의파 애국지사 하나씩 발굴 추천해 주시면 정예투사들이 규합하여 결사대만 조직된다면 벼랑 끝에 서 있는 호주제 폐지를 막아낼 것 같사오니 적극 협조하시여 우리 유림의 사명을 100분의 1이라도 수행하도록 하여주시기 간망하오며 삼가 눈물로 호소하는 바입니다.

2004년 6월

충남 36개 향교재단이사장(직전 성균관 가족법대책위원장) 이덕희

1.1.12 존경하는 공주시민여러분께 호소합니다.

우리 공주는 처음부터 오늘날까지 가족법 수호에 앞장서 지켜온 전국에 유명한 반향입니다. 이것은 모두가 우리 공주시민께서 올바른 정신과 정확하신 판단력이 있기 때문입니다.

그런데 아시다시피 현재 우리나라에는 헌법에도 보장된 우리의 유구한 전통문화를 계승 발전은 고사하고 왜 말살하려고 하는지 모르겠습니다. 어떻게 8촌 이상 결혼하고 호주제 폐지하며 원칙을 져버린 친양자 제도를 제정하려고 할 수 있습니까?

존경하는 공주시민 여러분!

아무리 문명과 과학이 고도로 발달하고 시대가 변하고 또 변한다 해도 사람 사는 원리와 정의는 백년, 천년 변할 수가 없습니다. 언제나 인간의 가치는 정의롭게 사는 데에 있습니다. 어떻게 헌법의 행복추구권을 악용해 당치도 않은 집안끼리 결혼하여 행복을 찾으려 한단 말입니까?

8촌 이상 결혼을 터놓으면 6촌, 4촌 끝에 가서는 형제가 사돈 되어 결국 집안이 짐승 우리가 될 것은 불 보듯 훤합니다. 어떻게 사람으로서 이런 짓을 할 수 있습니까?

또한 호주제도는 절대 폐지되어서는 아니 됩니다.

호주는 한 가정의 가통과 혈통을 이으면서 가족을 대표하는 책임자입니다. 그럼에도 불구하고 왜 전 가족이 호주 한 사람의 지배를 받으면서 사느냐, 또 가족이라면 누구나 똑같은 권리를 갖고 있다 하면서 식구마다 따로따로 호적을 만들자는 것입니다. 그러나 이것은 실현이 불가능하며 사리에 불합리하기 때문에 될 수 없다고 생각합니다.

그리고 아비, 어미가 똑같이 낳은 자식인데 왜 아비 성만 따르느냐 하면서 자식을 아비, 어미 똑같이 나누어 호적에 올리자는 것입니다. 이것이 부부 평등이라고 주장하고 있습니다. 그러나 이것은 집안 혈통이 무너지면서 아비는 이가, 자식은 김가, 손자는 박가가 되고 따라서 조상도 족보도 형제, 일가친척도 다 없어집니다. 사람이 이럴 수는 없습니다.

1.1.13 동성동본금혼법 수호대책강연회 인사
-공주향교·유교회 공동주최 인사말-

만장하신 공주유교회 임원여러분 안녕하십니까?

저는 방금 소개받은 공주유교회장 이덕희입니다. 요즈음 비록 화창한 봄 기후라고 하지만 아직도 싸늘한 날씨에 또는 공사간 다망하심에도 특히 농촌에서는 요즈음 점차 농번기에 접어들어 더욱 일손이 바쁘심에도 불구하시고 이토록 많이 참석해 주시어 주최자의 한사람으로서 진심으로 감사하게 생각합니다.

그리고 오늘의 행사를 격려해 주시기 위해서 공무에 바쁘심에도 참석해 주신 최근

덕崔根德 성균관장님을 비롯하여 오늘의 연사로 모시게 된 법조계 원로이신 기세훈奇世勳 성균관 가족법개정대책위원장님과 또한 충남도내 각 향교 전교님들과 원근의 각계 기관장님들께서 참석하신 가운데 동성동본금혼법수호대책에 대한 강연회를 대대적으로 개최케 되다보니 오늘의 모임은 이에 대한 과거 어느 모임보다도 유례없이 대성과를 거둘 수 있다고 생각이 들어 참석하신 여러분께 가일층 감사 드리며 주관자의 일인으로서 더욱 기쁘게 생각합니다.

존경하옵는 유교회원님 여러분, 그리고 동석하신 각급 기관장님을 비롯하여 뜻을 같이 하시는 동지 여러분! 우리는 현재 우리나라 인류역사상 전무후무한 인도말살이라고 하는 가장 위급한 백척간두에 서 있습니다. 찬란한 반만년 역사를 지키면서 또는 자칭 동방예의지국이라고 세계만방에 과시하면서 조상 때부터 대대손손 목숨보다 소중하게 생각하고 지켜온 것이 바로 전통문화요, 윤리문화인 것입니다. 그러므로 이 문화는 우리 민족이 오늘날까지 일상생활에서 잠시도 떠나서는 그리고 잊어서는 아니 될 가장 기본적인 양식良識이요, 도덕이요, 인도라고 생각하면서 살아 왔던 것입니다. 인류가 만물의 영장으로 태어나서 모든 만물을 지배할 수 있는 능력과 가치는 바로 사물과 시비를 올바르게 판단하고 도덕심과 의리심이 있기 때문입니다. 이것이 바로 다 같은 동물로서 사람이 짐승과 다른 점이라고 생각됩니다.

만약 사람이 짐승과 같이 옳고 그른 것을 판단치 못하고 오직 먹고살기에만 급급하다면 이것은 사람이 인두겁만 썼을 뿐 짐승보다 나을 것이 하나도 없을 것입니다. 때문에 짐승이 아니고 사람같이 살기 위해서 교육이 필요하고 인격수양이 필요한 것입니다. 그리하여 나도 배우고 자식도 가르쳐서 훌륭한 사람이 되려고 노력하는 이유가 바로 짐승같이 살지 말고 사람답게 살자는 것입니다.

그런데 오늘날 우리 사회는 어떻습니까? 점차 짐승같이 살더라도 잘 살기만 하면 된다는 시대로 변해 가고 있습니다. 아니 이것은 변해 가고 있는 것이 아니고 완전히 변했다 해도 과언이 아닐 것입니다. 아시다시피 서구문명인지, 민주화바람인지 모르겠습니다마는 이 사회는 예의는 말할 것도 없고 체면이나 염치 따위도 아랑곳없이 할 말 못할 말 그리고 할 짓 못할 짓 다하면서 제멋대로 사는 시대가 된 것입니다. 왜정 36년간 식민지생활에서 갖은 고통과 압박을 다 받으면서 살아왔던 우리 민족이 독립하여 자유를 부르짖고 민주주의를 하자는 데는 누구 하나 반대할 이유가 없을 것입니다.

그러나 오늘날 우리 민족은 벌써 과거 쓰라린 고통을 잊은 듯, 지나친 자유를 제창하고 분수에 맞지 않는 완전 개방주의를 주장하면서 거기다가 무조건 외국을 모방하는 외국병까지 곁들여 외국문화라면 좋든 나쁘든 무분별하게 받아들이고 있으니, 우리나라가 어찌하다 이 모양이 되어 가는지 국가장래를 생각할 때 참으로 한심합니다. 외국풍조라고 해서 무조건 선호하고 따라가는 무모한 이 사고방식을 우리 국민이 하루속히 버리지 못하는 한, 결코 나라는 망하고 민족은 남의 나라에 예속되지 아니한다고 누가 장담하겠습니까? 이와 같은 나쁜 발상이 점점 파급되어 예의염치와 도덕심은 찾아 볼 길이 없고 국민거개國民擧皆가 오직 재산증식과 금전에만 혈안이 되다 보니 소위 최고 지식인이며 최고 인격을 갖추고 있다는 대학교수까지도 부모를 살해하고 중학생이 늙은 어머니를 이불 씌우고 발로 차는 기막힌 현상도 일어나고 있습니다. 어디 그것뿐입니까? 무정한 어머니는 어린 자식을 예사로 버리고 남편은 아내를, 아내는 남편을 예사로 죽이는 이 험악한 세상 국민이 하루도 안심하고 살 수 없는 이 무서운 세상을 과연 누가 만들고 있는지 오늘날의 현실을 대통령을 비롯하여 모든 위정자들은 두 눈 똑바로 뜨고 직시하여야 될 것입니다. 따라서 이 사회가 왜 이 지경이 되었으며, 우리 국민이 왜 금전에만 혈안이 되어 못하는 짓이 없는지, 그 원인을 면밀히 검토 분석하여 하루속히 근본치료에 들어가야 될 것입니다. 지난 3월 24일자 한 중앙지를 보니 서울 교육청에서 성교육에 대한 교과서를 펴내 정식과목으로 중학생에게 교육을 시키겠다고 보도가 되었습니다.

저는 이 신문을 보고 미친놈들이 국록을 먹으면서 할 일 없다 보니 개만도 못한 짓을 하는구나, 이와 같은 저질선생들이 학생에게 교육을 시키고 있으니 인본교육이 될 수 있으며, 전인교육이 될 수 있겠습니까? 이런 짓을 하면서 사회가 정화되기를 바라고 청소년들을 선도한다고 하겠습니까? 비록 사전 교육으로 성폭행을 예방한다고 구실을 붙이겠으나, 알고 나면 바로 행동으로 옮기고 싶은 충동을 갖는 청소년에 이것이 바로 사회악을 부추기고 성폭행을 조장하는 것이 아니고 무엇이겠습니까? 우리나라가 예부터 성교육을 시키지 아니 하여 인종이 멸종위기에 처해 있습니까? 청소년 학생에게 성교육을 아니 하면 시집을 못 갑니까? 장가를 못 갑니까? 그리고 시집가고 장가가서 자식을 못 낳습니까? 몇 년 전에 마광수 같은 저질대학교수가 있더니 또다시 학생에게 성교육 교과서까지 제작하여 정식과목으로 교육을 시키겠다고 하니 이것이 선생으로서 할 짓입니까? 우리나라는 현재 서구문화 중에서 가장 못된 문화만 골라서 받아들이고 있으니 우리나라 장래가 걱정 아니 될 수 없습니다. 하루속히 우리나라 사정을 똑바로 판단하여 올바르게 이끌 수 있는 현명한 영도자가 나와야 이 나라는 바로 잡힐 것입니다.

만장하신 유교회원님 여러분! 아시다시피 우리나라는 현재 국민 모두가 예의도덕은 말할 것도 없고 조금도 부끄러워 할 줄도 모르는 철면피인간으로 변해가고 있습니다. 짐승이나 부끄러워할 줄 모를까 어찌 사람으로서 부끄러워할 줄 모른단 말입니까? 살인을 하고 강도짓을 하고 성폭행을 해도 심지어 남이 아닌 제 부모를, 제 자식을 죽이고, 또 거리에 버려도 만인 앞에 부끄러워할 줄 모르는 세상이 된 것입니다. 또 있습니다. 처녀들이 대중 앞에서 공공연하게 배꼽을 내놓고 다니며 남녀가 거리에서 입을 맞추고 있으니 이것은 짐승이 할 짓이요, 사람으로서는 차마 못할 짓임에도 요즈음 세상은 떳떳하게 자행하고 있으니 이것도 역시 못된 외국풍조가 감수성이 빠른 청소년들에게 불어온 것입니다. 명색 교육자가 우리나라 장래를 도맡을 학생에게 예의염치 등 윤리교육은 못 시킬망정 못된 성교육을 시키는 마당에 우리나라 국민이 예의가 어디서 나오고 부끄러움이 어디서 나오겠습니까? 이것이 바로 그네들이 생각하기에는 예의요, 도덕이요, 그리고 전인교육이요, 인성교육이라고 착각하고 있는 모양이니, 이것을 보고도 방관하는 위정자들의 시각이 바로 문제입니다. 만약 위정자중 한 사람이라도 똑바른 정신을 가지고 있는 사람이 있다면, 오늘날 대한민국은 이 혼란 속에 빠지지는 아니할 것으로 사료됩니다. 오천년 역사를 낱낱이 더듬어도 오늘과 같이 험악한 세상은 없을 것입니다. 이와 같이 험악하고 더러운 역사를 후손에게 남겨준다면 참으로 부끄러운 일입니다. 어디까지나 인위적으로 이루어진 이 사실을 국운으로 돌리기에는 너무나 애매하고 이 책임은 누가 무어라 해도 이 시대를 쌍견雙肩에 짊어졌던 역대 대통령을 비롯한 위정자들이 져야 할 것입니다. 그러므로 과거는 불문에 부치더라도 앞으로 법도 무시하고 계속 발생하는 갖은 살인강도 등 흉악범과 그리고 성폭행 등 파렴치범들을 무엇으로 다스릴 것인지 위정자들은 지난날을 반성하면서 자성자각하여야 할 것입니다. 아무리 경제가 성장하여 선진국이 되고 과학이 발달하여 살기 좋은 문화시민이 된다 해도 경제나 과학이 모든 사회악을 추방하고 질서를 바로잡아 국민을 공포와 불안 속에서 구제하기에는 불가능하다고 생각이 됩니다. 국민은 공포와 불안 속에서 잘사는 것보다 오히려 안전과 평화 속에서 못사는 것을 원할 것이며, 짐승같이 행동하면서 잘사는 것보다 사람다운 행동을 하면서 못사는 것을 택할 것입니다. 그러므로 국가에서 앞세우는 경제성장도 중요하지만 돈이면, 못할 짓 없는 우리 국민들을 더 이상 방관하지 말고, 충효사상과 예의염치 등 올바른 교육으로 국민의식을 개혁시켜 정당한 행동으로 인간답게 살 수 있는 사상을 주입시키고, 내 노력으로 내가 잘 사는 올바른 정신을 하루속히 심어주어 국기를 흔들고 있는 모든 사회악을 조속히 추방하고 제반질서를 바로잡아 국민이 공포에서 벗어나 생활할 수 있는 기반부터 조성하여야 할 것입니다. 모든 사회악이 제거되면서 질서가 확립되고, 따라서 국민이 안심하고 생업에 종사할 것입니다. 그러나 이것은 일조일석에 이루어지는 것이 아니요, 또는 자동적으로 이루어지는 것도 아닙니다. 이것은 반드시 시간이 필요하고 거기에 따른 시의시무적時宜時務的 적합한 방법론이 필요할 것입니다. 저의 부족한 소견으로는, 우리나라가 현재 살인병, 폭력병, 강도, 강간병 등 병이라고 생긴 것은 다 앓고 있는 이 시점에서, 무슨 병을 먼저 택해서 치료하느냐 하는 것이 바로 관건이요 급선무입니다. 그러므로 모든 국내 잡병을 치료하기 위해서는 우선 병근이 어디서 왔는지 근본을 찾아서 근본 치료에 들어가야 함에도 불구하고, 오늘날과 같이 병근의 원인도 모르고 대병치료만 아무리 해보아도 병은 점점 깊어만 갈 것입니다. 우리나라 모든 잡병의 병원病源이 어디서 왔느냐 물으신다면, 이것은 바로 외국서 들어온 외래병이라고 하겠습니다. 그러므로 하루속히 이 외래병을 국내로 들어오지 못하도록 막는 것이 우리나라 모든 잡병을 근치시키는 첩경이 될 것입니다.

현재 우리나라에 입국한 외국병중에서도 가장 심하게 앓고 있는 병이 있습니다. 이것이 바로 가부장 호주제도도 폐지하고 동성동본금혼법도 아예 없애버리고 일가끼리 마구 혼인하자는 일대망국병인 것입니다. 여러분 안 그렇습니까? 윤리도덕을 짓밟고 사회악을 조장하며 가정을 파괴시키는 원흉으로서 국내 모든 잡병을 유발시키고 있는 이 망국병이야말로 암보다 무서운 악질임을 우리 국민 모두가 똑똑히 알아야 할 것입니다. 해방이후 수십 년을 두고 정권이 바뀔 적마다 나라도, 가정도, 조상도 그리고 사랑하는 자손까지도 장래가 어찌 될 것인지 조금도 생각을 아니 하고 오직 코앞에 있는 향락만을 추구하는 못된 몇몇 젊은 여인들이 "호주제도는 왜정잔재니 완전 없애야 한다. 동성동본끼리 혼인 못하는 국가는 우리나라뿐이다. 이것은 우리나라 헌법상 행복추구권에 위배되니 이것은 위헌이다." 등등 뻔뻔스럽게도 헌법재판소에 위헌여부를 판결해 달라고 하여 현재 재판 계류 중에 있습니다.

세상에 일가끼리 혼인하게 해달라고 재판을 하다니 이런 해괴망측한 일이 또 어디에 있으며, 인간이라고 한다면 부끄러워서도 이런 못된 짓을 어떻게 하겠습니까? 이 못된 것들은 사람이 아닌 짐승들과 조금도 다름이 없습니다.

여러분 이것만이 과연 남녀평등이요, 여권신장입니까? 헌법재판소는 어찌해서 국가의 존망과 민족의 안위가 달려있는 이 중대사안을 놓고 몰지각한 몇몇 여자들을 왜 물리치지 못한단 말입니까? 만일 우리나라의 국가장래를 조금이라도 염려하고 국민을 조금이라도 걱정하며 사리를 조금이라도 판단할 줄 아는 위정자 몇 사람만 있다고 한다면, 호주제도와 동성동본금혼제도는 우리나라 대대손손 영원토록 지킬 수 있는 국법으로 삼고 국시로 삼아야 된다고 주장하고 나설 것입니다. 그러나 우리나라는 현재 불행하게도 이와 같이 애국하는 정치인이 없다보니 국가장래가 걱정되지 아니할 수 없습니다.

만장하신 유교회원님 여러분 그리고 동지여러분! 아시다시피 우리나라의 유일무이한 자랑거리는 바로 가부장 호주제도를 비롯하여 동성동본금혼법뿐입니다. 이것으로 겨우 동방예의지국명맥을 이어 왔는데 어떻게 오랑캐나라의 못된 본을 받아 조상 적부터 수천 년 지켜오던 고유의 문화유산을 우리 대에 와서 여지없이 말살시킬 수 있습니까? 국가와 민족과 후대자손을 위해서도 이것만은 절대 아니 됩니다. 가부장호주제도와 동성동본금혼법만은 우리 국민 모두가 목숨 걸고 지켜야 합니다. 만에 하나 전통적인 가부장제도가 완전히 없어진다면 결과는 바로 가정을 이끄는 가장이 없어져서 갈팡질팡할 뿐 아니라, 아비 代는 이가, 자식 代는 김가, 손자代는 박가가 될 것이니, 이렇게 되면 가정의 정통성이 파괴되면서 성이 다른 부자가 같이 살아야 되며, 성이 다른 손자도 데리고 살아야 될 것이니, 이것은 바로 조상도 족보도 일가도 다 없애고 마는 결과를 초래할 것입니다.

뿐만 아니라 허다한 타성 다 두고 하필이면 동성동본 일가끼리 혼인을 주장하고 있으니 참으로 알 수 없는 기막힌 일입니다. 비록 10촌 이상 운운하지만, 이것은 10촌이나, 8촌이나, 4촌이나 바로 오십보백보라고 생각합니다. 10촌끼리 혼인하는 사람이 8촌은 왜 못하며, 4촌은 왜 못하겠습니까? 이것은 법으로 막을 근거도 없을 뿐 아니라 막으려하지도 아니 하고 자율에 맡길 것입니다. 이렇게 되면 촌수와 항렬이 무슨 소용이 있으며 형제간 사돈이 아니 된다고 누가 장담하겠습니까? 그리고 촌수로 보아 할머니하고 또는 손자하고도 사는 기막힌 현상이 생길 것입니다. 앞뒤와 미래를 조금도 생각 못하는 어리석고 못된 인간들이 과연 무서운 사실을 아는지 모르는지 짐승이 아니고 하루살이가 아니고서야 차마 이와 같이 천인이 공노할 나쁜 생각을 못할 것입니다.

존경하는 유교회원님 여러분! 다시 말해서 만약 우리나라 윤리문화 유산인 가부장제도가 완전 폐지되고 동성동본결혼이 법적으로 허용이 된다고 가상할 때, 이것은 앞으로 다시는 찾고 싶어도 찾을 수 없으며, 고치고 싶어도 고칠 수 없어 끝내는 잃어버리고 말 것이며, 더러운 유산만을 자손대대 남기면서 천추의 한을 품은 채, 윤리라고 하는 두 글자는 우리 민족 곁에서 영원히 사라질 것이니 이 얼마나 애석한 일이며, 이 얼마나 무서운 사실입니까?

오늘 참석하신 분들은 90% 이상이 유교회원으로 알고 있습니다. 우리 유교회원님께서는 누구보다도 이 문제에 관심을 가지시고 수호하는데 앞장서 주시어야 되겠습니다. 이것이 바로 여러분께 부하된 의무요, 사명이라고 생각합니다.

끝으로, 앞뒤를 생각 못하고 사리를 판단 못하면서 일가끼리 시집가고 장가가도 좋다고 주장하는 짐승만도 못한 인간들에게 묻고 싶은 것은 성이 없어지고, 조상이 없어지고, 족보가 없어지고, 일가가 없어져서 수천 년 내려온 뿌리를 송두리째 다 잃어도 좋단 말인가? 그리고 외국인과 같이 사촌 간에 살면서 부모형제가 사돈이 되어도 좋단 말인가? 이것도 사람이라고 할 수 있겠는가? 짐승 같은 행동을 해도 잘 먹고 향락만 취하면 된단 말인가? 그리고 이로 인하여 국기國基가 흔들리고 가정이 파괴되며 사회악이 난무해도 좋단 말인가? 답변을 바란다!

여러분! 호주제도가 있다 해서 민주주의가 아니 됩니까, 여권신장이 아니 됩니까? 그리고 동성동본끼리 결혼을 아니 한다고 해서, 시집을 못 갑니까, 장가를 못 갑니까? 우리 대한민국에서는 이것만은 절대 아니 됩니다. 우리 국민 모두는 다 같이 궐기해서 이 무서운 사실을 목숨 걸고 끝까지 막아야 합니다. 이것이 바로 벼랑 끝에 서 있는 우리나라 우리 국민을 구제하는 길이며 이것이 바로 99% 국민의 여망이며 소원입니다. 우리 모두 총 궐기합시다!

이것으로 두서없는 제 인사말씀과 아울러 울분에서 나오는 소견피력을 마치겠습니다. 감사합니다.

1997년 4월
공주향교 유교회장 이덕희

1.1.14 가족법대책회의 석상에서의 답변

성균관 안案과 여러분의 좋은 말씀, 그리고 고견을 잘 들었습니다. 그런데 오늘날 소위 유림이라고 자칭한다면 누구든 목숨 걸고 싸워야 할 일이 바로 가족법 중 중요한 동성동본금혼법 수호문제라고 생각됩니다. 그러므로 이제 와서 누가 무어라 해도 우리의 지상목표는 바로 법적으로 죽은 동성동본금혼법을 하루속히 소생시키는 문제로서 이 문제만은 우리 유림이 책임지고 해결하여야 할 중대과제라고 하겠습니다. 그래서 이 광경을 보고 이 시대를 사는 참다운 유림이라면 동성동본금혼법만은 목숨 걸고 사수하자는 의견에 누구도 이의이견이 있을 수 없다고 생각합니다. 요즘 정부에서 8촌 이내만 금혼하겠다는 안에 대해서 일부 유림 아닌 사이비 유림들이 동조하는 듯한 대안으로 기기奇奇한 안이 나오고 있습니다마는 이것은 죽는 한이 있어도 있을 수 없습니다. 소위 성균관을 출입하고 향교를 출입하는 유림이라면, 이들에게는 죽은 금혼법을 다시 살리거나 다시 법을 제정하는 방법 이외에는 무슨 대안도 있을 수 없습니다.

죽으면 앉아죽지 해괴한 짓이나 더러운 짓을 해서는 아니 됩니다. 그리고 정부의 눈치를 보지도 말아야 합니다. 떳떳하게 우리 할 일만 하면 됩니다. 우리 일천만 유림이 성균관의 주도아래 정의가 반드시 이기고 사필귀정이라고 하는 굳은 신념을 갖고 전 유림이 봉기하여 목숨 걸고 싸운다면 반드시 성사할 것입니다. 그래서 우리 공주향교에서 주장하는 동성동본금혼법을 다시 소생시킬 수 있는 방법과 그 개안과 정부 제시안의 대안 일개 안 모두 3개안을 요약해서 말씀드리면,

첫째 안은

헌법재판소에서 헌법 10조의 국민 행복추구권과 민법 809조 동성동본금혼과는 불합치하다는 판결 자체가 위헌판결이니 무효화하라는 주장입니다. 이유로서는

① 헌법 행복추구권과 민법 금혼법이 불합치하다고 하는 것은 헌법 9조에 국가는 전통문화의 계승 발전과 민족문화의 창달에 노력하여야 한다는 조항에 분명히 위배된 위헌판결입니다.

② 헌법이 모법이라 하지만, 헌법을 앞서는 것이 바로 윤리도덕이요, 전통문화요, 미풍양속으로 봅니다. 그러므로 당초 헌법을 기초할 때에 우리나라 우리 국민의 성향에 맞는 윤리, 전통, 양속 등을 참작 감안하여 기초 제정한 것으로 알고 있습니다. 그렇다면 불합치 판결은 윤리, 전통, 양속 등을 모두 무시한 판결이므로 역시 위헌판결입니다.

③ 당초 헌법을 기초 제정한 위원들의 본의가 결혼행복을 근친원친을 막론하고 동성동본 간에서 추구하라고 제정한 것은 분명 아닙니다. 같은 조항에 모든 국민은 인간으로서의 존엄과 가치를 가지며 라고 하는 조문이 있습니다. 만일 친족 간에 결혼한다면 어떻게 인간의 존엄과 가치가 있겠습니까? 이것으로 보아도 헌법 10조 행복추구권과 민법 809조 동성동본금혼과는 아무 관련이 없음으로 역시 불합치는 위헌판결이 분명한 것입니다.

그래서 공주에서는 이 세 가지 이유로서 불합치 판결은 위헌판결로 단정하고 무효화를 일 안으로 주장하고 있습니다.

두 번째 안은

1997년 7월 16일자 헌법재판소에서 헌법 제10조 행복추구권과 민법 제809조 동성동본금혼법과 불합치하다는 당치도 아니한 이유로 짐승이 아니고서야 차마 판결

할 수 없는 이 더러운 판결을 하면서 1998년 12월 말 일 한 헌법과 민법이 합치되도록 헌법이든 민법이든 고쳐서 합치시켜라, 만일 고치지 못한다면 1999년 1월 1일부로 민법 809조는 자동 소멸된다고 판결했는데, 성균관을 위시해서 우리 유림들은 만 1년 5개월 동안 헌법이나 민법 고치려는 생각은 추호도 해보지도 아니 하고 오직 정부에서 지시하는 대안 만들기에 여념이 없이 세월을 다 보낸 것입니다. 왜 한 번도 헌법을 민법에 맞추어 고치라고 못했는지 알 수 없습니다. 물론 어려운 일입니다. 그러나 지금에 와서 비록 때는 늦었지만 이제라도 헌법 고치라고 전 유림이 강력히 외치면서 끝까지 실력 행사하여야 합니다.

헌법이 비록 모법이지만 고치지 못하는 철칙은 아닙니다. 고칠 수 있다고 생각됩니다. 국회의원들도 인간이기 때문입니다. 이것은 성균관에서 전국 시도별, 군별로 계속 헌법개정 궐기대회를 주도하여 강력한 유림상을 보여 준다면 충분히 가능성이 있습니다. 헌법보다 윤리도덕과 전통문화와 미풍양속이 우선이기 때문에 헌법을 여기에 맞추어 개정하는 것이 원칙이라고 생각되기 때문입니다. 그래서 성균관에서 목숨 걸고 앞장선다면 절대 가능하다고 생각되며 공주에서 제 2안으로 내놓았습니다.

셋째 안은

동성동본금혼법을 위반하면서 결혼 생활하는 자를 위해서 특조特措에 의한 구제방법으로서 전자에도 시행한 바 있는 안으로서 현재 불합치판결로 소멸된 민법의 금혼법이 다시 소생하거나 그렇지 아니 하면 헌법, 민법 중 금혼법이 다시 제정될 시 가능하다고 생각됩니다.

이 방법은 8촌 이내에만 금혼한다는 정부안을 만부득이萬不得已 대처하는 대안으로서 유림의 대안제시라면 이 방법 이외에는 있을 수 없다는 것을 공주향교에서는 지사불변至死變의 원칙으로 고수하고 있습니다.

이 자리에 참석하신 유림대표 여러분께서는 이보다 더 좋은 안이 있으면 모르거니와 그렇지 아니 하시면 삼자 중 택일해 주셔야 되겠습니다.

이외에 대안이나 타협은 절대 있을 수 없다는 것을 분명히 밝히면서 이상 공주향교의 주장 설명을 마치겠습니다.

감사합니다.

1.1.15 유림연수 식전인사 -서울새마을 연수원에서

안녕하십니까? 제가 바로 지난 9월 26일자 전임 위원장 이완희李完熙씨의 추천으로 신임 가족법 대책위원장을 위촉받은 전 공주향교 전교 이덕희입니다.

오늘 이 연수원에서 전국 전교님과 중앙위원님 여러분을 한자리에서 만나 뵈오니 참으로 반갑습니다. 이미 여러분께서 잘 아시고 계시리라 사료됩니다마는 저는 본시 가족법에 대하여 다소 열의는 가지고 있다고 하나 가족법에 대한 깊은 상식이 없고 또는 위촉을 받은지가 일천하다보니 더욱 아는 게 없습니다. 다만 위촉받은 이후 약 2개월 동안 성균관으로 또는 국회로 열심히 다니면서 나름대로 가족법 개악 저지에 최선을 다한다고 하고 있습니다마는 가장 위태롭고도 중요한 시기에 중책을 맡다 보니 이 소임을 어떻게 감당할 것인지 또는 가장 절정기가 되는 이번 정기 국회에서 무사히 넘어갈는지 조석으로 걱정을 해 왔습니다. 그러나 다행히도 지난 8일에 정기국회를 마감하고 임시국회를 2~3일간 연장한다는 일정도 오늘로 끝이 나는 것으로 알고 있어 이제는 우선 안도의 숨을 쉴 수 있게 된 것 같습니다. 그러나 현재 여성단체의 강경한 태도로 보아 앞으로 가족법에 대한 대립과 논쟁은 날이 갈수록 더욱 심화될 것만 같습니다. 그렇지만 저는 오직 정의는 반드시 승리한다는 굳은 신념과 사필귀정이라고 하는 불변의 원칙을 가지고 심신을 바쳐 최선을 다하면서 어떠한 일이 있어도 현재 비록 민법 809조의 동성동본금혼법은 이미 죽어 있지만 아직도 명맥이 살아 있으므로 기사회생起死回生이 가능할 것이며 또는 요즘 여성단체에서 집중 공략하는 가부장 호주제도 등 이 두 가지만은 사력을 다하여 끝까지 수호하겠다고 하루에도 몇 번씩 마음속으로 다짐하고 있습니다. 그러나 진인사대천명盡人事待天命일 뿐이지 성불성은 국가의 운명이요, 하늘의 뜻이라고 생각합니다. 그리고 이일은 저 혼자 힘으로 이루어지는 것이 아니라, 일천만 유림의 결집된 힘만이 해낼 수 있다고 생각됩니다.

오늘 여러분을 모시고 외람히도 높은 자리에서 가족법 문제의 현 주소 등 현안문제를 가지고 제가 그동안보고 느낀 대로 또는 아는 대로 발표하게 된 것을 무한영광으로 생각하면서 가족법의 지난 역사를 간략히 설명 드리고 따라 현재 가족법이 어떤 위치에 서 있는지 개황을 나름대로 설명해 올리겠습니다.

그러면 먼저 가족법 중 가장 중요한 동성동본금혼법에 호주제도의 역사적 배경을 설명드리기 이전에 먼저 개론부터 말씀드리겠습니다.

동성동본금혼법과 호주제도의 존폐를 둘러싼 논쟁은 이미 1950년대 현행민법의 제정당시부터 전개되었던 것으로 알고 있습니다. 그래서 민법제정 이후 40년이 경과한 오늘날까지 이 문제를 가지고 심각한 대립이 계속되고 있는 것은 이 문제가 어쩌면 현재의 한국사회가 가지고 있는 모든 문제점을 망라적網羅的으로 상징하고 있기 때문인지도 모릅니다. 즉 이 문제의 내면에는 동성동본금혼제도의 호주제도 그 자체보다도 이 두 가지 제도가 존립해 왔던 법 제도적인 틀 내지는 사회적 배경에 대해 시각의 차이가 그 저변에 있다는 것입니다. 역사의 어느 시점에서나 보수와 혁신의 대립이 존재하는 것이고 건전한 소통을 통해서 상호 절충해 가는 것이 역사의 본질이라고 볼 때, 동성동본금혼법과 호주제도를 둘러싼 논쟁이야말로 오늘날 한국사회의 가족관 내지는 가치관의 커다란 차이로부터 비롯되는 근본적인 문제의 하나라고 할 것입니다. 소이연所以然은 우리 민족이 현재 국가와 민족에 대한 애착이 희박해 지고 점점 주체성을 잃어 가고 있다는 점입니다. 그리하여 우리 민족이 조상전래 수천 년을 지켜온 전통적 고유문화와 미풍양속의 수호정신이 날이 갈수록 박약해지다보니 이것은 조상이 지켜온 역사에 대한 무관심과 판단력 부족에서 오는 자연의 발로發露라고 아니할 수 없습니다.

결론적으로 말씀드리자면, 우리 민족이 광복 이후 인간생활상 기초 교육의 도장道場이 되는 가정에서 또는 사회에서 특히 학원에서 예의염치를 기본으로 하는 도덕적 윤리교육은 들어 보지도 배워 보지도 못하고 오직 황금만능을 도출할 수 있는 상업적인 경제교육만 받으면서 자라나다 보니, 국민 대다수가 돈 벌기에 급급할 뿐 인성과 인본이 무엇인지 효제충신이 무엇인지 인생에 대한 철학적 근본원리를 전연 알지 못한데서 기인된 현상으로 사료됩니다. 그러므로 오늘날 동성동본금혼법 폐지와 호주제도 폐지를 위시한 모든 사회악의 원인도 바로 사람이 지켜야할 도덕적 규범의 윤리성 결핍에서 왔다고 귀결지어야 할 것입니다.

이어서 한 말씀 가첨한다면 이 문제의 해답을 현 정부나 정치인에게 기대한다는 것은 연목구어緣木求魚와 같아서 상상조차 못할 일이요, 다만 우리 유림들이 앞장서서 성균관이 중심이 되고 지방에서 향교가 중심이 되어 예의염치 사유四維를 바탕으로 한 도의선양과 충효사상 고취 등 윤리교육에 최선을 다하는 것이 오늘날 우리 유림의 부하된 의무라고 생각되며 또한 자금自今 극도로 악화되는 모든 사회문제를 다소나마 극소화시키는 첩경이 아닌가 사료됩니다.

공주향교 전교 이 덕 희

1.1.16 가족법대책위원장의 보고서 -성균관임원총회에서-

존경하는 성균관 전 임원님 여러분 안녕하십니까?

저는 방금 소개받은 성균관가족법대책위원장 이덕희입니다.

오늘 불원천리하시고 전국 방방곡곡에서 사도진작과 성균관 발전을 위하여 임원님 여러분께서 밝은 표정과 건강하신 모습으로 이와 같이 많이 왕림하시어 성황을 이루어 주시니 저 또한 임원의 한사람으로서 마음 흐뭇하게 생각합니다.

아시다시피 제가 외람히도 국가의 흥망과 민족의 안위와 그리고 우리 유림의 사활이 걸려 있는 가장 중요한 가족법대책위원장이라고 하는 중책을 맡은 지도 어언 일년 반이 되었습니다.

그동안 제 나름대로 갖은 정성을 다 모으고 심혈을 기울여 최선을 다 해보았으나 역량부족으로 현상만 유지될 뿐 아직도 괄목할만한 성과가 없다보니 항시 마음 편안할 날이 없습니다.

그러나 언제나 저는 사필귀정이란 굳은 신념과 진인사대천명한다는 자세로 현재까지 일해 왔고 앞으로도 계속해서 유림 여러분과 함께 우리의 목적 달성에 최선을 다해서 밀려오는 노도怒濤를 막아낼 각오입니다.

그동안 제가 활동했던 사항과 그리고, 다 아시는 상황이지만, 현재 가족법이 어떠한 위치에서 어떻게 처해나가 하는 점을 요약해서 말씀드리면 다음과 같습니다.

제가 그간 가족법으로 인하여 성균관과 국회에 내왕한 것이 50여회이며 유림신문에 대통령과 정부에 대한 성명서, 건의문, 질의서, 성토문까지 10여차 낸 바 있습니다.

그리고 가족법에 대한 정당한 호소로써 8촌 이내 금혼법과 호주제 폐지와 친양자 제도만은 반드시 막아야 한다는 유인물을 재정적 뒷받침이 부족한 관계로 대량 제작 살포는 못했습니다마는 소량으로 다양하게 제작 배포한 바도 있습니다.

그러나 가시적인 효과는 없지만 다만 오늘날까지 보류된 것을 다행으로 생각하고 있습니다. 이것이 모두가 여기 앉아 계신 임원님 여러분께서 음으로 양으로 염려해 주시고 도와주신 덕택으로 생각되어 이 자리를 빌려 진심으로 감사하다는 말씀을 드리고 싶습니다.

이상으로 저의 활동했던 사항을 마치고 이어서 우선 가족법 중 우리가 꼭 해야 할 가장 핵심적이고 중요한 세 가지를 분류해서 말씀드리면,

첫째, 이미 사문화된 민법 809조 동성동본금혼법 되살리기와 두 번째로 가부장적 호주제도 계속 존속시키기와 그리고 세 번째는 친양자제 도입을 막는 것입니다.

그런데 아시다시피 동성동본금혼법인 민법 809조는 1997년도에 가당치도 아니한 헌법과 민법 불합치 판결로 인하여 8촌 이내 금혼이라고 하는 금수 같은 정부법안이 현재 국회에 제출되어 법사위원회에서 계속 계류 중에 있습니다. 현 국회 현황으로 감안할 때 시급한 현안이 산적해 있어 우선은 보류상태이지만 그러나 언제 어떻게 상정 통과될지 아무로 예측할 수 없어 우리 유림으로서는 잠시도 긴장을 늦추거나 방심할 수 없으므로 항시 불안 상태에 있습니다.

때문에 현재가 가장 위험하고도 중요한 시기라고 하겠습니다. 그러나 이 세 가지 중 현재로는 더욱더 급박한 처지에 처해 있는 것이 바로 호주제 문제라고 하겠습니다. 만일 호주제가 폐지된다고 할 때 8촌 이내 금혼법과 친양자제도는 자동 수반이 될 것입니다. 때문에 유림이 지켜야 할 마지막 보루인 호주제도만은 어떠한 일이 있어도 전 유림이 나서 목숨 걸고 싸워서 이것만이라도 꼭 지켜내야 할 것입니다.

그런데 존경하는 임원님 여러분 현 시점에서 우선 선결되어야 할 문제가 있습니다. 이것은 이미 나누어 드린 유인물을 보시면 아시겠습니다마는 현재 상황에서 가장 위급한 것은 바로 얼마 전 서울지방법원에서 개인의 무모한 의사를 받아들여 헌법재판

소에 민법 중 의부 성을 따르지 못하게 된 조항이 바로 위헌 소지가 있다고 위헌 제청을 하여 현재에 계류 중에 있는 민법 781조에 자子는 부父의 성과 본을 따르고 부가父家에 입적한다는 조항을 기필코 사수하여야 합니다.

만일 민법 781조가 또다시 금혼법과 같이 불합치 판결이나 위헌이라고 판결이 난다면 우리가 바라는 가족법의 정상화는 영영 끝장이 나는 것입니다.

그렇게 되면 자식을 낳아서 강아지 나누어 주듯 어미 애비가 나누어 가져야 됩니다. 또 가통도 혈통도 성도 본도 다 뒤죽박죽으로 됩니다. 부자가 성이 다르고 조손이 성이 다를 때 누가 자식이라고 하고 누가 자기 손자라고 하겠습니까? 이것도 모르고 못된 무리들이 우선 보이는 코앞만 생각하고 국가의 장래와 자손의 앞날은 추호도 생각 없이 일시적인 안일에만 도취되어 천방지축 날뛰고 있습니다. 이래도 만물의 영장 인간이라고 자처할 수 있겠습니까? 왜 우리나라가 이 지경까지 되었는지 모르겠습니다. 그럼에도 불구하고 우리 유림들의 태도는 대체로 무사한 듯 태연하기만 합니다.

다시 말씀드리지만 사태는 긴박합니다. 가족법은 현재 아주 위험 수위까지 도달했고 백척간두에 서 있습니다.

존경하는 성균관 임원님 여러분! 가족법 수호는 전 유림의 몫이라고 생각합니다. 우리 유림이 화합하고 결집하고 그리고 비상한 각오와 행동으로 보이지 않는 한, 그리고 현 성균관 체제의 삼두마차를 종식시켜 일원화되지 아니 하고 재정적 뒷받침이 없는 한, 오늘날 위험한 이 고비를 넘기기에는 역부족이 아닌가 생각되어, 하루 속히 성균관의 정상화를 기대하고 우리 전 유림의 심기일전과 대오각성을 촉구하면서 이것으로 간략히 가족법에 대한 개황 보고를 마치겠습니다.

2002년 4월
성균관가족법대책위원장 이 덕 희

1.2 일천만 유림들은 총궐기하라!

1.2.1 공주유림에게 보내는 시위 통지문

존경하는 유도회원님 여러분.

그동안 전국적으로 무수히 쏟아졌던 폭우와 찌는 듯한 폭염 속에서 우리 공주만은 천우신조하시여 큰 피해는 없는 것으로 볼 때, 우리 회원님 여러분께서도 무사히 지내신 것으로 알고 있으며, 이것이 모두가 공주인의 홍복으로 사료됩니다.

드릴말씀은 다름이 아니라, 오래 전부터 매체를 통하여 너무나 잘 알고 계시겠습니다마는, 요즈음 와서 적극 거론되는 동성동본금혼문제가 현재 정부안으로 법무부에서 8촌 이내에는 절대 혼인 못한다는 인심 쓰는 시안을 내 놓고 국회법사위원회를 통과시켜 9월 국회에 상정하려 하고 있는 시점에서 국민 모두가 경악을 금치 못하고 있으며, 우리 유림에서는 짐승만도 못한 반인륜적 행위에 대하여 당국을 맹렬히 규탄할 뿐 아니라, 목숨 걸고 싸워서라도 조상님부터 수천 년 전통적으로 내려오는 미풍

양속이요, 우리 민족만의 유일한 자랑거리 동성동본금혼법만은 자손 대를 위해서도 반드시 지켜 나가야 한다는 것입니다. 그럼으로 전국은 물론 우리 충남에서도 이 악법제정을 저지하기 위해서 9월 5일 각 시 군별로 일제히 규탄시위를 실시키로 결의한 바, 우리 공주향교에서도 같은 날 대대적인 시위를 실시키로 하였사오니, 향교 유도회 임원님은 물론이요 이에 뜻을 같이 하시고 같은 길을 걷고 계시는 우리 유도회원님 여러분께서도 짐승만도 못한 법안제정을 사전 봉쇄하는 이번 시위행렬에 한 분도 빠짐없이 참여하여 주실 것을 간곡히 부탁드리면서 불비례상하나이다.

   - 다 음 -

   ○ 시위일시 : 1998년 9월 5일 토요일 오전 10시

   ○ 시위장소 : 산성공원 입구 주차광장

   ○ 시위행로 : 주차장 출발 - 큰 사거리 - 공고 앞 - 시청 앞 - 부고 앞 자민련 사무실에서 해산

   ○ 소요시간 : 약 2시간

   ○ 참가범위 : 남녀노소를 막론하고 뜻을 함께 하는 분은 누구나 참가시킬 수 있습니다.

1998년 8월

공주향교 전교 이 덕 희

1.2.2 공산성 결의문(1)

인간은 모든 만물을 초월 능가하여 가장 귀중하고 존엄하며 그 자질 또한 영특하게 태어났다. 그리하여 우주 간 총체를 지배할 수 있는 무한한 지혜와 능력과 그리고 옳고 옳지 못한 사리의 판단력까지 천부적으로 부여받아 만물의 영장이 된 것이다. 그런데 오늘날에 와서는 인간이 물질에만 어두워 사리조차 판단 못하고 인간 본연의 도리와 본분을 망각 외면한 채, 오직 일시적인 영리와 향락에 도취되어 이성을 잃는 국민이 날로 증가하고 있으며 행동 또한 목불인견이다.

뿐만 아니라, 이에 편승하여 설상가상으로 탈선자의 범법이 일익 증가하여 살인강도 강간 폭력 사기 등 5대 범죄 행각이 점점 극성을 부리고 있는 바, 국민이 하루인들

안심하고 살겠는가.

그러므로 당국은 무엇보다도 이 문제의 심각성을 직시하여야 한다. 그럼에도 불구하고 현재 어떠한가? 부득이 우리 공주 유림을 포함한 시민들은 이것을 간파하고 우려한 끝에 하루속히 상실한 인간 본질의 인성을 되찾고 회복시켜 국민 모두가 안심하고 생활할 수 있도록 하기 위하여 공주 전 시민의 이름으로 다음과 같이 결의한다.

1. 우리는 부모님께 효도하고 자녀를 사랑하며 청소년을 선도하는 본성을 회복 실천한다.
2. 우리는 충효사상을 고취하고 경로정신을 발휘하며 퇴폐풍조를 몰아내고 윤리사회를 건설한다.
3. 우리는 현재 동성동본금혼법이 무산되었으나 아직도 불씨는 남아있다. 다 같이 일심 단결하여 동성동본금혼법만은 끝까지 사수한다.
4. 우리는 날로 심화되는 사회악 척결에 앞장서고 정의와 미덕으로 희망찬 새 천년을 약속한다.
5. 우리는 윤리 생활화로 신뢰받는 국민 되고 미풍양속 지키면서 인간다운 삶을 추구한다.

2000년 1월 11일

공주 시민 일동

1.2.3 공산성 광장 궐기대회 연설문

존경하는 공주 시민 여러분 안녕하십니까?

저는 오늘 이 대회를 주최하는 책임자 공주향교 전교 이덕희입니다.

요즈음 장마철이 되다보니 일기 불안정하고 또는 기온이 30도 안팎의 무더운 날씨에 부득이 시민 여러분을 모시게 된 동기는 제가 말씀드리지 아니해도 이미 가두선전이나 안내문을 통해서 너무나 잘 알고 계실 것이요, 사태가 긴박하다보니 이와 같은 대회를 개최하지 않고서는 아니 된다는 사실도 잘 아시고 계실 것이기 때문에 오늘 이 모임에 대해서는 더 이상 구체적으로 설명 말씀을 드리지 아니 하고, 다만 여러분께서 고열에도 불구 하시고 조국의 장래와 자손의 앞날을 위하시는 충정에서 이토록 많이 참여해 주신데 대해서 대회 책임자로서 뜨거운 감사를 드릴 뿐입니다.

만장하신 시민 여러분!

아시다시피 동성동본금혼법을 놓고 시비를 제기한지는 무려 수십 년이 되었습니다마는, 소급해서 말씀드리면 당초 지각없는 일부 여성들이 작당하여 국가의 장래와 자손의 앞날은 도무지 생각지 아니 하고 오직 일시적인 향락과 행복만 추구하기 위하여 끈질기게 주장해온 동성동본금혼법 폐지 문제를 근년에 와서는 정부에서 이것도 민원이요, 이것도 법안이라고 노골적으로 받아들여 헌법재판소가 지난 1997년 7월 16일자 헌법과 민법이 불합치하다고 천부당만부당한 판결을 내렸으니 이것이 말이나 됩니까?

민주국가에서 헌법상 행복추구권은 인정되지만, 다소 모호한 법조항을 악용하여 불순하게도 행복추구권을 하필이면 동성동본금혼법과 결부시켜, 아무 관련 없는 민법 809조 금혼법을 헌법 제10조 행복추구권과 배치된다는 엉터리 불합치 판결이 과연 이 나라, 이 민족을 위한 정당한 판결이라고 할 수 있습니까?

여러분! 제 말이 그른 말입니까? 옳다고 생각하시면 우레와 같은 박수를 쳐주십시오! 이것은 무지한 국민을 기만한 판결이요, 망국적인 판결입니다. 판사 9명중 양심있는 판사 몇 명이 반대하자, 위헌이란 판결은 차마 못하고 부득이 웃지 못 할 불합치로 판결을 했다는데, 그 오명은 천추에 남을 것입니다.

그 후 1년간 헌법과 민법을 합치시키라는 유예기간을 두었으나, 합치될 수는 없으므로 1999년 1월 1일 부로 민법 809조 금혼법이 민법에서 자동 삭제되었다고 합니다. 그리하여 현행 행정당국에서 동성동본 결혼신고를 마구 받아들인다고 하니, 이것은 국민 모두를 짐승우리로 몰아넣는 것이 아니고 무엇이며, 이것도 정치라고 하는 것입니까?

정政은 정正이라고 하였습니다. 국민으로 하여금 정당한 길로 인도하는 것이 정치요, 못된 것으로 유도하는 것은 절대 정치가 아니라고 생각합니다.

그러므로 불순한 무리들이 이에 편승해서 15대 국회에서 이루지 못한 꿈을 16대 국회가 개원되자, 지난 6월 10일자 중앙일보 기사에 의하면, 법무부는 동성동본금혼법 폐지 등 민법 개정을 재추진한다고 보도한바, 내용인즉, 동성동본 8촌 이내 혈족은 혼인을 금지하고 8촌 이상은 허용한다고 되어 있습니다.

일찍이 듣기로는, 타고 다니는 말도 사촌을 알아보고 교접을 아니 한다는 것입니다. 이와 같이 짐승도 가까운 혈연을 알아보거늘, 하물며 인두겁을 쓴 만물의 영장 인간으로서 8촌 이상 결혼을 허용하다니, 이것은 짐승인 말만도 못한 짓이기에 사람이라면 차마 이런 짓은 못할 것입니다.

헌법재판소가 당초 헌법과 민법 불합치 판결은 헌법 제9조에 명시된 바, 국가는 전통문화 계승 발전과 민족문화 창달에 노력하여야 한다는 국가 의무조항에 분명히 위배된 판결이므로 그 판결 자체가 무효인 것입니다. 뿐만 아니라 헌법 제10조에 의하면 모든 국민은 인간으로서의 존엄과 가치를 가지면서 행복을 추구할 권리를 가진다고 되어 있는 바, 동성동본 일가끼리 결혼하는 것이 과연 인간으로서의 존엄과 가치를 유지하는 길입니까?

그리고 허다한 타 성씨 다 두고, 하필이면 일가에서 무슨 얼어 죽을 행복을 추구한단 말입니까? 또 한 가지 더 있습니다. 동성동본 결혼금지 조항을 폐지할진데, 기왕이면 인심 쓰는 길이 4촌, 8촌까지도 다 터놓아 버리지, 행복 추구하는데 촌수는 왜 따집니까? 헌법상 행복추구에 촌수 따지란 조항은 없습니다. 그렇다면 8촌 이상 촌수 제한도 헌법상 틀림없는 위헌이 아니고 무엇이겠습니까?

시민 여러분 제 말이 그른 말입니까? 그러나 사이비 인간들도 일말의 양심은 있어서 차마 형제 4촌, 6촌, 8촌까지는 할 수 없었던 모양입니다. 그러나 이것은 눈 가리고 아옹 하는 식이요, 50 보步로 소笑 100보의 격이 될 것입니다.

존경하는 시민 여러분!

우리나라 정부는 현재 모순에 모순을 거듭하고 있는 것이 한두 가지가 아닙니다. 이것이 모두 다 올바른 국가관이나 민족관을 가진 위정자가 없다보니 정치부재에서 나온 소치라고 생각합니다.

법은 분명히 본받을 수 있는 것이라 했습니다. 악법도 법이라고 하지만 이것은 법이 될 수 없습니다. 다시 말해서 법무부는 헌법 제10조를 무시하고 어떻게 인간의 존엄과 가치를 상실하는 동성동본 간 결혼을 허용하자는 말입니까?

만일 행복추구권이 인간존엄과 가치보다 더 우월하고 소중하다면, 행복을 추구하기 위한 모든 범죄는 무조건 용서하는 것이 옳음에도, 일례를 들어, 왜 강간이 범죄가 되는지 알 수 없습니다. 이것은 남에게 피해를 주니까 범죄가 된다고 보면 강간은 한 사람에게 피해를 주지만, 일가 간 혼인을 하게 되면 이것은 몇몇 사람 때문에 국민 전체가 피해를 볼 뿐 아니라, 결국 가정이 파탄되고 국기가 흔들리면서 모든 사회악이 난무하게 될 것은 불 보듯 뻔한 일이거늘, 위정자들은 왜 이것을 생각 못하고 그놈의 표만 의식하면서 할 말도 못하는지 참으로 한심하기만 합니다.

만장하신 시민여러분!

광복 후 우리나라 정치사는 권력쟁탈의 소용돌이 속에서 비극의 연속이었고, 근래에 와서는 참으로 부끄러운 정치양상만 보여주고 있어 국민을 너무나 실망시키고 있습니다.

국가의 흥망과 국민의 고락이 위정자 장중에 달려 있는데, 정치인만 믿고 사는 것이 바로 순진한 국민들입니다.

그런데 국민이 태산같이 믿고 의지했던 일국 대통령이 퇴임하면서 부정 비리로 둘씩이나 영어囹圄감옥의 몸을 면치 못했고, 그리고 전 현직 장차관들과 국회의원들이 부정부패 때문에 무수히 감옥을 다녀왔으며 현재도 꼬리를 물고 있어 국민의 빈축은 물론 국가의 체면도 말이 아닙니다. 이것도 위국 위민하는 정당한 정치라고 하겠습니까?

그뿐 아니라 국회에서는 개회했다하면 멱살이나 잡고 욕설이나 퍼붓는 저질적인 행동, 그렇지 아니 하면 야외에서 투쟁이나 일삼는 정치, 또는 정치 생명이나 유지 연장하려고 당리당략에만 치중하면서 여야가 공히 갖은 흠뜯기, 흠집 내기 등으로 일관하고 있으니 이렇게 해도 나라를 위하고 백성을 위해서 일하는 정치인이라고 자처할 수 있습니까?

제가 생각하기에, 정치인이라면 모든 사리판단을 정확히 해서 국가 대사를 실수 없이 처리하고 사심 없이 공심에서 오직 국리민복만을 위해서 옳은 일이라면 목숨도 걸고 싸워야 합니다.

그런데 오늘날 정치인들은 국민을 위해서 정치하는 것이 아니고, 자기 자신만을 위하는 정치를 하고 있는 것입니다. 때문에 자기 사욕이나 챙기고 지역구 표나 관리하고 소위 정당의 눈치나 보면서 주관 없이 왔다 갔다 하는 사이비 정치인들입니다. 이들도 과연 정치인이라고 할 수 있습니까?

우리나라 기성정치인들 참으로 한심합니다. 물론 100%는 아닙니다. 때문에 김 대통령이 이번 총선에서 새 사람, 새 인물을 찾았던 이유도 바로 여기에 있었던 것입니다.

저는 비록 정치학은 배우지 못했습니다마는, 제가 알기로는 정치는 대략 세 가지를 위해서 하는 것으로 알고 있습니다.

첫째는 외침을 막으면서 국토를 잘 지켜야 하고, 두 번째는 국민이 편안하게 살 수 있도록 의식주를 잘 해결해 주어야 하며, 세 번째는 국민을 올바르게 교육시켜 살인, 강도, 폭력 등 제반 사회악을 사전 예방하여 국민 모두가 안심하고 생업에 종사할 수 있도록 하는 것이라고 생각합니다.

이 세 가지 이외의 다른 정치가 있다면 이것은 부수적이고 지엽적인 문제일 것입니다. 그러나 우리나라는 이 세 가지 중 교육제도는 말할 수 없이 아주 잘못되어 있는 것입니다. 때에 따라 1년이면 몇 번씩 갈리는 교육부장관마다 교육정책을 변경시키다 보니, 교육이 일관성이 없어 갈팡질팡은 말할 것도 없고 학생들이 갈피를 잡지 못하여 학업의욕을 상실하면서 정도를 걷지 못하고 옆길로 빠지게 되는 것입니다.

국가 장래를 위해서 동량지재棟樑之材로 양성되어야 할 학생들을 이런 식으로 교육시킨다면 우리나라 앞날은 암담하기만 할 것입니다. 뿐만 아니라, 인간 일상생활에서 가장 기본이 되는 인본사상과 인성교육을 전적 무시하고 오직 목전 이익만을 지향하는 경제학, 과학만을 중심으로 물리학적 교육에만 치중하다보니, 효과가 당장 눈에 보이지 아니 하고 목전 생산성이 없어 금전이익이 없는 예의와 도덕성은 방치해 두고 오직 눈앞에 보이는 돈밖에 모르게 되어, 자식이 부모를 쓰레기같이 몰래 내다버리거나 죽이는 일을 예사로 자행하고, 부모가 소중한 자식까지 죽이면서 돈을 벌려고 하는 짐승 같은 비정한 부모가 속출하고 있으며, 심지어 최고의 학식과 인격을 갖추었다는 대학교수가 돈 때문에 부모를 살해하고, 미성년 고등학생이 제 부모를 토막 살인하는 전무후무한 끔찍한 사건이 발생하는 등 이와 같이 험악하고 무섭고 부도덕한 세상을 과연 누가 만들고 있습니까? 거기다가 요즘 와서 점점 더해 가는 TV 프로그램은 인기위주로 할 것 못할 것 마구 방영하고 있으니, 이것은 국민 정서를 해칠 뿐 아니라 순진한 청소년으로 하여금 악성을 불러일으킬 소지가 다분하여 가일층 사회악을 부추기고 있는 것입니다.

이 모든 것은 누가 무슨 소리를 해도 통치권을 행사하는 전현직 대통령이 책임져야 하며 기성 정치인들이 만들어낸 산물인 것입니다.

그러므로 위정자들은, 경제발전도 중요하지만, 날로 늘어나는 살인, 강도, 강간, 사기, 폭력 등을 장차 어떻게 예방할 것인지 혹은 이대로 계속 방치할 것인지 묻고 싶습니다.

그럼에도 불구하고 이런 시점에서 설상가상으로 국가 법무행정의 통괄기관인 법무부가 정부를 대표해서 8촌 이내만 금혼한다는 짐승 법안을 내놓으면서 이것을 반대하려면 대안을 내어놓으라는 것입니다. 아시다시피 여기에 무슨 대안이 있을 수 있습니까? 무조건 동성동본은 금혼이 되어야 합니다. 그럼에도 일부 지각없는 유림들은 궁여지책으로 15촌이니, 20촌이니 하고 있지만 이것은 어불성설입니다. 죽으면 그대로 앉아 죽었지, 왜 이런 못된 짓을 한단 말입니까? 8촌이나 10촌이나 20촌은 똑같은 혈족이요, 일가인 것입니다.

요즈음, 그렇지 아니해도, 가부장제도가 점차 없어져 아무나 호주가 되면서 호주가 박씨, 김씨로 뒤죽박죽되는 판국인데 거기다가 동성동본금혼법까지 폐지되어 마구 결혼한다고 보면 할미뻘이 마누라가 되고 손자뻘이 남편이 될 것은 뻔한 일인데, 이래도 과연 사람이라고 하겠습니까?

이렇게 된다고 볼 때, 동성동본은 백대지친을 따지기 이전에 결국은 조상이 없어지고 족보가 없어지고 항렬行列이 없어지고 촌수가 없어지고 친척이 없어지고, 다만 따질 수 있다면 부모, 자식 이외에는 아무것도 따질 도리가 없을 것입니다.

몰지각한 일부 여성이나 금혼법 폐지안을 국민 앞에 제시하고 있는 법무부 입안자들은 동성동본이 결혼하게 되면 어떠한 결과를 초래하는 것인지 과연 생각이나 해본 사실이 있는지 묻고 싶습니다.

무슨 이유로 국민 모두를 짐승우리로 몰아넣으려고 하는지 참으로 알 수 없으며, 이웃나라 좋은 국민성은 본을 못 볼망정, 왜 못된 것만 본보려 한단 말입니까?

참으로 한심한 일입니다.

존경하는 시민여러분!

만일 동성동본 간 결혼을 터놓게 되면 8촌 이내 끼리 결혼한들 누가 무슨 재주로 막을 것이며, 근친혼을 하게 되면 바보 자식 낳게 되는 것을 왜 모른단 말입니까?

이것은 짐승이나 하는 짓입니다. 만물의 영장인 인간이 어떻게 이와 같은 짐승행동을 한단 말입니까? 한사코 동성동본 결혼만은 목숨 걸고 막아야 합니다. 그리하여 한 가정에서 할아버지, 삼촌, 조카, 고모, 당숙을 부르면서 화목하고 인간답게 뿌리를 지켜가며 떳떳하게 살아갑시다.

감사합니다.

2000년 7월 공주 산성공원 입구 광장 시위집회에서

공주향교 전교 이덕희

1.2.4 공산성 결의문(2)

우리 공주 시민일동은 오늘날 자식인 대학 교수가 애비를 죽이면서 돈이나 챙기고 또는 자식인 고등학생이 돈 때문에 제 부모를 토막 살인하는 반면에 애비는 돈을 벌려고 사랑하는 자식까지 무참히 죽이는 인류 역사상 유례 없는 험악하고 무서운 세상에 만일 뿌리가 같고 조상이 같은 일가 간에 결혼까지 하게 된다면 앞으로 이 세상은 과연 어떻게 되겠는가? 생각만 해도 몸서리가 난다. 그러므로 우리는 조국의 장래와 자손의 앞날을 위해서도 또는 각 가정의 평화와 질서를 위해서도 시민 모두가 앞장서서 동성동본금혼법만은 기필코 사수할 것을 다짐하면서 다음과 같이 결의한다.

1, 헌법 재판소는 아무 관련 없는 1997년 7월 16일자 헌법 민법 불합치 판결을 즉각 취소하고 국민에게 사죄하라.

1, 법무부는 반인륜적이고 더러운 '8촌 이내만 금혼한다.'는 짐승 법안을 조속히 철회하라.

1, 우리는 짐승과 같이 일가 간 결혼하는 더러운 유산을 한사코 후손에게 물려주지 아니한다.

1, 우리는 조상 전래로 물려받은 우리의 자랑 동성동본금혼법은 목숨 걸고 사수한다.

2000년 7월 공주 산성공원 입구광장에서 공주시민 일동

1.2.5 헌재의 동성동본금혼법 위헌판결에 대한 반대결의문

우리 민족은 오천년 역사를 지키면서 윤리를 바탕으로 하여 도덕정치와 인본 교육으로 국민을 순화시켜왔으니, 일찍부터 동방예의지국으로 칭하여 왔다. 그러나 오늘의 현실은 어떠한가! 모든 사회악이 극성을 부리는 와중에 설상가상으로 일가끼리 결혼하자는 짐승만도 못한 무리까지 등장하여 사회를 혼란시키고 국기까지 흔들고 있으니 참으로 국가의 장래와 존망이 걱정되고 국민의 안위와 가정의 파괴가 염려된다. 그럼으로 조상님이 지켜 오신 민족문화와 전통문화가 여지없이 말살될 위기에 처해있으니, 그 무리들의 흉악성은 살인강도에 비할 바가 아니다. 우리 공주 시민동지 및 유림일동은 공주인의 전통인 선비정신을 발휘하여 우리가 오늘의 난국을 타개한다는 사명감으로, 어느 지방보다 선두에서 무지함이 금수만도 못한 무리들에게 시급히 반성을 촉구하고 정부당국에 이와 같은 위급한 사항을 통보하면서 다음과 같이 결의한다.

1. 우리는 헌법 재판소의 반민족 반인도적인 불합치 위헌 판결을 즉각 취소하고 국민 앞에 사죄할 것을 강력히 촉구한다.
1. 우리는 세계 유일한 자랑인 동성동본금혼법만은 자손만대를 위해서도 목숨 걸고 사수한다.
1. 우리는 팔촌이내 금혼한다는 비도덕적인 법무부 악법 안을 가차 없이 배격한다.
1. 우리는 일가 간 결혼하는 더러운 유산을 후손에게 물려줄 수 없으며 인도에 벗어나는 짐승 같은 향락은 일체 배제한다.
1. 우리는 항시 전통윤리문화를 수호하고 예의를 지키면서 사람답게 살아간다.

2000년 7월 16일

공주향교 전교 이덕희 외 유림일동

1.2.6 전국유림총궐기대회 통지문(1)

성균관 제 2001- 호

시행일자 : 2001년 11월 30일

수 신 : 전국향교전교 및 유도회장

참 조 : 각 향교 총무장의 유도회총무

제 목 : 가족법개악저지에 대한 전국유림총궐기대회개최

전국전교님, 유도회장님!

존체 대안하심을 앙하차축仰賀且祝하나이다. 취就 앙고지사仰告之事는 전교님에게는 사전 준비해 주실 것을 기旣히 통지한바 있거니와, 현재 국회회기가 절정에 이르면서 법사위 소위원회에서 수시로 가족법 전반을 다루고 있어 12월 상반기가 가장 중요한 시기로 추측되는 바, 이 시기를 대비하여 하기일시 장소에서 전국 유림 총궐기대회를 개최코자 하오니, 각 향교 전교님과 유도회장님께서는 회기 중 이 시기가 가장 위태롭고 긴박함을 인식하시고 총력을 경주하시와 시위에 필요한 플래카드, 어깨띠, 피켓 등을 차질 없이 준비하시어 향교별 버스 1대 내지 3대씩 동원하여 주시기 간망하나이다.

금번 집회목표인원은 만 명 이상으로 정한바 이번이 유림위력을 만천하에 과시할 수 있는 마지막 기회로 사료되오니 남녀불문하고 최대한 인원을 동원하여 주시기를 재삼 부탁드립니다.(모든 참가 경비는 향교자체부담)

※ 추신 : 각 유도회장님에게는 주소를 잘 몰라서 별도 공문을 보내드리지 못하와 2매를 동봉하오니 전달하여 주시기 바랍니다.

○ 일시 : 2001년 12월 일 오전 11시

○ 장소 : 서울 여의도 KBS방송국 앞 문화의 마당(작년도 집회했던 장소)

성균관장 최창규(崔昌圭)

성균관유도회장직무대행 이승관(李承寬)

성균관가족법대책위원장 이덕희(李悳熙)

1.2.7 전단살포에 관한 통지문

2002년 새해를 맞이하여 존체만안하시고 댁내 균온하시며 하시는 일 모두가 성취되시기를 기원하나이다.

드릴 말씀은 이미 아시고 계시는 가족법 문제입니다. 세전 정기국회에서는 동성동본금혼법를 8촌 이내 금혼법으로 개정하려는 정부안이 다행히도 법사위원회에서 유보되고 국회 본회의까지 상정되지 아니한 바, 그러나 여성단체에서는 조금도 고삐를 늦추지 아니 하고 금년 2월 임시국회에서는 기필코 통과시킨다고 호언장담까지 하고 있습니다. 뿐만 아니라 가장 중요한 호주제 존폐문제가 요즘 언론에서 더욱 집중 거론되고 있어 앞으로 귀추가 주목되고 있습니다. 그동안 여성단체에서는 호주제가 위헌이라고 주장하면서 시민단체를 앞세워 서울 지방법원을 거쳐 작년 4월경 헌법재판소에 위헌 여부심판을 제청한 바, 다행히도 아직까지 재판이 유보되고 있으나 이것도 여성단체에서는 2월 임시국회와 동시에 호주제도도 종결 지겠다고 역시 장담하고 있어 앞으로 오는 2월, 3월이 가장 위급한 시기가 아닌가 생각되어 그 대책의 일환으로, 정부와 여성 측에서 가장 두려워하는 여론을 고조시키기 위해서는 먼저 호주제 폐지의 절대 부당함을 전 국민에게 홍보하는 것이 무엇보다 급선무라고 사료되어(작년 12월 14일 전교 및 신임원 교육장에서도 300여명이 전단을 제작하여 견본을 전국 향교에 보내줄 것을 결의한 바 있음), 우리 대책위원회에서 가족법상 반대하는 이유 중 가장 중요한 부분만 발췌하여 성의껏 제작한 전단 견본 2매씩을 별지 살포계획안과 같이 동봉하여 우송하오니, 전국 전교님께서는 조속한 시일 내에 전단을 다량 인쇄하시어 계획안에 의해 살포하시기를 간절히 부탁드립니다. 다음 대책 안은 어떠한 방법이든 유림 시위를 계획하고 있습니다.

저도 가족법 대책위원장을 맡은 이후 매년 9월말 매주 거의 2회 이상씩 국회에 오고가면서 법사위원들도 만나보고 정보도 입수해 왔으며 요즘은 주로 헌법재판소에 지속적 로비활동을 하고 있습니다. 그리하여 책임을 맡은 이상 가족법 중 동성동본금혼법과 호주제만은 어떠한 일이 있어도 목숨 걸고 지켜나갈 각오로 모든 정렬을 다쏟아 이 두 가지 지키는데 총력을 경주하고 있사오니, 우리 전국 전교님께서도 이에 적극 동참해 주시고 협조해 주시기를 진심으로 부탁말씀 올립니다.

2002년 1월

성균관가족법대책위원장 이 덕 희

•전단 살포 계획안

1. 전단 만들기

각 시·군 단위로 향교가 합동으로 최소한 5만매 이상 제작 살포

2. 제작방법

① 전교와 유도회지부장은 물론, 각 장의와 지회장이 1인당 천매씩(합동으로 인쇄하면 제작비 일만원) 분담하여 공동제작하고 부족분은 향교에서 충당하는 방법과 ② 또는 재정이 있는 향교는 향교에서 전담할 수도 있음 ③ 유림으로부터 특별 찬조를 받아 더 많이 살포하면 더욱 좋음

공산성 시위 시가행진

3. 살포인원동원 방법

① 전 장의님, 지회장님이 총 출동하여 약 5일간 조를 편성하여 교대로 지속적 살포방법과 ② 가급적 여성을 동원 살포하면 더욱 효과가 좋을 것임.

4. 살포 처와 장소

① 시·군 관공서를 위시하여 각 읍·면 각 기관의 장급까지 전 직원을 일일이 빼놓지 말고 전해줄 것. ② 대학이 있는 시·군은 대학정문에서 출퇴근하는 대학교수 그리고 등·하교하는 학생 전원에게(요즘은 방학이지만 학교 출입하는 교수와 학생이 많이 있음) 살포할 것. ④ 가급적 여성에게 많이 살포할 것. ⑤ 시장 내와 시내 번화가 그리고 시골 장날 이용도 좋음.

5. 어깨띠

조당 1명씩이라도 반드시 착용할 것.(전면에는 호주제도 폐지 결사반대, 후면에는 성균관가족법대책위원회나 또는 ○○향교 유도회도 좋음)

6. 플랭카드 내걸기

회관이 있는 향교는 회관에, 없는 향교는 향교 앞이나 시민이 많이 보고 다니는 곳에 내건다.(① 호주제도 폐지되면 주인 없는 가정되고 잡성가족 형성된다. ② 호주제도 폐지되면 아비는 이씨, 자식은 박씨 된다.)

1.2.8 공주유림에게 보내는 홍보 요청문

유림지도자 여러분 안녕하십니까?

요즘 농번기를 앞두고 작농 준비에 얼마나 노고가 많으십니까?

드릴 말씀은 아시는 바와 같이 현재 가족법 개악 문제를 가지고 정부 측과 일부 여성단체에서 날로 강성하고 있는 시점에서 잠시도 방심할 수 없는 것이 바로 우리 유림측 입장입니다.

때문에 우리 성균관 가족법 대책위원회에서는 현재 가장 시급하다고 생각하는 것은 국민들이 가족법에 대해서 옳고 그른 것을 잘 모르고 무조건 여성 편에 맹종할 염려가 있다는 것을 간파하고 전 국민에게 가족법 바로 알리기 홍보운동을 전개하고 있습니다.

따라서 우리 공주도 이에 부응하여 성균관과 공주향교 그리고 공주유도회가 공동으로 공주 전역에 이 운동을 실시키로 했습니다.

존경하는 유림지도자 여러분 가족법에 대해서는 보내드리는 전단에 상세히 기록되어 더 말씀 아니 드리고 다만 동봉한 전단을 한 번 읽어보시고 이웃에게 자세히 설명하시면서 나누어주시면 되겠습니다.

아시다시피 가족법 수호는 우리 유림의 몫입니다. 우리 유림들은 우리가 반드시 지켜낸다는 사명감을 갖고 최선을 다해야 할 것입니다. 특히 우리 공주유림은 가족법 수호에 앞장선 전국적으로 유명한 곳입니다.

우리 공주 일천의 유도회원님께서 의견을 모으시고 힘을 합친다면 망국적인 이 위기를 극복하리라고 사료됩니다. 이것이 바로 우리 유림의 살길이요, 가정파괴를 방지하는 길이기도 합니다. 우리 공주 유림은 똘똘 뭉쳐 총궐기하여 이 어려운 난국을 이겨 낼 것을 진심으로 부탁드리면서 이만 줄이겠습니다.

2002년 4월

성균관가족법대책위원회 위원장 이덕희 외 유림일동

1.2.9 일천만 유림들은 총궐기하라! 〈2002. 12. 1 유교신문〉

우리나라는 현재 여성부가 나라를 망치고 있다. 왜 국민들을 짐승우리로 몰아넣으려 하는가? 윤리도덕이 말살되고 국민 모두가 짐승이 되어도 좋단 말인가? 이것만은 우리 유림들이 목숨을 걸고 막아야 한다.

우리 일천만 유림가족들은 현재 죽느냐 사느냐 하는 기로선상에 서 있다. 만일 국회에서 가족법 중 8촌 이내 금혼법이 통과되고 호주제도가 폐지되고 친양자제도가 도입된다면, 전 유림들은 살아 있어도 죽은 목숨이다. 인두겁을 쓰고 있는 사람이라면 어찌 이 꼴을 보면서 살겠는가? 만에 하나 이와 같이 된다면 더러운 세상 금수같이 살지 말고 차라리 사람답게 죽는 것이 나을 것이다. 어떻게 인간사회에서 혈통가통을 말살하고 그리고 가정질서를 잡아주는 호주를 없애고 또한 타고난 성씨가지 수시로 바꾼단 말인가? 그리고 잡성이 모여 부자, 형제가 된단 말인가? 이것은 결국 조상 족보는 물론 일가친척까지 없어지며 형제가 사돈 되고 친아버지가 시아버지가 되는 기막힌 일이다. 당초 누가 이 끔찍한 발상을 했는지, 이 자는 역사상 대 죄인이요, 천벌 받아 마땅하다. 고금을 막론하고 세상이 아무리 바뀌고 시대가 백 번 천 번 변한다 해도 사람 사는 기본원칙과 근본 도리는 변할 수 없다. 그러나 불필요한 여성부와 비정상적인 일부 여성단체에서 천인이 공노할 가족법 개악을 적극 추진하고 있다. 이것은 인간사회에서 도저히 용납할 수 없는 비도덕적이요 비윤리적인 행동이다. 오늘날 우리 유림들은 이와 같이 국가 존망과 유림 사활이 조석에 달려 있는 백척간두의 긴박한 상황 속에서 태연하게 강 건너 불 보듯 구경만 하고 있으면서 탁상에 앉아 시야비야 토론이나 하고 책자나 몇 백 권 만들어 돌릴 때가 아니다. 이제 우리 유림들이 총궐기하여 가족법 개악의 부당성을 전 국민에게 알리면서 행동으로 보이고 몸으로 부딪쳐 생사를 걸고 싸워야 한다. 참는 것도 한계가 있다.

오늘날 우리 민족이 수천 년 간 지켜온 가장 중요한 전통문화인 혈통과 가통이 무너지고 윤리도덕이 말살되는 시점에서 전통문화를 생명같이 여겨온 우리 유림들이 이제 와서 여지없이 강상綱常이 짓밟히는 이 광경을 어떻게 보고만 있겠는가? 의분을 참을 수 없다.

이제는 생명까지 바치면서 불의와 싸웠던 선열들의 선비정신이 절실하게 요구된다. 우리는 이 물의에 동조하는 정치인이나 여성들에게 굴하지 말고 끝까지 투쟁해야 한다. 다가오는 대선에는 누구를 막론하고 가족법 개악에 찬동하는 자에게는 한 표도 주어서는 안 된다. 이것은 유림의 사활은 물론 국가 흥망성쇠가 달려있기 때문이다. 존경하는 일천만 유림 가족들은 모두가 일어나 가족법 개악의 원흉인 여성부를 하루속히 폐쇄시켜야 한다. 그리하여 국론을 분열시키고 가정을 파괴하는 망국적인 가족법 개악을 근본적으로 저지해야 한다. 그러므로 우리 유림들은 하루속히 정의로운 주체성과 올바른 민족정신과 그리고 불굴의 유림 기개를 유감없이 발휘해야 한다. 그래서 오늘날 칠흑 같은 어둠 속에서 갈 길을 못 찾아 우왕좌왕하는 일부 우매한 국민들에게 우리 유림들이 선두에서 가족법 개악의 부당함을 지도계몽하여 갈 길을 똑바로 인도해야 한다. 이것이 바로 가족법 개악 저지의 첩경이요, 오늘날 시대가 요구하는 우리 유림들에게 부하된 사명이다. 아직도 우리 유림의 당당한 기개는 살아 있다. 정의감에 불타는 우리 유림들은 어떠한 일이 있어도 오늘날 전무후무한 가족법 개악만은 생명을 걸고 저지해야 한다. 다시 외치노니 일천만 유림가족은 총궐기하라! 그리하여 천하의 악법 가족법 개악을 원천봉쇄하라! 이것만이 인류가 살고 우리 유림이 살 길이다.

2002년 12월

성균관가족법대책위원회 위원장 이덕희 외 유림일동

1.2.10 전국유림총궐기대회 통지문(2)

성 균 관

우110-812 서울 종로구 명륜동 3가 53번지 전화(02)765-0501, 760-1472

문서번호 : 성균관 2003- 호

발송일자 : 2003년 5월 29일

수 신 : 전국 234 향교 및 유도회

제 목 : 호주제도 폐지 등 가족법 개악반대 범 전국 유림 총궐기대회 개최

1. 우리나라 전통문화 중 가장 중요한 호주제도를 말살하고 전 국민을 짐승우리로 몰아넣으려는 일부 정부 측과 여성단체의 몰지각한 행각에 전 국민이 분노충천하고 있어 호주제 폐지라는 망국적 발상을 더 이상 재론 못하도록 단호히 대처하여야 할 것입니다.

2. 따라서 우리 1천만 유림가족들은 이에 대응하고자 가장 적절한 시위시기를 6월 임시국회개최 기간으로 보고 급박하게 금월 10일로 확정 총궐기하여 망국적인 호주제 폐지를 원천봉쇄 하여야 합니다.

3. 지난 5월 23일 탑골 공원집회는 경기, 강원, 충청 등 유림 일부가 참여하였으나 이번에는 전국 234개 향교 전체가 총출동 참여하는 대규모 시위가 되겠습니다.

4. 이번 시위는 평화적으로 전 유림이 참여하는 행사로서 234개 향교(유도회 포함)에서는 다소 어려움이 있더라도 책임의식을 가지시고 한 곳도 빠짐없이 최선을 다하여 향교 당 버스 1대 이상 동원하여 현재도 유림이 건재함을 전 국민은 물론 정부나 여성 측에 당당하게 보여주어야 할 것입니다.

5. 또한 이번 집회는 전 유림의 사활이 걸려 있으며 가정 파괴는 물론 국가의 흥망이 좌우되는 가장 중대한 마지막 보루의 시위가 될 것으로 생각됩니다. 우리 일천만 유림가족들은 다 같은 내 일로 생각하시고 서로서로 권유하시어 한 분이라도 더 많이 참여하시기를 간곡히 부탁드리며 호소하는 바입니다.

- 일 정 -

○ 개회일시 : 2003년 6월 10일 상오 11시~하오 3시

○ 집회장소 : 서울시 영등포구 여의도동 문화광장(2000년도 집회했던 곳)

○ 참석범위 : 전국 234개 향교 및 유도회

- 회순(행사순) -

○ 개 회 사 : 남상필(가족법 대책위원회 부위원장)

○ 국민의례

○ 대 회 사 : 이완희(성균관장 직무대행)

○ 궐 기 사 : 이덕희(가족법대책위원장)

○ 격 려 사 : 장현식(재단이사장)

○ 결의문채택 : 김종섭(지례향교전교)

○ 사 회 : 신현석(성균관 총무처장)

추신 :

※ 당일 풍물도 치는 것이 효과적이라고 하오니 참고하시기 바랍니다.

2003년 5월 29일

성균관장 직무대행 이완희, 성균관가족법대책위원장 이덕희 보냄

■ 준 비 물

1. 버스 1대당 플랭카드 2매씩 좌우로 부착할 것

2. 피켓도 10개 이상 준비

3. 어깨띠는 가급적 많이 두를 것

    ※ 이상은 과거 쓰던 것을 활용하거나 없을 시는 다시 제작할 것

■ 플랭카드에 쓸 표어(안)

▷ 뿌리없는 나무없고 조상없는 자손없다!

▷ 호주제도 없어지면 뿌리없는 나무된다!

▷ 호주제도 수호하여 가정질서 유지하자!

▷ 호주제도 폐지되면 인간뿌리 없어진다!

▷ 우리모두 내성지켜 부계혈통 이어가자!

▷ 호주제도 폐지되면 조상족보 없어지고 일가친척 없어진다!

▷ 호주없는 가정되면 사공없는 배가된다!

▷ 호주제도 폐지되면 조상도 없어지고 자손도 없어진다!

▷ 호주제도 폐지되면 가정도 무너지고 나라도 위태롭다!

▷ 호주제도 폐지되면 가정질서 파괴되고 부자형제 남남된다!

▷ 호주제도 폐지되면 국민모두 짐승된다!

▷ 8촌이내 금혼법안 망국적인 발상이다!

▷ 내성 버리고 의부성을 따르라니 이말이 웬말이냐!

▷ 가족법 개악 절대 반대!

▷ 우리의 고유문화 우리가 지켜가자!

▷ 호주제도 폐지되면 뒤죽박죽 집안된다!

▷ 호주제도 폐지되면 애비성은『이』가 자식성은 『박』가 손자성은 『김』가 된다!

▷ 부계혈통 없어지면 가정이 엉망되고 가족모두 남이된다!

    ※ 이상 표어(안) 중에서 골라 쓰시기 바랍니다.

전국 전교님과 전국 시군유도회 지부장님께 다시 한 번 부탁드립니다마는 이번 시위가 혹 마지막이 될지도 모르오니 인원동원에 최선을 다해 주시기 재삼 부탁드립니다.

1.2.11 호주제 폐지에 대한 반대 결의문 〈2003. 6. 10. 서울여의도 문화광장〉

우리 예의민족이 오천년 역사를 지켜오면서 면면이 이어온 조상 전래 고유 전통문화와 미풍양속이 오늘날에 와서 몰지각한 몇몇 무리에 의해서 여지없이 말살되고 있다. 특히 우리 전통문화 중 가장 소중한 호주제도가 폐지 직전에 처해 있으니 참으로 통탄하지 아니할 수 없다. 호주제도는 존폐 여부에 따라 국가의 흥망이 좌우되고 가정의 안위가 직결되어 있으며 우리 일천만 유림 가족의 생명까지 위협하는 중차대한 문제다. 뿐만 아니라, 호주제도 폐지 주장은 선량한 국민 모두를 금수화하려는 계획된 악의적 발상이다. 우리는 결코 이것을 용납하지 아니할 것이다.

현재 우리나라는 호주제 존폐논쟁으로 인하여 국기가 흔들리고 국론이 분열되어 있다. 우리는 국민으로서 우국충정에서 걱정하지 아니할 수 없다. 우리 일천만 유림 가족들은 비정상적인 일부세력을 제외하고 정상적이요, 정의로운 모든 국민과 더불어 사필귀정이란 군은 신념으로 호주제 수호를 위해서 끝까지 결사 투쟁할 것을 선언하면서 다음과 같이 결의한다.

1. 우리는 반민족적이요, 반인도적인 호주제도 폐지를 결사반대한다.

1. 소중한 전통문화 호주제도는 우리 민족의 유일한 생명체다. 영원토록 수호하여야 한다.

1. 참여 정부는 호주제 폐지 특별기획단을 즉각 해체하고 국가대사에 전념하라.

1. 호주제 폐지에 서명한 52명의 비인간적이요 망국적인 국회의원들은 즉시 국회에서 물러나라.

1. 정부는 여성의 이혼과 가출을 조장하고 가정을 파괴하는 산실이기도한 여성부를 즉각 철폐하라.

1. 여성단체는 국기를 흔들고 국론을 분열시키는 호주제 폐지의 망상을 하루속히 포기하라.

성균관 가족법 대책위원장 이덕희

1.2.12 대전·충남유림 총궐기대회 〈2004. 9. 10 대전역전 광장에서〉

안녕하십니까?

저는 방금 소개받은 충남향교 재단이사장 이덕희입니다.

대회사에 앞서 제가 우선 오늘 궐기대회에 참석해 주신 남녀 유림 동지 여러분께 심심한 감사를 드립니다. 아직도 늦더위가 기승을 부리는 무더운 날씨에 공사무 다 제쳐놓으시고 이와 같이 많은 유림 동지께서 참석해 주시어 오늘 대회 소집을 직접 주관한 책임자 한사람으로서 마음 흐뭇하게 생각하면서 뜨거운 감사를 드립니다.

•대 회 사

대전·충남남녀유림 지도자여러분! 그리고 전국에 계시는 일천만 유림가족 여러분! 우리 민족은 현재 국가존망과 국민 사활이 걸려있는 가족법 중 가장 소중한 호주제 가 폐지 직전까지 와 있습니다. 이것은 참으로 호주제 명맥이 경각에 달려 있는 위기 일발의 긴박한 상황이 아닐 수 없습니다. 나라가 망하고 가정이 파괴되느냐 마느냐 하는 중대한 고비가 바로 이 시각에 달려 있어 한시도 방심할 수 없는 위험수위까지 도달한 것이 아닌가 생각됩니다. 다시 말해서 요즘 심정은 매설한 폭탄이 언제 어떻 게 폭발할 것인지 가슴 조이며, 그러나 심중으로는 매설한 폭탄이 요행히도 불발탄이 되기를 고대하면서 조심스럽게 살얼음을 걷는 마음으로 하루하루 살아가는 것이 바 로 오늘날 우리 유림들의 솔직한 심정이라고 생각됩니다.

왜 우리 국민들이 왜 우리 유림들이 이렇게 살아야 하는지 나름대로 생각해 보았 습니다.

첫째는 우리가 시대를 잘 타고나지 못한 탓이요,

둘째는 유림이 너무나 노쇠하여 무력하기 때문이요,

셋째는 일국을 통치하는 지도자를 잘 만나지 못했기 때문이라고 생각합니다.

일국을 통치하는 지도자가 판단력이 정확하고 확고한 소신이 서 있다면, 동성동본 금혼법을 폐지 또는 호주제 폐지, 의부 성 따르기 등 일고의 가치도 없는 것을 가지고 국기를 흔들게 하고 국론을 분열시켜 국민으로 하여금 고통과 갈등을 느끼게 하겠습니까? 이것은 국가적으로 큰 손실이요, 망국의 징조라고 아니할 수 없습니다. 참여정부가 출범한 이후, 신정부에서 국민으로 하여금 동성동본 결혼을 못 시켜 경제발전이 아니 됩니까? 호주제도를 폐지 아니시켜 과학발달이 아니 됩니까? 그리고 의부 성을 따르지 못하게 해서 국정 수행에 지장을 초래합니까? 어찌해서 민심도 정확히 파악하지 아니 하고 때는 왔다는 듯, 극소수에 손을 들어 계속 힘으로만 밀어붙이는 신정부의 심산을 참으로 이해할 수 없습니다. 아마도 호주제도 폐지는 길을 막고 물어보아도 또는 삼척동자에게 물어보아도 절대 아니 된다 할 것입니다. 그러나 무지한 위정자나 일부 여성들 그리고 소견이 미치지 못하는 어리석은 약간 명의 국회의원까지도 이것을 찬성하고 있으니, 그리고 옳고 그른 것도 분별 못하고 사리도 판단 못하는 사람들이 삼부요직에 앉아 국정을 다루고 있다 보니 오늘날 나라꼴이 이 모양이 된 것입니다. 우리나라가 어찌 되려고 지도급에 있는 사람들이 못된 짓만 골라서 하는지 참으로 알 수가 없습니다. 앞으로 국가장래가 어찌될 것인지 뜻 있는 국민들은 자나 깨나 걱정이 태산같기만 할 것입니다.

만장하신 유림지도자 여러분!

저는 호주제폐지를 주장하는 사람들을 인간으로 보지 않습니다. 이런 사람들이 어떻게 국정을 다루고 국회의원 대열에 서 있는지 알 수 없습니다. 만약 위정자나 국회의원들이 호주제 폐지가 좋아서 찬성한다면, 과연 호주제가 폐지되면 어떠한 결과가 나온다는 것까지는 잘 알고 찬성하리라고 생각됩니다. 그렇다면 제일먼저 자기네가 성도 바꾸고 아들 딸 남매간 결혼도 시킬 것인지 묻고 싶습니다. 만일 그들이 이것이 좋다고 생각되어 국민에게 권한다면 먼저 자기네들부터 시범을 보여야 할 것입니다. 그러나 자기네들도 짐승이 아닌 이상 차마 성을 바꾸고 남매 간, 사촌 간 결혼은 못 시킬 것입니다.

말도 사촌을 알아보고 진돗개도 족보가 있다는데, 어떻게 사람으로서 허다한 성씨 다 두고 하필이면 동성동본 결혼을 주장하고 호주제를 폐지시켜 강아지 새끼 돌려주듯 자식을 어미와 애비가 나누어 갖도록 한단 말입니까? 그리고 어머니 뱃속에서 가지고 나온 제 성씨를 버리고 피 한 방울 아니 섞인 양부 성을 따르라고 하니 이들이 짐승이지 인간들 입니까? 아니 그렇습니까?

여러분!

만장하신 남녀유림동지여러분! 저는 우리 국민들이 결코 어리석다고 생각하지 않습니다. 우리 국민들은 정확히 사리 판단을 할 줄 아는 현명한 민족이라고 생각하기 때문에 아무리 정부에서 호주제 폐지에 앞장서고 몇 개 여성단체가 아무리 날뛰고 또는 몰지각한 국회의원들이 이에 호응하고 찬성한다 하더라도 국민들은 결코 이에 동조하거나 맹종하지 아니할 것입니다.

그럼에도 불구하고 정부나 여성단체에서 사리에 맞지도 아니 하는 호주제 폐지를 주장하는데 그 내용 골자를 살펴보면,

첫째, 어느 가정이나 남녀노소를 막론하고 똑같은 권리를 가지고 있는데 누구는 호주가 되고 누구는 호주의 지배를 받아야 할 이유가 없으니 호주제를 폐지하자는 것입니다.

둘째는 자식은 다 같이 부모의 유전자를 50%씩 동일하게 물려받아 태어났는데 어찌해서 아버지 성만 따르고 어머니 성은 못 따르게 하느냐, 이것은 헌법상 양성 평등 원칙에 위배되는 것이 아니냐 주장하고 있습니다.

세 번째는 어른 여자가 있어도 왜 어린 남자에게 호주를 시키느냐 하는 것입니다.

네 번째는 친양자법 운운하면서 이혼녀가 자식을 데리고 개가할 때 오는 불편을 없애주기 위해 자식에게 양부 성을 따르게 하자는 것입니다.

이 네 가지가 다 감언이설입니다. 얼른 생각하면 이론상 맞는 말 같지만, 이것은 뿌리를 없애버려 가정을 파괴하고 국론을 분열시켜 나라를 망치자는 것이 아니고 무엇이겠습니까, 여러분? 그 이유를 설명하면,

첫째, 가족은 어른이든 아니든 또는 남자든 여자든 법적으로 똑같은 권리를 가지고 있는 것은 사실입니다. 그러나 여기에는 반드시 어른, 애가 있습니다. 어떻게 어른 애 구분 없이 똑같이 취급할 수 있습니까? 이것은 결코 가정질서를 파괴하자는 것입니다. 때문에 아이가 어른의 지배를 받는 것은 너무나도 당연한 것입니다.

두 번째, 자식은 똑같이 부모의 유전자를 50%씩 받아 태어났다고 하지만 어떠한 가정을 막론하고 가통, 혈통을 계승하면서 혼혈 잡성가족이 되지 않기 위해서는 반드시 아버지 성씨를 따라야 합니다. 그러므로 이것은 그들이 주장하는 양성평등 위

배 운운할 문제가 아니라고 생각합니다.

　세 번째, 국가는 대통령이 주도하듯 가정도 호주가 대표자가 되어 그 가정을 이끌어 가야 그 가정이 정상운영 될 것은 말할 것도 없습니다. 그러나 정부여당 드리고 일부 몰지각한 패륜단체들은 호주 자체를 없앨 뿐 아니라, 자식을 낳아서 부모가 똑같이 나누어 각기 자기 호적에 입적시켜 모성母姓 혈통도 이어가자는 것입니다. 이것은 완전 가정파괴의 원천이 되는 것입니다. 살림은 여자 측 어른이 해도 상관이 없습니다. 그러나 자식을 부모가 나누어 입적시키는 것은 절대 아니 됩니다. 성씨만은 하나같이 아버지 성씨를 이어가야 가계와 혈통이 계승되는 것입니다. 만일 그렇지 못하고 자식을 부모가 나누어 호적에 입적시킨다면, 아버지는 이가, 자식은 김가, 손자는 박가가 되는 잡성가족이 형성되어 성이 다른 부자가 생기고 성이 다른 형제자매가 되기 때문에, 비록 같은 형제자매지만 성이 다른 남남이 되는 것입니다. 그렇다면 형제자매가 마음 놓고 결혼해도 법적으로 하등 하자가 없습니다. 결국은 친정아버지가 시아버지가 되고 친손자가 외손자가 되는 웃지 못 할 기현상까지 나오게 됩니다. 이것은 불 보듯 뻔합니다. 만일 이렇게 된다면 이것은 짐승이지 결코 인간이라고 볼 수 없을 것입니다. 안 그렇습니까, 여러분?

　네 번째, 이혼 여성이 자기 행복을 추구하기 위하여 개가하면서 어떻게 뱃속에서부터 타고난 자식의 성까지 바꾼단 말입니까? 만일 두 번, 세 번 개가한다면 어머니가 개가할 적마다 자식의 성은 계속 바꾸어야 하는데, 이것은 윤리도덕을 떠나 과연 부모로서 또는 사람으로서 할 짓이라고 생각할 수 있습니까, 여러분? 이것은 절대 아니 되는 것입니다. 그럼에도 불구하고 호주제 폐지를 주장하는 정부나 일부 정치인들 그리고 여성단체에서는 호주제도가 폐지된다고 할 때, 그 결과가 이러하다는 것을 알면서 주장하는 것인지 모르고 주장하는 것인지 참으로 알 수 없습니다.

　만장하신 남녀유림지도자 여러분! 현재 우리나라 이혼율이 세계에서 2위라고 들었습니다. 참으로 국가적으로나 가정적으로 너무나 불행한 일입니다. 어디 그것뿐입니까? 가출부가 날로 증가하고 있어 매월 무려 수천 명이라고 들었습니다. 참으로 가공할 일입니다. 이들은 자기 행복을 추구하기 위해서 사랑하는 남편도 자식도 가정도 다 버리고 있습니다. 이것이 다 누구의 책임입니까?

첫째, 일국을 통치하는 역대 대통령의 책임이요,

둘째는 입법하는 국회위원들의 책임이라고 생각합니다. 그동안 역대 대통령들이 임기가 끝나면 곧바로 감옥으로 직행하고, 이것도 부족해서 자식까지 감옥살이를 시키는 대통령이라면 그 대통령이 임기동안 국정을 잘 운영했다고는 못할 것입니다. 그런데 현 통치자도 할 일이 그리 없어 호주제에까지 관여하는 것으로 보아 전철을 밟고 있는 것이 아닌가 싶습니다. 신임 대통령만이라도 임기만료 후 무사하기를 바라면서 한 가지 건의코자 합니다.

현재 여성부는 해체되어야 한다고 지상을 통해서 몇 번이고 반복 건의한 바 있습니다. 이것은 국민 거개가 하나같이 희망하고 있습니다. 여성부는 단순 여권신장과 여성권익을 위해서 세계에서 유일하게 우리나라만이 생긴 것이라고 알고 있습니다. 그러나 기왕 여성부가 신설되었다면 여성을 위해서 여권신장과 여성권익 보호만 위주로 할 것이 아니라, 여성의 탈선도 막아야 하고 가출과 이혼도 막아야 합니다. 그런데 정부에서는 막기는 고사하고 오히려 가출, 이혼, 탈선을 부추기고 있습니다. 비록 여성을 선도 교육하여 훌륭한 현모양처는 배출시키지 못할망정, 가출, 이혼만은 최대한 막아야 함에도 불구하고 여성부는 여기에는 전연 관심 없고 여권신장에만 열을 올리고 있습니다. 그러나 여권신장도 권익보호도 한계가 있다고 생각합니다. 무한정 신장되는 것은 아닙니다. 현재 남자는 점점 설 곳을 잃어가고 있는 것입니다. 이것은 여성부가 너무나 지나치게 여권을 신장시키다보니 남성의 모든 권익을 여성이 유린 내지 박탈하고 있기 때문입니다. 그래도 남성들은 말 한마디 못하고 있습니다. 그럼에도 불구하고 신문이나 TV에서는 남성들의 잘못만 계속 지적하고 있습니다. 완전 편파적입니다. 이것은 위정자들이 바로 잡아야 할 터인데, 여기에는 조금도 관심이 없고 수단방법을 가리지 아니 하고 정치생명 연장에만 혈안이 되어 있습니다. 이상 모든 면에서 볼 때 여성부는 하루속히 해체되어야 합니다. 여성부보다는 차라리 청소년선도부와 노인복지부를 신설하는 것이 백번 나을 것입니다. 우리나라는 여성부가 존재하는 한 가출부와 이혼율은 점점 증가한다는 사실을 위정자들은 똑똑히 알아야 할 것입니다.

존경하는 유림가족 여러분! 한 가정에서 부자 형제가 오순도순 살면서, 부모는 자식을 사랑하고 자식은 부모에게 효도하면서 화목하고 단란하게 산다면 얼마나 좋습니까? 그런데 이 세상은 이것을 싫다고 개인 이기주의만 생각하는 각박한 세상으로 급변하고 있습니다. 조상족보, 일가친척 다 버리고 나 혼자서 아무리 잘 살아도 호주제가 폐지되면 종말에는 이 세상에 태어났던 흔적조차 찾아 볼 수 없을 것입니다. 뿌리 없는 나무가 고사목이 되듯, 인간도 자기의 뿌리 조상족보, 부모형제를 다 버리고 살 수 있겠습니까? 여러분! 이것은 인간도 결국 뿌리 없는 나무와 같이 고사목이 되고 말 것입니다. 그러나 이 세상에는 뿌리 없는 나무는 없을 것이며, 조상 없는 자손도 있을 수 없습니다. 여러모로 볼 때, 우리 조상님이 수천 년 지켜왔고, 우리 역사가 증명하는 아름다운 고유의 전통문화 동성동본금혼법과 가부장적 호주제도는 한사코 우리가 지켜서 조금도 훼손함이 없이 원형 그대로 후손에게 물려주어야 할 것입니다. 그럼으로 우리 일천만 유림가족들은 총궐기하여 동성동본금혼법과 호주제도만은 목숨 걸고 지켜 주시기를 간곡히 부탁드리면서 대회사에 갈음합니다.

2004년 9월

충남향교재단 이사장 이 덕 희

1.2.13 대전·충남 결의문

우리 민족이 오천년 역사를 지켜오면서 면면이 이어온 조상 전래 고유 전통문화와 미풍양속이 오늘날에 와서 몰지각한 몇몇 무리에 의해서 여지없이 말살되고 있다. 특히 우리 전통문화 중 가장 소중한 호주제가 폐지 직전에 처해 있으니 참으로 통탄하지 아니할 수 없다. 일부 몰지각한 무리들의 호주제 폐지 주장은 선량한 국민 모두를 금수화하려는 계획된 악의적 발상이다. 우리는 결코 이것을 용납하지 아니할 것이다.

우리 일천만 유림 가족들은 비정상적인 일부세력을 제외하고 정상적이요, 정의로운 모든 국민과 더불어 사필귀정이란 굳은 신념으로 호주제 수호를 위해서 끝까지 결사 투쟁할 것을 선언하면서 다음과 같이 결의한다.

1. 우리는 반민족적이요, 반인도적인 호주제도 폐지를 결사반대한다.

1. 소중한 전통문화 호주제도는 우리 민족의 유일한 생명체다. 우리 일천만 유림가족이 영원토록 지킬 것이다.

1. 정부와 여당 그리고 패륜단체는 국기를 흔들고 국론을 분열시키는 호주제 폐지의 망국적인 망상을 즉각 포기하라.

1. 정부는 여성의 이혼과 가출을 조장하고 가정을 파괴하는 산실이기도한 여성부를 하루속히 해체하라.

2004년 9월

대전, 충남 유림일동

1.3 국회와 정부를 성토한다.

1.3.1 세상에! 짐승같이 살라는 이런 법을 만든단 말인가?

우리 공주유림 일동은 헌법재판소가 지난번 일가—家 간 결혼해도 좋다는 판결에 대하여 분노와 경악을 금치 못하며, 이어서 짐승만도 못한 반인륜적인 행위를 맹렬히 규탄하면서 우리 민족의 불공대천지원수不共戴天之怨讐같은 당시 재판관들의 반역사적인 재판실상을 만천하에 공개한다.

현재 우리 국민들은 장차 나라가 망하고 가정이 파괴되는 엄청난 문제를 모르고 있다. 아마도 전 국민이 이와같은 엄청난 사실을 안다면 역사의 반역, 민족의 반역들을 가차 없이 말살하려 할 것이다.

지난 1997년 7월 16일 헌법재판소에서 민법 제809조, 동성동본금혼법과 헌법 제10조, 행복추구권이 일치가 되지 않는다 해서 불합치 판결을 내렸는데, 이것은 헌법과 민법이 서로 하등의 관계가 없음으로 합치될 수 없으며, 또 헌법 제9조의 국가는 전통문화의 계승발전과 민족문화의 창달에 노력하여야 한다는 국가의무규정으로 보아도 그 판결자체가 분명한 위헌판결이다. 따라서 민법상 동성동본금혼법과 헌법상 행복추구권과는 당초 입법한 규정자체에서 각각 법의가 다르며, 또한 윤리와 도덕적인 면에서 감안해도 결부시킬 수 없는 조항이다. 그럼에도 불구하고 불합치판결을 했는데 이는 바로 우리 국민은 일가 간에 결혼해도 좋으니 모든 행복과 향락은 일가 간 결혼에서 찾으라는 뜻이다.

이와같이 국민을 짐승우리로 몰아넣는 판결은 만고에 없을 것이다. 이 허위적이고 악의적인 판결이야말로 우리나라 오천년 역사에 먹칠이며, 민족의 반역이요 모독이다. 그 오명은 역사가 있는 한 영원토록 자자손손에게 전해질 것이다.

예부터 동성동본 일가 간은 상피相避하면서 결혼을 아니 한 것은 법 이전에 상식이요, 불문율로 지켜 온 조상 전래의 미풍양속이요 인간의 도리이다. 뿐만 아니라 중국 어느 지방에서 짐승같이 친족 혼을 하다가 바보마을이 형성되었다 한다. 이것으로 볼 때 우생학적優生學的으로도 얼마나 무서운 사실인가. 그리고 당국에서 법적으로 동성동본 8촌 이내만 결혼을 금하는데 헌법에는 행복추구권만 있을 뿐인데 촌수는 왜 따지며, 4촌이나 남매 간이면 무슨 상관이 있어 규제한단 말인가? 양심상 이렇게는 못하겠다는 뜻인가? 또는 동성동본 금혼조항에 촌수제한이 없으니 8촌 이상 촌수제한도 민법상 엄연한 위법이요, 나아가 헌법상 행복추구권도 짐승같이 무차별 행복을 추구하라는 본의가 아닐 것이다. 설사 행복추구권이 동성동본까지 해당이 된다고 가정해도 법문에는 촌수제한이 없는 것으로 볼 때 불합치 결정은 분명한 위헌판결이다.

묻건대 재판관들이 이 나라 이 민족이라면, 어찌 국가의 장래와 민족의 앞날을 잃어버린 채 장차 이 나라를 어떻게 하려고 반민족이요 망국적인 판결을 했단 말인가? 앞으로 동성동본금혼법이 폐지된다고 보면 결과는 불과 수년 내에 형제가 사돈이 되고 친할아버지가 외할아버지가 된다는 무서운 사실을 생각이나 했던가? 뿐만 아니라 할머니뻘 되는 사람이 손자에게 시집도 갈 것이요, 조카딸이 숙모도 되는 등 온 집안이 뒤죽박죽 짐승우리와 같을 것이니 이래도 사람이라 할 것인가. 이 마당에 조상이 있고 족보인들 있겠는가? 헌법재판소는 이와 같은 반인륜적인 위헌판결을 즉각 철회하라.

그리고 국민 앞에 사죄하고 천추에 남을 더러운 오명을 깨끗이 씻어야 한다. 만약 우리나라의 자랑 전통윤리문화 동성동본금혼법이 우리 대에 와서 완전히 무너져 국민 모두가 개, 돼지가 된다고 가정할 때 상상만 해도 두렵고 더럽기 짝이 없다. 차라리 죽음을 택할지언정 이 꼴은 볼 수 없으며 이와 같이 더러운 유산을 후손에게 물려줄 수도 없다. 우리 공주 전 유림들은 총궐기하여 목숨 걸고 동성동본금혼법만은 영원토록 사수할 것을 사천만 동포에게 선포한다.

우리의 맹세

　一, 우리는 헌법재판소의 반민족적 불합치 위헌판결을 즉각 철회하고 국민 앞에 사죄
　　　할 것을 강력히 촉구한다.
　一, 우리는 세계의 유일한 자랑인 동성동본금혼법을 자손만대 인간답게 살기 위해 목
　　　숨 걸고 사수한다.
　一, 우리는 일가 간 결혼의 더러운 유산을 후손에게 물려줄 수 없으며 도리에 벗어나

는 짐승 같은 향락은 일체 배제한다.

一, 우리는 항시 전통문화를 수호하고 예의와 도덕을 지키면서 사람답게 산다.

一, 우리는 일가 간에 결혼하여 불구자식 낳지 말고 남남끼리 결혼하여 우수자녀 두어야 한다.

1998년 8월

공주향교 전교 이덕희 외 임원일동

1.3.2 8촌이상 동성동본금혼법의 정부안에 항론抗論한다.

지난 10월 4일 국무회의에서 누구보다도 헌법수호에 앞장서야할 국무위원들이 현행 헌법총강 제9조의 국가는 전통문화의 계승발전과 민족문화의 창달에 노력하여야 한다는 국가의무 규정도 전적으로 무시하고, 또는 헌법 총강 제10조의 모든 국민은 인간으로서의 존엄과 가치를 갖는다는 헌법상 보장된 인간 위상도 도외시한 채, 1997년 7월 16일 헌법재판소에서 아무 관련 없는 민법 809조 동성동본금혼법과 헌법 총강 10조의 행복추구권이 불합치하다는 윤리도덕상 있을 수 없는 판결을 미끼로 삼아, 전통문화 중 가장 소중한 동성동본금혼법을 폐지키로 의결하고 이어서 동법안을 국회에 회부한데에 대해서 우리 전국 유림들은 분노를 참을 수 없으며 경악을 금치 못하는 바이다.

우리 유림 일동은 헌법재판소에서 불합치 판결 자체가 위헌이요 불합리하기 때문에 재판부터 부정한다. 이는 헌법 총강 9조의 국가헌법 규정과 총강 10조 인간의 존엄과 가치를 무시한 판결일 뿐 아니라 헌법제정의 본뜻을 망각한 처사이다. 헌법상 행복추구권의 본의가 행복추구를 동성동본 일가 간에서 찾으라는 뜻에서 제정된 것이 절대 아닐 진데 무엇이 불합치하다는 것인가? 사실상 아무 관련성 없는 조항끼리 억지로 결부시킨 의도 자체가 불순하고 잘못된 발상이다.

인간으로서 어떻게 이런 생각을 할 수 있을까? 행복을 아무 곳에서나 추구해도 좋다고 헌법을 제정했다면 정부에서 군이 8촌 이내로 금혼하라는 촌수제한을 할 필요도 없을 것이다. 때문에 이것은 눈 가리고 아웅 하는 식으로 사실상 정부안은 동성동본 결혼 법을 제정하려는 것이다.

그럼으로 당시 헌법재판소에서 양심상 차마 민법 809조가 헌법에도 위배된다는 위헌 판결은 내리지 못하고 고심 끝에 불합치 판결을 내린 것으로 알고 있다. 이것은 혈족 간 결혼 여부를 입법기관인 국회에서 결정하라는 판결이며, 모든 것을 국회에서 합헌적으로 조정하라는 의도이기 때문에, 작년 12월 17일 국회법사위원회에서 동법 폐지는 윤리상 시기상조라는 이유로 그대로 존속키로 의결한 바 있음에도, 정부에서는 억하심정抑何心情으로 국회의 의결을 무시하고 이미 기각된 안을 또다시 국회에 제출한 것은 입법기관을 멸시한 잘못된 처사라고 아니할 수 없다.

예부터 정政은 정正이라고 하였다. 그래서 정치는 국민으로 하여금 정도를 걸으면서 올바른 생활을 할 수 있도록 잘 인도引導해서 인도人道라고 하는 궤도에서 벗어나지 못하도록 항시 지도 감독하여야 하며, 또는 국민이 정부를 신뢰할 수 있도록 정당한 정치를 하여야 국민이 이반하지 아니 하고 정부를 따르게 될 것이다.

아무리 경제가 발전하여 국민소득이 만불, 이만불이면 무엇하겠는가? 사람은 잘만 먹고 놀기만 하면 좋아서 날뛰는 동물이 아니다. 사람은 어디까지나 사람 위치를 지키면서 사람답게 살아야 헌법상 보장된 진실한 인간의 존엄과 가치를 찾게 될 것이다. 정부에서는 아무리 시대가 변하고 외국문화가 좋다고 해도 선량한 국민으로 하여금 가정마다 다시는 돌이킬 수 없이 영원히 짐승 우리가 되는 천인이 공노할 부도덕한 짓을 해서야 되겠는가?

우리나라는 본시 예의지국으로 조상님들이 수 천 년을 불문율로 묵묵히 지켜온 세계 유일의 아름다운 전통문화, 동성동본 금혼제도를 몰지각한 소수의 여인들이 앞뒤도 생각 못하고 날뛴다고 해서, 전통문화라면 앞장서서 지켜야할 정부에서 이것을 설득시켜 저지는 못할망정 전 국민이 거의 절대 반대하는 참된 의사를 전적 무시하고 온 국민을 짐승우리로 몰아넣는 8촌 이내 금혼법안을 차마 어떻게 의결한단 말인가?

앞으로 역사상 영원히 기록될 오명과 악명이 두렵지도 아니한가? 참으로 한심한 일이다. 우리 유림일동은 사람으로서 8촌 이내 금혼한다는 정부의 짐승같은 법안을 한사限死코 따를 수 없다. 이제야말로 국가의 존망과 가정의 흥패가 좌우되는 가장 중요한 시기이며, 국민 모두가 짐승이 되느냐 아니 되느냐 하는 기로에 서 있는 것이다.

앞으로 우리 유림들은 어떠한 일이 있어도 불의와는 타협할 수 없는 굳건한 선비정신을 최대한 발휘하여 전무후무한 반인륜적인 동성동본금혼법 폐지만은 목숨 걸고 막을 것이다. 그리하여 동 금혼법이 이상 없이 후손에게 물려주게 되는 날까지 지속적으로 투쟁할 것을 만천하에 선포하면서 국무회의에서 의결하여 국회에 제출한 8촌 이내 동성동본 금혼 법안을 하루 속히 철회할 것을 강력히 촉구하는 바이다.

2000년 월

공주향교 전교 이덕희 외 유림 일동

1.3.3 오천년 전통문화를 무참히도 짓밟은 인륜도덕의 역행자 국무위원들을 맹렬히 규탄한다.

누구보다도 앞장서서 헌법을 철저히 지켜야 할 국무위원들이 헌법 제9조의 국가는 전통문화의 계승발전과 민족문화의 창달에 노력하여야 한다는 국가의무 규정도 전적으로 무시하고 지난 4일에 국무회의에서 전통문화 중 가장 소중한 동성동본금혼법을 단순한 헌법재판소의 위헌적인 불합치 판결만으로 폐지키로 의결했다는 뉴스와 지상보도를 보고 경악을 금치 못했다.

어떻게 위정자가 도덕정치는 못할망정 이럴 수가 있단 말인가? 이것은 망국적이요, 반인륜적인 행동으로 짐승이 아닌 인간이라면 그리고 이 나라 이 민족이라면 차마 못할 일이다. 그리고 헌법 제10조에 모든 국민은 인간으로서의 존엄과 가치를 가진다고 명문화 되어 있다. 그럼에도 불구하고 인간의 존엄과 가치를 완전 무시하고 짐승이나 하는 짓을 우리 국민에게 하라고 하였으니 이것은 짐승 아닌 인간 위정자로서 이런 의결을 할 수 있겠는가?

기필코 하고 싶으면 국무위원부터 먼저 시험해보고 과연 좋다고 생각될 때 전 국민에게 권하라. 만일 불행히도 팔촌이내 금혼 악법이 법적으로 시행된다고 가정할 때, 팔촌 간에 결혼하는 사람이 육촌은 못하고 사촌, 그리고 남매인들 못하겠는가? 이것은 필연적이다. 촌수 제한 금혼법은 눈 가리고 아웅이지 사실상 동성동본 결혼법을 제정하는 것이다.

국가의 흥망과 국민의 사활을 도맡아 일하는 소위 국무위원들이 이것도 과연 위국위민爲國爲民하는 정책이라고 국민 앞에 떳떳하게 내놓을 수 있단 말인가? 조금이라도 국가의 장래와 후손의 앞날을 생각한다면 차마 이렇게는 못할 것이다. 주체성 없는 국무위원들이 하는 짓이 겨우 남의 나라 악성문화惡性文化만 골라 모방하려 하니, 이런 사람들을 믿고 나라 살림을 맡길 수 있겠는가? 이런 사람도 이 나라 이 민족이라고 할 수 있단 말인가? 참으로 한심한 일이다. 어찌해서 선조로부터 물려받아 오늘날까지 예의국민으로 만방에 과시해 온 우리 민족에게 짐승 같은 행동을 하라고 한단 말인가? 이것은 천인이 공노할 일이요, 국민이 통곡할 노릇이다. 오늘날 국민으로 하여금 동성동본 결혼 못시켜 정치를 못하고 경제 발전을 못하는가? 그렇지 않으면 문화시민이 못되고 국민들이 시집장가를 못 가서 국민이 사멸위기에 처하게 되었단 말인가? 왜 허다한 성씨 다 두고 하필이면 일가끼리 결혼시켜 전 국민을 짐승으로 만들려 하는가?

이것이 과연 헌법 제10조에 인간의 존엄과 가치를 가지는 일이라고 할 수 있는가? 지금 극악무도한 살인, 강도, 성폭행 등 각종 흉악범이 일익증가日益增加하고 폭력배가 난무하여 국민 모두가 하루도 안심할 날이 없는 시점에서 앞장서서 전 국민을 올바른 길로 인도해야 할 국무위원들이 집안끼리 결혼시켜 가정을 파괴하고 촌수 항렬 없이 온 집안을 뒤죽박죽 만들어 사회악의 원인을 조장하고 부추기고 있다. 이것은 짐승이나 하는 짓이다. 하늘이 무섭지도 아니한가? 천추에 남을 그 악명, 그 오명을 어떻게 씻으려고 이런 짓을 한단 말인가?

국무위원은 평생 하는 것이 아니다. 그 자리에 있을 때 정당한 정치는 못할망정 결국 형제간이 사돈되고 남매가 상간相姦하게 되는 전무후무한 악덕정치를 한단 말인가?

헌법을 무시한 국무위원들은 국무위원 자격이 없다. 동성동본금혼법을 폐지시키려면 헌법상 전통문화 계승발전 조항부터 삭제토록 하라. 헌법을 어기고 금혼법을 폐지시킨 국법과 인륜의 역행자 국무위원들은 팔촌이내 금혼법 안을 하루 속히 철회하라. 그렇지 아니 하려면 총 퇴진하라. 우리 국민들은 이와 같이 무지한 국무위원들을 원치 아니한다. 조속히 양자택일하라.

우리 공주 유림들은 의분을 참을 수 없어 전국 일천만 유림가족을 대표해서 공주를 시발로 총궐기 성토한다.

2000년 10월 공주향교전교 씀

공주유림일동

1.3.4 대권주자에게 보내는 성토문 〈2002. 3. 1 유교신문〉

온 국민의 가정마다 혈통이 단절 직전에 놓여 있고, 국가의 안위와 유림의 사활이 걸린 호주제도 수호에 불철주야 전심전력하는 우리 일천만 유림가족들은 지난 1월 민주당 대권주자들이 제주도에서 하나같이 호주제도 폐지를 주장한 무모하고도 망국적인 발언에 대해서 경악을 금치 못하면서 충천하는 분노를 억제할 수 없어 다음과 같이 반박 성토한다.

사람은 지위고하와 유무식有無識을 막론하고 일신상 가장 중요하게 생각하는 것이 바로 언행이다. 때문에 아무리 지위가 높고 학식이 고매高邁하다 해도 언행에 커다란 결함이 있다면 타인으로부터 지탄을 받기 마련이다. 그럴진대 소위 대권주자라면 앞으로 일국을 통치하겠다는 큰 꿈을 가지고 있는 당당한 사람들이다. 그리고 가족법은 전 유림이 구국차원에서 수십 년간 목숨 걸고 여성단체와 계속 대치하고 있을 뿐 아니라, 특히 가족법 중 호주제는 국가의 흥망과 국민의 안위가 걸려 있어 가장 중요시되고 있다. 그럼에도 불구하고 국민화합을 위주로 하는 대권주자들이 국민의 여론과 이에 대한 시와 비를 정확히 판단했다면, 어떻게 호주제 폐지를 주장할 수 있단 말인가? 이들은 수박 겉핥기 위정자들이다. 대권에 도전하는 주자라면 첫째, 국민의 여론부터 파악하여 편파적 언행은 삼가야 하며 일거수일투족에 신중을 기하면서 대도 大道를 걸어야 한다. 때문에 국민 앞에 엄정 중립하여야 한다. 그럼에도 일부 민주당 대권주자들은 유감스럽게도 중립을 지키지 못하고 있다. 이들이 호주제도 폐지를 강력히 주장하는 이유가 진정 ① 국리민복을 위하는 위국 충정에서 나온 것인지, ② 호주제도로 인하여 경제발전이 저해된다고 심히 우려했기 때문인지, ③ 대선을 앞두고 표를 겨냥해서 여성으로부터 환심을 사기 위한 작전인지 분명히 밝혀야 한다. 만일 그 중에서 국리민복國利民福과 경제발전도 아니요, 다만 표를 겨냥한 것이라면 일천만 유림가족의 표는 표가 아니란 말인가? 뿐만 아니라 여성이라고 무조건 호주제 폐지를 원하는 것도 절대 아니다. 극소수에 불과하다.

우리 국민이 남녀불문하고 다 같은 이 나라 이 민족이라면, 어떻게 조상 대대로 이어오는 혈통과 조상족보 친척까지 없어지고 나아가 부자가 성이 각각이요 형제가 성이 달라 잡성 가족의 형성으로 가정이 파괴되는 호주제 폐지를 어느 누가 찬성하겠는가? 이것은 삼척동자도 반대할 것이다. 그런데 소위 대권주자들이 전통문화를 계승 발전한다는 헌법 제 9조를 무시하고 가정생활에 가장 소중하고 문화가치가 제일 높은 기존의 호주제를 폐지시켜 국가를 망치려 하니 이런 사람을 어떻게 대통령으로 선출할 수 있단 말인가? 유림들은 수 천년동안 나라를 지켜온 근간이요 수호신으로서 오늘날까지 윤리도덕을 바탕으로 문화유산의 뿌리만을 지키면서 평생을 살아온 사람들이다. 이제 와서 시대의 흐름에 따라 비록 연령적으로 노쇠하다보니 사회에서 영향력 없는 위치에 서 있지만, 그러나 유림도 선거에서 일인일표의 주권행사는 여성들과 똑같은 권리를 가지고 있다. 그럼에도 불구하고 여성단체에서 큰 목소리를 낸다고 해서 귀를 기울이고 정의에서 외치는 유림들의 절박한 목소리는 들리지도 아니 하는 모양이다. 그렇지만 우리 유림가족들은 최후에는 정의가 이긴다는 필승의 신념을 가지고 끝까지 싸울 것이다. 그렇다면 여러 가지로 감안할 때 제주도에서 대권주자들의 망국적인 발언은 반드시 득보다 실이 몇 배 클 것이다. 하루속히 호주제 폐지 발언을 철회하고 유림으로부터 용서를 받아야 한다. 우리 유림이 분명히 밝혀두는 것은 만일 호주제 폐지 발언을 철회하지 아니할 시는 우리 일천만 유림가족의 신성한 표는 절대 이들에게 돌아가기 어려울 것이다. 이들은 하루속히 자기의 잘못을 회개하고 조속한 시일 내에 유림 앞에 사과 성명을 발표하기 바란다. 만일 사과가 없을 시에는 우리 일천만 유림가족의 분노는 계속 될 것이다.

2002년 3월 성균관 가족법대책위원장 이덕희

1.3.5 국회의원 52명에게 보내는 성토문

인면수심人面獸心의 무도덕한 국회의원 52명의 반인륜적인 만행을 전 유림의 이름으로 맹렬히 규탄한다!

국회의원이라면 10만 시민을 대표하여 시민의 의사를 전달하는 대변자로서 수시로 국민의 참뜻이 어느 곳에 있는지 차질 없이 파악하여 국정에 반영하여야 한다. 그러나 지난 5월 27일 호주제 폐지 법안이 옳다고 서명하여 국회의안국에 제출한 명색 52명의 국회의원들은 국민의 의사도 타진 아니 하고 국가 흥망이 좌우되는 중대 사안을 초개草芥취급하듯 쉽사리 결정한 것이다. 평범한 일개 시민도 일거수일투족에 전후좌우를 살피면서 신중을 기하거늘, 하물며 10만 국민을 대표하는 대변자로서 대다수 국민의 의사는 묵살하고 몰지각한 극소수의 무리에 편승하여 역사를 더럽히고 국론을 분열시켜 나라를 위태롭게 하는 경거망동을 할 수 있단 말인가? 이와 같이 국민의 의사를 무시하는 국회의원들이 어떻게 국민의 대변자가 되며 국가민족을 위해서 무슨 공헌을 하겠는가? 국민의 혈세나 축내는 시위소찬尸位素餐 국회의원이라면 당연히 국회에서 도태되어야 한다. 그 자세한 이유 아래와 같다.

1. 국회의원이라면 국정을 다룰 때 대의명분에 관한 중대한 사안이라면 국익을 위해 목숨 걸고 투쟁하여 반드시 귀정歸正시켜야 함에도 불구하고 어떻게 망국적이요, 망가적인 호주제 폐지를 주장한단 말인가? 지역구민들이 이들에게 이러한 못된 짓을 하라고 국회로 보낸 것은 아니다. 나라를 위해서 전 국민이 호응할 수 있는 올바른 일을 하라고 보낸 것이다. 호주제 폐지에 서명한 52명의 국회의원들이 만일 호주제가 폐지될 때 국민 너나할 것 없이 뿌리가 없어지고 가정이 산산조각 파괴되는 사실도 모르고 서명했다면 이것은 10만 대변자가 될 자격이 없는 것이요, 이 사실을 알고도 서명했다면 이것은 인수불분人獸不分의 무지몰각한 사람으로서 국가의 운명을 쌍견에 짊어지고 국정을 논하는 국회의원 대열에 동참할 수 없다. 하루 속히 국회에서 자진 퇴장하여야 한다.

2. 사람은 누구나 만물의 영장이다. 그럼으로 사람은 만물의 표본으로서 예의와 도덕을 지킬 본질적 기본 의무가 있어 이것이 바로 짐승과 다른 점이다. 그러나 호주제가 폐지되면 외모는 인간이지만 행동이 금수와 다를 바 없는, 바로 여기에 서명한 52명의 의원들은 지켜야 할 인간의 본분을 망각하고 인면수심의 행동을 한 것이다.

3. 호주제도 폐지에 서명한 국회의원 52명은 헌법 총강 제9조에 명시된 국가는 전통문화의 계승 발전과 민족 문화의 창달에 노력하여야 한다는 조항을 무시하고

조상 전래 고유 전통문화와 미풍양속을 말살하려 한 것이다. 이들도 조상의 뿌리를 이어 받은 이 나라 이 민족이라면 어떻게 이 조항을 전적으로 무시하고 성씨 바꾸기, 조상족보 뿌리 없애기, 자식 나누어 갖기 등 못된 짓만 골라 하라고 하는 법안에 서명했단 말인가? 앞으로 더 이상 나쁜 짓을 하지 말고 하루속히 자기의 잘못을 반성하면서 국민 앞에 사과하라.

4. 국회의원이라면 국가와 민족을 위해서 크게 공헌은 못할망정 역사를 더럽히고 국가에 해악을 끼치고 국민을 모독하는 행위를 해서는 아니 된다. 사람이 인두겁을 썼다고 다 사람은 아니다. 사람 행동을 해야 사람인 것이다. 호주제 폐지를 주장하는 자들은 인두겁만 썼을 뿐 짐승과 무엇이 다르단 말인가? 자기를 이 세상에 있게 한 뿌리인 조상도 족보도 다 버리라고 하면서 만고에 없는 죄악을 저질러서야 되겠는가? 인간이라면 조상 전래 고유문화를 앞장서 지키지는 못할망정 말살하지는 말아야 한다.

5. 아무리 시대가 변하고 또 변한다 하더라도 우리가 지킬 것은 우리가 지켜가야 한다. 왜 나의 주관과 정체성을 버리고 외국의 외관적인 문화만 추종하려 하는가? 여성단체에서는 자식의 성씨를 부부가 합의 결정하지 못하면 가정법원에 가서 결정하라고까지 하며, 또한 성과 본의 선택은 인간의 기본권리라고 주장하는데 참으로 천인이 공노할 일이다. 이것은 호주제를 폐지시켜 혈통이나 가계를 단절시키면서 성과 본을 마음대로 선택하자는 아주 극악무도한 발상인 것이다. 그러면 결과적으로 조상족보 심지어 산소, 일가친척도 다 없어지고 만다. 그리고 자식을 낳아서 강아지 나누어주듯 부부가 하나씩 나누어서 입적시키게 되어 부자도 형제자매도 성이 각각 다를 것은 불 보듯 뻔하다. 급기야 형제가 사돈되고 남매가 결혼하는 기막힌 현상까지 나오게 될 것이다. 이것이 가정 파괴가 아니고 무엇이란 말인가? 가정이 파괴될 때 국가는 안전하겠는가?

6. 그런데 52명의 국회의원들은 상상만 해도 치가 떨리는 이상 열거한 모든 문제점이 막상 호주제도가 폐지될 때 즉시 현실화 될 줄 알면서 서명했다면, 자신부터 솔선해서 시범을 보여야 할 것이다. 우선 자기 아들, 손자부터 부인이나, 며느리의 성씨로 나누어 바꾸고, 조상 산소도 파헤치고 족보도 불태워 완전 뿌리를 없애 버려

야 할 것이 아니겠는가?

7. 다음으로 아들, 딸끼리 결혼도 시키고 형제간 사돈도 맺고 나서 이상 모든 것이 결과가 좋다고 생각되면, 이때 국민에게 권하라. 만일 자신도 차마 이렇게 못하겠다고 생각하면 호주제 폐지 서명을 당장 취소하고 국민에게 사죄하라.

국회의원은 평생 하는 것이 아니다. 호주제 폐지 주장은 훗날 명전천추名傳千秋는 고사하고 오명만이 남을 것을 생각이나 해보고 이런 못된 짓을 하자고 했단 말인가? 그리고도 다음에 또 국회의원을 생각하는가? 현명한 국민들은 절대 용납하지 아니할 것이다. 오로지 국가를 위해서 일하는 진정한 국회의원이라면 목전이익만 추구하지 말고 장기적인 안목으로 백년을 내다보면서 국정에 임하라. 국민들은 계속 지켜볼 것이다. 그리고 전국 일천만 유림 가족들은 구국 차원에서 호주제 폐지 법안이 철회될 때까지 사필귀정이란 굳은 신념을 가지고 목숨보다 소중한 호주제도를 생명 바쳐 끝끝내 투쟁 수호할 것이다.

2003년 6월

성균관가족법대책위원회 위원장 이덕희 외 임원 일동

1.3.6 여성부를 해체하라! 〈2002. 7. 15 유교신문〉

정부는 하루속히 불요불급不要不急한 여성부를 해체하고 사회에서 소외당하고 가정에서 푸대접받는 남녀노인을 위해서 조속히 노인복지부를 신설하여 노인들을 우대하라.

예부터 정政은 정正이라 하였다. 입법, 사법, 행정 3부를 아우르는 정부는 모든 면에서 국민 모두가 공감하고 납득할 수 있는 시정으로 전 국민에게 조금도 편벽됨이 없이 공평무사하게 혜택을 주도록 하되 투명하고 정당해야 한다. 특히 국민의 고락과 사활을 쌍견에 짊어진 일국의 통치자라면 국민에게 후박厚薄 없이 균일하게 보살펴 원성 없는 정책을 펼쳐야 할 것이다.

만일 정당성을 상실하고 편파적인 시정으로 혜택이 어느 한 곳에 치우친다면, 이것은 통치권자의 커다란 결점이며 의무를 저버린 처사이기 때문에 정책수립에 신중을 기하여야 할 것이다.

　그런데 우리나라 국민 정부는 출범하면서 세계적으로 유일무이할 뿐 아니라 국가적으로도 불요불급한 여성부까지 창설했다는 것은 참으로 이해할 수 없는 일이다. 여성부는 행정부처 일개 국局으로 가능하다고 본다. 여성에게는 대단히 미안한 말이 될지는 모르지만 여성부보다 차라리 날로 늘어나는 노인층을 위해서 노인복지부가 필요하며 사회 안정을 위해서 청소년 선도부가 더 필요할 것이다. 이것은 국민 모두가 공감하는 부분이다. 그러나 현재 여성부를 신설하여 여권신장에 계속 박차를 가하고 있지만 여성 권익은 이미 한계점에 도달했다고 본다. 무량한 권익은 있을 수 없다. 기旣히 여성에게는 남성과 비하여 조금도 손색없는 권익을 부여받고 있는 실정이다. 이 이상은 여권신장을 도모하는 것은 남성을 유린하고 무시하는 지나친 욕심이다.

　현 사회에서는 여성이라고 차별대우하거나 등한시하는 점은 없다고 본다. 사회적으로나 가정적으로 최대한 우대하고 있다. 남성이 할 수 있는 것은 여성도 똑같이 할 수 있는 기회를 주고 있으며 정치인부터 고급 공무원 그리고 말단 공무원까지 조금도 남성과 차별이 없다고 본다. 그럼에도 불구하고 여성부까지 신설하여 막대한 국가 재정을 손실시키고 국론을 분열시키며 이혼 가출까지 부추기고 있어 사회적 물의를 일으키고 있는 이유가 무엇인지 알 수 없다. 여성부가 출범한 이후 여권 신장에만 혈안이 되어 현재는 남성을 위협할 정도로 여권이 신장되다보니 이제는 남성의 사기를 극도로 저하시키고 체면까지 손상시키는 위험수위에 이르고 있어 현재는 남녀평등이 아니라 완전 여성 상위시대가 된 것이다. 신혼부부 30% 이혼율도 지나친 여성우대에서 빚어지는 결과라고 보며 가정부가 매월 1,000여 명씩 가출하는 것도 남성을 무시하는 독단에서 오는 기막힌 현상이다. 이와 같이 여성 독주시대가 되다보니 남성이 하루인들 안심하고 살 수 있겠는가? 가정이 무너지면 국가도 무너진다는 사실을 명심하여야 한다. 그러나 정부는 이에 관심 없다. 이러한 시점에서도 여성부와 여성단체에서는 주마가편走馬加鞭으로 무한량 여권 신장에 가열하고 있다. 그런데 남성들은 무엇을 하고 있는지 왜 말 한 마디 못하고 있을까? 지나친 여권신장은 결과적으로 모든 남권을 점진적으로 박탈해 간다는 것을 똑똑히 알아야 한다.

　지난 6월 27일 이한동李漢東 국무총리가 주재한 여성 정책 관계 장관회의에서 여성부는 중장기 여성발전 종합계획을 수립하고 2007년까지 호주제 폐지, 친양자 제도 도입 등 다각도로 여성부 안이 신고된 것으로 알고 있다. 정부는 왜 다 같은 국민인데 하필 여성만을 위하는 여성부를 신설하여 가족법에 대해서 끝까지 물고 늘어지도록 하는 이유가 무엇인지 알고 싶다. 현재 동성동본금혼법을 폐지시키고 정부에서 일가간 원근을 막론하고 혼인신고를 마구 받아들이고 있다. 이것은 전 국민을 짐승으로 만들려는 심산心算이다. 그러면서 공공연하게 8촌 이내 금혼법을 법제화까지 하려고 한다. 이것은 결과적으로 형제간 사돈하여도 좋다는 것이다. 그래도 부족하여 호주제까지 폐지시켜 가정을 파괴하려 하고 친양자 제도까지 도입하여 남성의 혈통까지 말살하려 하고 있다. 참으로 무소불위無所不爲다. 이것이 국민을 위하는 국민정부란 말인가? 이것은 남녀평준화가 아니라 국가와 가정을 망치려는 망국적인 정책이다.

이와 같이 남녀평준화를 부르짖는 여성부나 여성단체에서는 국민의 3대 의무중 하나인 국방의 의무를 왜 회피하는 것인가? 양심이 있다면 이것도 남녀 평준화 차원에서 의무를 이행하여야 할 것이다. 그러나 말 한마디 없다. 여성부와 여성단체는 양심선언 하라. 이것을 이행 못한다면 남녀 평준화 주장을 즉각 철회하라. 정부는 전 남성과 전 유림을 박해하는 백해무익한 여성부를 하루속히 해체하여 국민 여망에 부응하라.

2002년 7월

성균관 가족법 대책위원장 이덕희 외 유림 일동

1.4 진정서/격려문

1.4.1 김영삼 차기대통령에게 보내는 건의문

존경하옵는 김영삼 차기대통령 각하!

새해로 옥체 강령하시며 새 한국을 건설하시기 위해서 정권인수 작업에 주소晝宵 얼마나 노심勞心하십니까? 역사상 그 어느 때보다도 가장 중요한 시기에 또는 역대 대통령 중 그 누구보다도 국민의 지지도가 제일 높았던 우리 차기 문민대통령께서는 앞으로 국가와 국민을 위해서 얼마나 하실 일이 많겠습니까마는 그러나 그 중에서도 가장 시급한 것이 있습니다. 이것은 바로 국민으로 하여금 의식을 개조하여 주체성을 가지고 전통문화와 윤리관을 되찾는 일입니다.

오늘날 일부 몰지각한 무리들이 주체성을 버리고 걸핏하면 못된 외국풍조를 빙자하여 무조건 모방하려 하고 있으나 이것은 우리나라에 맞지 않는 풍습과 법도를 억지로 외국에 맞추는 일입니다. 그러나 아무리 외국문화가 좋다 해도 제나라 고유문화만은 버릴 수가 없습니다. 1989년도에 가족법 개악으로 우리나라 자랑이었던 모든 고유문화를 다 잊어버리고 이제 와서 한가닥 껍데기만 남은 호주제도와 동성동본금혼법만이 남아 있어 우리나라 체면을 겨우 유지하고 있는 오늘날, 또다시 극악무도한 무리들이 대통령 각하의 취임을 앞두고 기회는 왔다는 듯 날뛰고 있는 중, 설상가상으로 여기에 동조하는 국회의원들도 있다하니 그렇게도 할 일이 없어 이것도 국정이라고 다루고 있는지 참으로 한심한 일입니다.

국가안위와 국민의 생사고락을 한 손에 쥐고 계신 존경하옵는 차기대통령 각하! 세계 전 인류가 멸망하고 천지가 개벽하는 한이 있어도 몇몇 여인들 때문에 동방예의지국으로 자처하는 우리나라에서 호주제도 완전 폐지와 친족 혼으로 가정이 파산되고 국기가 흔들릴 수는 없으며, 차라리 민주주의는 못하고 죽음을 택할지언정 조상 대대로 전해오는 가장 소중한 두 가지 고유문화를 헌신짝같이 버릴 수는 없습니다.

예부터 빈계신명牝鷄晨鳴이면 국필망國必亡이란 말이 있습니다마는, 오늘날 암탉은 새벽에만 우는 것이 아니고 백주에도 울고 있습니다. 아무리 시대가 변하여 남녀평등과 여권신장을 부르짖는 시대라고 할지라도 여인으로서 후안무치하게도 '호주제도를 폐지하자!', '친족간 혼인을 하자!' 등등 해괴망측하고 천인이 공노할 발언을 감히 만인 앞에 서슴없이 내뱉고 있는지 모르겠습니다.

허다한 타 성씨 다 버리고 하필이면 윤리를 말살하고 우생학적으로도 바보 마을을 조성한다는 친족혼을 원하는 이유가 무엇이며, 가정을 통솔하며 가규家規를 바로잡는 호주제도를 폐지하여 가정 파산과 사회 혼란을 법으로까지 제정할 이유가 무엇인지 참으로 알 수가 없습니다. 진정 이것만이 여권신장이요, 여성지위향상은 아닐 것입니다. 그럼에도 불구하고 생사를 걸고 투쟁하는 여인들은 필시 이면에 말 못할 사정이 있는 듯하나, 도둑을 위해서 다 같이 도둑이 될 수는 없습니다. 만일 무가내하無可奈何로 속은 없어지고 겉만 남은 호주제도가 그나마 완전 폐지된다면 한마디로 가정은 무장지졸無將之卒과 같아서 갈팡질팡 할 것이요, 친족혼을 허용한다면 결국 사촌과 형제가 사돈되는 무서운 결과가 되고 말 것이니, 이때는 그 누구도 막을 수가 없을 것입니다.

이럴 때 조상도 족보도 일가도 친척도 없는 짐승과 다를 바가 없게 될 것이니, 짐승같이 살 바에야 가정이 무슨 필요가 있으며 국가가 무슨 소용이 있겠습니까? 이것이 바로 패가망국의 징조이오니 하루 속히 미연에 방지하여야 하겠습니다.

존경하옵는 김영삼 차기 대통령 각하!

작금昨今 민주주의를 앞세우고 국민 거의가 무법천지가 된 이 시점에서 만일 이 두 가지가 법으로 폐지되고 허용이 된다고 가상할 때 참으로 무섭고도 상상 못할 결과를 초래할 것입니다. 뿐만 아니라 인간으로서 고귀한 존엄성을 상실하여 결국 먹고 즐기는 것으로 만족하는 금수세계로 변하고 말 것은 기정사실인바 그렇게 되면 이 책임은 누가 질 것이며 역사가 증명하는 천추오명은 누구에게 돌아가겠습니까? 이것은 틀림없이 그 시대를 통치했던 국가원수에게 돌아가고 말 것이니 그 얼마나 가공할 사실입니까? 명철하신 우리 대통령께서는 다 없어지고 겨우 남은 가장 중요한 이 두 가지만을 심사숙고하시어 천추만대에 씻지 못할 오명을 남기시는 일이 없도록 하여 주시기를 애원하오며 우매한 공주시 군민일동은 위국충정에서 충천하는 분노를 참지 못하여 총궐기 건의하오니 통촉하시기 바랍니다.

1993년2월 공주시·군민일동 올림

1.4.2 헌재판사님들에게 보내는 탄원서

존경하옵는 헌법재판소 판사님!

존체 만안하심을 앙축하옵니다. 오늘도 공정재판 수행에 얼마나 노고가 많으십니까?

금년 5월 20일자 동아일보에 보도된 '동성동본 금혼 위헌심판 제정'이란 제목 하의 서울가정법원 안문태 법원장이 최모씨 부부 등 8쌍이 낸 동성동본 금혼에 대한 위헌제청을 받아들여 헌법재판소에 위헌심판을 제정했다는 기사를 보고 놀라움을 금치 못하였습니다.

현행 법도를 무시하고 불륜을 맺은 탈선 혼인한 자들이 부끄러워 하기는 고사하고 동성동본금혼법에 대한 위헌신청을 한다는 것은 참으로 파렴치한 주장입니다. 만일에 그들의 주장대로 법을 고쳐 동성동본간의 혼인(예 12촌 이상)을 허용하게 될 경우엔 걷잡을 수 없이 근친혼으로까지도 확산유발 될 터인데, 이 난혼을 누가 무슨 방법으로 막겠습니까? 또한 우생학적으로도 혈족혼을 하면 좋지 못한 자식을 낳는다하며 실지로 중국의 호남성에서 발견된 근친결혼으로 인한 『바보마을』이 우리나라라고 안 생긴다는 보장이 없다는 것은 법관이신 여러분께서 더 잘 알고 계실 줄로 아옵니다. 그렇게 되면 조상 전래로 이어온 도덕성 파괴와 세계에 유일한 자랑인 우리 민족의 인륜이 말살됨은 말할 나위도 없고 금수와 무엇이 다르겠습니까?

요는 극소수의 탈선혼인한 자들에 대하여는 그간 가정과 국가에서 혼인 법도를 교화하지 않고 방임하여 빚어진 불륜의 결과로서 당사자들만이 잘못이 아니고 국가도 책임이 있으므로 1977년도와 1987년도의 한시특례법과 같은 방법으로 구제해 주고 앞으로는 국가에서 청소년들을 철저히 교화하여 누구나 동성동본금혼법을 잘 지키면 아무 문제가 없을 것입니다. 그런데 누구를 위하여 이 좋은 혼법을 개폐하여 자손들까지 불행이 유전되는 악법을 이렇게 만들려고 하는지 모르겠습니다.

존경하는 판사님!

대단히 외람된 말씀이오나, 모든 법은 법 이전의 윤리와 도덕과 종교와 관습을 바탕으로 하여 제정하는 것으로 알고 있습니다. 그러므로 동성동본금혼의 민법이 헌법에 위반된다면 헌법 자체가 모순될 뿐 아니라 우리 민족 고유의 윤리와 도덕과 종교와 관습 등을 다 고쳐야 한다는 중대한 문제라고 사료됩니다.

생각다 못하여 이에 관한 유인물을 동봉, 지방 주민을 대표하여 탄원하오니 우리 전통 윤리 문화의 계승 발전과 총명하고도 건강한 자손만대의 번성을 위하시는 존의로서 현재 헌법재판소에 계류 중인 동성동본금혼 위헌심판 제청사건에 대하여 현명하신 판단을 내려 주시기 바라옵니다.

1995년 6월
공주시가족법수호대책위원회 대표 최건식·이덕희 배상

1.4.3 김대중 대통령에게 보내는 건의문 〈1998. 9. 10 공주신문〉

존경하옵는 김대중 대통령 각하!

각하께서는 정치적으로나 경제적으로나 과거 어느 때보다 가장 어려운 시기에 취임하신 이후 옥체강령하시며 국민과 고락을 같이 하시려고 국민정부로 출범하시면서 제2건국에 주야 얼마나 노심초사하고 계십니까?

금년따라 전무후무한 폭우는 비록 세계적인 천재였으나 사랑하는 국민의 생명을 무수히 앗아가고 전국 곳곳을 할퀴고 간 수마의 흔적을 보실 적마다 얼마나 가슴이 아프십니까? 위로의 말씀을 드립니다.

현재 우리나라는 역사상 어느 때 보다도 국가의 흥망과 국민의 사활이 달려있는 초비상적 경제위기를 맞이하고 있지만, 현 우리 국민의 대통령께서는 역대 어느 대통령보다도 역량이 풍부하시고 영도력이 탁월하시어 그 시대 그 인물로서 오늘의 국난을 충분히 타개하시면서 파탄된 경제를 무난히 회복시키실 것이요, 아울러 그동안 잡지 못한 사회 제반질서도 올바르게 잡아가실 것으로 국민 모두는 기대하고 있습니다.

존경하옵는 우리 국민의 대통령 각하! 우리나라는 현재 경제위기보다도 더 큰 인도말살이라고 하는 윤리위기를 맞고 있습니다. 일찍이 우리나라는 오천년 역사상 이러한 윤리위기는 없었고 역대 대통령께서도 동성동본금혼법만은 국가 흥망이 달려있는 막중대사였기에 신중을 거듭하면서 처리를 주저했던 것으로 알고 있습니다. 그럼에도 하필이면 각하께서 취임하시면서 이 문제가 또다시 전적으로 거론되어 각하의 심정을 괴롭히고 있습니다.

IMF는 누가 무어라 해도 그 책임은 직전 대통령에게 돌아갈 것이 분명하지만, 동성동본금혼법는 만일 잘못 처리되었을 때 역사는 바로 책임소재를 당시 국가원수에게 물을 것입니다. 얼마나 두려운 일입니까? 작년 7월 16일 헌재에서는 헌법 제9조의 국가는 전통문화의 계승발전과 민족문화의 창달에 노력하여야 한다는 조항도 무시하고 동법 제10조의 행복추구권을 아무 관련도 없는 민법 제809조 1항의 동성동본 금혼법과 억지로 결부시켜 불합치 운운하는 법적근거도 없는 반인도적인 판결을 내렸고, 법무부는 형평성을 잃은 공청회를 빙자하고 이에 동조하여 동성동본 8촌 이내

성균관 임원 고유식

결혼은 못한다고 크게 인심 쓰는 정부안을 내놓고 있으나 일가 간의 촌수원근은 오십보백보입니다. 8촌은 분가를 아니 하는 한, 한 가정에서도 나오는데 9촌 이상 결혼하라고 하는 것은 짐승들이나 하는 짓입니다.

　목금 극악무도한 살인강도 등 각종 흉악범이 일익 증가하고 폭력배가 난무하며 충효사상은 찾아볼 수 없어, 대학교수까지 황금에 혈안이 되어 애비를 살해하고 자식은 뿌리를 망각하고 제 부모를 발로 차고 때리고 쓰레기같이 거리에 내다버리는 사회, 이와 같이 세상이 극도로 험악한 시점에서 가부장제도와 친양자법 등 알맹이 가족법은 이미 사라지고 마지막 보루인 동성동본금혼법마저 폐지된다고 볼 때, 세태는 눈뜨고 차마 보지 못할 것이며 국가는 온통 커다란 짐승우리로 변할 것입니다. 이어서 이것은 바로 사회악을 조장하고 부추기는 원흉이 될 것이며, 장차 망국의 징조가 될 것입니다. 종족 간 8촌 이내 금혼법 시안으로 작성된 법무부 안은 일시 미봉책에 불과합니다. 앞으로 이 안이 통과될 때, 이로 인하여 파생되는 사회의 험악함은 누구도 막지 못할 것이요 법만으로는 감당하기 어려울 것입니다. 이것이 바로 범죄와의 전

쟁선포에서 실효를 거두지 못하는 이유로 충분히 입증됩니다.

　존경하옵는 우리 국민의 대통령 각하! 앞으로 각하의 국민 모두가 예의도덕을 지키면서 일등문화 국민으로서 사람답게 살아야할 텐데, 이게 웬 말이며 이렇게 짐승같이 살아야 되겠습니까? 설사 동성동본 결혼이 법적 허용된다고 가정할 때, 수십 대 모셔오던 조상과 족보가 일조에 없어지는 것은 기정사실이요, 혈통과 가통이 없어지고 급기야는 형제가 사돈이 되고, 친할아버지가 외할아버지까지 겸할 것이며, 종족간은 물론이요 한 가족에서도 항렬 촌수도 따질 수 없는 기막힌 현상까지 벌어질 것이니, 이것도 사람이 할 짓이라고 하겠습니까? 이와 같이 짐승우리에서 짐승같이 무질서하게 뒤죽박죽 살 바에야 가정이 무슨 소용이 있고 국가가 무슨 필요가 있겠습니까? 사리를 판단하고 뜻있는 자는 차라리 죽음을 택할지언정 이 꼴을 눈뜨고 못 볼 것입니다. 사태가 이와 같이 된다고 할 때 이 책임을 누가 질 것이며, 역사에 기록되는 씻지 못할 악명과 오명은 누구에게 돌아가겠습니까? 상상만 해도 얼마나 가공할 일입니까? 천부적으로 영특하시고 명철 고매하시어 사리판단에 정확하신 우리 국민의 대통령께서는 인간사회에서 사람이라면 가장 중요시하여야 할 조상전래의 윤리문화요 미풍양속이며, 우리 민족의 자랑인 동성동본금혼법만은 자손만대를 위하여 각하께서 헌법재판소로 하여금 불합치판결을 취소하도록 특별 배려하여 주시고 법무부의 8촌 이내 금혼법안도 철회토록 하시어 영원히 씻지 못할 역사적 오명을 남기시는 일이 없도록 하여 주시기를 애원하오며 일천 명 공주유림일동은 위국충정에 충천하는 의분을 참지 못하여 궐기탄원하오니 통촉하여 주시기 복망하나이다.

1998년 9월

공주향교 전교 이덕희 외 유림일동 올림

1.4.4 동성동본금혼법 원상회복 건의서

　우리 민족의 동성동본금혼제도는 인간의 가치와 자손 번성의 지혜로서 예로부터 조상전래 미풍양속으로 지켜온 세계에 자랑인 신성한 혼인·전통문화인데, 해방 이후 50여 년 동안 불행히도 외래풍조의 영향과 특히 전통윤리교육을 소홀히 하여 극소수의 일부 여성들이 정권이 바뀔 때마다 가족법 개정을 주장, 그 중에서 동성동본금혼법은 폐지운동을 전개하여 급기야 이·금혼법禁婚法이 폐지상태다 보니, 앞으로 우리는 자손만대 인간답게 사느냐 못사느냐 하는 중대한 위기에 처해 있습니다.

우리는 반드시 이 법을 원상회복 시켜야 합니다. 만약 죽은 법을 다시 살리기 어렵다하여 어떠한 조건이든 간에 이금혼법을 조금이라도 터놓는(완화) 대체 안이 법제화가 된다면 더 큰 중대한 문제를 자초하게 됩니다.

첫째로 대안을 냈음으로 다시는 원상회복 법개정 운동을 할 명분이 없고,

둘째, 조금이라도 이금혼법을 터놓는 날엔 원근친을 막론하고 일가혼인을 합법적으로 개방시키기 때문에 이것은 완전 금수시대禽獸時代로 변하고 마는 것이니, 이것을 무슨 재주로 어떻게 막아낼 것이며, 나아가 우생학상優生學上으로도 자손의 앞날을 우려하지 않을 수 없으며,

셋째, 어떠한 이유이든 간에 일가 간에 혼인을 터놓는다면 대체법안을 내나마나이기 때문입니다.

그런데 동 금혼법이 어차피 무너질 바에는 차라리 대안을 안 내면 원상회복법제정 운동을 계속 정정당당하게 할 수가 있습니다. 만약 역부족으로 실패하는 한이 있더라도 대의와 자손 앞날을 위해서는 이 길밖에 취할 수 없습니다.

우리는 헌법재판소에서 민법 809조 동성동본금혼조항이 헌법 10조 국민행복추구권 및 동 11조 국민평등권과의 불합치하다고 판결한 자체가 위헌판결이므로 무효화할 것을 주장하여야 합니다.

1. 전통문화에 속하는 동성동본 금혼에 관한 민법이 헌법 행복추구권 및 평등권과 불합치하다는 것은 헌법 9조에 국가는 전통문화의 계승발전과 민족문화의 창달에 노력하여야 한다는 조항에 분명히 위배된 위헌판결입니다.
2. 헌법은 모법이라 하지만 모든 법은 법 이전에 윤리와 도덕과 종교와 관습을 바탕으로 하여 제정한다고 하는데 불합치판결은 국민의 윤리와 풍속 등을 무시한 판결이므로 역시 위헌판결입니다.
3. 당초 헌법을 기초 제정한 위원들의 본의가 결혼행복을 근친원친을 막론하고 동

성동본 간에서 추구하라고 제정한 것은 분명히 아닙니다. 같은 조항에 모든 국민은 인간으로서의 존엄과 가치를 가지며 라고 하는 조문이 있습니다. 만일 친족 간에 혼인한다면 어떻게 인간의 존엄과 가치가 있겠습니까? 이 뜻으로 보아도 헌법 10조 행복추구권과 민법 809조 동성동본금혼조항과는 아무 관련이 없음으로 역시 불합치 결정은 위헌판결입니다.

이상 이유로써 헌법불합치판결은 판결 자체가 위헌판결이므로 무효화를 주장하는 바입니다. 또한 민법 809조 동성동본 금혼조항이 헌법 10조 행복추구권 및 동11조 평등권과 불합치 된다면 헌법을 개정하여야 합니다.

중국 진나라 때 유명한 사학자 진수(陳壽, 서기 233~297)가 1,700여 년 전에 택한 중국 정사의 하나인 삼국지에 예맥(濊族: 한족韓族의 선민先民들을 총칭)의 민속 중에 혼인은 "동성불혼同姓不婚"으로 정확히 밝혀 놓은 문헌을 보더라도 우리 민족의 동성동본금혼 전통문화는 중국에서 들어온 것이 아니고 유구한 역사 속에서 우리 민족 고유의 관습, 즉 미풍양속으로 계승 전래하였다는 사실이 입증되고 있습니다. 그런데 민법 809조 동성동본 금혼조항이 헌법 10조 행복추구권 및 동 11조 평등권과 불합치 된다면, 모든 법은 법 이전의 윤리와 도덕과 관습 등을 바탕으로 하여 제정하는 것이 원칙이니 만큼 관습이 우선이므로 헌법 조항을 개정하고 동 민법은 존치存置하여야 합니다.

또한 국가는 전통문화의 계승 발전과 민족문화의 창달에 노력하여야 한다는 헌법 9조의 규정에 의하여 우리 민족의 전통문화인 동성동본 금혼제도는 국가에서 보호할 의무가 있으므로 당연히 불합치 된다는 헌법 10조 및 동 11조를 개정하여 민법 809조는 원상 그대로 존치하여야 합니다.

1999년 8월 공주유림대표 공주향교 전교 이덕희

국회에 제출한 동성동본금혼법 입법대체안 철회요구 건의서

1.4.5 동성동본금혼법 입법대체안 철회요구건의서

존경하는 성균관 가족법 대책위원장님을 비롯하여 의원님 여러분!

장장 수 십 년을 두고 가족법 수호에 얼마나 수고가 많으십니까? 그러나 보람 없이 오늘날에 와서 거죽만 남은 가족법 중 동성동본금혼법마저 폐지된 것은 우리 민족의 전무후무한 일대불행이며, 국민 모두가 의분을 참을 수 없는 비극이 아닐 수 없습니다.

특히 어려운 상황 속에서 수십 년 간 꿋꿋하게 지켜온 이완희李完熙 위원장님의 공로도 아랑곳없이 허사로 돌아가고 말았습니다. 참으로 비통한 일이요, 애석한 일입니다. 진심으로 위원장님께 위로의 말씀을 드립니다.

존경하는 이완희 위원장님 이 일을 장차 어찌하려 하십니까? 이 일이 잘못된다고 할 때, 수천 년 이어온 전통의 조상님과 분묘, 그리고 족보는 물론 가통, 혈통이 무너지고 성씨가 뒤죽박죽되고 무질서와 혼란이 연속되어 국민의 생존마저 위협하는 중대한 문제이기 때문에 백번 천번 생각하여 신중히 처리하여야 할 것입니다.

물론 국회에 제출된 안도 무한히 생각하신 끝에 마련된 것으로 사료됩니다마는, 이것은 분명히 법적으로 원근친을 막론하고 동성동본 간 허혼하는 것입니다. 앞으로 닥쳐오는 모든 파생적 부작용을 생각할 때 절대 그럴 수는 없습니다. 죽으면 죽었지 수천 년 내려온 조상 전래의 윤리적 가장 소중한 전통문화를 우리 손으로 헌신짝같이 버릴 수는 없으며 그 더러운 유산을 자손에게 물려줄 수는 없습니다. 뿐만 아니라 역사상 기록되는 씻지 못할 추악한 오명, 그리고 악명이 누구에게 돌아가겠습니까? 생각만 해도 간담이 서늘합니다.

이 점 깊이 이해하시고 다시금 심사숙고하시어 국회에 제출된 금혼법 대체안을 하루 속히 철회하시고 그 사실을 지면으로 전 유림에게 알려 주시기 바랍니다.

바라옵건대 사필귀정이라고 하는 신념을 가지고 일안一案으로 '불합치 판결 무효화'와 이안二案으로 '헌법을 개정하여 동성동본금혼법 철칙화'하는 안 중 택일하여 끝까지 거국적 운동으로 전개하여 주시기 바랍니다.

성균관이 앞장설 때 반드시 성사할 것입니다.

끝으로 대단히 죄송하오나 이 건의서를 보시고 즉시 대체안 철회 여부를 회시回示하여 주시기 바랍니다.

회신이 없을 시는 철회 불가능한 것으로 간주하옵고 오직 대의를 위해서 만부득이 여러 유림의 뜻을 모아 별도로 동성동본금혼법 되살리기 운동에 전력을 다하여 끝까지 투쟁할 것을 말씀드리오며 여불비례상餘不備禮上하나이다.

1999년 9월

공주향교 전교 이덕희 외 임원일동

1.4.6 국회의원들에게 보내는 진정서

존경하는 국회의원님 안녕하십니까?

오늘날 테러로 인한 세계적인 불안, 공포 그리고 국내 경제 위기 등 정치적 난국을 타개하시기에 불철주야 얼마나 노고가 많으십니까? 아시다시피 우리나라는 현재 제2 IMF 환란換亂이 온다고 국민 모두가 불안해하고 있습니다. 그러나 이것은 국민이 다 같이 비장한 각오로 또 다시 극복하면 회생이 가능할 것으로 사료됩니다. 그러나 한 번 무너지면 영원토록 회생이 불가능한 중대사가 또다시 의원님의 현명하신 심판을 기다리고 있습니다.

존경하는 의원님 여러분! 이미 잘 아시고 계신바와 같이 지난 1997년 헌법재판소에서 헌법상 행복추구권을 악용하여 아무 관련도 없는 신성한 민법 809조의 동성동본금혼법과 억지로 결부시켜 국민 모두의 간담을 서늘케 했던 치욕적인 문제 금혼법이 아직도 해결되지 못한 시점에서 설상가상으로 또다시 여성단체가 여권 신장을 운운하면서 신성한 우리 고유 전통문화인 가부장 호주제도 폐지까지 강력히 주장하고 있으니 우리나라가 장차 어찌 되려고 자꾸만 이런 일이 생기는지 모르겠습니다. 이것은 동성동본금혼법 폐지보다 오히려 그 폐해가 큰데, 그 중 가장 큰 폐해 몇 가지만 예를 들어 말씀드리겠습니다. 만일 가부장 호주제도가 폐지된다면,

첫째, 혈통이 말살되면서 가정마다 대대로 이어오는 성씨 자체가 자동 소멸됩니다.

둘째, 부모 쌍방 입적이 가능한 바, 한 집에 잡성가족이 형성되면서 조상도 족보도 친척도 다 없어집니다.

셋째, 국가 구성체의 근본인 가정의 질서가 무너지며 따라서 사회질서, 국가질서가 동시 무너지게 됩니다.

넷째, 형제, 자매 그리고 삼촌, 사촌의 성이 각각 달라지므로 가정이 뒤죽박죽되면

서 근친상간까지 유발되어 가정이 짐승우리로 변합니다.

그렇지 않아도 오늘날 도덕성 부재로 예의염치를 찾아보기 어려운 시점에서 만일 가정을 이끄는 가부장 호주제도까지 폐지된다면 도덕적 윤리의식의 정당성을 잃으면서 생활상 모든 질서는 완전 파괴되어 사회는 무법천지로 아수라장이 될 것입니다. 그렇다면 날로 증가하는 이혼율, 청소년 비행, 살인, 강도, 사기, 폭력 등 모든 사회악을 어떻게 감당하겠습니까? 아무리 세상은 변해도 만물의 영장인 사람은 최소한 사리는 판단하고 기본 예의는 지키면서 살아야 할 것입니다. 드릴 말씀은 태산같사오나 이것으로 생략하오니, 현명하신 의원님 여러분께서는 호주제도가 폐지되면 혼돈사회가 초래된다는 무서운 사실만은 명심하시고 여야를 초월하여 다 같이 막아 주셔야 합니다. 이것은 우리 모두가 국가장래를 위하고 자손만대를 위하는 일입니다. 앞으로 우리 국가의 흥망과 우리 민족의 짐승이 되고 안 되는 것은 오직 의원님 여러분의 장중에 달려 있습니다.

조만간 상정될 이 문제를 동성동본금혼법 못지않게 심도 있게 검토하시고 사안을 정확히 판단하시어 아무쪼록 16대 국회에서 만고에 없는 악법을 통과시켰다는 역사적 오점과 후손에게 씻지 못할 악명을 남기지 마시기를 애원하오며, 전국 유림의 뜻을 전달하는 대표로서 충천하는 분노를 억제하면서 위국 위자손爲子孫의 충정일념에서 외람되이 진정하오니 국가 장래와 자손 앞날을 위해서 깊이 정상을 헤아려 주시기를 앙원하나이다.

2001년 10월

성균관 가족법대책위원장 이덕희 올림

1.4.7 헌재판사들에게 보내는 진정서(1)

헌법재판소 재판관님께 삼가 올립니다.

어느덧 다사다난했던 2001년도 며칠 남지 않았습니다. 금년 1년 동안 참으로 어려운 헌법재판에 얼마나 노고가 많으셨습니까? 위로의 말씀을 드립니다.

존경하옵는 재판관님, 아시다시피 사람이라고 다 사람은 아니라고 생각합니다. 사람이 사람다운 행동을 해야만 사람 대열에 설 수 있고 만물의 영장으로 자처할 수 있을 것입니다. 그런데 국민을 위해서 출범한 국민정부가 국회에 제출한 8촌 이내 금혼법안은 눈 가리고 아옹 하는 식으로 국민을 우롱하는 미봉책에 불과합니다. 8촌만 넘으면 결혼하는 사람이 6촌, 4촌은 결혼을 못하겠습니까? 급기야 형제가 사돈되고, 친아버지가 시아버지가 아니 된다고 누가 보장하겠습니까? 이것은 미연에 방지하지 못하는 한, 누구도 막을 방법이 없을 것입니다. 뿐 아니라, 요즘 여성단체에서 더욱 기승을 부리고 있는 호주제 폐지주장은 그 해악이 동성동본 결혼보다 더욱 심한 망국적 발상입니다.

예부터 호주는 호적상 가부장적인 대표자로 가정을 이끌어 가는 가장입니다. 일제가 호주라고 하는 칭호만 붙였을 뿐, 호주제는 수천 년 내려온 우리나라 고유제도입니다. 장자가 장자로 이어온 가부장적 호주이기 때문에 우리 민족이 오늘날까지 혈통을 계승해 온 것입니다. 어떻게 일제의 잔재라고 할 수 있습니까? 그리고 민법상 양성평등을 운운하면서 자식으로 하여금 부모 양방입적을 강요하지만, 이것은 수 천 년 내려온 부계 혈통을 말살하고 혈통을 부계모계 공동으로 이어가자는 것입니다.

그러나 이것은 참으로 아니 될 말입니다. 국민 모두가 가정마다 대대손손 이어오는 부계혈통을 없애고 부모 양방에 입적한다면 애비는 이씨, 자식은 김씨, 손자는 박씨가 되면서 가정마다 잡성가족이 형성되어 부자가 성이 다르고 형제가 성이 다를 때 이것도 부자요, 형제라 할 수 있겠습니까? 뿐 아니라 조상도, 족보도, 친척도, 부모 산소까지도 다 없어지고 말 것입니다. 짐승이 아닌 인간이라면 이럴 수는 없습니다.

존경하옵는 재판관님도 이미 아시고 계시다시피 현재 우리 사회는 자식이 아비를 죽이고, 아비가 자식을 죽이는 흉악범들이 일익증가하고 있으며, 또는 신혼부부 30%가 이혼하고 월 1천 주부가 가출하는 상황 속에서 설상가상으로 호주제도까지 폐지된다고 가상할 때 우리나라가 과연 어떻게 될 것인지 상상만 하여도 간담이 서늘합니다. 1999년 1월 1일부로 민법 809조가 폐지된 이후 현재 촌수 불문하고 동성동본 결혼이 날로 늘어가고 있다고 합니다. 우리나라가 어찌하다가 이렇게 되는지 모르겠습니다.

현명하신 재판관님! 앞으로 우리나라 앞날과 우리 민족의 안녕 질서를 위해서도 호주제도는 반드시 지켜 주셔야 합니다. 제가 성균관 가족법대책 위원장으로서 전 유림의 우국충정을 대표해서 눈물로써 호소하오니 국가 민족의 장래를 위해서 깊이 혜아려주시옵기 간절히 바라면서 희망찬 2002년 새해에는 고당에 만복이 충만하시고 더욱더 건강하시기 바랍니다.

2001년 12월

성균관가족법대책위원장 이덕희 올림

1.4.8 헌재판사들에게 보내는 진정서(2)

존경하옵는 재판관님!

2002년 대망의 새해를 맞이하여 귀체 강령하시고 댁내 제절諸節도 균안하시며 하시는 일 모두가 성취되시기를 앙원차도仰願且禱하나이다.

세전에 올린 서간에서 호주제 폐지의 부당함을 상세히 말씀 드린 바 있습니다마는, 여성 측의 호주제 폐지 주장은 가정질서를 파괴할 뿐 아니라 가가호호 수천 년 내려온 가통, 혈통을 완전 말살하고 국민 모두를 짐승 우리로 몰아넣으려는 망국적 발상입니다. 호주를 없애자는 것은 가정마다 주인을 없애자는 것인데, 이래도 가정이 운영되겠습니까?

뿐만 아니라 일관된 부계 혈통을 어떻게 부계, 모계로 나누자는 말을 한단 말입니까? 부자가 성이 다르고 형제가 성이 다를 때, 조상 족보와 친척과 그리고 부모 산소까지도 다 없어지고 마는 결과는 조금도 생각을 아니 합니다. 지각없는 여성 몇몇 때문에 성도 없애고 조상도 없앨 수는 없습니다. 이것은 천인이 공노할 일이며 비인도적인 사고라고 봅니다.

현명하신 재판관님, 우리 유림은 연령적으로 노쇠하고 경제적으로 힘이 없다보니 사회적으로 뒷전에 밀려 있습니다. 그러나 정의에 입각한 위국 충정과 올바른 정신, 그리고 정확한 판단력 등 전래적인 선비정신은 아직도 살아 있습니다. 오늘날에 와서도 선비정신이 아니면 국가 기강을 바로잡을 수 없을 것입니다.

존경하옵는 재판관님, 1997년도 7월 16일자 동성동본금혼법이 헌법과 불합치하다는 판결이 과연 정당한 판결인지 다시 한 번 재고해 보시기를 앙망하오며, 두 번 다시역사에 오점을 남기고 국민의 가슴에 못 박는 일이 없도록 힘써주시기를 애원합니다.

끝으로 새해에는 재판관님께서 복 많이 받으시고 더욱더 건강하시기를 비옵니다.

2001년 12월

성균관가족법대책위원장 이덕희 올림

1.4.9 법사위원회에 보낸 자료

지난 7일 공청회에서 법사위원장님이 말씀하신 가족법의 자료로 제출합니다.

우리 대한민국은 전통적 문화국가이며 법치국가이기 때문에 전통과 법은 다 같이 공존해야 할 것입니다. 그러나 현재 정부에서는 우리 전통적인 윤리문화와 헌법 9조에 명시된 국가 의무까지 모두 무시하고 말살하려고 합니다. 그리고 일부 무모한 여성들이 가족법 개악을 주장한다고 해서 정부까지 가세하는 것은 헌법 9조의 국가 의무도 저버릴 뿐 아니라 법을 멸시하는 망국적 처사라고 생각합니다. 국가에서 법을 지키지 아니 하면 어느 국민이 법을 지키겠습니까?

우리 민족의 동성동본 금혼제도는 인간의 가치와 자손위생의 지혜로서 조상 전래 미풍양속으로 지켜온 세계의 자랑으로 신성한 전통 혼인문화입니다. 그런데 헌법 10조에 엄연히 인간으로서의 존엄과 가치를 가지며 행복을 추구하라고 명시되어 있음에도 불구하고 인간 존엄과 가치를 무시한 불합치 판결은 행복만 추구하고 인간의 존엄성은 전혀 고려하지 아니 하였으므로 불합치 판결은 분명한 위헌판결입니다. 헌법 9조에 국가는 전통문화의 계승 발전과 민족문화의 창달에 노력한다는 국가 의무 조항이 있음에도 동성동본의 신성한 민족문화를 무시한 불합치 판결은 이것 또한 헌법정신에 위배된 위헌 판결입니다. 모든 법은 법 이전에 윤리와 도덕과 관습 등을 바탕으로 하여 제정하는 것입니다. 그리하여 불합치 판결은 도덕과 관습을 전혀 무시했을 뿐 아니라, 헌법 10조 행복추구권과 민법 9조 동성동본금혼법은 제정 당시부터 근본이념이 다름에도 불구하고 이에 결부시켜 불합치 판결한 자체가 위헌 판결입니다.

이상 세 가지를 볼 때 정부 안으로 제출한 8촌 이내 금혼법도 위헌이 분명하다고 생각합니다. 헌재에서 헌법 10조와 민법 809조가 불합치한다고 했다면, 촌수에 관계없이 동성동본금혼법 자체가 헌법과 불합치하는 것입니다.

그런데 정부에서는 8촌 이상은 결혼하고, 8촌 이내는 결혼하지 말라하는 것은 불합치 원칙에 어긋나는 안을 내놓고 있는 것입니다. 그리고 8촌 이상 9촌부터 결혼하는 사람이 6촌, 4촌인들 못하겠습니까? 그렇다면 어떻게 형제가 사돈 되고 삼촌이 시아버지가 된단 말입니까? 이렇게 되면 조상도, 족보도, 친척도 다 없어집니다. 이와 같은 8촌 이내 금혼 안이 어떻게 정부에서 나올 수 있단 말입니까? 이것은 눈 가리고 아옹 하는 식입니다. 정부에서 전통문화의 수호, 권장은 고사하고 우리 민족 고유의 전통을 말살한데서야 어찌 국민정부라고 할 수 있겠습니까?

또한 호주제 폐지 문제는 어불성설입니다. 당초 호적 없이 호주는 있을 수 없습니다. 호적은 상고부터 있었고 가부장적 호주제도는 일제의 잔재가 아니라 우리나라가 전통적으로 이어오는 제도입니다.

오늘날 일부 여성단체에서 주장하는 호주제 폐지 목적은 남녀평등과 가족 간 평등권입니다. 그러나 호주는 가문의 혈통을 이어 가정을 대표하는 통솔자입니다. 만일 통솔자가 없다면 국가나 가정은 물론 어느 단체인들 운영이 되겠습니까? 그리고 다음으로 부부간 자식을 공동으로 나누어 입적시키자는 것입니다. 그러나 이것은 어느 가정을 막론하고 대대로 이어오는 혈통이 무너지므로 안 되는 것입니다. 혈통이 무너지면 가정마다 성이 뒤죽박죽되면서 짐승우리가 되기 때문입니다.

다음은 친양자 제도입니다. 친양자 제도의 근본 취지는 부모도 없고, 성도 없이 버려진 불우한 기아, 미아 등을 입양 보육하여 자기 호적에 입적시켜 자기 자식으로 만드는데 목적이 있는 것입니다. 그런데 일부 여성단체에서는 이것을 역이용하여 재혼 여성들이 데리고 간 자식으로 하여금 본 성을 버리게 하고 의부의 성에 붙여주자고 떼를 쓰고 있습니다. 그러나 어미의 행복을 위해서 어떻게 불변의 원칙인 자식의 타고난 성을 임의로 바꿀 수 있단 말입니까? 그리고 데리고 간 자식을 의부에게 입적시키고 생부와 친형제는 왕래까지 단절시킨다는 것입니다. 이것이 얼마나 반 천륜적이며 몰인정한 행위입니까? 예를 들어 어미가 몇 번씩 재가하면 자식의 성도 몇 번씩 바뀌는데 만물의 영장 인간으로서 이럴 수가 있습니까? 또 있습니다. 현재 한명숙 여성 부장관도 국민에게 부모의 성을 합쳐서 쓰라고 권장하고 그 자녀에게 부의 성 박씨를 합쳐 박한씨로 바꾸면서 갈수록 점점 성자가 많아지면 그 중에서 성을 골라 쓰면 된다고 하는데 성씨가 아이들 장난감은 아닙니다. 아버지는 박씨, 자식은 박한씨라면 이것은 부자가 아닙니다. 성씨 고치는 날부터 박씨, 박한씨는 남남이 되는 것입니다. 이것은 서로가 아버지라고 부르고 자식으로 부르면 욕이 되는 것입니다.

현재 정부는 국론을 모아야 할 때 국론을 분열시키고 있습니다. 이는 현재 여성부에서 여권을 지나치게 부추기고 있기 때문이라고 생각됩니다. 그러므로 망국의 근원이 되는 가출과 이혼문제는 여성만을 위해서 출범한 여성부에서 반드시 책임져야 할 것입니다. 앞으로 이 모든 것을 해결하고 민심을 안정시키기 위해서는 국회에서 하루속히 헌법을 고쳐 헌법 10조의 행복추구권 하단에 '단 동성동본은 제외시킨다.'는 단서만 달면 모든 문제는 영원히 해결될 것입니다.

2002년 3월

성균관가족법대책위원회에서 올림

1.4.10 존경하는 대통령님, 국회의원님 그리고 헌법 재판관님!

〈2002. 8. 15. 유교신문〉

존경하는 대통령님, 국회의원님 그리고 헌법 재판관님!

정체 만안하시며 국정 수행에 얼마나 노고가 많으십니까?

저희들은 작금 우리 민족의 상징으로 가장 중요한 전통문화의 존폐가 백척간두에 서 있는 긴박한 정황을 국민으로서 좌시할 수 없어 원상회복 해주실 것을 주청奏請드리며 이어서 감히 몇 가지 의문점을 질의하오니 하답하여 주시기 바랍니다.

법은 만인 앞에 평등하다고 들었으며 모든 법은 그 나라의 전통과 관습을 기반으로 하여 제정하는 것이 원칙으로 알고 있습니다. 그리고 인간이라면 누구나 인도라고 하는 궤도에서 이탈하지 아니 하고 법과 예의를 지키면서 사람답게 살아야 할 것입니다. 그러므로 우리 국민들은 언제나 국가의 안녕 질서와 국민의 생명을 보호해 주시는 일국의 통수권자이신 대통령님과 전 국민의 의사를 대변하면서 국민 모두에게 혜택이 돌아가도록 입법하시는 국회의원님, 그리고 모든 법을 헌법에 위배되지 아니하도록 노력하시는 헌법 재판관님 여러분들을 항시 의지하고 태산같이 믿으면서 생업에 진력 종사하며 하루하루 살아가고 있습니다. 그런데 언제부터인지 태산같이 믿고 의지해야할 행정부와 사법부, 입법부모두가 믿을 수 없는 부분이 너무 많아 국민들이 다소 불신하고 또 원망하고 있습니다.

한 가지 실례를 들어 말씀드리면, 오늘날 무수히 발생하는 부정비리, 폭력 등 모든 사회악은 불문에 붙이더라도 인도적인 면에서 우리나라는 현재 조상전래 수천 년 동안 깊숙이 박혀 있는 튼튼했던 인류의 뿌리가 불과 수십 년 사이에 송두리째 썩어가고 있습니다. 그러나 현재 이것을 치유해 보겠다고 앞장서는 사람은 하나도 보이지 않습니다. 때문에 수천 년을 생생하게 살아온 전통의 거목은 현재 그 위용을 잃으면서 어느 때 고사목으로 변할지 아무도 모르는 아주 위급한 처지에 있음에도 행정부나 사법부, 입법부에서는 태연무심하신 것이 바로 문제라고 사료됩니다.

오늘날 인성교육 부재로 인하여 국가에 충성할 무수한 고관들이 돈에 도취되어 국가 망신이나 시키고, 가정에서는 효도할 자식들이 부모를 예사로 내다 버리는가 하면, 심지어 대학교수가 제 부모를 시해하는 천인이 공노할 사례까지 등장하고 있으며, 학교에서는 학생들이 잘못하고 꾸지람만 들어도 스승을 고소 고발하고 폭행까지 당해도 말 한마디 못하는 선생님들이 있습니다. 이와 같이 국가의 기강과 가정의 가도와 학교의 사도가 모두 무너지고 있는 실정인데 이렇게 사회는 구석구석 도사리고 있는 사회악과 자유분방으로 인해 무법천지가 되어도 아랑곳없이 경제성장만 중시하며 잘 먹고 즐기기만 하려 합니다. 이것이 과연 올바른 정치요, 인생의 전부라고 보아야 하는 것인지 참으로 알 길이 없습니다.

존경하는 대통령님, 국회의원님, 그리고 헌법 재판관님!

이미 아시고 계신 사실이지만 이상 말씀드린 것이 오늘날 우리나라 현실이라고 볼 때 하루속히 국가 기강을 바로 잡고 가정 질서를 바로 세우게 하며 학교의 교권을 확립하여 사도가 바로 설 수 있도록 해주실 것을 감히 호소하면서 이어서 아래와 같이 몇 가지 질의 말씀을 드리오니 잘못된 질의라면 일축하시고 혹 일리가 있는 질의라고 생각하시면 내용을 검토하시고 하답을 주시기 바랍니다.

질의내용

첫 번째, 헌법에 위배된 모든 법률을 바로 잡는 헌재에서 1997년 7월 16일 민법 809조의 동성동본금혼법과 헌법 10조와 불합치라고 판결한 것은 헌법 제9조(국가는 전통문화의 계승발전과 민족문화의 창달에 노력하여야 한다.)의 국가 의무 규정을 전적 무시한 사실상 위헌 판결이므로 그 판결자체가 무효라고 사료되는데 어떻게 생각하시는지 하는 의문이며,

두 번째, 민법 809조 동성동본금혼법과 헌법 10조 행복추구권과 법률상 같은 맥락이라면 행복을 일가 간에 혼인을 해서 추구하라는 헌법으로 유권해석을 하는 것인지 모르겠으나 이것이 헌법 10조의 본뜻이라면 헌법 10조는 당초 헌법 제정이 잘못된 것이며, 이와 아무 관련이 없다면 헌법 9조를 무시한 불합치 판결 자체가 위헌이므로 양자 중 하나는 분명히 잘못된 것이 아닌가 하는 의문이며,

세 번째, 정부 1997년 7월 16일 헌재에서 민법 809조가 헌법 10조와 불합치로 판결한 것을 기회로 하여 2000년도 정부안으로 동성동본금혼법을 폐지하고 그 대안으로 8촌 이내만 금혼한다는 법안을 국회에 입법 제안한 바 있으나, 15대 하반기 마감국회에서 민법 809조 동성동본금혼법은 그대로 존치키로 결의했음에도 불구하고 정부가 부결된 동 법안을 또다시 16대 국회에 제출한 것은 일사부재리원칙에 어긋날 뿐 아니라 행정부에서 입법부를 무시한 처사라고 보며 15대 국회에서 처리한 모든 사안을 부정하는 것이 아닌가 하는 의문이며,

네 번째, 헌재에서 판결한 민법 809조 동성동본금혼법과 헌법 10조와 불합치가 된다고 본다면 정부안 8촌 이내 금혼법안도 촌수와 관계없이 똑같은 민법, 헌법 불합치라고 보는데 그럼에도 불구하고 정부에서 제출한 8촌 이내 금혼법안은 헌법과 합치가 되는 것인지, 이렇게까지 정부에서 앞장서는 반인륜적인 저의가 무엇이며 누구를 위한 발상인지 의문스럽습니다.

다섯 번째, 우리나라에서 현재 세계적으로 전무후무한 여성부까지 신설한 것은 우리나라 실정으로 보아 불요불급하다고 사료될 뿐 아니라, 여성부로 인한 부작용은 막대한 국가 재정을 손실시키고 있으며 국론을 분열시킬 뿐 아니라, 남녀간 갈등을 조장하면서 이혼, 가출이 일익 증가하고 있으며, 전통문화를 무여지하게 파괴시키면서

겨우 한 가닥 남은 윤리도덕마저 말살하고 있습니다. 또한 겨우 명맥을 이어 가는 우리나라 예의염치를 수호 계승하는 우리 민족의 위상을 근본적으로 짓밟고 정신적으로 고통과 어려움을 주고 있는 여성부가 현 시점에서 과연 꼭 필요한 것인지, 그렇다면 여기에는 남성부도 필요할 것이며, 더 필요한 것은 노인복지부, 청소년 선도부가 현재 여성부보다 몇 배 더 시급한 문제가 아닌가 하는 의문이며,

여섯 번째, 현재 여성단체에서는 동성동본금혼법 완전폐지를 계속 강력 주장하면서 심지어 호주제도 폐지문제와 또한 취지와 원칙에 어긋나는 친양자 제도 도입까지 운운하지만 이것은 대다수 국민들이 결사반대하는 중대 사안입니다. 만에 하나 동성동본금혼법과 호주제가 폐지되고 친양자 제도가 도입되어 성이 수시로 바뀌고 조상과 친인척이 없어지면서 형제가 사돈되고 혈통 가통이 무너지며 온 가족이 뒤죽박죽되는 잡성가족이 형성된다고 가정할 때, 사람은 짐승과 무엇이 다르겠습니까? 이럼에도 불구하고 대단히 외람된 질문이 되겠습니다마는 존경하는 대통령님, 국회의원님 그리고 헌법재판관님께서는 예컨대 패륜적인 이 문제에 대해서 먼저 시범적으로 실천하실 수 있을 것인지 질의를 드리고 싶습니다.

일곱 번째, 국회에서 만약 헌재에서 민법 동성동본금혼법과 헌법 행복추구권과의 불합치 판결을 무효화하지 아니 하여 법을 꼭 고쳐야 한다면, 민법 809조 동성동본금혼법은 법 이전에 윤리와 도덕과 관습 등 전통문화를 바탕으로 제정한 합헌법이므로 고칠 수가 없다고 사료되며 다만 헌법 10조와 민법 809조가 불합치로 판결한 것은 헌법 9조에 위배되는 위헌판결이므로 헌법 10조에(단 민법 809조 동성동본금혼법는 제외) 단서만 붙이어 개정한다면, 우리 민족의 자존심도 지킬 뿐 아니라 오랫동안 분열된 국론이 다시 통일될 것으로 사료되옵기에 질의를 드립니다.

끝으로 드리고 싶은 말씀은 모든 부정비리, 사회악, 충효사상 결핍 등의 근본원인이 참다운 윤리교육 부재와 전통예의 실천부족에서 빚어지는 산물이라고 사료됩니다. 때문에 경제성장도 중요하지만 국가 백년대계를 위해서는 이 시점에서 가장 중요한 것이 국민 모두가 부끄러워 할 줄 아는 예의염치 사유四維 교육만이 국가를 안정시킬 뿐 아니라 가정의 질서를 바로잡고 패륜폭력 등 모든 사회악을 제거하는 첩경이 될 것입니다. 이상 호소와 질의 등 중언부언 말씀드린 것 모두가 비록 볼 것 없는 경

향노부들의 편협한 소견이지만 국가의 성쇠와 안위가 달려 있어 국가 운명을 좌우하는 중대한 사안들이라고 사료됩니다.

바라옵건대 존경하는 대통령님, 국회의원님, 헌법재판관님께서는 위국 충정에서 당을 초월하여 여야가 혼연일체가 되시어 국가 백년대계를 위해서 이점 깊이 헤아리시고 실행해 주실 것을 간곡히 주청드리면서 탄원서를 올립니다.

2002년 8월

성균관가족법대책위원장 이덕희 외 유림일동

1.4.11 심대평 충남도백님에게 보내는 진정서

존경하는 심대평 충남도백님 안녕하십니까.

우리 충남 전교들은 평소 사천만이 살고 싶어 하는 충남건설에 불철주야 노력하시는 우리 도백님의 탁월하신 행정력과 도민을 가족과 같이 아끼고 사랑하시는 깊으신 뜻에 전 도민은 물론 우리 충남 전교들도 다 같이 심열성복_{心悅誠服}하고 있습니다. 앞으로 우리 충남을 전국에서 제일가는 도로 승화, 발전시키시어 전 국민이 살고 싶어 하는 지사님의 염원이 반드시 이룩되시기를 우리 전교들은 다 같이 기원하고 있습니다.

우리 충남 전교들이 지사님께 말씀드리고자 하는 것은 지사님께서도 대략 짐작하고 계시리라 믿습니다마는 위기에 처해 있는 서산향교 유림회관 문제입니다.

서산 전임 전교들의 부실운영으로 말미암아 서산향교는 여지없이 되었고 그 여독이 충남 전 향교까지 미치고 있어 향교재단에서 장장 1년이란 세월을 두고 수습에 최선을 다 해 왔으나 도저히 우리 힘으로는 해결이 불가능하여 결국 지사님에게 진정까지 하게 되었습니다. 서산문제는 지면으로 일일이 말씀드리기에는 너무나 장황하여 다 말씀드릴 수가 없고 위기일발에 처해있는 주요내용만 말씀드리겠습니다.

1. 하루 속히 서산향교의 부채 43억중 우선 27억을 해결 못한다면 현재 재단은 물론 충남 향교 각처에 있는 모든 유림회관이 다 같이 경매에 들어갈 위기에 처해 있습니다. 실례로 얼마 전 예산 유림회관이 압류되어 경매직전까지 이르다 보니

예산유림들이 난리가 났었습니다. 이제는 겨우 수습은 했으나 현재도 압류된 것이 한 두건이 아니다보니 전교들은 자기 향교에 불똥이 떨어질까 봐 전전긍긍하고 있습니다.

2. 그러므로 현재 서산유림회관을 담보로 서산농협 차입금 연 8.9%의 20억이 계속 연체상태로 있어 이것을 10월 7일까지 전액 상환할 것을 독촉하면서 만일 기일 내에 상환하지 못할 시에는 임의 경매에 착수한다는 예고까지 받고 있는 실정입니다. 기타 압류직전에 처해 있는 소소한 문제는 한 두건이 아닙니다. 그러므로 그간 이러한 어려운 문제를 해결하기 위해서 몇몇 은행과 협의해 보았으나, 계속 연체된 물건을 보고는 대출할 수 없다고 일언지하에 거절당하고 있는 중 다행히도 지역은행인 충청하나은행에서 계속 연체로 대출을 할 수 없음에도 특별배려로 심사숙고 끝에 우선 23억 대출을 해주고 추가 담보를 한 후 4억을 대출해 주기로 한 바 조건부로 이사장, 상무이사 연대보증과 현재 건립 중에 있는 충남유림회관 대지 및 건물(건물은 예비담보)을 담보해 줄 것을 강력히 요구하여 염치를 무릅쓰고 지사님께 승인 신청을 하게 되었습니다. 재단에서는 현재 27억을 대출 받아야 급한 불을 끄게 되었습니다.

3. 때문에 재단에서 구성한 평의원 대책위원회에서 앞으로 부채 정리를 하기 위해서는 하루 속히 서산유림회관(하나은행 감정가 43억)을 매각하는 방법 외에 다른 방법은 없다고 결론내리어 재단 이사회, 전교 전원이 참여하는 평의원회, 그리고 서산 전교 이하 장의 전원이 만장일치로 하루 속히 매각 할 것을 가결하고 있는지 이미 오래 되었으나 시급히 해결하여야 할 27억 차입의 난제가 있어 아직 지사님께 매각 승인 신청을 못하고 있는 긴박한 처지에 있음에도 불구하고

4. 도 관광과 박찬범 담당계원은 이렇게 화급한 실정을 설명해도 불가능을 가능하도록 도와줄 생각은 추호도 없이 자기 일신의 안위만 생각하고 계속 서류상 하자만 지적하면서 향교재산이 다 날아가는 것도 아랑곳없다는 듯 탁상에서 원리원칙만 따지고 있어 그동안 담당계원 박찬범으로 인한 손해는 무려 수천만 원으로 추정될 뿐 아니라 일을 계속 어렵게 만들고 있습니다.

5. 현재 서산농협을 비롯하여 채권자들이 도내 어느 유림회관을 언제 차압할지가

시간을 다투고 있는 백척간두에서 이것을 구급하는 방법은 하루 속히 27억을 대출받아 위급한 사안을 해결하고 조속히 지사님의 승인을 얻어 서산유림회관을 매각하여 부채를 청산하는 방법뿐 별다른 도리는 없다고 사료됩니다.

인자하고 현명하신 우리 도백님께서는 서산향교의 긴급사태를 정확히 간파하시고 도민을 아끼고 사랑하시는 의미에서 이 늙은이들의 간곡한 소청을 십분 헤아리시고 하루 속히 추가담보를 승인해 주시여 서산문제가 조속한 시일 내에 원만히 해결되도록 선처해 주시기를 간절히 바라나이다.

2002년 10월 10일

충남향교재단 및 전교일동

진정인

직책	성명	주소
재단이사장	李享周	예산군 오가면 좌방리
재단상무이사	李憲熙	공주시 이인면 목동리 303
	신흥순	논산시 연산면 송정리 100-1
한산전교	나주운	서천군 화양면 고마리 67-1
〃	李翼賢	예산군 대술면 화산리 236
〃	趙丙彦	예산군 신양면 신양리 176
〃	金善甲	보령시 미진면 남실리 376
〃	姜善明	당진군 당진읍 읍내리
典校	盧載瓚	보령시 천북면 사호리 오천
〃	鄭元鎬	瑞山市 仁旨面 野堂里 서산
〃	高殷在	錦山郡 覆壽面 龍津里 珍山
〃	金鉉又	錦山郡 濟面原 龍化里 錦山
〃 代行	李宗純	牙山市 新昌面 昌岩里
〃	李益根	泰安郡 遠曲面 梨谷里 858
〃	張錫同	海美鄉校 高北面 南井里

〃	李啓珤	扶餘郡 窺岩面 外里 157
〃	田永九	扶餘郡 石城面 鳳亭里 94
〃	白萬九	舒川郡 馬西面 山內里
〃	朴載弘	論山市 上月面 鶴塘里 98
〃	李明宰	論山市 連山面 新陽里
〃	金炯日	論山市 彩雲面 禹基里
〃	朴鍾國	燕岐郡 錦南面 龍浦里
〃	金滿濟	舒川郡 鍾川面 鍾川里 22-3
〃	沈載萬	天安市 稷山邑 郡西里 100-38

1.4.12 노무현 대통령 당선자에게 보내는 건의문

대통령 인수위원님 여러분께서 면밀 검토하시어 국정수립에 반영하여 주시기 바랍니다.

조국의 흥망과 국민의 안위를 쌍견雙肩에 짊어지고 국가의 막중대사인 대통령직을 인수하기 위해서 대통령 당선자와 인수위원 여러분께서 인수준비와 아울러 국정에 반영할 정책 수립에 불철주야 얼마나 노고가 많으십니까? 위로를 드립니다.

저희들은 일찍이 노무현 대통령 당선자께서 대통령에 취임하기 전에 국민의 뜻을 폭넓게 받아들여 국정에 반영한다는 하해같은 도량에 감복하여 오늘날 가장 중요한 시무時務 몇 가지를 서면으로 호소하오니, 국가의 백년대계와 국민 모두의 앞날을 위해서 현명하신 판단력으로 심사숙고하여 국정에 반영해 주시면 국가와 국민의 더 없는 다행으로 생각하면서 위국충정에서 다음과 같은 문제점들을 들어 건의합니다.

첫째, 정부에서 국회에 제출한 8촌 이내 금혼법안입니다.

현하 시대의 사조로 보아 혹 그럴 수도 있다고 사료되오나, 아무리 시대가 변해도 천리天理는 변할 수가 없으며 인수人獸는 구분이 되어야 합니다. 우리나라 가족제도는 선진국에서도 부러워한다고 들었습니다. 법적으로 8촌 이내만 금혼하고 이상은 허혼한다면 결국 사촌도, 친남매도 결혼을 아니 한다는 보장은 없습니다. 급기야 형제가 사돈되고, 친할아버지가 외할아버지가 되는 것은 불 보듯 뻔합니다. 이런 일은 우리나라에서 절대 있어서는 아니 됩니다. 있다면 국민 모두의 수치요, 역사의 죄인이 될 것입니다. 심사숙고하시기 바랍니다.

둘째, 호주제의 존속과 폐지 양론문제입니다.

우리나라 가부장제도는 대대손손 내려온 고유전통 문화입니다. 때문에 절대 일제의 잔재가 아닙니다. 그러므로 가부장적 호주는 단일의 혈통을 이어갈 뿐 아니라 가정의 질서를 바로잡고 가정을 대표하는 통솔자입니다. 가정에 대표가 없으면 국민을 통솔하는 대통령이 없는 것과 조금도 다를 바가 없으며, 가정이라고 하는 구성체가 모여 국가가 형성되기 때문에 대표자의 개념과 역할은 국가나 사가 私家가 동일하다고 사료됩니다. 그런데 어떻게 폐지문제가 대두될 수 있습니까? 양성 평준화는 이해하지만, 모가 호주가 되어 자식도 나누어 성을 각각 입적하자는 것은 결국 아비는 이가, 자식은 박가, 손자는 김가가 될 수밖에 없을 것이기에 이는 결코 이해할 수 없는 일입니다. 그리하여 가통, 혈통이 말살되고 조상도 형제친척도 다 없어지며 급기야 잡성가족이 형성되어 뿌리 없는 국민이 되고 또한 족보까지 없어진다면, 아무리 고관대작을 지내고 아무리 훌륭한 일을 한다 해도 사후에 자손에게 자취와 흔적도 남길 방법이 없을 것입니다. 이렇다면 입신양명이 무슨 필요가 있으며 결국은 조상도 없고, 자식도 없어 생전에도 사후에도 의지할 곳 없는 고독한 신세가 되고 말 것입니다. 이것 또한 깊이 생각할 문제입니다.

셋째, 친양자 제도입니다.

본래 친양자 개념은 자식 없는 사람이 부모가 버린 성 없는 자식을 양육하여 내 자식으로 입양하는 제도로 알고 있습니다. 그런데 요즘 와서는 친양자제도의 근본 이념을 망각하고 이혼녀가 데리고 간 자식에게 본성을 버리게 하고 의부의 성을 따르게 하는 제도로 착각하고 있는 것 같습니다. 성은 본시 날 때부터 가지고 나옵니다. 어떻게 어머니가 시집가는 대로 성을 바꿀 수 있겠습니까? 이것은 자식에게도 모독하는 행위이며 천륜을 역행할 뿐만 아니라 도덕적으로도 이해할 수 없는 일입니다. 듣건대 아무리 어려서 성을 바꾸어 준다 해도 성장하면 다시 제 성을 찾아간다고 합니다. 천륜은 인력으로 바꿀 수 없기 때문입니다. 때문에 타고난 성은 온전히 가지도록 함이 옳은 도리라 사료됩니다.

끝으로 말씀드리고 싶은 것은 인간이 오늘날에 와서는 짐승보기에도 부끄러운 행동을 많이 하고 있습니다. 이래서야 어떻게 만물의 영장으로 자처할 수 있겠습니까? 내 조상 내 뿌리도 버리고 부모, 형제, 친척까지도 다 버릴 수 있습니까? 가정마다 대대로 이어오는 우리 민족의 고유문화인 내 혈통을 단절할 수는 없습니다. 말도 사촌을 알아보고 개도 족보가 있다는 데 사람으로서 내 조상, 내 뿌리를 버려서야 되겠습니까? 십분 헤아리시고 후세에 여한과 역사에 오명을 남기시는 일이 없이 예의정치, 도덕정치를 펼쳐주시어 국민의 여망에 부응해 주시기 바라면서 꼭 답변도 주시기 바랍니다.

2003년 2월

성균관가족법대책위원회 위원장 이덕희 외 임원일동

1.4.13 헌법재판소 재판관님들에게 보내는 건의문

존경하는 재판관님!

오늘날 인도적으로 전무후무한 험난한 세상을 당하시어 때로는 인간으로서 차마해서는 아니 될 일고의 가치도 없는 재판까지 하시기에 얼마나 고충이 심하십니까? 위로의 말씀을 드립니다.

다름이 아니오라, 아직도 기억하다시피 1997년 7월 16일 동성동본금혼법이 헌법과 불합치라고 하는 판결로 우리 민족사에 영원히 씻지 못할 오점을 남긴 것은 지금도 생각하면 간담이 서늘합니다.

그런데 또다시 현행 민법 781조에 이혼 자녀가 의부성을 따를 수 없는 것이 헌법 제10조에 위헌 소지가 있다고 하여 헌재에 위헌 제청을 하였다는데 이것은 도덕적으로 있을 수 없는 일입니다. 성은 불변입니다. 인간이라면 이 세상에 태어날 때 누구나 성을 가지고 나오기 때문에 아무도 바꿀 수가 없는 것입니다. 그러나 현재 극소수 인이 무지하게도 성을 마음대로 바꾸려 하고 있습니다. 참으로 천인이 공노할 일입니다.

존경하는 재판관님!

국가의 장래와 자손의 앞날을 위해서도 우리 민족이 또다시 돌이킬 수 없는 우를 범해서는 아니 된다고 생각됩니다. 부모, 형제, 일가친척, 조상족보 다 버리고 가정까지 파괴시키는 일은 조상전래 예의민족임을 만방에 과시해 온 우리 국민으로서 오늘날 아무리 시대가 변했다 해도 이런 짓을 할 수는 없습니다. 인간은 코앞만 생각해서는 아니 됩니다. 먼 앞날도 생각하여야 할 것입니다.

현명하신 재판관님, 이번에는 냉철하신 판단력으로 일시적인 시대의 흐름보다 국가와 후손의 먼 앞날을 깊이 살피시어 역사를 더럽히거나 후세에 오명을 남기시는 일이 없도록 옳고 그른 것을 정확히 분석하시어 후회 없는 판단을 내려 주시기 진심으로 바라옵니다.

끝으로 재판관님의 건승을 비옵니다.

참고로 2003년 3월 7일자 '주간조선'에 게재된 의부성義父姓 따르기 찬반론을 1매씩 보내드리오니 꼭 일어보시면 감사하겠습니다.

2003년 4월

성균관가족법 대책위원회 위원장 이덕희 외 임원일동

1.4.14 윤리 교육원 설립 취지문

우리나라는 예부터 동방예의지국이라 칭하여왔다. 이것은 바로 우리 국민모두가 예의염치禮義廉恥를 지키면서 사람답게 살아왔다는 뜻이다. 예의염치를 사유四維라고 하는데 사전에는 '나라를 유지함에 필요한 네 가지 수칙'이라고 기록되어 있으며, 고사古辭에는 사유부장四維不張이면 국필망國必亡이라고 하였으니 이것이 오늘날 우리나라에서 피부로 느끼는 적절한 말이 아니겠는가? 인간의 일상생활에서 잠시도 떠나서는 아니 될 예의염치를 오늘날 우리 사회에서는 하나도 찾아 볼 수가 없으니, 국가유지에 어려움은 말할 것도 없고 평소 배우지 못한 우리 국민들은 예의가 무엇인지 염치가 무엇인지 분별조차 못하여 심야에 갈 길을 잃고 우왕좌왕하면서 사경을 헤매고 있다. 그럼에도 누군가가 앞에서 등불을 밝히면서 갈 길을 인도할 사람을 찾아 볼 수 없으니 참으로 안타깝기만 하다.

그러므로 현재 우리나라 국민들은 겉보기는 무성하나 속으로 뿌리가 썩어가는 나무와도 같다. 뿌리가 썩어 가는데도 뿌리를 치유할 생각은 아니 하고 뿌리에 계속 비료만 주어서 지엽만 무성하게 하니 우선은 생명이 남아있으나 그 나무는 점점 시들어 가고 있다. 명색이 예의지국이라고 자처하는 우리 국민들은 해방 후 50여년을 예의가 무엇인지 염치가 무엇인지 들어보지도 배워보지도 못하면서 살아왔으니 오늘날 충효사상이 어디서 나오고 인본사상이 어디서 나오겠는가? 이것은 산에 가서 물고기를 구하는 연목구어緣木求魚와도 같은 것이다. 그러므로 우리나라 우리국민이 가장 걱정하고 있는 모든 사회악은 누가 뭐라고 해도 법만으로 깊숙이 뿌리박힌 이 고질병을 치유하기는 역부족이다. 이유인즉 병원病源을 정확히 진단하여 근본치료가 아니고 대증요법對症療法만으로는 병근을 뽑아낼 수 없기 때문이다.

우리나라는 현재 날로 심화되는 사회악을 대증치료만 하고 있기에 점점 병은 악화되고 있는 것이다. 국민은 우직하고 순진한 양 같아서 동쪽으로 몰면 동쪽으로 가고 서쪽으로 몰면 서쪽으로 간다. 그러므로 국가에서 정당하고 정서적인 교육으로 길을 인도하면 따르기 마련이다. 예부터 교육만이 악한 자의 마음속에 가득한 독소를 제거하고 선으로 순화시키고 감화시킬 수 있는 것이다. 이것이 바로 인성 교육이요 인본 교육이다. 오늘날 우리 국민들은 언제부터인지 거의가 조상, 부모, 형제 다 버리고 오직 아내와 자식밖에 모르는 뿌리 잃은 국민이 되었고 때에 따라서는 심지어 아내도 자식도 죽여 가며 나 하나의 영달과 영화만을 추구하는 변태성 이기적인 자로 변해가고 있다.

우리 위정자들은 과연 오늘의 현실을 직시하고 있는지 그리고 어떻게 방지할 것인지 의문이다. 위정자라면 국가의 안녕과 질서를 위해서 분골쇄신 하여야 하며 나아가서 민생의 고통을 진단하여 안도감을 갖고 편안하게 해 줄 의무와 책임이 있다. 그러나 오늘날 위정자는 국가와 국민을 위한 위정자가 아니고 각자 개인영달과 출세만을 위한 이기적 위정자로 변신하고 있다. 그러므로 위정자들은 정신을 똑똑히 차려서 시대가 갈망하고 시대가 요구하는 진정한 위정자가 되어야한다. 이것은 바로 미래를 내다보면서 오늘날 우리 국민들은 과연 무슨 짓을 하고 있는지 민심은 어떠한 곳으로 가고 있는지를 하루 속히 정확한 진단이 필요할 것이다.

현재 우리 국민들은 나쁜 짓만 골라서 하고 있고 밤낮 나쁜 생각만 하고 있다. 물론 국민 전체를 말하는 것이 아니다. 그러나 국민 대부분이 수단 방법을 가리지 아니 하고 돈 벌이에만 혈안이 되다보니 무소불위無所不爲다. 먹고 살기 위해서 나쁜 짓을 하는 것은 이해도 되지만, 이것은 완전히 유흥비 여행비등 낭비하기 위해서다. 내일도 생각 아니 하고 당장 오늘을 즐기는 것뿐이다. 그러므로 교수가 애비를 죽이고, 애비가 자식을, 아내가 남편을, 남편이 아내를 예사로 죽이고 있으니, 타인이 하는 강도, 강간, 폭력 등은 너무나도 당연지사로 알 것이다. 우리나라가 언제부터 이 지경이 되었는지 오천년 역사를 낱낱이 더듬어도 오늘과 같이 험악한 세상은 없을 것이다.

이와 같이 험악하고 더러운 역사를 후손에게 남긴다면 참으로 부끄러운 일이다. 이것을 누가 책임질 것인가? 국운으로 돌리기에는 너무나 애매하다. 이 책임은 누가 무어라 해도 역대 위정자가 져야한다. 앞으로 눈으로 차마 볼 수 없고 귀로 차마 들을 수 없고 입으로 더러워 옮길 수 없는 갖은 추악범, 흉악범, 그리고 파렴치범들을 무엇으로 다스릴 것인가? 위정자들은 지난날을 반성하면서 자성자각自省自覺하여야 한다. 아무리 경제가 성장하여 선진국이 되고 과학이 발달하여 살기 좋은 세상이 된다 해도 경제와 과학이 모든 사회악을 제거하고 질서를 바로잡아 국민을 공포에서 구제하기는 불가능하다고 생각된다. 국민은 공포와 불안 속에서 잘 사는 것보다 오히려 안전과 평화 속에서 못 사는 것을 원할지도 모른다. 그리고 짐승과 같은 행동을 하면서 잘 사는 것보다 사람다운 행동을 하면서 못 사는 것을 진심으로 원할 것이다. 이것은 바로 국가에서 앞세우는 경제성장도 중요하지만 돈이면 못할 짓 없는 우리 국민들을 더 이상 방관하지 말고 올바른 교육으로 국민의식을 개혁시켜 내 노력으로 내가 잘 사는 올바른 정신을 하루 속히 심어주어 국기를 흔들고 있는 모든 사회악을 조속히 제거하고 제반질서를 바로 잡아라 하는 뜻이 내포되어 있다고 본다.

이상 모든 점을 감안할 때 결론적으로 법으로 규제하는 것보다는 교육이 선행되어 근본적으로 다스려져야 한다고 본다. 그리하여 현시점에서 가장 급선무로 추진할 것은 바로 〈윤리교육원〉의 설립이다. 다시 말해서 윤리만이 악에서 선으로, 부정에서 정직으로, 불효에서 효로, 불의에서 의리로, 무질서에서 질서로 그리고 폭력에서 비폭력으로 순화 그리고 감화시킬 수 있을 것이다. 그러므로 윤리는 인본교육과 인성교육 및 전인교육 그리고 충효사상도 다 윤리 속에 있는 것이다. 우선 예절의 고장 양반의 고장 우리 충남만이라도 솔선해서 윤리교육원을 설립하여 도민 전체가 참여하여 예의 바르고 질서 지키고 그리고 충효사상이 뚜렷하여 가정마다 부모에게 효도하고 호호戶戶마다 가족 간에 화목한다면 우리 충남은 자연 살인, 강도, 강간 파렴치범을 비롯한 사기, 폭력 등은 자연소멸 될 것이다. 그리하여 우리 도민 모두가 안심하고 생업에 종사하면서 사람답게 잘 살 수 있는 충남으로 다시 말해서 충남 도정지표인 '4천만이 살고 싶은 충남'으로 건설하자는데 그리고 나아가서 점차 확장시켜 국가부흥에 이바지 하고자 하는데 윤리교육원의 설립 목적이 있는 것이다.

• 평소 구상한 건의 내용

오늘날 우리나라 국가 시책 중 가장 시급한 것은 국민 모두가 이구동성으로 부르짖는 사회악 추방과 질서 바로잡기라고 생각합니다. 사회악 중 가장 문제되는 것을 간추린다면, 1. 흉악범 2. 파렴치범 3. 강도 4. 사기 5. 폭력 이상 5가지가 가장 문제된다고 보는 바, 사회악이라면 국민이 가장 두려워하면서 잘 알고 있는 사실이므로 설명할 필요가 없다고 생각되어 생략하겠습니다.

무질서 중 가장 중대한 문제라면, 1. 가족질서 2. 상하질서 3. 남녀질서 4. 교통질서 5. 학교질서 등인 바 이상 다섯 가지를 개요만 설명하겠습니다.

1. **가족질서**: 예를 들어 현재 헌재에 계류 중인 동성동본금혼법이 불행히도 몰염치하고 몰지각한 몇몇의 주장에 의하여 위헌이란 판결이 날 때엔, 조상도 가통도 족보도 다 없어지므로 형제간이 사돈이 되는 결과가 됨에도 불구하고, 헌법상 행복추구권 운운하면서 일가 간 혼인을 주장하는 기막힌 사실이라든가, 또한 큰 문제는 부끄럽게도 한국인의 심각성을 외국인이 논평까지 하였듯이 아들이 아버지를 예사로 살해하고 어머니가 자식을 버리는 천인이 공노할 패륜범죄를 하루 속히 근절하여 부모가 자식을 사랑하고 자식이 부모에게 효도하는 가정으로 질서를 잡는 데는 오직 근본적인 윤리 교육이 아니고서 도저히 해결할 방법이 없다고 사료됩니다.

2. **상하질서**: 현 사회는 아래 위 턱이 전혀 없는 사회로 완전 변해버린 바, 어느 곳을 가나 어른인지 애들인지 구분이 안 되는 시대가 되고 말았습니다. 이 상황에

서 무슨 상하질서를 찾고 장유유서長幼有序를 찾겠습니까? 오늘날 상하질서는 바로 사회질서의 원천이 되므로 가장 시급한 상하질서를 잡는 데는 누가 무슨 소리를 해도 윤리교육 외에는 별다른 방법이 없다고 사료됩니다.

3. **남녀질서**: 옛날부터 남녀칠세부동석男女七歲不同席이란 말이 오늘날 너무나도 실감 납니다. 아마도 현 사회에서 남녀칠세부동석을 부르짖는 자가 있다면 이것은 완전 시대의 역행이라고 지탄을 받을는지 모르겠지만, 그러나 예부터 부부유별夫婦有別이니 남녀유별男女有別이니 하는 것은 남녀 간 지나친 접근을 상호 경계하라는 좋은 뜻일 것입니다. 그러나 현사회의 남녀는 유별이 완전 무별이 되고 말았으니, 시대의 흐름에 따라 그렇다고 하지만 한마디로 남녀가 물탄 반죽이 되고 말았습니다. 오늘날 남녀 간 기현상을 말로 표현을 아니 해도, 세인이 매일같이 보고 듣는 일이지만, 참으로 목불인견目不忍見입니다. 어디를 가나 예의와 염치와 그리고 질서는 도무지 찾아 볼 수가 없는 바, 인간 도리에서 이탈하여 완전 금수 행동을 하는 인간 아닌 무리들을 무엇으로 다스릴 것인지 이것도 윤리 교육이 아니고서는 별다른 방법이 없다고 사료됩니다.

4. **교통질서**: TV 신문 등에서 교통질서를 부르짖고 있지만 예의와 양보심이 없는 우리 민족은 법만으로 질서잡기가 어렵다고 봅니다. 이것은 인본정치로써 국민을 교화시켜 스스로 지킬 줄 아는 교양이 필요함으로 이것도 윤리 교육이 아니면 예의와 양보가 나올 수 없다고 사료됩니다.

5. **학교질서**: 옛날에는 군사부일체君師父一體라고 해서 선생님을 부모와 똑같이 존대하고 받들어 선생님 말씀이라면 부모의 말씀과 조금도 다름없이 생각하고 복종하였던 바, 요즘은 부모의 말씀도 안 듣는 시대가 되다보니 선생님 말씀을 들을 리가 없습니다. 그러나 선생님에게 폭력까지 가하는 기막힌 사건이 학계에서 예사가 되고 있으니, 이것은 선생님 알기를 자기 친구나 수하 같이 생각하는 도덕성 결여에서 기인되었으므로 법만으로는 교정이 불가능한 바, 역시 윤리 교육으로 순화 그리고 교화 시키는 방법뿐이라고 사료됩니다.

이상을 총칭하여 사회질서라고 표현하지만, 오늘날 더 시급히 문제되는 것은 어른,

애, 청소년, 학생 할 것 없이 공개적으로 볼 수 있는 TV 음란 프로, 음란 테이프, 음란 만화, 그리고 음란 영화, 음란 주점 등 다양한 음란원인이 바로 사회악을 부추기고 질서를 저해하는 원흉이라고 생각합니다. 뿐만 아니라 아무리 자유를 부르짖는 민주주의 개방사회라고 하지만, 말하기조차 창피한 여성들의 배꼽 내놓기 및 상하체 과다노출 등 이루 말로 형언할 수 없도록 청소년 소녀의 지나친 행동은 가위 무법천지입니다. 누구도 시비하는 사람이 없다보니 그대로 방종생활입니다. 거기다가 설상가상으로 유치원생부터 대학생까지 노골적으로 성교육을 시킨다고 하니 참으로 가소로운 일입니다. 남녀노소를 막론하고 만인이 볼 수 있는 대중 잡지에서 화가들이 성교장면을 다양하게 노골적으로 묘사한 것을 명색이 유명작품이라고 공개한 것을 보았을 때 참으로 경악을 금치 못했습니다. 이것도 사람이 할 짓인가, 화가나 잡지사는 윤리 도덕도 없고 자녀도 안 키우나, 하고 말입니다. 이것들이 바로 사회악을 조장하고 질서를 짓밟고 있는 것들이 아니고 무엇이겠습니까? 이것은 학생과 청소년들에게 성폭행을 노골적으로 교육시키는 결과가 될 것입니다. 그리고 성교육이 전인교육, 인성교육 그리고 학생과 청소년을 위해 조금도 도움 될 리 없습니다. 사람은 모르던 것을 배우고 나면 행동으로 옮기고 싶은 충동을 느끼게 됨으로 차라리 모르고 있는 것이 백번 나을 것입니다. 예부터 인간은 물론 미물까지도 불교이능不教而能이 바로 배우지 아니해도 잘 아는 것이 성문제임에도 오늘날 사회악의 원흉들을 개방화 노골화하는 것이 과연 사회악을 예방하자는 것인지 조장하자는 것인지 도무지 알 수가 없습니다. 옛날 세종대왕께서 당시 백성 한 사람이 살인했다는 말을 들으시고 무지한 백성이 배우지 못하여 이런 짓을 저질렀다 하시면서 만백성이 아무나 쉽게 배울 수 있도록 훈민정음을 지으셨다는 말도 있습니다. 그런데 지금은 하나가 아니라 93년도 대검찰청 발표에 의하면 1년 동안 존속부모만 살해한 사람이 무려 36명으로 집계되었다하니 여타는 부지기수일 것입니다. 하루하루 살기가 두려운 이 사회를 무슨 방법으로 안정시킬는지 방법은 역시 윤리 교육뿐이라고 사료됩니다.

이상 열거한 예는 누구도 잘 알고 있어 하루 속히 시정되기를 원하고 있는 시급한 사회 문제이지만, 이것을 치유하는 뚜렷한 처방을 아직 내놓은 사람이 없으니 사회는 점점 혼란에 빠져들고 있습니다.

소견 부족한 제가 생각하기에는 현재 국가기관에서 불요불급不要不急한 교육으로 별다른 실효 없이 재정만 낭비하는 사례도 있다고 생각됩니다. 그러나 윤리 교육이야말로 국가와 민족의 장래를 고려할 때, 오늘날 이 시대 이 사회가 요구하고 필요로 하는 가장 시의時宜적절하고 절대 아니 해서는 아니 될 교육으로서 초, 중, 고, 대학생은 물론 전공무원까지도 필수적으로 받아야할 교육이라고 생각됩니다. 우리 국민이 각종 범죄로 인하여 잠시도 안도하고 살 수 없는 현실에서 우리나라 우리 국민을 공포에서 안도로, 무질서에서 질서로 그리고 각박한 이기주의에서 겸손할 줄 알고 사양할 줄 아는 훈훈한 인심으로 전환시키는 비전이 바로 윤리 교육이라고 생각되어, 윤리교육원倫理教育院 건립을 감히 제의하오니 현명하신 우리 충남 지사님께서는 심도 있게 고찰하시어 현 사회에서 무엇보다도 시급한 제안이라고 생각하시고 도정에 반영하신다고 할 때, 우리 충남은 전국에서 으뜸가는 예의 바르고 질서 잘 지키는 충남으로 부상할 것이며 오늘날 구호에 그치는 도덕정치 구현에도 크게 이바지 할 것입니다.

1.4.15 금혼법폐지 반대국회의원에 보내는 격려문

근계시하謹啓時下 중춘지제仲春之際에 정체만안政體萬安하시며 정치경제사회가 극도로 다난多難한 이 시기에 국정수행에 얼마나 노고가 많으십니까?

드릴 말씀은 지난 1998년 12월 10일자 한국씨족 연합회보에 보도된 의원님 대정부 질의에서 동성동본 혈족간에 절대금혼하여야 한다고 못을 박아 주시어 못된 무리에게 일대 경종은 물론 일찍이 정치인으로부터 들어보지 못했던 통쾌한 발언으로 전 유림은 우금于今 감사함을 금치 못하고 있습니다.

이것은 정치인으로서 당당하고 떳떳하게 남이 하지 못했던 독립감언獨立敢言의 발언이었습니다. 이 발언이야말로 정치사에 남을 것이며 청사靑史에 영원히 기록될 것입니다.

가족법 중 동성동본 금혼폐지론은 우리 예의민족의 관점에서는 논의대상도 되지 아니 하며 일고의 가치도 없는 것입니다. 그럼에도 불구하고 일부 몰지각한 소수 무리의 주장에 귀를 기울이는 정치인이 있다면 이것은 정치인의 자격이 없다고 사료됩니다.

정政은 정正입니다. 정正과 부정不正을 판단 못하는 사람이 시의時宜도 모르고 일신영달을 위해서 추시부세追時附勢하여 국가대사를 그르친다면, 정치인으로서 천추에 오명을 남길 것입니다. 오늘날 국가의 주석柱石이 되시는 현명하신 우리 의원님께서는 지난번 정의의 발언정신을 계속 이으시어 앞으로도 가족법수호에 선봉장이 되어주십시오. 동성동본금혼만은 영원토록 사수하여야 합니다. 이것이 우리 예의민족의 사명이요, 긍지입니다. 오늘날 아무리 시대가 변하고 변한다 해도 우리 민족을 짐승우리로 몰아 놓을 수는 없습니다.

　존경하옵는 의원님! 의원님께서는 국회 내에서 이 나라 이 민족을 위해 동성동본금혼법만은 끝까지 꼭 지켜 주셔야 합니다. 우리 유림들도 목숨 걸고 사력을 다하여 싸울 것입니다. 의원님 정체보중하시옵고 국가의 장래와 민족의 번영을 위하여 훌륭한 일 많이 하시기를 앙망하오면서 여불비례상餘不備禮上합니다.

공주향교 전교 이덕희

　※ 별첨 : 성토문을 참고하시기 바랍니다.

2. 성균관 정화

2. 성균관 정화

2.1 성균관 정화추진위원회 조직

2.1.1 성균관장을 선출하는 전국 대의원에게 보내는 호소문

우리나라 일천만 유림을 대표하시는 전국 대의원님 여러분에게 호소합니다.

현재 우리나라 전 유림은 고금에 없었던 가진 수모를 견디면서 비참한 운명에 처해 있습니다. 그러나 모든 고통을 극복하고 기사회생起死回生하여야 합니다. 일찍이 조상으로부터 물려받은 대쪽같이 강직한 선비 정신은 다 어디가고 오늘날 완전히 죽어가는 가족법과 유림부재不在의 성균관 추태를 그대로 보고만 있단 말입니까? 참으로 통탄하지 아니할 수 없습니다.

생각해 보건데 성균관은 그동안 오랜 세월을 두고 몇몇 사람이 감투 하나를 놓고 연속의 난투극 때문에 신성하여야 할 성균관이 이전투구의 아수라장으로 변하다보니 이로 인해 오늘날 극도로 침체된 사도斯道는 완전 몰락된 것입니다. 설상가상으로 당국은 유림을 초개같이 취급하여 8촌 이내 금혼법안을 내놓고 있으며 금수 같은 무리들은 유림 자중지란自中之亂을 기회로 가족법을 완전 파괴시키려 하는 한심한 지경까지 도달하게 되었습니다.

존경하는 전국 대의원님 여러분!

그동안 성균관은 몇몇 사람의 전유물이 되어 전 유림을 조롱하고 망신시켜왔던 것입니다. 그러나 이제는 더 이상 전 유림을 우롱 모독하는 난투를 연장시켜서도 아니되며 이것을 좌시 묵과해서도 아니 됩니다.

현명하신 전국에 계시는 대의원님 여러분 오는 23일 선거에는 앞으로 성균관의 분규를 영원히 종식시키는 계기가 마련되어야 합니다. 누가 관장이 되든, 성균관을 무사하고 평화롭게 이끌면서 몰락된 사도를 다시 부상발전 시킬 수 있는 때 묻지 아니한 참신하고 역량이 풍부한 사람이 선출되어야 할 것입니다.

전국의 전 대의원님께서는 오늘날 쓰러져가는 성균관을 재건시켜야 되며 죽어가는 유림을 회생시켜야 할 시대적 사명을 부여받고 계십니다. 정말로 이번 선거는 사심 없이 정확하신 판단을 내리시어 성균관에서 다시는 치욕적인 분쟁이 영원히 재발하지 않도록 하십시다. 하기下記 연명인들은 성균관을 위하고 유교진흥을 위하는 충정에서 감히 호소문을 올립니다.

1998년 10월 13일
충청남도향교재단 이사장 신흥순申興淳
충남유도회본부회장 황규만黃圭萬
예산 향교 전교 이형주李亨周
홍천 〃 〃 이건엽李健엽
공주 〃 〃 이덕희李悳熙
당진 〃 〃 김준환金駿煥
면천 〃 〃 윤중하尹重夏
정산 〃 〃 우충식禹衝植
청양 〃 〃 이계복李啓福
당시 공주향교 전교가 주관하여 호소문을 작성 발송하였음.

2.1.2 성균관정화에 대한 건

전국 234개 향교 전교님들에게 호소합니다.

전교님, 그간 안녕하십니까? 향자에 보내 올린 제 인사 말씀은 잘 받아 보시고 이해하셨으리라 사료됩니다.

다름이 아니오라, 우리 전교님께서도 그동안 10여 성상星霜을 두고 귀가 아프도록 들으시고 실제로 목격하신 성균관 내분 문제를 당초부터 성균관 자체에서 해결하기 바란다는 것은 도저히 불가능한 일인 줄 알면서도, 혹시나 하고 우리 유림들은 오랫동안 참고 견디면서 강 건너 불 보듯 막연히 바라보고만 있었습니다. 그러나 조금도 진전은 보이지 아니 하고, 항시 답보상태로 있는 것입니다.

이제는 수장들이 권력 쟁탈을 위해서 전 유림을 더 이상 농락하고 모독해서는 아니 될 것입니다. 그럼으로 오늘날에 와서 비록 만시지탄은 없지 아니 하나 성균관 내분은 전교님들이 아니면 도저히 해결할 수 없는 벼랑 끝까지 온 것입니다.

이미 만천하가 알고 있는 사실이지만 어떻게 성균관을 돕기 위해서 조직된 재단이 성균관 머리에 올라 앉아 성균관을 호령할 수 있단 말입니까? 이것은 족반거상足反居上으로, 상하가 전도된 것입니다.

외부에서 우리 유림을 얼마나 무시하고 능멸하겠습니까? 참으로 부끄러운 일입니다. 그래서 저는 그간 대략만 짐작했을 뿐이던 성균관 내분실태를 요즘 와서 상세히 알아보고, 성균관을 하루 속히 정화하여야 되겠다고 혼자서 결심하게 되었습니다. 결심하게 된 동기 한 가지만 실증實証을 든다면, 제가 볼 때 유림의 사활이 걸려있고 성균관과 향교의 존폐가 달려 있는 성균관 내 가장 중요한 가족법 부서가 내분으로 인해서 계속 뒷전에 밀려 있어 활동기능이 완전 마비되자, 여성단체에서는 이것을 기화로 일익강성하고 있다는 것입니다. 그래서 가족법은 현재 백척간두에 서 있지만 성균관은 누구하나 이에 관심이 없는 것 같습니다.

그 증거로서 그간 가족법대책에 대한 예산이 하나도 없었다고 하고 현재도 사무실 한 칸 직원 하나가 없습니다. 그래서 그동안은 가족법대책위원장만 있었을 뿐 아무 것도 없었다고 합니다. 이게 될 말입니까? 때문에, 저는 생각할 때 가족법대책위원장이라면 책임상 가족법에 대해서만 진력하는 것이 도리인줄 알지만, 그러나 사체事體로 보아 성균관부터 하루 속히 정화가 선행되어야 가족법도 무난히 해결되리라고 굳게 믿습니다. 가족법 개악 저지는 전 유림의 단합만이 이 난제를 풀 수 있고 전 유림의 단합은 성균관부터 이루어져야 한다고 생각했기 때문입니다.

그럼으로 성균관 정화는 하루가 급하다고 봅니다. 이것은 전국 전교님 전원께서도 다 같이 피부로 느끼고 계실 것입니다.

그동안 전교님 회의 때마다 정화 개혁을 외쳤지만 실제 행동으로 옮기지는 못했습니다.

존경하옵는 전국 전교님, 제가 아무리 혼자 정화를 하고 싶어도 고장난명孤掌難鳴입니다. 전국 전교님들의 적극적인 협력 없이는 절대 아니 될 것입니다.

그래서 시급히 협력기구인 정화 위원회가 구성되어야 할 것입니다. 따라 여기에는 백절불굴의 참된 선비 정신을 발휘할 수 있는 전교님 다수가 반드시 규합되어야 할 것입니다. 동봉한 별지내용을 상세히 보시고 정화에 참가하실 전교님께서는 승낙서에 서명 날인하여 보내시면 즉시 참가하실 전교님들을 모시고서 정화추진위원을 선출하고 이어 정화추진에 착수하는 것으로 하겠습니다.

끝으로 드릴 말씀은 사안이 급하오니 서신을 받으시는 즉시 가부 회신을 보내 주시면 대단히 감사하겠습니다.

아울러 드릴 말씀은 회신은 편의상 제가 근무하는 곳으로 보내 주시면 우편수합이 편리하겠사오니 십분 이해 있으시기 바랍니다. 여위차불비예상餘爲此不備禮上하나이다.

2001년 11월 5일

성균관가족법대책위원장 이덕희 배상

2.1.3 성균관 정화운동 참가 승낙서

본인은 유교발전에 일익을 담당한 향교 전교로서 유림의 전당이요, 수선지지首善之地인 성균관이 불행히도 내분이 장기화 되어 그 실상을 계속 관망하였으나, 백년하청百年河淸일뿐 조금도 종식될 기미가 전무하므로 하루 속히 정화되기를 고대하면서 정화운동에 적극 동참할 것을 쾌히 승낙함.

2001년 11월   일

주소 :

소속향교 및 직명 :

성명 :   인

성균관정화추진준비위원회

위원장가족법대책위원장 이덕희 귀하

2.1.4 전국의 전교님께 올립니다.(1)

전국 234개 향교 전교님 그간 안녕하십니까?

거번去番 11월 5일자 보내드린 성균관 정화에 대한 안내문은 잘 받아 보시고 감사하옵게도 속속 보내주시는 정화참여 승낙서는 오늘(16일) 현재 125매이오나, 매일 계속 도착하고 있어 제가 생각할 때는 전교님 전원께서 거의 참여하시는 것으로 사료되어 더욱 감하感荷롭습니다. 다시 드릴 말씀은, 전번에도 사태의 긴박함을 말씀드린 적이 있습니다마는 보내주신 승낙서가 다 도착할 때까지 기다리다 보면 정화위원회 발족이 너무나 지연되어, 부득이 회합일자를 앞당겨 하기下記 일시, 장소와 같이 정하옵고 전교님들을 모시고자 하오니, 그동안 뜻은 있어도 승낙서를 아직 보내지 못하신 전교님께서는 하루속히 보내주시고 부득이한 경우에는 회합 일에 지참하셔도 되겠습니다. 요즘 성균관 내분이 더욱 심각하와 하루가 급하다고 판단되어 이와 같이 화급한 회합을 개최하게 되었음을 십분 이해하시고, 승낙서를 보내주신 전교님께서는 한분도 빠짐없이 시간 내에 왕림하시와 이일伊日 정화추진위원회 구성에 반드시 참여하시고 부정비리 척결 등 성균관 내부 정화에 끝까지 적극 동참하시어, 참다운 수선지지首善之地인 성균관의 옛 모습을 되찾을 수 있도록 유종의 미를 거두어 주시기를 앙원하오며 여위차불비례상餘爲此不備禮上하나이다.

기記

일시 : 2001년 11월 29일 목요일 오전 11시

장소 : 성균관 유림회관 3층 대강당

추신 : 당일 인장이 필요하오니 지참하시기 바랍니다.

2001년 11월 16일

성균관정화추진준비위원회

가족법대책위원장 이덕희 배상

2.1.5 전교 138명 '성균관 정화 추진 위원회' 발족

2001.12.15. 〈유교신문〉 기사

"가족법 원상회복과 성균관 정상화" 다짐
위원장에 이덕희씨 상임추진위원 선출

성균관 정화 추진 준비 위원회(가칭)가 지난 12월3일 오전 11시에 성균관 유림회관 효실孝室에서 94명의 전교들이 참석한 가운데 열렸다.

전국 234개 향교 중 과반수가 넘는 138개 향교의 전교들이 승낙서를 보낸 가운데 소집된 성균관 정화를 위한 이번 전국 전교회의에서 이덕희 가족법대책위원장은 "몇몇 여성단체에서 거죽만 남은 가족법을 뿌리까지 없애버리려고 하는 판국에 성균관은 십여 년째 불신과 불화와 갈등으로 분규를 거듭하는 자중지란에 빠짐으로써 그들에게 호재好材를 제공하고 있다."며, 이러한 문제의 근본적인 원인은 수장을 셋이나 두고 있는 현재의 제도에 있다고 지적했다.

이 위원장은 이어 "현재 성균관은 한 지붕 밑에 시어머니 셋이서 각각 살림을 차리고 저마다 자기가 어른이라고 하는 꼴"이라고 비판하면서, "이 문제를 성균관 자체에서 해결하지 못하고 있으므로 이제 유림의 대표인 전교들이 발 벗고 나서야만 한다."고 주장했다.

이 날 회의에서 모인 전교들은 위원장에 이덕희씨를 추대하고 각 도별 부위원장 9명, 상임위원 18명을 선출한 뒤 '가족법 개악 저지'와 '성균관 부정비리 정화' 등 6개항을 결의함으로써 '성균관정화추진위원회'를 정식으로 발족시켰다.

2.1.6 인사말 〈성균관정화위원회 준비회의에서〉

안녕하십니까. 저는 오늘 이 회의를 준비해온 가족법 대책위원장 이덕희입니다. 요즘 소설小雪이 지나고 대설大雪이 며칠 남지 아니한 추운 날씨에, 또는 공사 간 다망하심에도 불구하시고 원근에서 이토록 많이 참석해 주신 존경하옵는 여러 전교님께 진심으로 고마운 말씀과 또다시 감사한 말씀을 드립니다. 아울러 제가 감히 이렇게 오시라고 해서 더욱 송구스럽게 생각하면서 이 점에 대해서 머리 숙여 정중히 사과드립니다.

그동안 전국 전교님께 제가 누차 서신으로 인사말씀을 드린바 있습니다마는 오늘 외람히도 단상에서 새삼 여러 전교님을 직접 면면히 뵈옵고 인사를 드리게 되니 참으로 반갑습니다. 제가 우선 이 자리를 빌어서 먼저 드리고 싶은 말씀은 학식과 역량 등 모든 면에서 부족한 이 사람이 오늘날 가장 어렵고도 중요한 시점에서 가족법 대책위원장이라고 하는 막중한 책임을 맡다 보니 모기가 태산을 짊어지는 것 같아서, 이 중책을 어떻게 감당할 것인지 밤낮으로 걱정스럽기만 합니다. 이 자리에 계시는 여러 전교님께서 앞으로 부족한 이 사람이 맡은 바 소임을 충실히 이행할 수 있도록 음으로 양으로 도와주시고 보살펴 주시면서 항시 아낌없는 지도편달이 있으시기를 간곡히 당부 드립니다. 아시다시피 오늘 여러 전교님을 모시게 된 동기는 이미 서신으로 말씀드린바 있습니다마는 제가 가족법 대책위원장으로 위촉되다 보니, 자연 성균관 내부를 면밀히 파악하게 되어 부득이 이와 같은 모임을 갖지 아니할 수 없어 오늘 여러 전교님을 모시게 된 것입니다. 그동안 전교님 여러분과 함께 10여년이란 긴 세월을 두고 성균관의 내분 형태를 지켜보았습니다마는, 날이 갈수록 불신, 불화 그리고 갈등으로 인한 분규요인은 점점 심화될 뿐 조금도 달라지는 것이 없었습니다. 이래서야 어떻게 성균관이 유림의 안식처가 되고 모든 국민이 본받을 수선지首善地라 할 수 있습니까. 그런데 알고 보니 분규가 장기화 되는 큰 원인이 있습니다. 이것이 바로 현 정관상定款上 체제가 그리 되어 있는 것입니다. 때문에 성균관의 모든 부정 비리를 척결하고 체제를 일원화하여 업무를 차질 없이 정상화시키기 위해서는 하루 속히 정관을 뜯어 고쳐야 합니다. 제도상 수장이 셋이다 보니 누구하나 양보할 수 없어 개활장사皆曰壯士가 된 것입니다. 한 지붕 밑에서 시어머니 셋이서 각각 살림을 차리고 저마다 자기가 어른이라고 하니 과연 누가 어른이요, 누가 주인인지 알 수가 없습니다. 한마디로 주인은 따로 있는데 객이 안방을 차지하고 있어 주객이 완전 전도되어 있으니 집안 꼴이 어떻게 되겠습니까. 다시 말하면 한 배에 사공 셋이나 되니 배가 바다로 가는 것이 아니라 산으로 올라가고 있습니다. 그러니 그 배가 온전하겠습니까? 다 부서지고 있는 것입니다. 우리 전교님들과 전국 유림들께서는 오늘날까지 이 꼴을 참고 견디면서 10여년씩이나 말없이 묵묵히 지켜보고만 있었던 것입니다. 그러나 이제는 강 건너 불같이 지켜보고만 있을 순 없습니다. 이 문제를 성균관 자체에서 해결하지 못하는 한 우리 유림의 대표인 여러 전교님들께서 발 벗고 나서서 이 긴급한 문제를 해결하고 우리의 전당인 성균관을 우리 손으로 정당화 시켜야 할 것입니다. 그래서 오늘 여러분을 한자리에 모신 것입니다.

 존경하옵는 전국 전교님 여러분! 여러분들께서는 유림의 대표요 성균관의 주인입니다. 성균관은 관장이 주인이 아니라 바로 여러분들이 주인인 것입니다. 그런데 어떻게 주인이 되어 내 집이 허물어져 다 쓰러져 가는 데도 그냥 보고만 있을 수 있단 말입니까. 하루 속히 주인이 나서서 개축하고 보수해야 할 것입니다. 전교님 여러분! 여러분께서 아시다시피 현재 우리 유림은 국가적으로나 사회적으로 아무것도 하는 일도 없고 또는 아무 명분도 없이 유야무야한 존재로 남아 있을 뿐입니다. 연령적으로 노쇠화하고 경제적으로 힘도 없습니다. 때문에 가정적으로나 사회적으로 어느 곳을 가나 환영하는 사람은 없습니다. 다 기피하고 증오하고 있습니다. 그래서 우리 노인 자신이 자포자기하고 행동까지 못쓰게 해서야 되겠습니까. 특히 우리 유림들은 유림이라고 하는 대명제 앞에서 윤리적으로나 도덕적으로 솔선해서 여러 국민 앞에 시범적 처신을 해야 할 것입니다. 서로 중상하고 모략하고 흠집 내고 욕설하는 행위가 유림사회에서 오고가서야 되겠습니까. 아시다시피 그동안 해괴망측하고 허무맹랑한 무근지설無根之說과 심지어 입으로 담을 수 없는 욕설까지 써서 전국에 살포하고 괴문서가 나돈 것이 한두 번이 아니었습니다. 이것은 누가 한 짓이겠습니까. 소위 유림이라고 자처하는 자들이 한 짓입니다. 참된 선비라면 어떻게 이와 같은 추행을 하겠습니까. 참으로 부끄러운 일이며 이것은 전 유림을 망신시킨 일로서 용서해서는 아니 될 것입니다. 그렇지 아니해도 못된 몇몇 여성단체에서는 거죽만 남은 가족법을 뿌리까지 마저 없애버리려고 갖은 수단 방법을 가리지 아니 하고 날뛰는 판국인데, 만일 우리 유림사회 내부가 분규로 인해 갈등과 반목으로 꽉 차있다는 허점이 드러나면, 기회를 노리고 있는 여성단체에서 얼마나 좋아하겠습니까. 우리의 자중지란은 그들에게 둘도 없는 기회와 호재를 제공하는 것이 될 것입니다. 그래서 내분은 절대 아니 될

니다. 성현 말씀에 자신자自信者는 인역신지人亦信之라 하고 또는 인人이 자훼연후自毁然後에 인人이 훼지毁之라 하였습니다. 이 말은 바로 자기를 믿는 자는 다른 사람도 믿어주고 사람은 자신을 자기가 허문 후에 다른 사람이 허문다고 한 말입니다. 때문에 누구나 매사에 완벽하고 자신 있게 행동하고 자신하면 누가 감히 능멸히 보겠습니까. 그러나 우리 유림들은 현재 자기를 믿지 못하고 그리고 자신을 허물고 있습니다. 그래서야 되겠습니까. 앞으로 우리 유림들은 너나 할 것 없이 각자가 반성하고 무엇인가 달라져야 합니다. 오늘날 우리 유림은 정신이 너무나 해이하고 부패되어 있습니다. 반드시 정신부터 개혁정신이 되어야 합니다. 옛날 백절불굴의 선비 정신은 다 어디로 가고 박력 없이 무력하고 나약한 모습만 보이는지 모르겠습니다.

존경하옵는 전교님 여러분! 개인도 가규를 바로 세우려면 첫째 집안 어른부터 처신을 잘해야 재하자在下者가 본을 보고 따를 것입니다. 그와 마찬가지로 우리 유림의 전당이요, 수선지首善地인 성균관도 바로 서서 모든 면에서 표본이 되고 모범이 되어야, 하부 기관인 향교에서 배우고 본을 보면서 따를 것입니다. 때문에 유림대표인 전교님들께서는 하루 속히 성균관이 전국 향교의 모범이 되고 표본이 되어 국민 모두가 우러러 보고 배울 수 있는 곳으로 만드는데 모두가 앞장서서 총력을 기울여야 하겠습니다. 이것이 바로 오늘 모이신 우리 전교님들의 시대적 부하된 의무요, 사명이라고 생각합니다. 그리고 이것이 바로 오늘 우리가 모인 취지와 목적인 것입니다. 이인二人이 동심同心해 기리단금其利斷金이라고 하였습니다. 항차 많은 전교님들이 지혜를 모으고 계략을 강구하면 안 되는 일이 없을 것입니다. 그래서 여러 전교님들께서는 우리가 소기의 목적이 달성될 때까지 시종일관 오늘 모이신 취지와 목적을 잊으시면 아니 되겠습니다.

끝으로 다시 한 번 추운 날씨에 원근에서 성균관을 정상화 시키고 사도진작斯道振作을 위해서 이토록 많이 참석해 주신 전교님께 진심으로 감사드리면서 이것으로 오늘 모임을 대표해서 준비해온 제 인사말씀을 마치겠습니다. 감사합니다.

2001년 12월 3일
성균관정화추진준비위원회 위원장 이덕희

2.1.7 성균관정화에 대한 결의문

우리는 유교 진흥과 사도 발전에 일익을 담당하는 전국 전교로서 일천만 유림가족의 생명인 동성동본금혼법과 가부장 호주제도만은 목숨 걸고 사수할 것이며, 또 십여 년이나 장기화 되는 성균관의 분규를 무한좌시無限坐視할 수 없어 부득이 결연한 마음으로 성균관 내부의 모든 부정비리를 깨끗이 척결하기 위하여 다 같이 앞장섰다. 앞으로 이 가족법과 성균관 정화의 이 두 가지를 해결함에 있어서 우리 전교들은 어떠한 애로와 난관에 봉착한다 해도 결코 물러서지 아니 할 것이다. 우리는 정의가 승리한다는 신념과 백절불굴의 선비 정신으로 끝까지 투쟁하여 가족법이 원상회복되고 성균관이 수선지지首善之地의 참다운 모습으로 복고될 때까지 최선을 다할 것을 다짐하면서 다음과 같이 결의한다.

1. 동성동본금혼법과 가부장 호주제도는 어떠한 일이 있어도 목숨 걸고 사수한다.
1. 성균관 분규의 불씨가 되는 잘못된 정관부터 개정하여 앞으로 내분의 요인을 원천적으로 제거한다.
1. 성균관 서열부터 정립하여 체계적인 질서를 확립한다.
1. 하인何人을 막론하고 금적金的, 물적간物的間 어떠한 부정도 용납할 수 없으며 부정이 유有할 시時 가차 없이 변상토록 조치한다.
1. 근간近間 사표까지 제출했던 노○○과, 4월에 임기가 지났어도 현재까지 자리를 더럽히고 있는 이○○ 두 철면피의 몰염치배沒廉恥輩는 하루 속히 물러가고 모든 부정비리를 자백하라. 본인들이 자진하지 않을 시 법적 조처는 물론 모든 수단과 방법을 가리지 않고 동원할 것이다.
1. 우리는 사필귀정의 굳은 신념과 비상한 각오로 가족법이 원상회복되고 성균관이 정상화 될 때까지 시종일관 투쟁한다.

2001년 12월 3일

전국전교일동

2.1.8 전국의 전교님께 올립니다.(2)

복유伏惟 시하時下 맹동지제孟冬之際에

존체후尊體候 만안萬安하심을 앙축仰祝하나이다. 취송就悚 드릴 말씀은 지난 3일 성균관에서 개최한 성균관정화추진위원회 결성회의에 참석하신 전국 전교님께 진심으로 감사드립니다. 앞으로 성균관 정화에 꼭 참여하겠다고 승낙서를 보내주신 138명의 전교님 중 당일 94명이 참석하시어 별지와 같이 임원이 선출되고 결의문도 채택되었습니다. 이어서 이후 임원들이 수시로 회합하여 정화에 대한 진지한 의견교환과 방법 모색 등 실제 정화운동에 임하기로 결의한 바 이일伊日 불참하신 전교님들께서도 충분한 이해 있으실 줄 사료되오며 앞으로 성균관 발전과 유림 앞날을 위하여 꼭 동참하여 주시기를 다시 부탁드립니다.

그리고 전국 전교님께 꼭 말씀드리고 싶은 것은 복사해 올리는 2001년 11월1일자 유림신문 사설내용을 보시면 성균관 정화가 긴박함은 두말할 필요도 없다고 사료됩니다. 그러나 아시는 바와 같이 정화는 일조에 이루어지는 것이 아닐 뿐 아니라, 정화하기 위해서는 임원 30여명이 수시 회합할 것인바 거기에 부수되는 적지 아니한 비용 염출이 문제가 되겠습니다. 지난 3일 전교님 94명 식대는 걱정이 되었으나 다행히도 여러 전교님의 즉석 헌성으로 거의 지불이 되었습니다마는, 앞으로가 문제 된다는 의견이 집약되어 당일 참석하신 전교님들의 자진 발의로 전국 향교에서 다과불문多寡不問하고 출연出捐하는 수밖에 없다는 결의까지 해 주시어 불구염치하고 하기下記와 같이 온라인을 개설하였사오니, 앞으로 성균관 정상화를 위하여 협조하시는 호의에서 귀 향교 형편에 의하시어 다소불계多少不計하시고 출연해 주시기를 간곡히 당부드립니다.

정화위원회 자체가 성균관 내 모든 단체를 견제하는 기구가 되다보니, 성균관 내에서는 한 곳도 정화위원회를 협조할 명분도 이유도 없어, 불가불 정화위원회 자체에서 자구책을 강구할 수밖에 없으므로 부득이 말씀드리오니 이차以此 하량下諒하심을 앙망하나이다.

◉ 온라인 번호: 한빛은행 531-079691-02-102 이덕희

입금 후 영수증을 보내드리고 총회에서 결산보고도 해 드리겠습니다.

2001년 12월 일

성균관정화추진위원회 임원일동 올림

성균관정화위원회임원명단

*임원단(시도별 1인 선출)

·위원장 이덕희 충남

·부위원장 이기창李起昌 경기(용인향교 전교)

    〃   김좌기金佐起 강원(강릉향교 전교)

    〃   조용철趙龍喆 충북(진천향교 전교)

    〃   송인식宋寅植 대전(회덕향교 전교)

    〃   윤병목尹炳穆 경북(영덕향교 전교)

    〃   홍인석洪寅奭 경남(전주향교 전교)

    〃   이형렬李亨烈 전남(구례향교 전교)

    〃   진문빈秦文彬 제주(대정향교 전교)

*상임위원(시도별 2인 선출)

·상임위원 권광환權珖煥 경기(과천향교 전교)

    〃   김종원金鐘遠 〃 (안성향교 전교)

    〃   함정균咸丁均 강원(간성향교 전교)

    〃   손기조孫基祚 〃 (양구향교 전교)

    〃   안병찬安秉讚 충북(황간향교 전교)

    〃   신용식辛容植 〃 (청안향교 전교)

    〃   김형일金炯日 충남(은진향교 전교)

    〃   윤명로尹明老 〃 (천안향교 전교)

2.1.9 성균관 정화에 아직도 불참하신 전교님께 드립니다.

존경하옵는 전교님 여러분,

존체금안尊體錦安하시고 향교발전에 얼마나 노고가 많으십니까.

다름이 아니오라 수차에 걸쳐 말씀드린바 있습니다만 성균관은 현재 불화, 불신, 중상, 모략 등 내분과 대립 갈등으로 만신창이가 되고 있습니다. 이 모든 원인과 불씨를 하루 속히 제거하고 신성한 성균관으로 거듭나기 위해서 정화 위원회가 구성이 되었습니다. 여기에는 오직 정의와 공심公心만이 있을 뿐 추호도 편파와 사심이 있을 수 없습니다. 좋아서 하는 일이 아니고 참고 참은 끝에 부득이 착수한 일입니다. 때문에 절대 성역이 있을 수 없으며 사정이 개재될 수도 없습니다. 이 정화위원회 발족이 누구를 비호하고 누구를 해치는 부정한 사심에서 시발된 것이 절대 아닙니다.

전국 전교님이 성균관 주인이요, 전 유림의 대표가 되십니다. 별지 명단과 같이 전국 전교 234명중 현재 140명만 참여하고 계십니다. 그런데 우리 전국 전교님 만이라도 빠짐없이 전원 똘똘 뭉쳐야 이 어려운 일을 해낼 수 있습니다. 이것이 현재 참여하고 계신 전교님들의 공통된 의견이기도 합니다. 이 일은 누가 해도 꼭 할 일이라고 생각되며 제가 하는 일이 옳다고 생각하신다면 꼭 따라 주시기 바랍니다. 앞으로 성균관이 완전 정상화 될 때까지 어떠한 난관이 있어도 유종의 미를 반드시 거두겠습니다. 우리 다 같이 참여하여 우리 유림사회가 어두운 암흑에서 벗어나 전 국민이 우러

러 보고 전 유림이 환호하는 청천백일의 광명을 찾아내야 합니다. 서로 서로 권고하

시여 전교님 한분도 빠짐없이 다 같이 참여해 주실 것을 간곡히 당부드리며 희망의

2002년을 맞이 하시어 아신만복迓新萬福하시고 소원성취所願成就하시기 앙망하나이다.

2001년 12월 24일

성균관가족법대책위원장 이덕희 올림

성균관정화에 동참한 전국 137개 향교 명단

시·도별	향교명	시·도별	향교명	시·도별	향교명	시·도별	향교명	시·도별	향교명
부산	기장향교	강원도	간성향교	충남	청양향교	전북	여산향교	경북	지례향교
대구	칠곡향교	〃	인제향교	〃	홍주향교	〃	전주향교	〃	상주향교
인천	인천향교	〃	철원향교	〃	결성향교	전남	여수향교	〃	함창향교
부평	부평향교	〃	양구향교	〃	예산향교	〃	해남향교	〃	예천향교
광주	광주향교	충북	보은향교	〃	대흥향교	〃	담양향교	〃	용궁향교
대전	회덕향교	〃	회인향교	〃	덕산향교	〃	화순향교	〃	영주향교
〃	진잠향교	〃	옥천향교	〃	해미향교	〃	영광향교	〃	봉화향교
울산	언양향교	〃	황간향교	〃	태안향교	〃	곡성향교	〃	울진향교
경기도	남양향교	〃	음성향교	〃	아산향교	〃	염암향교	〃	평해향교
〃	김포향교	〃	연풍향교	〃	신창향교	〃	강진향교	〃	의흥향교
〃	통진향교	〃	청안향교	〃	천안향교	〃	함평향교	경남	칠원향교

〃	파주 향교	〃	단양 향교	〃	금산 향교	〃	고흥 향교	〃	창녕 향교
〃	포천 향교	〃	영춘 향교	〃	진산 향교	〃	완도 향교	〃	밀양 향교
〃	가평 향교	〃	청주 향교	〃	연기 향교	〃	진도 향교	〃	김해 향교
〃	지평 향교	충남	전의 향교	전북	고산 향교	〃	구례 향교	〃	남해 향교
〃	여주 향교	〃	공주 향교	〃	진안 향교	〃	순천 향교	〃	하동 향교
〃	이천 향교	〃	노성 향교	〃	용담 향교	경북	의성 향교	〃	단성 향교
〃	광주 향교	〃	은진 향교	〃	무주 향교	〃	비안 향교	〃	안의 향교
〃	용인 향교	〃	부여 향교	〃	장수 향교	〃	안동 향교	〃	거창 향교
〃	양지 향교	〃	임천 향교	〃	임실 향교	〃	예안 향교	〃	합천 향교
〃	안성 향교	〃	석성 향교	〃	남원 향교	〃	청송 향교	〃	삼가 향교
〃	평택 향교	〃	홍산 향교	〃	운봉 향교	〃	장기 향교	〃	초계 향교
〃	진위 향교	〃	서천 향교	〃	정읍 향교	〃	신령 향교	〃	강양 향교
〃	영천 향교	〃	한산 향교	〃	고창 향교	〃	경산 향교	〃	마산 향교
강원도	홍천 향교	〃	비인 향교	〃	홍덕 향교	〃	자인 향교	〃	의령 향교
〃	원주 향교	〃	보령 향교	〃	김제 향교	〃	고령 향교		
〃	평창 향교	〃	남포 향교	〃	만경 향교	〃	인동 향교		

	양양 향교	〃	오천 향교	〃	옥구 향교	〃	선산 향교		
〃									

(2001년 12월 20일 현재기준)

2.1.10 성균관정화추진위원회운영규칙 -2002년 1월 20일 작성

성균관정화추진위원회운영규칙

⊙ 조직의 근본취지

본 성균관정화위원회의 구성 취지는 성균관이 10여년 내 장기화 되는 내분을 조속히 종식시키고 부정비리를 깨끗이 척결하여 불합리한 삼수장분권제도三首長分權制度를 과감히 청산시키고 관장체제로 일원화하여 체계적 업무를 수행하면서 위계가 분명하고 질서가 정연한 정상적 성균관 상을 재정립함에 근본 취지가 있다.

제1장 총칙

제1조(명칭)

본 회는 성균관정화위원회成均館淨化委員會라 칭한다.(이하 본 위원회라 함)

제2조(소재지)

본 위원회의 사무소는 서울특별시 종로구 명륜동 3가 53번지 성균관 내에 둔다.

제3조(목적)

본 위원회의 구성 목적은 장기화되는 성균관 내 모든 불화, 갈등, 불신 등을 조속히 해소시키고 전·현직 간 부정비리가 노출되어 성균관이나 전 유림에게 명예를 손상시키고 해악을 끼쳤다고 인정될 시 하시何時를 막론하고 정화위원회에서 법적으로 시정 또는 자체에서 정화할 수 있으며 또한 유림에게 부정 사실을 공개하여 재발을 방지하도록 한다. 그리하여 비리, 부정을 원천적으로 봉쇄, 깨끗한 성균관을 재건하는데 구성 목적이 있는 것이다.

제4조(사업)

본 위원회는 제3조의 목적을 달성하기 위한 제반 사업을 수시 연구, 수행한다.

제5조(기구)

본 위원회는 다음 기구를 둔다.

1.성균관정화운영위원회成均館淨化運營委員會

2.정화자료수집평가회淨化資料蒐輯評價會

3.자문위원회諮問委員會

제2장 임원

제6조(임원)

본 위원회에 다음 임원을 둔다.

1.위원장 1인

2.부위원장 8인 이상 10인

3.상임위원 16인 이상 20인

4.추진위원 150인 이상 200인 이하

5. 감사 2인

6. 간사 1인

제7조(임원의 선임)

위원장과 부위원장, 그리고 상임위원은 총회에서 선출하고 추진위원은 정화운동에 참가키로 승낙한 전교에 한하여 위원장이 위촉한다.

제8조 (임원의 임무)

1. 위원장은 본 위원회의 업무를 통괄하고 본 위원회를 대표한다.

2. 부위원장은 위원장을 보좌하고 위원장이 유고시에는 연장자가 위원장의 직무를 대행한다.

3. 상임위원은 제3조의 목적 달성에 앞장서며 성균관 내 발생하는 모든 부정비리를 정확하게 파악하여 정화자료 수집에 최선을 다할 것이며 직접 업무처리에 참여

한다.

4. 추진위원은 제2선에서 정화추진에 일익을 담당하며 정화추진 상 불공평하거나 잘못된 일이 있을 시는 사실을 확인하여 임원회에 시정을 요구할 수 있다.

5. 감사는 위원장의 지시에 의하여 모든 사무를 취급하고 수입된 재정출납을 분명히 기록하고 매 회의마다 회의록을 작성하여 다음 회의 시 보고한다.

제9조(임원의 임기)

1. 임원의 임기는 3년으로 한다.

2. 보선임원의 임기는 전임자의 잔여기간으로 한다.

제3장 총회

제10조(성균관 정화위원회 총회)

1. 총회는 정기총회와 임시총회를 두되 정기총회는 매년 3월중에 소집하고, 임시총회는 위원장이 임원과 협의하여 필요하다고 인정될 시 위원장이 소집한다.

2. 정기총회와 임시총회를 소집할 시는 위원장이 반드시 소집일 10일 이전에 일시, 장소, 의안을 명시하여 서면으로 정화위원회 임원을 포함한 전 추진위원에게 통보 소집한다.

제11조(총회의 기능)

총회의 기능은 다음 사항을 의결한다.

1. 위원장을 포함한 전 위원 선출

2. 위원회 운영 규칙의 개발

3. 위원회 운영현황 보고

4. 위원회 사업계획 승인 및 자체 사업의 예산 결산의 심의

제12조(총회의 구성)

총회는 다음 각 호에 의하여 구성한다.

1. 위원회의 위원장과 부위원장

2. 위원회의 상임위원

3. 위원회의 취지에 찬동한 전 추진위원

제13조(의결 정족수)

1. 총회는 위원장이 소집하고 의장이 된다.

2. 총회는 재적위원 과반수의 출석으로 성립하고 의결은 출석 과반수의 찬성으로 의결한다. 단 가부동수인 경우에는 의장이 결정한다.

제14조(의사록 작성)

1. 의장은 총회와 위원회의 중요내용과 결의사항을 기록한 의사록을 작성하도록 하여 의장이 출석임원 중 지명하는 3인으로 하여금 의사록에 기명날인하여 다음 회의시 낭독한다.

제15조(자문위원)

1. 본 위원회의 모든 추진할 사항을 사전 자문하기 위하여 추진위원을 포함한 각 도별로 1명씩 자문위원을 둘 수 있다.

2. 자문위원은 매 위원회에 참석할 수 있으며 위원장이 자문위원만 별도 출석시켜 자문을 받을 수도 있다.

제16조(정기위원회)

1. 본 위원회의 추진사항을 좀 더 발전시키기 위하여 안건 유무에 관계없이 상호 정보교환과 협의·협력을 목적으로 매월 두 번째 주 목요일을 정기위원회일로 정하고 이일伊日 임원은 당연 참석하는 것으로 한다.

(위원장이 사전 통보한다.)

제17조(추진위원 자동승계)

1. 각 추진위원(전교) 중 임기만료로 인하여 전교가 교체되는 향교의 신임 전교는 자동적으로 추진위원을 계승한다.

제 4 장 회계

제18조(본 위원회의 회계)

1. 본 위원회의 회계연도는 매년 1월 1일부터 12월 31일까지로 한다.

2. 본 위원회의 운영자금은 매년 1회씩 출연하는 추진위원의 헌성금과 독지가의 특별성금으로 충당한다.

부칙

제19조(시행일)

본 위원회의 운영 규칙 시행일은 2002년 1월 22일에 총회를 대신하는 전 위원회에서 통과된 날로부터 시행한다.

성균관정화위원회 임원 명단

직위	성명	소속향교명	자택주소
위원장	이덕희李悳熙	충남향교재단	공주시 이인면 목동리 303번지
부위원장	이기창李起昌	경기 용인	용인시 모현면 일산리 234
〃	김좌기金佐起	강원 강릉	강릉시 송정동 940-23 대림맨션 1003
〃	조용철趙龍喆	충북 진천	진천군 덕산면 신척리 398
〃	송인식宋寅植	대전 회덕	대전시 대덕구 오정동 102-1
〃	윤병목尹炳穆	경북 영덕	영덕군 영덕읍 우곡리 313
〃	홍인석洪寅奭	경남 마산	마산시 합포구 진동면 교동리 522
〃	이재룡李在龍	전북 전주	전주시 덕진구 우아동 3가 745-12
	이형렬李炯烈	전남 구례	구례군 용방면 용강리 665
〃	진문빈秦文彬	제주 대정	서귀포시 중문동 2132-3
상임위원	권광환權光煥	경기 과천	과천시 중앙동 81
〃	김종원金鍾遠	〃 안성	안성시 대덕면 소현리 28
〃	함정균咸丁均	강원 간성	고성군 죽왕면 오봉리 375
〃	손기조孫基祚	〃 양구	양구군 방산면 금악리 2반
〃	안병찬安秉讚	충북 황간	영동군 매곡면 수원리 410
〃	신용식辛容植	〃 청안	괴산군 증평읍 증평리 1055-28
〃	김형일金炯日	충남 은진	논산시 채운면 우기리 396-2
〃	윤명로尹明老	〃 천안	천안시 문화동 87-2
〃	이원만李源萬	경북 경주	경주시 사정동 102-2

〃	권상목權商睦	〃 영주	영주시 가흥 2동 522-7 화성빌라 1217
〃	이재선李在鮮	경남 거창	거창군 가조면 기리 425
〃	제명수諸明秀	〃 고성	고성군 대가면 척정리 873
〃	조동계趙東桂	전북 순창	순창군 순창읍 순화리 118-8
〃	모천수牟千洙	〃 장수	장수군 번암면 국포리 738
〃	박문수朴汶洙	전남 해남	해남군 황산면 원호리 585
〃	선병국宣炳國	〃 보성	보성군 문덕면 동산리 577
간사	정진우鄭鎭禹	충남향교재단	대전시 중구 대사동 226-33

2.1.11 성균관정화위원회 임원님께 드립니다.

존경하옵는 성균관정화위원회 임원님,

2002년 대망의 새해를 마지하시어 존체만안하시고 댁내 제절諸節이 균안均安하시며 하시는 일 모두가 차질 없이 성취되시기를 앙축차도仰願且禱하나이다.

드릴 말씀은 아시다시피 성균관 내분은 세월이 갈수록 심화될 뿐, 조금도 개선될 기미가 보이지 아니 하고 오히려 갈등과 불화, 분열만 가중되고 있는 실정인 바, 우리 유림 입장에서 관망할 때 성균관이 장차 어찌 될 것인지 참으로 우려하지 아니할 수 없습니다.

하루속히 내분이 종식되어 성균관이 안정되고 업무가 정상화되기를 고대하면서 성균관 정화를 위해서 구성된 우리 정화위원회에서 더 이상 좌시, 묵과 할 수 없는 처지까지 온 것으로 간주되어, 임원님을 한자리에 모시고 현재 성균관 내 긴박한 모든 현안을 기탄없이 협의하고 그리고 이 난관을 타개하는 방법이 무엇인지 모색하기 위하여 여러 임원님을 하기 일시, 장소에 모시고자 하오니, 아무리 바쁘시고 또 바쁘시더라도 꼭 참석하시어 임원님께서 맡은 바 소임에 최선을 다하여 주시기를 간망하오며, 아무쪼록 2001년에는 귀댁에 만복이 충만하시고 더욱 더 건강하시기를 기원하나이다.

기_記

  ·일시: 2002년 1월 22일(화요일) 상오 11시 정각

  ·장소: 성균관 1층 소회의실

  추신: 인장이 혹 필요할지 모르오니 꼭 지참하시기 앙망하나이다.

2002년 1월 14일(일)

성균관 정화위원회 위원장 이덕희 올림

2.1.12 결의문

우리 성균관 정화 위원회 임원회는 현재 정화에 참여하는 전국 전교 171명이 대표하여 구성된 기구로서 10여 년 간 지속되는 성균관 내 분규를 어떠한 방법이든 조속한 시일 내에 종식시킬 것을 목적으로 하는 동시에 성균관 내 잠재해 있는 모든 부정과 비리를 깨끗이 척결하고 새로운 유림 상을 정립하여 정상적인 성균관으로 거듭나기 위해서 탄생하였다. 때문에 우리가 하루속히 이루어야할 임무는 성균관 내 모든 부정과 부조리를 낱낱이 색출하여 시정정화是正淨化하는 것이다. 여기에는 직위고하가 있을 수 없으며 성역이 있을 수 없다. 그리고 사정도 개재 될 수 없다. 다만 정의와 정도로서 공명정대할 뿐이다. 그러므로 우선은 유림사회에서 너무나도 노출되어 있는 가장 큰 부정 비리정화부터 출발하여 점진적으로 확산해 나갈 것을 다짐하면서 다음과 같이 결의한다.

(다음)

1. 법치국가에서 법도 규정도 다 무시하고 변칙적으로 유도회 헌장을 임의 개정하여 유도회장 임기가 지난 지 8개월이 넘도록 물러 갈 줄 모르는 후안무치한 이○○씨는 여론도 두렵지 아니 한가, 하루속히 물러가라.

1. 장부일언丈夫─言은 중천금重千金이다. 이○○씨가 당당한 장부라면 신의를 위주로 하는 유림사회에서 이미 사표까지 낸 바 있으니 일구이언─口二言하지 말고 이사직에서 떳떳하게 물러가라. 부끄럽지도 아니한가. 이미 회장도 아니요, 이사직도 사

표까지 낸 처지에 또다시 무슨 면목으로 이사회에 출석한단 말인가. 언행이 부동한 이○○씨는 하루속히 물러가라.

1. 노○○ 전 재단 이사장은 성균관의 명예를 실추 시킨 점과 자기의 잘못을 통감하여 이사장직에서 물러났으면 동시에 이사직도 사임하라. 무슨 체면으로 성균관에 출입하는가. 자성자숙하라.

1. 우리 정화 위원회는 성균관에서 다소의 수당과 급여를 받거나 사업에 관련된 인사가 어떠한 부정과 비리가 있을 시는 지위고하를 불문하고 절대 용서하지 아니하며 정의에 입각하여 끝까지 추적 정화한다.

2002년 1월 22일

성균관정화추진위원회 임원일동

2.1.13 전국의 전교님과 유도회 지부장님께 올립니다.

근계시하謹啓時下 납월설한지제臘月雪寒之際에 존체만안尊體萬安하심을 앙하차축仰賀且祝하나이다.

취송就悚 수일 전에 개최한 성균관정화위원회 임원회에서 정화에 대한 긴급대책을 논의한 바, 현재 성균관 정상화를 위해서 가장 선행되어야 할 급선무는 성균관장을 수장으로 한다는 재단 정관부터 개정하되, 1차 방법으로 전국 전교님과 유도회장님 그리고 장의님, 지회장님의 서명을 받아 재단에 제출하여 시정 요구하는 것이 가장 좋은 방법으로 의견이 일치되어 별지 서명날인 용지를 동봉하오니, 전교님과 지회장님께서는 다소 어려우시더라도 성균관 정화와 유교발전을 위해서 가급적 앞장서시어 2월 20일까지는 100% 서명을 받으시어 보내주시면 성균관 정화에 크게 도움이 되겠습니다.

성균관 정화가 시급하고 절실함을 너무나 잘 아시는 전교님과 지부장님께서는 잘 모르시는 장의님과 지회장님에게 정화 개념을 설득력 있게 반복 개유開諭하시어, 향교와 유도회 임원들이 서명에 전원 참여하시어 기필코 재단 정관이 개정되도록 적극 협조해 주시면 대단히 감사하겠습니다.

끝으로 제출기일 2월 20일을 꼭 지켜 주시기를 부탁드리면서 전교님과 지부장님 댁에 만복이 충만하시고 더욱더 건강하시기를 기원합니다.

*추신: 유도회장님의 주소를 잘 몰라 부득이 2매를 동봉하오니 1매를 유도회장님께 전해주시기를 앙망하오며 서명문서는 편의상 '충남 논산시 두마면 엄사리 220번지 충남향교재단 이덕희' 앞으로 보내주시기를 부탁드립니다.

2002년 1월 25일
성균관정화위원회 위원장 이덕희 배상

2.1.14 전국의 전교님께 올립니다.(3)

복유신원伏惟新元에

존체 아신만복迓新萬福하시고 새해에는 하시는 일 모두가 성취되시기를 앙원차도仰願且禱하나이다. 드릴 말씀은 아시는 바와 같이 성균관 내분이 일익日益 심화되고 있어 현재 유림이라면 누구나 공히 깊은 우려를 하지 아니 할 수 없는 위험 수위까지 도달하고 있습니다. 이 상황은 전교님께서 너무나 잘 아시고 계시기 때문에 더 이상 설명 드릴 필요가 없다고 생각됩니다. 그러나 부득이 꼭 한 말씀 드릴 것은, 현재 중앙 유도회장도 아니요, 대의원 소집 권한도 없는 이○○씨가 3월 15일에 자기 혼자만 회장에 출마할 계획으로(이○○씨가 출마하면 추천자가 30명, 다른 사람이 출마할 시는 추천인 100명이라고 하는 불합리한 규제를 갑자기 해놓고) 3월 15일자 대의원들을 불법으로 소집하고 있습니다. 성균관 내 모든 부조리를 척결하기 위해서 전국 전교 180여명으로 조직된 성균관정화위원회 입장에서 이와 같이 불법소집을 알면서도 그대로 묵과할 수 없어 이미 아시고 계신 사실입니다마는 다시 한 번 이번 대의원 소집 자체가 불법이라는 사실을 강조하여 말씀 드리지 아니할 수 없습니다.

그간 이○○씨의 불법행위가 한두 가지가 아닌 것은 전 유림이 주지하고 있는 사실이지만, 그 중 가장 대표적인 것은 작년 2001년 4월 30일자로 회장직 법적 임기가 만료되었음에도 불구하고 현재 유도회 헌장을 임의로 고치고 또 고치어 헌장이 무려 4가지라고 합니다. 이러한 비열한 방법으로 계속 회장직을 연장하고 있는 철면피를 재단 이사들이 계속 보고만 있을 수 없어, 유림 수첩에 명시된 유도회 총 본부 헌장 제28조에 의하여 회장권한 대행으로 이승관씨를 선출하였던 것입니다. 이렇게 이○○씨가 이번 소집한 회의는 불법이 분명한 것입니다. 이것을 다시 정리해서 자세히 말씀드리자면

1. 이○○씨의 임기는 작년 2001년 4월 30일로 정확히 만료되어 현재는 중앙회장이 아닙니다.

2. 임기가 만료된 이○○씨는 회장을 다시 선출할 생각은 아니 하고 불법으로 대의원을 소집하여(참석인원은 알 수 없음) 임기연장 승인을 얻어 그 자리를 계속 지키려 하고 있으므로 부득이 유도회 헌장 제28조에 의하여 재단 이사회에서 유도회장 직무 대리로 이승관씨를 선출하고 이○○씨를 물러가라고 했던 것입니다.

3. 그러나 이○○씨는 물러가기는 고사하고 적반하장 격으로 당시 재단 이사장 노○○씨와 결탁하고 임의로 고친 헌장을 가지고 재단에서 회장을 선출한 것은 무효라고 소송제기를 했던 바, 결국 패소하고 상대방의 소송비용까지 물어 주라는 판결을 받았습니다. 그러나 현재 이것은 진 것이 아니라고 억지를 부리면서 다시 항소를 하고 있습니다. 지지 아니 했으면 법에서 상대방 소송 비용을 왜 물어 주라고 하며, 이○○씨는 막대한 비용을 들이면서 또다시 재판을 왜 하겠습니까?

4. 현재 듣기로는 유도회 헌장이 너무나 많아 어떤 것이 진짜이고 어떤 것이 가짜인지 진가眞假를 구별하기가 어려울 정도라고 합니다. 합법적인 절차를 거치지 아니 하고 헌장을 어떻게 임의로 몇 번씩 변경해서 이용할 수 있단 말입니까. 소위 전국 유도회를 이끌어 가는 중앙 회장이 어떻게 이런 짓을 한단 말입니까. 한심한 일입니다.

이상과 같이 이○○씨는 분명히 현재 중앙 회장도 아니요, 대의원 소집 권한도 없습니다. 뿐만 아니라 이○○씨는 현재 1심 재판에서 지고 상고 중에 있습니다. 그럼에도 불구하고 모든 것을 숨기고 현재 불법으로 3월 15일자 대의원을 소집하고 있습니다. 우리 전교님을 비롯한 대의원님 여러분께서 이와 같이 불법 소집임을 아시면서 이 소집에 참석 하실 수 있겠습니까. 절대 참석하시면 아니 되겠습니다. 이것은 성균관정화

위원회가 정화차원에서 사실 그대로 말씀드리는 것이오니, 십분 이해 있으시기 바라면서 여위차餘爲此 불비례상不備禮上하나이다.

2002년 3월 8일

성균관정화위원회 위원장 이덕희 외 임원일동

※ 동봉한 전단은 3월 7일 국회공청회에서 참석자전원에게 살포한 전단입니다. 참고로 보시고 가급적이면 많이 복사하여 시·군민에게 살포하시면 더욱 감사하겠습니다.

2.1.15 전국의 전교님께 올립니다.(4)

존경하옵는 전국 전교님께 올립니다.

그간 안녕하십니까. 전 전교님 모두가 건강하신 것으로 사료되옵기에 간단히 인사말씀 드립니다.

다름이 아니오라, 이번 올리는 서신은 소위 선거대책 본부장이라고 하는 이○○씨의 당선사례 인사문에 의하면 이덕희는 공식기구도 아닌 정화위원회를 만들어 자칭 정화위원장 운운했는데 현재 조직된 성균관 정화위원회는 아시다시피 작년 12월 3일자로 당시 정화찬성 전교님 136명중 94명의 전교님이 만장일치로 선출해 주신 위원장 이덕희입니다.(현재 정화 찬성 전교님이 181명으로 증가되었음) 그렇다면 이 모임이 공식 기구가 아니란 말입니까. 그리고 이덕희 위원장이 자칭이라고 할 수 있습니까. 이것이 공식이 아니라면 장관이라도 참석하여야 공식입니까.

또한 성균관장이 인정도 아니 한다고 했는데, 이것은 사리판단도 못하고 하는 말입니다. 한마디로 성균관장도 잘못이 있다면 정화대상이 되는 것입니다. 무슨 인정을 한단 말입니까. 하면 다 말이 아닙니다. 또한 가족법에는 방치한다고 했는데, 저는 가족법 수호에 목숨을 걸고 매주 평균 2회씩 서울에 올라가 국회로, 헌법재판소로, 성균관으로 왕래하면서 최선을 다하고 있습니다. 정화관계는 여가를 이용하는 것뿐입니다. 이것은 전 전교님께서도 더 잘 알고 계시리라 사료됩니다.

그리고 정화위원회는 정리되어야 한다고 했는데, 정화위원회를 없애자고 하는 것을 보니 유도회가 정화 대상이 되는 것을 잘 알고 있는 모양입니다. 이 이상 해명할 가치가 없어 불문에 부치겠습니다.

끝으로 존경하는 전국 전교님께 한 말씀 꼭 드리고 싶은 것은 현재 성균관 내에 있는 유도회는 성균관하고는 아무 관련 없는 별개 단체입니다. 성균관 산하 단체도 아니요, 성균관에 추호의 도움도 주는 단체도 아닙니다. 다만 중앙유도회는 임의단체로서 자기네 마음대로 정관도 뜯어고치고 누구의 간섭도 받지 아니 하고 자유자재로 움직이는, 법인이 아닌 단체입니다.

그럼에도 불구하고 유도회 앞에 꼭 '성균관'을 석자를 붙입니다. 이게 말이 됩니까.

작년도 성균관장 선거에는 성균관 임원만이 관장을 선출했습니다. 그런데 어떻게 일부 전교님들께서는, 자기네 마음대로 임원을 만들어 자기 혼자 출마하는 유도회장 선거에 체통을 버리고 참석하실 수 있습니까. 참석하신 전교님께서는 아주 잘못하신 것입니다. 지방은 전교님과 유도회장이 상호 협조가 되지만, 중앙은 성균관하고는 아무 상관없는 유도회라고 하는 것을 알고 계셔야 합니다. 앞으로는 전교님 소집 권한도 없는 이○○씨가 소집하는 모임에 참석하시면 전교님 체면이 크게 손상되십니다.

그리고 현재 중앙 유도회는 조금도 성균관에 협조하는 기관이 아니며 성균관 재정만 축내면서 자기네 세력 확장에만 여념이 없습니다. 때문에 성균관에 명분 없이 의지하는 단체인 것을 알고만 계시면 되겠습니다.

대단히 죄송하오나 앞으로 두 번 다시 착오 없으시기 바라면서 해명은 이상으로 마치고 여위차불비례상餘爲此不備禮上하나이다.

2002년 3월 30일
성균관정화위원회 위원장 이덕희 올림

2.1.16 성균관 재단 이사님 여러분께 보내는 건의문

희망찬 2002년 새해를 맞이하시어 복 많이 받으시고 더욱더 건강하시어 힘차게 하시는 일 모두가 성취되시기를 기원하여 마지않습니다.

드릴 말씀은 굳이 설명을 드리지 아니해도 이사님께서 너무나 잘 아시고 계시는 시급한 성균관 정상화 문제입니다.

아시다시피 우리 성균관은 이조 500년간 찬란한 유교문화를 꽃피웠던 것이요, 승무陞廡 18현 중 15현이 배출되신 산실이기도 합니다. 이후 오늘날까지 유림정신을 면면히 이어오도록 주도한 곳이 바로 성균관이며 온 유림의 정신적 지주로 삼아왔던 것도 사실입니다. 이것은 모두가 공자님을 중심으로 선성선현들이 모셔있는 곳이기 때문으로 사료됩니다. 이와같이 신성하고 존엄한 성균관 내에서 무엄하게도 후생후학들이 감히 부정부패를 저지르고 비난비방이 오고가서야 되겠습니까. 사양지심만 조금씩 발휘한다면 해결 못할 일이 없을 것입니다. 그러나 이것을 못하는 우리 유림사회가 참으로 원망스럽습니다.

존경하는 성균관 이사님 여러분! 잘 알고 계시다시피 성균관을 돕기 위해서 탄생한 재단이 정관상 성균관을 재단 산하에 둔다고 되어있는 것이 바로 오늘날 내분 원인의 씨앗이 되고 또는 핵심이라고 생각합니다. 그러므로 전 유림들은 하나같이 하루 속히 이 정관이 개정되기를 주야장천晝夜長川 외치고 있습니다. 이것만이 오늘날 성균관 내에서 자리 잡은 모든 불화, 갈등, 비방 등 분규의 뿌리를 근절 종식시키고 성균관 정상화하는 첩경이며 전 유림이 사는 길이라고 생각하기 때문입니다. 아마도 이것이 100% 타당성 있는 논리라고 사료됩니다. 그렇다면 유림의 대표로 학식, 덕망을 두루 갖추신 지성인의 이사님들께서 쓰라린 지난날을 회상하면서 이 문제를 다시 한번 재고하실 필요가 있다고 생각은 아니 하십니까. 이제는 더 이상 과거를 되풀이 하면서 전철을 밟아서도 아니 되며 성균관 역사에 오점을 남겨서도 아니 됩니다. 그 동안은 유림사회에서 있어서는 안 될 고소, 고발, 재판이 연속되었고 현재도 조금도 변함이 없습니다. 이 모두를 이제는 우리 이사님들 선에서 청산하셔야 합니다. 왜 100% 자체 해결이 가능한 것을 못하고 전 유림의 지탄을 받고 계십니까.

존경하는 이사님! 이사님들은 마음을 비우시고 성균관과 유림의 앞날을 위해서 조금씩 양보하시어 하루 속히 부끄러운 이 싸움을 깨끗이 종결시켜 주시기를, 유림사회를 위하는 진실된 마음에서 또는 간곡한 충정에서, 건의 말씀을 드리오니 현명하신 이사님 여러분께서는 이 일이 바로 각자의 사명과 기임己任으로 생각하시고, 전 유림의 진솔한 간청과 여망을 참작하시어 재단정관을 누가 보더라도 합리적이요 타당성 있는 정관으로 다시 태어나도록, 하루 속히 개정해 주시기를 간곡히 부탁드리면서 다음과 같이 서명 날인하여 이사님에게 올리오니 선처 있으시기 바랍니다.

2002년 월 일

서명인

향교명	직위	성명	인

2.1.17 성균관 정상화 서명운동에 아직도 불참하신 전교님께 올립니다.

복유화신지제伏惟花辰之際에

존체尊體 만안萬安하시며 향교 발전에 얼마나 노고가 많으십니까?

취송就悚 지난 1월 25일자 보내 올린 서신에 상세히 말씀 드린바 있습니다마는, 전국 정화 위원회 임원님 전교 26명 회의에서 계속되는 성균관 내분을 종식시키는 방법 중 하나로 전국 전교님과 지부장님 그리고 장의 지회장님 여러분이 성균관장을 수장으로 체제를 개선한다는 재단 정관을 개정하는 것이 시급함을 말씀하시고 이에 찬성하는 서명을 받아 보내 주실 것을 요구 드린 바 있으나, 아직도 서명의 3분의 1이 도착되지 아니 하여 다시 한 번 전번에 보내 드린 건의서와 서명 용지 1매씩 동봉 우송하오니, 요즘 다방면으로 많이 총망悤忙하실 줄 사료되어나 이 서명만은 5월 10일 내로 꼭 보내 주셔야 수합해서 하루속히 재단에 제출 되겠습니다. 수일 전 4월 12일

정화 위원회 임원회에서 다시 거론된 바, 서명서가 시급히 제출되어야 한다는 의견이 일치되어 다시 말씀드리오니, 십분 이해하시고 성균관 정상화를 위하는 심정으로 속히 서명을 받으시어 보내 주시기를 간망하나이다.

2002년 4월 15일

성균관정화위원회 위원장 이덕희

2.1.18 전국 전교님과 성균관 임원님께 드립니다.

근계시하 중추가절에 존체만안하시며 향교발전에 얼마나 노고가 많으십니까. 위로의 말씀을 드립니다.

취송 별지 이○○씨에 대한 성토문은 내용을 보시면 아시겠습니다마는 이○○씨가 근자에 와서는 더욱 강성하여 무소불위無所不爲입니다. 심지어 성균관 가족법 대책위원회까지 해체하라고 주장하는데, 대책위원장이 잘못하면 교체하라고 하는 것은 이해를 할 수 있지만, 성균관을 광복 후 수십 년간 투쟁하면서 지켜온 수호신 가족법 대책위원회를 감히 어떻게 해체하라고 한단 말입니까. 이것은 성균관을 부정하고 전적 멸시하는 행위입니다.

이제는 성균관 내에서 이○○의 안하무인이요 유아독존惟我獨存격인 행위를 성균관 가족법대책위원회 입장에서 또한 정화 차원에서 도저히 참을 수 없어, 부득이 성토문을 작성하여 본인에게 보내고 그리고 전국 전교님과 성균관 임원님께서도 아셔야 될 것 같아 1부식 보내드립니다. 앞으로 전국 전교님과 임원님께서는 하루 속히 이○○씨의 독선과 횡포를 막아주셔야 성균관이 정상화되고 참다운 유림 상을 되찾게 될 것입니다.

저는 이○○씨가 하는 언동을 가까이서 오랫동안 지켜보았습니다마는 이○○씨가 성균관에 머물러 있는 한, 반목과 갈등 그리고 내분은 계속 될 것입니다.

존경하는 전국 전교님 그리고 성균관 임원님 제가 그동안 누차 각계로 써서 보낸 유림신문을 보시어 제 성격을 대략 짐작하시리라 믿습니다마는, 저는 본시 불의에는 참지 못하는 성격의 소유자입니다. 누구의 사주를 받는 사람은 절대 아닙니다. 더 이상 말씀 드리지 아니해도, 현명하신 전교님과 임원님께서는 제가 이번 성토문을 쓰게 된 동기를 여러모로 이해하여 주시리라 믿습니다.

끝으로 전교님과 위원님께서 가족법 수호 운동에 많은 지도 있으시길 바라면서 더욱 건강하시옵기 기원하오며 여불비례하나이다.

2002. 9. 19
성균관가족법대책위원장 이덕희 올림

2.1.19 존경하는 유림지도자 여러분께 올립니다.

복유국추지제伏惟菊秋之際에

존체만안하심을 앙축하오며, 성균관이 정상화되기를 얼마나 학수고대하십니까? 참다운 유림이라면 너무나 당연하신 기대라고 사료됩니다.

취송 거번去番에 전국 전교님과 성균관 임원님 등 오백여 유림 지도자님들에게 보내드린 이○○씨의 성토문은 잘 받아 보신 것으로 사료되옵고, 현재는 이○○씨가 모친상을 당하였음에도 성균관 복제규정을 전적으로 무시하고 장례 삼일부터 성균관에 아무 일 없다는 듯 정상 출입하고 있어, 성균관 내는 물론, 전국에서 아시는 유림마다 분노하고 있습니다. 따라서 성균관 정화위원회에서는 육백년 지켜온 성균관 복제규정을 하루아침에 파괴하는 이○○씨를 수수방관할 수 없어, 다시 규탄문을 작성하여 장본인에게 직접 전달하고 전국 유림지도자님 여러분에게도 한 부씩 보내드립니다.

아울러 말씀드리고 싶은 것은 전번 성토문을 전국 유도회 지부장님께는 주소를 입수 못하여 보내드리지 못한 점 송구하게 생각하면서, 금번에는 다시 지난 성토문의 중요 부분과 다소 빠진 요지만 간단히 보완해서 규탄문과 함께 두 부씩 동봉 우송하오니, 대단히 죄송하오나 전교님들께서는 유도회 지부회장님에게 일부를 전달하시어 지부회장님도 이○○씨의 금전적 부정과 처신 상 비리를 아시도록 하여 주시기 바랍니다.

아시다시피 이○○씨는 성토·규탄만 가지고는 해결되리라고 생각하지 않습니다. 그러므로 본의는 아니오나 이○○씨가 계속 그 자리에서 물러나지 아니 하는 한, 결국 민·형사까지 이어질 것을 사전 말씀드리오니 십분 이해하여 주시기 경망하나이다.

끝으로 전번에 이어 다시 말씀 드립니다마는 이○○씨가 성균관 내에 있는 한 성균관 내분정화는 불가능하다고 사료되므로 앞으로 정화 상 어떠한 난관에 봉착하더라도 성균관 정화 위원회는 끝까지 모든 어려움을 극복하면서 사필귀정이란 굳은 신념과 정의로써 정화에 임할 것이며, 절대 도중하차는 없을 것임을 분명히 말씀드리면서 여불비례상餘不備禮上하나이다.

2002년 10월 23일
성균관 정화위원장 이덕희 외 임원일동 드림

2.2 성균관을 성토한다.

2.2.1 성균관 고문에 대한 성토문

근계신하謹啓辰下 중춘지제仲春之際에

존체만안尊體萬安하심을 앙축하오며 사도발전斯道發展에 얼마나 노고가 많으십니까?

드릴 말씀은 목금目今 우리 민족의 자랑이요, 전 유림의 생명이기도한 동성동본금혼법을 영원토록 사수하기 위해서 전 유림이 목숨 걸고 투쟁하는 이 시점에 지난 3월 11일 국회법사위가 주최한 공청회석상에서 소위 성균관 김○○ 고문이란 사람이 주장한 촌수연장의 망국적인 대안은 고유 전통문화 말살을 초래함은 물론 우리 민족을 모독하고 일천만 유림을 망신시킨바 공주 전 유림은 김고문의 패륜적 발언에 충천의 의분을 금할 수 없어 별지와 같이 성토하오니 이차양지以此諒知하시고 동참지지同參之地를 천만앙망千萬仰望하나이다.

1999년 4월

공주향교 전교 이덕희 외 임원일동

성토문

지난 3월 11일 국회법사위가 주최한 가족법 공청회에 성균관 고문이란 사람이 참석하여 경거망동한 발언으로 있을 수 없는 동성동본금혼법폐지 촌수대안을 주장하여 국민을 모독하고 전 유림을 망신시킨 사이비 유림 김○○ 고문을 공주 전 유림을 대표하여 강력히 규탄 성토한다.

이날 공청회석상에서 성균관고문 김○○가 망발을 했다는 말을 간접으로 들은바 있으나, 설마 그러한 망언이야 했겠는가, 하고 의아를 했는데 4월 1일자 유교신보에 게재된 가족법 기사에서 사실을 확인하고 경악을 금치 못했다. 이 공청회는 어렵게 마련된 자리로 알고 있는데, 그 자리에 국가의 흥망과 유림의 사활이 달려 있는 동성동본금혼법수호에 대한 유림의 참뜻을 전달하겠다고 참석한 소위 성균관 김○○ 고문이다. 그러함에도 유림의 본의를 외면하고 짐승과 다름없이 일가 간에 혼인을 주장해 오는 극소수 인간들의 그 말 그대로 인용하여 횡설수설하는 그런 사람을 어떻게 그 자리에 참석시켰단 말인가?

동지同紙 보도에 의하면 김고문은 공청회 석상에서 동성동본 15촌 이내만 금혼하고 15촌 이상은 부모의 동의를 얻으면 결혼해도 좋다고 주장했다는데, 이것이 과연 유림의 진의를 대변해서 한말인가? 이것은 노골적으로 법무부 안을 지지한 것이며 여성계의 주장을 100% 동조한 것이다. 우리의 동성동본금혼제는 우리 민족 고유의 미풍양속이며 전통문화로써 인간의 가치와 자손우생의 원천으로 세계에 자랑인데 누구를 위하여 개정하자는 것인가.

이와 같은 주장은 분명히 전통윤리와 도덕을 말살하려는 계획된 사고요, 발언으로 유림의 가면을 쓴 사문난적斯文亂賊이다. 어떻게 이런 사람이 유림의 대변자로 나섰단 말인가? 한심하기 짝이 없다. 동성동본이면 백대百代도 지친至親인데, 어떻게 촌수를 따져서 일가 간에 혼인을 하자는 말인가? 우리는 동방예의민족이므로 이것은 있을 수 없으며 짐승이나 하는 짓이다. 만부득萬不得이 대안이 있다면 동성동본 혈족사이를 사전에 모르고 결혼한 자는 특별법을 신설하여 구제방법을 강구할 수밖에 없을 것이다. 이제 와서 동성동본금혼법을 갖고 흥정하는 김고문의 비도덕적인 언행은 일고의 가치가 없으므로 시야비야是也非也 논할 여지조차 없다. 앞으로 이러한 사람을 그대로 신성한 성균관 고문으로 앉혀둘 수 없다. 하루속히 고문에서 추방시켜 다음날 공청회에서 두 번 다시 국민을 모독하고 전 유림을 망신시키는 일이 없도록 하여야 한다. 우리 공주유림은 가족법수호를 위해서 혈서까지 쓰면서 오늘날까지 20여 성상星霜을 혈투사수해온 유림으로서 김○○의 발언에 대해서 추호도 용납할 수 없으며 좌시묵과할 수 없다. 김○○는 하루 속히 가면의 유림 탈을 벗고 전국 일천만 유림에게 무릎 꿇고 사죄하라. 그리고 즉시 성균관 고문 자리에서 물러가라.

만일 물러가지 아니할 시는 제2의 대책으로 전 유림의 엄중 조치 대상이 될 것이다.

1999년 4월

공주향교 전교 이덕희 외 유림 일동

2.2.2 유도회 중앙회장에 대한 성토문

복유시하伏惟時下 중추가절仲秋佳節에

존경하는 성균관부관장님 그리고 재단이사님,

존체만안하시며 성균관 정상화 노력에 얼마나 노고가 많으십니까?

위로의 말씀을 드립니다.

취송就悚 별지 성토문은 보시면 아시겠지만 이○○씨의 그간 안하무인격 무법 행위가 근자에 와서는 더욱 강성하여 심지어 수십 년간 성균관을 지켜온 수호신 성균관 가족법 대책위원회까지 해체하라고 하니, 대책위원장이 잘못하면 교체하라고 하는 것은 이해할 수 있으나 어떻게 대책위원회를 해체하라고 한단 말입니까? 이것은 유문란적儒門亂賊입니다.

현재 제가 성균관 가족법대책위원장으로서 이와 같이 원칙을 어기고 근본을 어지럽히는 이○○씨의 유아독존적 행위를 도저히 참을 수가 없어, 본의 아니게 부득이 이○○씨를 성토하게 되었습니다.

부관장님과 이사님께서도 이에 대하여 어차피 아셔야 될 것 같아 성토문 한 부씩을 보내드리오니 서량恕諒하시옵기 앙망하나이다.

2002년 9월

성균관가족법대책위원장 이덕희 드림

성토문

안하에 무인격인 중앙유도회장 이○○의 만행을 공개 규탄한다.

이○○는 지는 7월에 불과 몇 명이 모여 소위 가족법비상대책위원회라고 하는 허울 좋은 명분을 내세워 가족법은 성균관에게 맡길 수 없으니 우리가 맡겠다하면서, 성균관가족법대책위원회를 해체하라고 제주도까지 가서 결의하고 각 시·도 재단과 유도회 도지부에 공문으로 보고했는데, 어떻게 이○○가 성균관가족법대책위원회를 해체하라고 한단 말인가? 참으로 무법천지다.

아무리 몰상식한 이○○라고 하지만, 어떻게 수십 년 동안 투쟁하면서 성균관을 지켜온 수호신 가족법대책위원회를 자기 멋대로 해체하라고 한단 말인가? 요즘 말로 건방지기 짝이 없고, 보이는 것이 없는 모양이다. 이것은 성균관을 멸시하면서 마음대로 흔들어 가족법 개악을 주장하는 자들의 이적행위로써 유림사회에서 도저히 용납할 수 없는 유문난적이다. 이○○는 당장 유림 앞에 사죄해야 한다.

이○○의 만행은 이것뿐 아니다. 부지기수다. 우선 몇 가지만 든다면,

1. 이○○는 지조 없이 왔다 갔다 하면서 이리 붙고 저리 붙고 하는 참첨讒諂 소인이다. 처음에는 최근덕崔根德씨에게 붙어 갖은 충성을 다하다가 최근덕씨를 버리고 최창규崔昌圭씨에게 붙어 세계적인 학자 운운하면서 선거 당시 사무장까지 했다. 그러다가 최창규씨를 버리고 또다시 최근덕씨에게 붙어 사무장을 하면서 최창규에게 갖은 험담을 다 해왔다. 이것이 왔다갔다 하는 반복소인反覆小人이 아니고 무엇인가? 이러한 소인배가 유림의 본산지 성균관을 출입하면서 계속 못할 짓 없이 다하고 있으니, 오늘날 일 년이 다가도 지금까지 예산도 못 세우는 성균관 꼴이 된 것이다.

2. 이○○는 2001년도 4월 30일로 임기가 만료되었음에도 불구하고, 다시 회장 선출은 아니 하고 계속 눌러 앉아있으므로 이것을 보다 못한 재단 이사회에서 규정에 의하여 회장 권한대행을 위촉했으나, 이○○는 이에 불복하고 적반하장으로 소송을 제기한바 1심, 2심에서 다 패소하고 말았다. 현재 법적으로 그 자리에 앉을 수가 없음에도 불법으로 총회 아닌 총회를 소집하는 등 갖은 장난을 다하면서, 부끄럽지도 아니한지 물러나지 아니 하고 있다. 이는 가위可謂 후안무치한 철면피한이다.

3. 이○○는 재단에서 실시하는 일제 감사도 거절하고 있다. 재단이사들이 선출한 감사가 이사장 명에 의하여 실시하는 감사를 성균관과 재단 할 것 없이 다 받았는데, 유독 이○○는 이것저것 핑계 대고 감사를 받지 아니 하고 있으니 이럴 수는 없다. 이런 점으로 미루어 보아 이○○가 다년간 재단에 있는 동안 이것저것 거금을 가져간 것으로 아는데, 감사를 계속 거부하는 것으로 보아 반드시 큰 부정이 있을 것으로 추측된다.

4. 이○○는 재단 이사장 선거당시 장현식張鉉植씨를 추천하여 이사장으로 당선시키

고 취임식에서 축사까지 해 주었다. 그러나 한 달도 못되어 자기 말을 듣지 않는다고 해서 장이사장을 이○○가 앞장서서 이사들의 불신임안을 결의하여 장현식 씨에게 평생 씻지 못할 치명상을 입힌바 있다. 이것이 달면 삼키고 쓰면 뱉는 의리 없는 소인배의 행동이 아니고 무엇이겠는가?

5. 이○○는 처음 정식회장으로 당선되고, 총회에서 승인을 얻어 유도회 총본부 부회장으로 위촉한 4명을 매년 회비 일인당 2백50만원씩 내지 아니한다고 해서, 임명한지 반 년 만에 총회 승인도 없이 자기 마음대로 4명을 모두 제명했다. 4명은 모두가 자기 선거에 적극 협조했기 때문에 자진해서 임명했을 뿐, 시켜 달라고 한 사람은 아무도 없는 것으로 알고 있다. 그런데 돈 때문에 임명한지 몇 달 만에 본인에게 말 한마디 없이 공식회의 석상에서 망신을 시켰으니, 이와 같이 의리와 양심은 추호도 찾아볼 수 없는 사람이다.

6. 이○○는 임기 만료 후 매월 판공비를 불법으로 가져갔다. 이것이 오늘날까지 근 2천만 원으로 알고 있는데 하루속히 재단에 환원조치하여야 한다.

이상과 같이 성균관을 짓밟고 부정·비리를 무수히 저질렀으며 오만방자하고 안하무인격인 이○○의 부정 상을 일부 폭로하여 맹렬히 규탄한다. 어떻게 사도斯道의 흥망이 좌우되고 유림의 사활이 걸려 있는 성균관 가족법 대책위원회를 해산시키려 하는가? 참으로 무엄하기 짝이 없다. 현재 불법으로 앉아있는 가짜 회장 이○○가 있는 한, 성균관은 화합이 될 수 없고 정상화가 될 수 없다. 부끄러워할 줄 모르는 이○○는 더 이상 회장 자리를 더럽히지 말고 조속히 성균관에서 물러가라. 이것이 전 유림이 바라는 참뜻일 것이다.

2002. 9. 15.

성균관가족법대책위원회

위원장 이덕희 외 임원 일동

2.2.3 유도회 중앙회장에 대한 규탄서(1)

유림사회를 더럽히는 반복소인反覆小人 유도회장을 맹렬히 규탄한다.

자고로 사람은 학식 유무와 지휘 고하를 막론하고 그 위인을 평 할 때는 반드시 행동거지를 논하게 된다.

아무리 지위가 높고 학식이 풍부하다고 하여도 그 위인이 비열하고 정의롭지 못하면 크게는 사회적으로 지탄을 받게 되고 작게는 종중에서도 사람 대우를 받지 못한다.

그래서 사람은 학식보다 신의를, 지위보다 의리를 중요시 하는 것이다.

하지만 소인배들은 목전 이익에 급급하다 보니 의리와 신의 따위는 안중에도 없다.

그래서 중심을 잃은 반복소인들이 있다.

그런데 불행히도 우리 유림사회에 소위 중앙 회장이라는자가 바로 중심을 잃고 왔다갔다하는 반복소인이라면 유림 모두가 깜짝 놀랄 것이다.

그 실례를 몇가지만 들면 다음과 같다.

1. 처음에는 최근덕 전 관장에게 매달려 부회장 및 사무총장으로 모든 정성을 다바쳐 오다가 자기 뜻에 맞지 않는다고 해서 갖은 악평을 다 하면서 최근덕씨를 배신했고,

2. 그 후 최창규 현 관장에게 붙어 최창규씨야 말로 세계적인 학자요, 청렴결백한 정치인이요, 또한 애국지사의 후손으로 독립기념관장을 역임한 최적의 관장 후보라고 선거 당시 사무장까지 하면서 충성을 다 하였고 현 관장도 최선을 다하여 자기를 유도회장에 당선되도록 협조하였으나 그후 이유없이 관장을 갖은 중상모략을 해 오다가,

3. 이번 선거에는 훌륭하다던 최창규 관장을 완전 배신하고 최근덕 관장이 임기 동안 재판으로 일관했고 가족법에 무관심 하였다고 혹독하게 악평하던 최근덕 전 관장에게 다시 붙어 재출마할 것을 강력히 권고하면서 사무실을 내고 사무장까지 하고 있다하니 이상으로 반복 소인의 증거가 충분하며,

뿐만 아니라 비열하고 묵은지설까지 허위날조하고 있다.

그 실례를 또 들면

1. 작년 1월 11일 공주향교에서 약 1,000명이 모여 도의 선양대회를 개최할 당시 도

지사 그리고 성균관장도 참석하였던바 이○○도 축사하기로 사전합의하여 참석까지 했는데 축사 직전에 말 한마디 없이 도망갔다. 사회자의 당황은 말할 것도 없고 그 후 알고보니 회의순에 자기 이름이 빠져서 갔다는 것이다. 그러나 회의순에는 분명히 이름이 있었다고 한다.

2. 유도회 중앙 부회장을 자기 멋대로 몇 사람을 임명하고 4년 임기동안 연회비 2백5십만원씩 천만원을 내지 않는다고 해서 1년도 못 되어 공개 석상에서 제명시키고 교체했다고 하니 그 사람 체면은 볼 것도 없이 돈 밖에 모르는 의리없는 사람이다.

3. 또는 현 관장 부인이 카톨릭 신자라고 허무맹랑한 중상모략을 하고 다닌다. 이것은 명예웨손에 해당될 것이다.

4. 그리고 자기 세력을 구축하기 위하여 성균관 대위원보다 터무니 없는 유도회 대위원을 늘려 놓고 성균관 대위원과 합동으로 성균관장을 선출하자는 규정을(성균관 운영규정 14조)만들어 재단 이사회에 통과 시키려고 갖은 수단을 다 쓰면서 발악하고 있다.

5. 이회장은 성균관의 일이라면 가장 악랄하게 앞장서서 무조건 반대하고 있다.이것은 본인도 시인할 것이다.

6. 제 183차 재단이사회를 병원에 입원하여 참석 못하는 이사 한 사람을 병원으로 찾아가 병원 복도에서 이사 8명이 참석하여 중요 예산 및 이사 1명을 선출한 것이 과연 합법적이고 정당하단 말인가?

평소 이회장은 종친을 이용하여 자기 일에는 적극 협조를 구하면서 일이 성사 되면 그 후로는 완전 종친을 배신한다고 한다.

그러함으로 우리 종중에 이러한 사람이 있다는 것은 참으로 부끄럽게 생각한다.

오죽하면 성토까지 하겠는가?

이회장 횡포는 재단을 등지고 날이 갈수록 심해진다.

성균관은 아무 힘도 없다.

관장이 직원 하나만 쓰려고 해도 재단 승인을 얻어야 하고 회의를 하려해도 재단 승인을 얻어야 한다.

돈은 말할 것도 없다.

이회장은 현재 관장 타도에 여념이 없고 재단에서 하는 모든 횡포에 선봉자 역할을 하고 있다.

만일 이상 지적한 것이 하나라도 거짓이 있다면 이회장은 당장 고소하라.

처벌을 감수하겠다.

전국 유림지도자 여러분!

이 사실은 이미 아시고 계시리라 믿습니다만, 그러나 앞으로 유림의 전당 성균관 정상화를 위해서 폭발하는 분노를 참지 못하여 부득이 이상과 같이 이회장의 비행을 만천하에 폭로하게 되었습니다.

전 유림께서는 이 사실을 정확히 알아 보시고 사실이라면 중앙 유도회장을 고사하고 유림 자격도 없는 조걸위학助桀爲虐의 선봉자 이회장을 청금록에서 삭제하고 성균관 출입을 엄단합시다.

2001.4.10

충청남도향교재단 이사장 이 덕 희

규탄결의인 충남전교 일동

금산향교 길기영	진산향교 안동륜	공주향교 이덕희
은진향교 김형일	전의향교 윤인병	부여향교 유덕준
석성향교 유숙준	홍산향교 김영숙	임천향교 류윤호
서천향교 백만구	비인향교 이문희	한산향교 나주운
보령향교 이계복	정산향교 윤홍수	홍주향교 이건엽
결성향교 이익화	예산향교 이형주	대흥향교 조병언
덕산향교 전용국	서산향교 임광재	해미향교 이길수
태안향교 윤태의	당진향교 박용기	면천향교 윤중하
아산향교 한용구	신창향교 김영훈	온양향교 이홍복
천안향교 윤명노	직산향교 심재만	목천향교 박재형

2.2.4 유도회 중앙회장에 대한 규탄서(2)

성균관 복제 규정을 무시하고 죄인의 몸으로 성균관을 무단출입하는 후안무치한 사이비 유림 이○○을 성균관에서 축출하자!

이○○은 지난 9월 자기 모친상 시에 오늘날 보기 드문 죄인의 표상인 굴건제복屈巾祭服까지 한 것으로 알고 있다. 그런데 굴건제복까지 했던 사람이 9월 2일 출상하고 삼우三虞 다음 5일 평소와 같이 성균관에 출근을 했다는데 삼우 이틀이면 초상 시와 조금도 다를 바 없다.

그렇다면 이와 같이 예절도 모르고 행동거지를 함부로 하는 사람이 과연 자칭 유림의 지도급인 유도회 중앙 회장이라고 할 수 있단 말인가? 이것은 평소 글 한 줄도 못 읽은 일자무식의 행동이다. 이○○으로서는 참으로 있을 수 없는 부끄러운 일이다.

듣건대 어약씨 같은 분은 친상을 당하자 즉시 부관장도 초개와 같이 버리고 죄인의 몸으로 집에서 근신하면서 집상하고 있다고 들었다. 참으로 존경스럽다. 이○○도 현 위치로 보아 어약씨와 같은 행동을 해야 한다.

때문에 모든 직을 사임해야 함에도 불구하고, 죄인의 몸으로 오히려 의기양양하게 지난 9월 8일 이사회까지 참석하여 자기의 영달을 위해서 못된 규정까지 통과시켰다고 하니, 자기 모친 장례 5일 만에 어떻게 감히 이사회에 참석할 수 있단 말인가? 이 사람은 장사葬事 전에도 재단 이사회라면 굴건제목하고 쫓아올 사람이다. 참으로 뻔뻔한 인간이다. 이것이 굴건제복으로 가면을 썼던 사이비유림 이○○이 아니란 말인가?

이○○은 현재 죄인의 신분으로 성균관을 출입할 수 없다. 만일 이○○의 위치에서 끝까지 고집하고 성균관을 출입한다면 이것은 짐승만도 못한 사람이다. 성균관의 지도급 인사라면, 성균관 복제 규정을 당연히 지키는 것이 의무요 도리다. 성균관은 고사하고 지방 전교, 유도회장, 장의까지도 친상을 당하면 당연히 자기 직책을 사임할 줄 안다. 뿐만 아니라 복제규정은 선비가 지켜야 할 불문율의 조신操身 규범이다. 지도급에 있는 선비가 아니 지키면 누가 지키겠는가? 이것은 참다운 유림이라면 누가 시키기 전에 자진해서 지켜야 한다.

그런데 예의범절을 우선하는 성균관 내에서 사이비 유림인 이○○이 현재 성균관이 600년을 지켜온 원칙과 규범을 파괴하고 있다. 이것은 사문난적이다. 하루 속히 파괴범 이○○을 축출하여 성균관의 체통을 찾아야 한다.

존경하는 전국 유림지도자 여러분! 이상은 무례무식하고 몰염치한 이○○을 규탄한 내용입니다. 이 규탄문을 보시는 순간 유림 제위께서 혹 저에게 지나치다고 책하실지 모르지만 이○○은 종합적으로 그동안 한 행동으로 보아 규탄 받아 마땅하다고 사료됩니다. 앞으로 성균관에서 반복소인 이○○을 축출하지 아니 하는 한, 절대 성균관이 바로설 수 없으며 정상화도 기대할 수 없다는 것을 분명히 말씀드립니다.

저는 전국에서 성균관 정화를 찬성하는 전교 184명 중 당일 회의에 참석한 94명이 만장일치로 선출한 정화위원장으로서 성균관 정화를 제 기임己任으로 알고 이○○ 같은 사이비 유림을 하루속히 축출하고 오직 참다운 유림만이 출입할 수 있는 유림의 전당, 성균관을 재건해 보겠다는 군은 신념과 각오로 정화에 임하고 있습니다.

존경하는 유림 지도자 여러분! 우리 유림 문화를 600년 지켜온 성균관이 현재 쓰러져가고 있습니다. 성균관 유림회관도 이○○의 경솔한 처사로 10억에 가까운 거액을 정부에 납부하게 되었다고 들었습니다. 참으로 어이없는 일입니다. 이것이 사실이라면 이○○이 책임져야 할 문제입니다.

오늘날 참다운 선비들은 현재 성균관이 백척간두에 서 있는 모습을 보고 통곡하고 있습니다. 이 위급한 시기에 성균관을 외면하는 유림은 진정한 유림이 아닙니다. 우리 다 같이 총궐기하여 위기일발에 처해 있는 성균관을 구제하는 것이 오늘날 가족법 수호와 같이 우리 유림에게 부하된 두 가지 사명이라고 생각합니다.

2002년 10월 13일

성균관 정화추진 위원장 이덕희 외 임원 일동

2.2.5 유도회 중앙회장에 대한 공개장

전 유림이 분노 충천할 이○○의 거액 공금횡령 사실을 유림지도자 여러분에게 공개합니다.

유림의 혈성血誠으로 모은 천안 유림회관 건립성금이 어떠한 돈이기에 2년간 입금된 전액을 감히 횡령한단 말입니까. 참으로 어이없고 기막힌 일입니다.

그간 유림회관 성금을 이○○에게 보낸 것은 고양이에게 조기를 맡긴 것과 조금도 다를 바 없었던 것입니다.

앞으로는 돈만 무조건 집어 쓰는 이○○에게 천안 유림회관 성금은 물론 무슨 명목으로든 돈을 주어서는 아니 됩니다. 공금을 내 돈 쓰듯 하는 사람입니다.

현재 이○○이 천안 유림회관 건립성금을 15회에 걸쳐 횡령한 사실을 자백한 것만 무려 44,510,000원으로 이것은 이○○이 계속 입금 통장을 밝히지 아니 하므로 부득이 정화위원회에서 고소한 결과 탄로 났으며,

○ 또한 공문서 위조, 동 행사로는 유도회장직을 연장하기 위해서 합법적인 절차 없이 정관을 5회씩이나 불법 개정했으며 이외에도 피의 사건으로 2001년도 일 년 간 우표 14,200매 영수증을 끊어간 건,

○ 비천당丕闡堂 수리비 2,000만원 건,

○ 2001년도 가족법 관계로 별로 근거 없이 2,000만원을 가져다 쓴 건 등,

5개 부정으로 인하여 현재 검찰에 고소되어 있습니다.

이외에 어처구니없는 사건이 또 있습니다.

○ 성균관에서 현재 사용 중인 유림회관이 당초 정부와 기부체납의 조건으로 건립되어 2000년도에 사용기간이 만료된 것으로 아는 바, 그렇다면 이것을 정부와 교섭하여 우리 건물로 만들어야 함에도 불구하고, 엉뚱하게 당시 노○○ 재단 이사장과 이○○이 정부 상대로 소유권 확인 소송을 제기하였으나, 결국 패소하여 유림회관은 현재 정부의 소유로 확정 판결 된 바, 이제는 유림회관은 꼼짝없이 정부소유가 되었고 그간 밀린 임대료, 세금 등이 무려 10여 억이라고 들었습니다.

시키지 아니한 짓을 하여 소송비용만도 무려 2,000여 만 원이나 낭비하면서 결국 유림회관은 더 이상 할 말 없이 뺏기게 되었다고 합니다. 이와 같은 성균관을 망쳐놓고 조금도 죄책감 없이 이 두 사람들은 버젓이 성균관을 드나들고 있습니다. 또 있습니다.

○ 이○○은 돈만 생기는 일이라면 무엇이든지 못할 짓 없이 다 하고 있습니다. 유도

회장 명의로 가당치도 아니 하게 인의예지신 5상을 따서 전인典仁, 전의典義, 전례典禮, 전지典智, 전신典信이라고 하는 품계증까지 감히 만들어 일인당 30만원 내지 20만원씩 받고 무수히 팔았다는 것입니다. 참으로 한심한 일입니다.

○ 또한 이○○은 그간 재단이사직 사표를 2번씩이나 낸 바 있으나, 궁지에 빠지면 사표를 내고 가라앉으면 다시 찾아오는 참으로 비겁한 위인입니다. 이러한 짓들을 하고 있으니 성균관 꼴이 이 모양이 된 것입니다. 앞으로 사기꾼 이○○이 성균관에 머물러 있는 한, 성균관 정상화는 절대 불가능하다는 사실을 또 한 번 말씀드립니다. 철면피 이○○은 오늘날 횡령, 사기, 비리 등 부정 행각이 백일하에 명백히 드러난 이상, 일말의 양심이 있다면 사법처리되기 전에 성균관에서 하루 속히 물러나야 합니다.

○ 지난 1월 18일 유도회총회에서 유도회를 사단법인으로 만들겠다고 결의한 것으로 알고 있습니다. 그러나 이것 역시 사기행각입니다. 현재 사단법인 유도회는 외부에 존재하고 있으므로 또다시 사단법인을 만들 수가 없습니다. 이것은 전 유림을 농락하는 사기극입니다. 유림제위께서는 절대 여기에 속아서는 아니 됨을 당부 드리며 이상과 같이 사실의 진상을 공개합니다.

2003년 1월 28일
성균관정화위원회 위원장
이덕희 외 임원일동 올림

2.2.6 성균관장에 대한 성토문(1)

최○○씨는 관장 당시 선비가 반드시 지켜야할 기본 강령인 예의염치를 무시하고 재임기간 무소불위적인 소행에 대해서 성균관 정화위원회는 불가피 운영규칙 제 3조에 의하여 최○○씨의 부정비리를 전 유림에게 공개 성토합니다. 최○○씨는 일찍이 성균관장 자리에 재임 중 명예와 금전욕에만 치중하면서 관장으로서 절대 해서는 안 될 행위를 자행하므로 역대 관장 중 가장 분규가 심했고 또한 고소고발 재판이 무려 수십 건입니다.

그러므로 성균관의 위상이 극도로 추락되었고 전 유림에게 전례 없는 망신을 시킨 장본인이라고 혹평을 받고 있습니다.

그럼에도 오늘날 그 죄과가 채 가시기도 전에 또다시 관장을 세 번씩이나 하겠다고 출마하고 있으니, 이것은 정화위원회에서 간과할 수 없습니다. 선비라면 자기 잘못도 알아야 되고 부끄러워 할 줄도 알아야 합니다. 때문에 최○○씨는 과거 잘못을 반성하면서 자숙자계하는 것이 선비의 도리라고 생각합니다. 예의와 염치는 선비가 반드시 실천해야할 가장 중요한 덕목입니다. 아무리 학식이 고매하고 지위가 높다 해도 예의염치 사유四維를 등한시하는 사람은 선비라고 볼 수 없습니다. 그런데 최○○씨는 당시 학식과 인격을 갖춘 대학교수요, 지위가 일국의 유림을 대표하는 성균관장으로서 선비가 지켜야할 예의염치 사유를 무시하고 아래와 같이 해서는 절대 안 될 짓을 기탄없이 자행한 것입니다.

첫째, 학문하는 선비가 절대해서는 아니 되는 것은 바로 남의 글을 도용하는 표절행위입니다. 이것을 바로 슬갑도적膝甲盜賊이라고 합니다. 그런데 최○○씨는 서슴없이 남의 글을 내 글로 만들어 출판기념까지 했다가 발각되어 망신하고 벌금 500만원을 물어주었고 또다시 표절로 인하여 판매금지 된 책자를 팔다가 발각되었다고 합니다.

둘째, 성균관 임원은 직제 상 전의典儀, 전학典學, 사의司儀 등 190명으로 한정되어 있습니다. 그러나 최○○씨는 직제를 품계로 변경시켜 무려 1,000여 명이나 남발하여 명분 없이 받은 많은 돈을 공개하지 아니 하고 자기가 모두 챙겼다고 하며 또한 부관장을 임명하면서 역시 거액을 받았다는 것입니다.

셋째, 최○○씨는 당시 관장과 유도회장을 겸직하면서, 기존 재단은 무시하고 새로 재단까지 신설하여 자신이 총전總典이라고 하는 교주와 같은 제도를 만들어 종신토록 영광을 누리려고 안간힘을 쓰다가, 임기를 채우지 못하고 도중하차와 더불어 무산되었다는데, 무엇 때문에 임기도 채우지 못하고 도중하차했는지 모르겠으며, 종교 신문에 경향 유림들이 최○○씨를 사문대란 죄로 성토한 일도 있는데 성토한 이유가 무엇인지 모르겠습니다.

넷째, 1997년 7월 16일자 우리 유림이 피나는 노력으로 50년을 지켜온 민법 809조 동성동본금혼법이 하루아침에 헌법과 불합치하다는 청천벽력과 같은 판결로 금혼법이 현재 폐지 직전까지 이르렀습니다. 우리 유림의 충격은 말할 것도 없고 우리 민족사에 큰 오점을 남긴 치욕이었습니다. 이것은 당시 관장인 최○○씨가 일신영달에 전심전력하느라고 가족법 수호에 너무나 무관심했던 소치라고 전 유림은 당시 관장을 무한 원망하고 있습니다.

이상과 같이 선비로서 또한 유림 대표인 관장으로서 절대 해서는 안 될 것을 몇 번씩 반복했다면, 이것은 예의염치를 생활신조로 하는 선비 정신을 망각했을 뿐 아니라 유림사회에서 절대 용서받을 수 없는 대과를 범한 것입니다. 뿐만 아니라, 이유가 무엇이든 부정비리로 인하여 도중하차한 최○○씨가 또다시 관장이 될 때, 무슨 과오를 범할지 모릅니다.

때문에 이번에 새로 선출되는 관장님은 욕심 없고 깨끗하고 참신한 인물로서 오직 성균관을 위해서 열과 성을 다하여 헌신하면서, 오늘날 극도로 추락된 성균관 위상과 명예를 조속히 회복하고 모든 것을 정상화시켜야하며, 특히 우리 유림의 사활이 걸려 있는 가족법 개악 반대에 앞장설 수 있는 투명하고 박력 있는 유능인사를 관장으로 선출해야 합니다.

이 성토문은 우리 정화위원회에서 어디까지나 정화규정에 입각하여 공익성을 기하면서 추호도 사심 없는 공심에서 증거가 확실한 실제 그대로를 지적한 것이며, 조금도 사실 아닌 허위를 날조하거나 누구를 비방 중상하는 데 목적이 있는 것이 아닙니다.

다만 정화 차원에서 의무를 수행하는 것뿐입니다. 때문에 최○○씨는 지난 임기 중 용심처사用心處事의 잘못된 점을 대오각성하고 대승적 견지에서 하루 속히 관장 출마의 야욕을 포기하고 은인자중隱忍自重하여야 할 것입니다.

이것만이 지난날의 잘못을 속죄하는 길이요, 오늘날 전 유림의 일치된 공론이자 간절한 바램입니다.

끝으로 말씀드리고 싶은 것은 이 성토문은 성균관의 정상화는 물론 전 유림의 화합과 앞날의 사도 발전을 위해서 부득이 이 글을 쓰게 되었사오니 남자覽者께서 십분 이해하여 주시면 감사하겠습니다.

2003년 8월 9일
성균관 정화위원회 위원장 이덕희 외 임원 일동

2.2.7 성균관장에 대한 성토문(2)

후안무치한 최○○씨를 다시 한 번 성토합니다.

속담에 '사람이라면 다 사람이냐, 사람이 사람 노릇을 해야 사람이지!'라 했습니다. 이 말을 들을 때 누구나 사람이라면 한번쯤 자기 자신을 돌아 볼 수 있는 명언이 아닌가 생각합니다. 그러나 학식이 풍부하고 지위가 높다 해서 사람 노릇을 잘한다는 것은 아니라고 봅니다. 때문에 지위고하와 유무식有無識 관계없이 용심처사用心處事를 올바르게 하고 예의염치를 잘 지키며 사리를 잘 판단할 줄 알아야 참다운 사람이 아닌가 사료됩니다. 고금을 막론하고 소인배들이 무식해서 소인이 되는 것이 아니요 유식하지만 욕심이 앞을 가리고 판단력이 흐리어 몹쓸 짓만 하기 때문에 소인이 된다고 생각합니다.

존경하는 유림지도자 여러분! 이제 성균관은 일반 시민들까지도 내부를 거울 속 같이 들여다보고 있습니다. 소위 선비라면 성균관 출입이 부끄럽기만 할 것입니다. 때문에 더 이상 분규 갈등과 불화 그리고 부정비리가 있어서는 아니 됩니다. 그러므로 이번 관장 선거는 어느 때보다 신중을 기하여야 할 줄 압니다. 때문에 금번 출마자 중 나름대로 양심적이요 때 묻지 아니한 참신한 선비를 선출하여야 할 것입니다.

○ 절대 남의 글을 도적질하다가 발각되어 자그마치 벌금 500만원을 물어준 전과자나

○ 관장 임기 중 부끄럽게도 자기로 인하여 민·형사 사건이 무려 20여건이나 되며

○ 자기가 관장 직에 있던 중 매관매직에 대한 헌성금, 교육비 명목으로 무려 13억여 원이나 상상도 못할 거액을 거두어 자기 멋대로 쓴 사람,

○ 자기 관장 시절에 가족법에는 조금도 관심 없이 민법 809조 동성동본금혼법이 헌법과 불합치 판결까지 받게 하여 유림 사회를 더럽힌 무책임한 사람,

○ 역대 관장 중 불화, 갈등, 고소고발 재판 등이 가장 많았다고 낙인이 찍힌 사람,

사람이 이러한 짓까지 하면서 부끄러운 관장을 했으면, 일말의 양심이 있지 어떻게 세 번, 네 번 더 하겠다고 또다시 관장 출마를 한단 말입니까.

도대체 염치를 무릅쓰고 또 하려고 하는 이유가 무엇인지 알고 싶습니다. 성균관을

발전시키고 사도를 진작시키려는 것은 전에 한 짓으로 보아 절대 아닐 것이고, 그렇다면 또다시 총전總典을 시도하여 평생 영화를 누리자는 것이 아니면, 전과 같이 관장을 미끼로 더 많이 돈을 벌자는 것인지 두 가지 이유 중 하나는 틀림없습니다.

존경하는 유림지도자 여러분! 여러분께서는 이번 관장 선택은 어느 때보다 잘 하셔야 합니다. 앞으로 성균관이 완전 정화가 되어 과거의 모든 오점과 치욕을 씻어버리고 환골탈태하여 새롭게 태어나는 성균관으로 거듭나기 위해서는 깨끗하고 욕심 없고 참신한 새 인물을 선출하시어 다시는 과거 파란만장했던 성균관을 잔잔한 무풍지대의 정상적인 성균관으로 만들어 주셔야 되겠습니다. 저는 분명히 말씀드립니다마는 누구의 사주를 받고 최○○씨를 성토하는 것이 아니요, 최○○씨와 평소 개인감정이 있어 성토하는 것도 아닙니다. 다만, 성균관의 장래와 유림의 앞날을 위해서 최○○씨와 같이 부정비리가 많은 사람을 또다시 성균관장을 시켜서는 절대 아니 되겠기에, 정의감에서 전국 184명이 선출해 주신 정화위원장이란 사명감을 가지고 조금도 사심 없이 성균관 정화 차원에서 그대로 좌시묵과할 수 없어 저에게 주어진 의무를 이행하는 것뿐입니다.

끝으로 한 말씀 더 드리고 싶은 것은 거번 1차 성토문에서 최○○씨에게 반궁자책하고 조용히 사퇴할 것을 권고하였으나, 도리어 적반하장격으로 명예훼손으로 고소 운운한다는데, 저는 절대 근거 없이 남을 모함하는 말은 아니 할 뿐 아니라 사실무근하다면 당연히 처벌받을 줄 알고 있으며, 반면 사실임에도 무고라고 한다면 이것 역시 무고가 된다는 사실도 알아야 할 것입니다. 그리고 분명한 것은 흑이 백이 될 수 없으며, 아닌 것은 끝까지 아니라고 생각합니다. 때문에 설사 최○○씨가 갖은 수단 방법을 다해서 세 번째 당선이 된다 해도 최○○씨는 과거 잘못이 너무나 크기 때문에 퇴출운동은 계속될 것이며, 결국 관장 자리를 지킬 수 없게 될 것을 경고합니다. 이것은 전 유림이 성균관을 위하는 마음에서 최○○씨에게 두 번, 세 번 속을 수 없기 때문입니다.

2003년 8월 19일
성균관 정화위원회 위원장 이덕희 외 임원 일동

2.2.8 성균관장에 대한 성토문(3)

최○○ 관장의 "성 변경 반대 않는다."는 비도덕적이요 망국적인 지상紙上 발언을 보고, 우리 공주 유림들은 경악과 충천하는 분노를 금할 수 없어 이를 맹렬히 규탄한다.

전 유림이 수십 년 간 사력을 다하여 갖은 고충을 다 겪으면서 부도덕한 무리들과 한사코 싸워 오늘날까지 근근이 지켜온 가족법이지만 이제는 남은 것이 겨우 국민이 아직까지 제 성 가지고 있는 것뿐인데, 이것이 바로 호주제 중 핵심이요 골자이다. 그런데 최관장은 이다지도 어렵게 지켜온 성씨를 초개같이 생각하고 하루아침에 성을 헌신짝 같이 버릴 수 있단 말인가. 성씨는 유림이 생명을 걸고 지켜야 할 마지막 보루다. 그럼에도 최관장은 성씨의 소중함을 망각하고 경거망동하고 비인간적인 만행을 유림사회에서 한 치도 용납할 수 없다. 하루 속히 전 유림에게 백배 사죄하고 관장 직에서 물러가라.

지난 4월 22일자 동아일보 25면 보도에 최관장은 "성姓 변경 반대 안 해"라고 하는 큰 제목이 있다. 기사내용을 보면 지난 20일 동아일보기자와 인터뷰에서 호주제 폐지 논란과 관련해 최관장은 호주제 및 성 불변을 전향적轉向的으로 검토하겠다고 밝혀 주목된다고 보도했으며, 이는 성균관이 고수해온 성 불변에서 한 발 물러선 것이라고 언론은 평하고 있다. 그리고 기사내용에 최관장은 이혼여성의 자녀가 새아버지의 성을 가질 수 없는 현행법규와 관련해서 말하기를, 자녀가 20세가 되기 전까지는 어머니의 뜻에 따라 성을 쓰고 20세가 되면 본인이 성을 선택하는 방안으로 수정이 가능하다고 밝혔다.

이것은 어불성설이다. 소위 전 유림을 대표해서 호주제만은 목숨 걸고 지켜야할 성균관장이 호주제 및 성 불변을 전향적으로 검토하다니, 전향轉向이란 말은 현실사회와 배치되는 자기의 사상이나 주장을 그 사회와 맞게 바꾼다는 말이다. 어떻게 어머니의 뱃속에서부터 타고난 성을 마음대로 변경할 수 있단 말인가. 다시 말해서 최관장이 성 변경 반대 안는다는 말은 결과적으로 가정을 파괴하는 잡성雜姓을 형성해도 좋다는 말이다. 이것은 현재 정부와 여성단체의 주장을 액면 그대로 받아들이겠다는 자기 본심을 공공연하게 폭로한 것이다. 이것이 바로 최○○이 관장 출마당시 강력히 주장해온 유림의 개혁이란 말인가. 최관장은 오백년 지켜온 민족의 역사를 더럽히고 일천만 유림가족을 짓밟는 사문난적이요 유림의 불공대천지수不共戴天之讎다. 최○○은 관장 자격이 없다. 더 이상 신성한 관장의 자리를 더럽히지 말고 조속히 관장 직에서 물러가라. 관장으로 선출하니, 겨우 하는 짓이 이거란 말인가. 전 유림은 분개한다. 우선 수십 년 간 목숨 걸고 앞장서서 지켜온 가족법 수호 본산지인 공주 전 유림의 이름으로 전통윤리를 말살하고 전 국민을 짐승우리로 몰아넣으려는 유림의 원수 최○○을 하루 속히 축출하여 우리 다 같이 타고난 내 성을 자손만대 지켜가자.

2004년 5월 일

성토인 공주 유림 일동

2.3 성균관에 묻는다.

2.3.1 유도회 중앙회장에 보내는 통지서(1)

유도회 헌장 제21조에 의하면 귀하의 유도회 총본부 회장 법정 잔여 임기가 지난 2001년 4월30일로 종료 되었으나, 귀하께서는 유도회 헌장도 규정도 전적으로 무시하면서 다시 유도회장 선출도 아니 하고 본인 또한 물러가지도 아니함으로 2001년 12월 19일자 성균관 재단에서 부득이 유도회 헌장 제28조에 의거 정식 이사회를 개최, 귀하를 제외한 이사 전원 의결로 유도회 총본부 회장 직무대행으로 이승관李承寬 씨를 위촉하고 귀하에게 퇴진할 것을 계속 요구하였으나, 귀하는 이에 불응하고 적반하장으로 당시 재단 이사장 노○○씨를 불법 결의했다는 터무니없는 이유로 법원에 제소했으나, 1심에서 여지없이 각하되고 피고의 소송비용까지 귀하가 부담하게 된 것으로 알고 있습니다.

그럼에도 불구하고 후안무치하게도 공식석상에서까지 각하는 패소가 아니라고 하는 궤변과 사기적 언사를 사용하면서 시간을 벌기 위한 형식적 항소까지 했던 바, 귀하는 판결을 하루 앞두고 지난 5월 9일자로 항소를 취하한 것으로 알고 있습니다. 물론 또다시 패소가 두렵기 때문일 것은 이미 알려진 사실이지만, 그러나 이 행위 자체가 얼마나 야비하고 비양심적입니까. 이것은 시정배의 사기행각이지 유림사회에서는 있을 수 없는 일입니다.

그렇지만 비록 항소는 취하하였으나, 일심 판결은 그대로 살아있기 때문에 취하는 귀하의 일심 패소 판결 확정만 더욱 공고히 해 놓은 것뿐이라고 사료됩니다. 이제는 일사부재리원칙—事不再理原則에 의해서 다시는 재론 못할 것으로 알고 있습니다. 때문에 지난 3월 15일 귀하가 유도회 임원을 하등 소집할 권리도 없으면서 유도회 헌장상 대의원으로 되어 있는 성균관 임원을 제쳐놓고 일부 대의원만 불법 소집하여 혼자서 장단을 맞추면서 당선 운운하지만, 귀하의 당선은 법은 물론 어느 누구에게 물어보아도 이구동성으로 있을 수 없는 불법이라고 하는 것입니다.

뿐만 아니라, 설상가상으로 항소까지 취하한 것은 귀하의 상습적 행태를 또 한 번 만천하에 드러낸 것입니다. 결과도 나오기 전에 이길 자신이 없어 취하했다면, 이것은 귀하의 그간 행위 모두가 불법이라고 하는 것을 본인이 스스로 자인하고 있는 것입니다. 더 이상 무슨 할 말이 있겠습니까.

그러므로 임기만료 후 오늘날까지 귀하의 잘못된 행각은 전국 유림의 분노를 계속 자아내고 있습니다. 이제는 귀하도 엄정한 자아비판의 시기가 온 것입니다. 앞으로 더 이상 유림을 농락하지 마시고 또한 더 이상 유림사회를 더럽히지 마시고, 사건이 말할 수 없이 확대되고 감당하기 어려운 치욕이 다가오기 전에, 깨끗이 지난 2001년 4월 30일 이후 오늘날까지 불법으로 가져가신 판공비 일체를 재단으로 반환하시고, 하루 속히 유도회 총본부 회장 권한 대행자 이승관씨에게 사무일체를 인계하시기 바랍니다.

법치국가에서 또한 유림사회에서 법을 무시하는 귀하의 처사는 용납될 수가 없습니다. 부정이 정의를 이길 수 없으며 매사는 급기야 사필귀정으로 귀결을 짓게 되는 것입니다.

귀하께서는 이 통지를 받으시는 날부터 일주일 이내에 귀하에게 요구한 사항에 대한 이행 여부를 회신하여 주시되, 만일 회신이 없을 시는 통지내용을 전면 긍정적으로 인정하시고 액면 그대로 수용하시는 것으로 간주하겠습니다.

2002년 6월 11일

성균관정화추진위원회 위원장 이덕희

서울특별시 종로구 명륜동 3가 52번지

유도회 총본부 이○○씨 귀하

2.3.1 유도회 중앙회장에 보내는 통지서(2)

귀하의 성균관유도회총본부회장 법정 임기가 2001년 4월 30일로 만료되었으나, 귀하는 법도 규정도 다 무시하고 신임유도회장선출도 아니할 뿐 아니라, 본인 또한 퇴임을 아니 하므로 부득이 유도회헌장 28조에 의하여 재단 전 이사회 결의로 이승관李承寬씨를 선출하여 유도회본부회장 직무대행 직에 위촉하고 귀하에게 계속 퇴임할 것을 강력히 요구하였습니다. 그러나 귀하는 이에 불응하고 오히려 적반하장 격으로 재단 이사장 노○○씨를 불법 결의했다는 이유로 법원에 제소한 바 1심에서 이것 또한 이유 없다고 각하된 것으로 알고 있으며, 또한 모든 소송비용까지 귀하가 부담하게 된 것으로 알고 있습니다. 그렇다면 귀하의 그간 잘못된 행위는 이의 없이 책임져야 하기 때문에 귀하가 임기 만료 후, 불법으로 수령한 8개월분 판공비 12,000,000원을 자진 반환하여야 할 것입니다.

아울러 말씀드릴 것은, 귀하는 현재 유도회총본부회 회장이 아닌 것은 법으로 이미 결정되어 불문하거니와 재단 이사직도 하루 속히 퇴임하는 것이 당연하다고 사료됩니다. 이유인 즉 귀하가 불법으로 소집한 2001년 12월 18일자 회의 자료에 의하면 이○○씨는 2001년 8월 23일 제 188차 이사회 개최 전 8월 18일에 노○○ 직전 재단 이사장에게 이사직 사임서를 제출하였고, 이후 동 이사장이 회의에 출석하라고 권유한 바 있으나, 귀하는 사표를 냈으니 출석하지 않겠다고 한 사실까지 있는 바, 이것으로 볼 때 현재 이사직에서 사임한 것이 분명한 바, 장부일언丈夫一言은 중천금重千金인데 신의를 위주로 하는 유림사회에서 소위 유도회 수장으로서 일구이언一ㅁ二言할 수는 없을 것입니다.

우리 성균관정화위원회는 성균관 내 모든 부정비리를 깨끗이 척결하기 위하여 조직된 기구로서 우리 정화위원회 임원 일동은 귀하가 8개월간 불법으로 수령한 판공비 전액 환수 조치할 것과 동시에 이미 상실한 이사직에서 하루 속히 퇴임할 것을 촉구하는 의안을 만장일치로 결의하고 이와 같이 통지하오니, 이 통지를 받은 날로부터 2주 이내에 성균관재단으로 이유 없이 불법 수령한 전액을 환불해 주시고 동시 이사직에서 퇴임하시기 바랍니다.

2002년 1월 22일

통지인

성균관정화위원회 위원장 이덕희

성균관정화위원회 부위원장　용인향교전교 이기창李起昌

　　〃　　　　〃　　　강릉향교전교 김좌기金佐起

　　〃　　　　〃　　　진천향교전교 조용철趙龍喆

　　〃　　　　〃　　　회덕향교전교 송인식宋寅植

　　〃　　　　〃　　　영덕향교전교 윤병목尹炳穆

　　〃　　　　〃　　　마산향교전교 홍인석洪寅奭

　　〃　　　　〃　　　전주향교전교 이재룡李在龍

　　〃　　　　〃　　　구례향교전교 이형렬李炯烈

　　〃　　　　〃　　　제주대성향교전교 진문빈秦文彬

상임위원　과천향교전교 권광환權光煥

　　〃　　안성향교전교 김종원金鍾遠

　　〃　　간성향교전교 함정균咸丁均

　　〃　　양구향교전교 손기조孫基祚

　　〃　　황간향교전교 안병찬安秉讚

　　〃　　청안향교전교 신용식辛容植

　　〃　　은진향교전교 김형일金炯日

〃	천안향교전교 윤명로尹明老
〃	경주향교전교 이원만李源萬
〃	영주향교전교 권상목權商睦
〃	거창향교전교 이재선李在鮮
〃	고성향교전교 제명수諸明秀
〃	순창향교전교 조동계趙東桂
〃	장수향교전교 모천수牟千洙
〃	해남향교전교 박문수朴汶洙
〃	보성향교전교 선병국宣炳國

서울특별시 종로구 명륜동 3가 성균관유도회총본부 이○○ 귀하

2.3.3 성균관 재단이사장에게 보내는 통지서

귀하께서 성균관 재단이사장으로 재직당시 여러 가지 사안이 부당하게 또는 불법으로 처리되므로 해서 성균관의 명예가 실추되었습니다. 그에 따라 경제적인 손실 등 막대한 피해를 보게 된 것을 일일이 매거枚擧하지 아니 하더라도 한두 가지가 아님을 귀하께서 너무나 잘 알고 계시리라고 사료됩니다. 이것은 비록 귀하께서 모든 잘못을 통감하시고 그 직에서 퇴임했으나 민·형사 간 책임은 피할 길이 없다고 생각되며, 또 속담에 '씨앗은 뿌린 자가 거둔다.'고 했습니다. 귀하께서 잘못을 저질렀다면 끝까지 책임지고 말썽 없이 깨끗이 해결하는 것이 도리이며, 성균관의 수장으로 군림했던 총책임자에 부하된 의무라고 생각합니다. 한 가지 더 말씀하고 싶은 것은 어떠한 과오가 있어서 그 이사장직에서 물러났다면, 체면상 무슨 면목으로 이사직을 가지고 계시겠습니까? 하루 속히 사임하시기 바랍니다. 그리고 귀하께서도 이미 알고 계시리라고 믿습니다마는 우리 성균관정화위원회는 성균관 내 모든 부정 부조리 등 불합리한 문제를 점진적으로 해결하기 위해서 현재 전국 전교 171명이 규합 단결하여 조직된 기구로서 앞으로도 귀하와 같은 부정 부조리가 있는 성균관 내 소속된 관계인사

라면 하인何人을 막론하고 성역 없이 척결하는 임무를 가지고 있습니다. 물론 성균관 유도회와 같은 임의단체입니다마는, 뭉치면 그 위력이 매우 강하게 됩니다. 귀하께서는 또다시 거론되지 아니 하도록 조속한 시일 내에 성균관 재단 이사직을 자진 사임하시기 바랍니다. 그리고 2주 이내에 통지서 내용에 대한 답해 주시기 바랍니다.

통지인

성균관정화위원회 위원장 이덕희

성균관정화위원회 부위원장 용인향교전교 이기창李起昌

    〃   〃   강릉향교전교 김좌기金佐起

    〃   〃   진천향교전교 조용철趙龍喆

    〃   〃   회덕향교전교 송인식宋寅植

    〃   〃   영덕향교전교 윤병목尹炳穆

    〃   〃   마산향교전교 홍인석洪寅奭

    〃   〃   전주향교전교 이재룡李在龍

    〃   〃   구례향교전교 이형렬李炯烈

    〃   〃   제주대성향교전교 진문빈秦文彬

상임위원 과천향교전교 권광환權光煥

    〃   안성향교전교 김종원金鍾遠

    〃   간성향교전교 함정균咸丁均

    〃   양구향교전교 손기조孫基祚

    〃   황간향교전교 안병찬安秉讚

    〃   청안향교전교 신용식辛容植

    〃   은진향교전교 김형일金炯日

    〃   천안향교전교 윤명로尹明老

    〃   경주향교전교 이원만李源萬

    〃   영주향교전교 권상목權商睦

    〃   거창향교전교 이재선李在鮮

〃　고성향교전교 제명수諸明秀

〃　순창향교전교 조동계趙東桂

〃　장수향교전교 모천수牟千洙

〃　해남향교전교 박문수朴汶洙

〃　보성향교전교 선병국宣炳國

경남 창원시 명서2동 105-3번지

노○○ 귀하

2.3.4 유도회 중앙회장에 보내는 질의서

귀하께서 보내주신 회신은 잘 받아 보았습니다.

그러나 회신내용 중 몇 가지 이해 못 할 부분이 있어 다시금 공개 질의하오니, 동문서답하지 마시고 이번에는 질문한 바 6개 항을 반드시 답변해 주시기 바랍니다.

1. 회신내용 중 첫 번째로 강조하신 것이 유림의 반목과 분규는 이제 끝났다고 하시었는데, 이것은 귀하께서 혼자 하시는 말씀이지 귀하가 불법이나마 회장으로 선출이 되고, 또한 귀하가 2심재판을 취하했다고 해서 반목이 끝나고 모든 것이 정상화된 것은 아닙니다. 일례를 들어보면, 만일 귀하 말씀대로 반목과 분규가 이제 끝이 났다면, 귀하는 재단으로부터 자금을 지원받은 수감부서로서 당초 정식 이사회에서 만장일치로 선출된 감사가 전 유림의 기대 하에 합법적으로 감사하는 재단감사를 거부하는 이유가 무엇인지, 거부가 사실이라면 이것은 반목이 아니고 정상화라고 할 수 있는지 구차한 변명은 삼가시고 전 유림이 납득할 만한 정당한 이유를 설명해 주시기 바랍니다.

2. 거번去番 보내드린 내용이 터무니없다 하시고 일고의 가치도 없다 하셨는데, 통지서에 거론된 내용이 과연 귀하의 생각에는 터무니없는 거짓말이요, 일고의 가치가 없을는지 몰라도, 본인이 알기로는 사실과 조금도 다름이 없다고 사료되오니, 전번 통지내용이 사실인지 또는 허위날조된 무근지설인지 재검토 하시어 강변하지 마시고 정확한 근거로서 진위여부를 가리어 납득할 수 있는 답변을 주시기 바랍니다.

3. 귀하께서 이사회 결의 무효 확인을 구하는 항소를 취하 운운하시고 또한 소송의 궁극적인 목표는 쌍방주장에 대한 정확한 판단이라고 하시었는데, 이 말씀은 백번 맞는 말씀입니다. 그렇다면 1심에서 이유 없다고 각하를 받았다면 이사회 결의유효가 확인된 바, 이것으로 승복할 일인데, 승복하지 아니 하고 또다시 시간 지연작전으로 기왕 2심까지 갔다면, 귀하의 말씀과 달리 무효 확인도 하기 전에 또는 정확한 판단도 내리기전에 취하한 것은 귀하의 이사회 결의 무효 확인을 구하기 위해서 재판한다는 말씀과는 선후당착의 모순성으로 드러났습니다. 거짓말을 하신 이유가 무엇인지 이 점에 대해서 분명하게 조리 있는 답변을 해주시기 바랍니다.

4. 귀하께서 항소를 취하한 이유가 바로 유림의 화합과 단합을 위한 살신성인 운운하셨는데, 이것은 바로 살인자가 불쌍하다고 그 시체를 거두어 장사지내주고 나는 살신성인 했다고 하는 것과 조금도 다를 바가 없습니다. 그간 할 짓 못할 짓 다 해놓고, 이제 와서 또다시 패소가 두려워 그것도 판결 하루 전에 가증스럽게도 취하해 놓고 당치도 아니한 살신성인 운운하고 있으니, 이것은 귀하의 본색 본심을 기탄없이 여실히 드러낸 행위임을 알아야 할 것입니다. 참으로 가소롭습니다. 살신성인이라는 문자를 아무데나 쓰는 문자가 아님을 명심하시고, 더 이상 유림을 우롱하거나 기만하지 마시고, 취하에 대한 이유를 거짓 없이 전 유림이 납득할 수 있도록 솔직한 답변을 해주시기 바랍니다.

5. 귀하께서는 전일 통지서가 유도회에 위해를 가하고 유도회를 제거하기 위한 정화위원회 조직 운운했는데, 이 말씀은 당장 취소하시고 위원회에 사과하시어야 합니다. 속담에 '할 말 없으면 날 잡아 잡수' 하는 말과 똑같다고 생각합니다. 유도회는 귀하의 일개인의 전유물이 아닙니다. 어떻게 말을 함부로 할 수가 있습니까. 단 정화위원회는 성균관 정화를 위해서 전 전교가 자발적으로 조직한 자생단체입니다. 누구의 사주를 받아 움직이는 단체가 아님을 똑똑히 알아야 할 것입니다.

6. 귀하께서는 성균관 정화추진위원회의 실체를 의심하고 관장이 모르는 위원회가 어떻게 존재하느냐, 만용蠻勇을 즉각 중단하라고 하시었는데, 이것은 어불성설입니다. 본 정화위원회는 관장하고는 아무 관련 없는 순수한 단체입니다. 관장도 부정이 있으면 정화대상이 됩니다. 그런데 어떻게 관장의 사전 승인을 받을 수 있겠습니까. 이것

은 상식 문제라고 생각합니다. 그리고 정화위원회 실체는 바로 그간 귀하같이 이성을 잃고 법을 준수하지 아니 하는 사람으로 인하여 계속 분규, 반목, 갈등으로 만신창이가 된 성균관을 바로 잡아 옛 모습을 되찾기 위해서 조직된 정화위원회입니다. 지나치게 폄하하거나 과소평가해서는 안 됩니다. 그간은 시비를 가리기 위한 재판을 기다렸지만, 오랜만에 시비가 가려졌으므로 그동안 궤도에서 이탈하고 원칙에서 벗어난 부분을 하루 속히 바로잡는 일을 맡은 부서가 바로 정화위원회임을 똑똑히 아셔야 합니다.

이제는 모든 면을 깨끗이 정리할 때가 된 것입니다. 궤도에서 이탈한 열차는 달릴 수가 없으며, 뿌리가 썩은 나무는 심어도 살 수가 없습니다. 이 점 명심하시고 사태가 더 이상 확대되기 전에 거번 통지서에 제시한 정화위원회의 요구사항을 조속히 들어주심이 현명한 처사가 아닌가 사료됩니다. 그리고 염려하시는 가족법 관계는 본인이 수시로 국회에 왕래하면서 소임에 대한 최선을 다하고 있습니다. 그리 아시기 바랍니다.

본 질의서를 받으시는 날로부터 일주일 이내 답변이 없으시면 상대방의 지적사항을 인정하시고 할 말이 없어 회답이 없으신 걸로 간주하겠습니다.

2002년 6월 26일
서울특별시 종로구 명륜동 3가 52번지
성균관정화위원회 위원장 이덕희
서울특별시 종로구 명륜동 3가 52번지
유도회 총본부 이○○씨 귀하

2.3.5 유도회 중앙회장에 보내는 제3차 공개질의서

지난번 보내드린 공개질의서는 발송한지 20일이 지나도 회신이 없는 것으로 보아 질의한 내용 모두를 이의 없이 자인하시는 것으로 알겠습니다. 실은 질의 내용이 사실과 상이함이 전연 없으므로 회답할 말씀이 없을 것으로 사료됩니다.

귀하께서는 그간 누대 관장 출마자의 사무장을 역임하면서 몇 번씩 배신한 사실은 세인이 공지하고 있으며, 그 이외에도 일일이 매거枚擧할 수 없을 정도로 달면 삼키고 쓰면 뱉는 일을 항시 예사로 해온 분으로서, 오늘날 장이사장張理事長의 불신임을 결의한 것은 별로 이상할 것이 없다고 생각합니다. 그러나 이번에도 장이사장 관계 역시 의리부동함과 배신방법이 동일하다고 생각되어 또 한 번 유림사회를 실망 시키고 있습니다.

본인이 추천 당선 시키고 취임식에서 축사까지 해 주신지 불과 수십 여일 만에 내 의사와 불합한다고 해서 당치도 아니한 이유를 내세워 일조에 상대방의 치명적인 불신임안을 결의했다는 것은 의리상 있을 수 없는 것이 아닌가 사료됩니다. 이것은 귀하의 비위에 맞으면 삼키고 안 맞으면 뱉는 감탄고토의 본성을 또 한 번 여실히 드러낸 것이 아니라고 부정은 못하실 것입니다.

첫 번째로 질문하고 싶은 것은 귀하께서 매번 기회만 있으면 강조하시던 선비 정신이 바로 필요함에 따라 수시로 언행을 번복하는 의리 없는 행위가 과연 선비 정신인지 묻고 싶습니다.

그리고 두 번째로 질의하고 싶은 것은 날짜는 정확히 기억 못합니다마는 유림신문에 귀하께서 하신 말씀이(대서특필로 게재) 이제는 성균관의 반목과 갈등은 모두 끝났다고 호언장담하신 일이 있습니다. 그리고 지난번 불법 회장취임식 일성으로 항시 말로 끝내는 화합을 또 한 번 외친 바 있습니다. 그런데 귀하께서 행하신 이번 의리 없는 처사가 과연 귀하가 항시 주장하시는 화합방법인지, 그리고 이렇게 해야 반목, 갈등이 해소되는 것인지 분명히 묻고 싶습니다.

그리고 세 번째로 질의하고 싶은 것은 귀하의 수감거부受監拒否 문제입니다. 귀하께서도 이사회에 참석하시어 하등 이의 없이 이사 전원 합의하에 합법적으로 선출된 감사가 이사장의 명에 의해서 감사 해당 지원 부서를 감사한다고 하는데, 유독 귀하만이 감사를 거부하는 것은 어떠한 이유로도 정당화 될 수 없다고 생각됩니다. 감사 권자가 누구를 시켜서 감사를 하든, 귀하는 부정 없이 결백만 하면 그만인데, 감사를 안 받기 위해서 소소한 이유와 칭탁稱託으로 이에 대해서 아무 잘못도 없는 이사장을 불신임 했다는 것은 아무 소득 없이 분규와 갈등만 조장하는 행위로서 유림사회에서 도저히 용납 될 수 없는 일입니다. 하루 속히 전 유림에게 물의를 일으킨 점 정중히 사과하시고 더 이상 유림을 우롱하지 마시기 바라오며, 조속한 시일 내에 감사를 받으시고, 다시 말씀 드립니다마는, 하루 빨리 회장 직무대행자 이승관李承寬씨에게 회장사무를 인계하시고 불법회장인 귀하는 그 직에서 자진하여 물러가시기 바랍니다. 또한 이 질의서가 도착한 후 일주이내에 이상 세 가지 질의사항에 대하여 거짓 없이 자세히 회답해 주시기 바랍니다. 앞으로 질의내용이 성균관과 유도회 전 임원에게 공개될 것이오니, 정확히 답변해 주시어 시비가 백일하에 정정당당하게 숨김없이 드러나야, 전 유림의 의혹이 풀리면서 성균관도 정상화 되리라고 사료됩니다. 귀하께서 떳떳하시다면 답변 못 할 이유가 없다고 생각됩니다. 2차, 3차 질의내용에 대해 모두 답변해 주시기 바랍니다.

2002년 7월 18일

서울특별시 종로구 명륜동 3가 52번지

성균관정화위원회 위원장 이덕희

서울특별시 종로구 명륜동 3가 52번지

유도회 총본부 이○○씨 귀하

2.3.6 제3차 공개질의서에 대한 회신

다음과 같이 회신하니 또 다시 공개질의서를 보내어 불미스러운 일이 발생하지 않도록 유의하시기 바랍니다.

첫번째 질문에 대한 답변

재단 이사장의 해임안 제출에 참여한 이사, 감사 12명 중에 본인 한 사람에게만 필요에 따라 언행을 번복하는 의리 없는 행위라고 매도하는데 귀하의 정신 상태를 의심하지 않을 수 없습니다. 왜? 이사장 해임 안에 동조한 12명에게는 질의서를 보내어 답변을 듣지 않으시는지요?

두번째 질문에 대한 답변

성균관의 반목과 갈등은 이제 끝났다는 본인의 말에 시비를 하고 이사장의 직무수행 능력에 문제가 있어 이사, 감사 등 12명의 임원들이 적법한 절차에 의해 이사장의

해임 여부를 이사회에서 물었는데 귀하는 무슨 자격으로 임원들의 고유권한을 공개 질의서란 미명하에 1주일 내에 회신이 없을 시는 전국 유림에게 공개 하겠다고 협박 하는지 귀하의 반복되는 이런 행위가 법적으로 어떤 제재를 받게 되는지도 잘 알고 행하시기 바랍니다.

세번째 질문에 대한 답변

진용일 감사가 이승관 감사의 자격에 대하여 피감사 기관의 부서장이 상법상 감사 가 될 수 없다는 의견을 재단 이사회에 정중히 서면으로 제출하였고 진용일 감사의 의견에 대하여 5월 20일자로 9명의 (재단 이사장 포함) 이사와 진용일 감사가 날인하 여 서면으로 이사와 감사에게 통보하였고 다음 이사회에서 심의한 후 감사를 받기 로 하였는데 난데없이 이승관 감사 단독으로 감사를 하게 하여 진용일 감사가 또다 시 서면으로 이의를 제기하였는데도 5월 24일자로 재단 이사장 취임 후 처음으로 개 최하기로 한 이사회를 무기 연기하면서 감사를 받고 이승관 감사를 감사로 인정하게 한 점에 대하여 독선행위를 하는 이사장의 지도력에 문제가 있다고 이사들이 중론을 모아 해임안을 제기하게 되었는데 정관이나 규정도 숙지 못하신 귀하가 재단 문제에 대하여 왈가왈부하심은 너무나 상식 밖의 일이라 사료됩니다.

추후 계속하여 이런 문제로 본인을 괴롭히고 명예를 손상할 시는 사문진작에 역행 하는 행위로 단정하고 엄중히 책임을 묻게 될 것임을 경고하는 바이며 끝으로 드릴 말씀은 현재 정부의 가족법 개정안 저지에 대하여 귀하를 임명한 성균관장의 동성동 본도 15촌 이상이면 허혼에 반대하지 않겠다는 의견과 최근 친양자제 도입도 반대하 지 않겠다는 평화방송 대담내용과 2월 9일자 각 일간지에 보도된 내용에 대하여 귀 하의 의견은 어떠하며 동의하는지요?(별첨1. 신문기사 참조)

최근 귀하는 정부의 가족법 개정안 저지보다 성균관 정화위원회를 만들어 본인을 매도하고 음해하는 일에만 열중하고 있으니 개탄을 금할 수 없습니다.

지난 7월 12일 제주도에서 개최된 제 2차 가족법 개정저지 비상 대책위원회에서 시,도 향교 재단 이사장과 시도 유도회 본부회장 일동은 귀하를 7월 31일까지 성균 관 가족법 대책 위원장에서 해임하도록 성균관장에게 권고하도록 결의를 하였으며 성균관 가족법 대책위원회도 당일 개최된 비상 대책위원회와 공동으로 재편성 하기로 요청하되 역시 7월 31일까지 성균관 관장께서 요청을 거부할 시에는 체계적이고 명실상부한 유림의 대책기구를 결성하기로 하였사오니 경고망동하지 말고 남은 여생을 맡은 바 직무에 충실하시고 본인과 쟁소하는 일이 발생하지 않도록 각별히 유념하시기를 다시 한 번 엄중히 경고하는 바입니다.

2002년 7월 22일

발신: 서울 종로구 명륜동 3가 53

성균관 유도회 총본부 회장 이○○

수신: 충남 공주시 이인면 목동리 303 이덕희

2.3.7 유도회 중앙회장에 보내는 제4차 공개질의서

귀하께서는 현재 비록 불법이지만 명칭이 성균관 유도회 총본부회장으로 자칭하는 위치라면 누구보다도 앞장서서 성균관 복제규정을 잘 준수하실 것으로 사료됩니다. 따라서 복중에는 성균관 출입을 아니 하실 것으로 믿고 있으나, 자택주소를 몰라 부득이 제 4차 질의서를 전과 같이 성균관 유도회 총본부로 보내오니 전하여 받아보시기 바랍니다.

귀하께서 금번 3차 질의답변도 제 2차 질의답변은 아니 하시고, 다만 3차 질의만 무성의하게도 합리성 없는 궤변으로 답변 아닌 답변을 보내주시어 받아 보았습니다마는, 이번 4차 질의답변 시에는 반드시 중요한 6개항의 2차 질의도 동시 답변해 주시기 바랍니다. 그리고 3차 답변 중 누구누구 두 사람을 관련시켜 말씀했는데, 앞으로는 반드시 두 사람 관계를 잘 알아 호칭을 쓰시기 바랍니다. 그렇지 아니 하고 더구나 문서상 관계를 바꾸거나 엉뚱한 호칭을 붙이는 것은 매우 경솔한 행동이며 망발이라고 생각합니다. 나는 관장이 귀하가 말씀하는 매부가 아니라 반대로 관장은 나의 처남입니다. 똑똑히 알고 호칭을 쓰시기 바랍니다. 그리고 우선 말씀드리고 싶은 것은 귀하 말씀에 가족법에 대해서 최관장이 15촌 이상은 결혼해도 좋고 친양자 제도 도입 등을 전폭 지지, 찬성한 것같이 혹평을 하고, 명색이 성균관 가족법 대책위원장인 나에게도 이에 동의하느냐고 물었는데, 이것은 삼척동자도 이러한 질문은 아니

할 것입니다. 이것은 근자 일도 아니며, 당시 최관장이 기자회견까지 자청하여 분명히 아니라고 해명하여 유림신문에 보도되어 전 유림의 해혹까지 된 사실임에도 불구하고, 또다시 거론하는 것은 귀하의 인격에 관한 문제입니다. 소위 성균관을 출입하는 유림이라면 이렇게까지 사리를 판단 못해서야 되겠습니까? 공연한 도청도설塗聽塗說에 부화뇌동附和雷同하여 남을 중상모략하는 것은 참된 유림이라면 못할 것입니다. 뿐만 아니라, 이것은 내 질문하고는 아무 상관없는 최관장의 잘잘못을 나에게 말하는 것은 일고의 가치도 없으며 상식밖의 일입니다. 그리고 이어서 3차 답변을 되받아 몇 가지 질문을 드린다면,

첫째, 나보고 가족법에 대해서 책임이행을 못함으로 불신임결의를 했다고 하셨는데, 분수도 모르고 자기 마음대로 자행자지自行自止하는거야 누가 말리겠습니까? 그런데 그리하는 귀하께서는 허울 좋은 가족법개악저지 비상대책회의를 개최한다고 명분을 내세워 동부인同夫人까지 하고 2박3일 제주도 여행하는 것이 과연 귀하가 말하는 비상대책회의인지 모르지만, 내가 알기로는 비상대책회의는 상설기구도 아니며 대책회의는 비상시 불시에 하는 것으로 알고 있습니다. 만일 회의 당시 비상대책을 강구하여야할 비상시기였다면, 어떻게 제주도까지 갈 사이가 있으며 한유하게 가족과 즐기면서 '유창회'(유림들의 한 모임)에 곁들여 지나가는 불에 게 구어 먹는 식으로 비상대책회의를 했단 말입니까. 비상이 무엇인지도 모르는 귀하에게 뜻밖에 돌발하는 긴급사태가 바로 비상이라고 하는 것을 똑똑히 알려드리고 싶습니다. 이래도 이번 제주도에서 개최한 회의가 과연 가족법 개악저지를 위한 비상대책회의라고 할 수 있는지 묻고 싶습니다.

둘째, 귀하께서 나보고 최근에 정부의 가족법 개악안 저지보다 정화위원회를 만들어 본인을 매도하고 또한 음해한다고 하시었는데, 나는 귀하가 하는 일이 너무나 잘못되었다는 생각이 들어 이에 대해서 의문점을 질의했을 뿐인데, 이것이 매도라면 혹이해할 수 있을지 모르나 음해라고 하는 것은 만부당한 말입니다. 나는 조금도 귀하에게 비겁한 음해같은 것은 해본 적이 없습니다. 근거가 있는 것을 확인하기 위해서 당당하게 공개 질의했을 뿐입니다. 귀하께서는 내가 귀하에게 음해한 사실이 있다면 무엇인지 꼭 지적해 주시기 바랍니다.

셋째, 귀하께서 나보고 사문진작에 역행하는 행위라고 하시면서 엄중하게 책임을 물을 것을 경고한다고 하시고 또한 경거망동하지 말라고 두 번이나 엄중 경고한다고 하시었는데, 나는 아무리 생각해도 사문진작에 역행한 일이 없으며 경거망동한 사실도 없습니다. 만일 있다면 구체적으로 지적해 주시기 바랍니다.

끝으로 다시 한 번 충고하고 싶은 것은 광복 후 오늘날까지 성균관 수호신으로 지켜온 성균관 가족법대책위원회를 해체하라고 하였는데, 아무리 성균관이 귀하의 부정으로 말미암아 무법천지가 되었다 해도 이럴 수는 없으며, 날이 갈수록 귀하의 오만함과 방자함과 무소불위는 전 유림을 격분 시키고도 남음이 있을 것입니다. 다음 날 후회하지 마시고 매사는 사필귀정이라는 천리를 명심하시어 김상구씨의 전철을 되밟지 마시고, 하루 속히 그간의 비겁하고 부정한 행동을 반성하면서 더 이상 신성한 회장석을 더럽히지 말고 속히 물러갈 것을 또 다시 촉구하는 바입니다.

2002. 9. 13

서울특별시 종로구 명륜동 3가 52번지

성균관가족법 대책위원회위원장 이덕희

서울특별시 종로구 명륜동 3가 52번지

성균관 유도회 총본부 이○○씨 귀하

2.3.8 유도회 중앙회장에 보내는 제5차 공개질의서

질의는 의문점에 대해서 진위여부를 확인하는 것뿐이지, 반드시 질문점이 사실이라고 하는 것은 아님을 전제로 성균관을 정화하는 막중한 책임을 가지고 있는 정화 위원회에서 추호도 사심 없이 오직 정화 차원에서 정당하게 질문하는 것이오니, 이해하여 주시고 성의껏 답변하여 주시기 바랍니다.

이 질의서는 이후 전 유림과 유림신문에 공개할 예정이오니, 책임질 수 있는 진솔한 답변을 하시기 바라며 이번에는 그간 답변을 아니 해 주신 2차, 3차, 4차 질의 내용도 동시 답변해 주시기 바랍니다.

질 의

1) 귀하께서는 처음 1999년도 정식 중앙유도회장으로 당선되어 2001년 4월 30일까지 정당한 임기를 마친 이후부터는 불법으로 이제까지 회장 자리에 있으면서 다년간 재단에서 합법·불법으로 갖다 쓴 돈이 무려 억대로 추산되는데, 얼마 전 재단 감사를 유독 귀하만 거부했을 뿐 아니라, 또한 귀하께서는 1999년 정식회장이 된 이후부터 오늘날까지 한 번도 감사를 받은 바 없다는데, 이것이 사실인지, 만일 사실이라면 감사를 받지 않는 이유가 무엇인지 꼭 밝혀 주시길 바라고, 또한 정화 차원에서 귀하께서 근 4년 동안 쓴 돈이 몇 억이나 되는지 연도 별로 액수를 명명백백하게 밝혀 주시기 바랍니다.

2) 들은 바에 의하면 귀하께서 그간 귀 종중宗中인 전주全州 이씨 중앙 종약원에서 금전 취급 중책을 맡고 있으면서 전주 이씨 장학기금 무려 4억7천만원을 횡령했다가 발각되자, 불시에 그 돈을 변상하고 형사책임을 면했다는데, 이것은 분명한 사실로 알고 있습니다. 그런데 유림사회에서 떠도는 소문에 의하면, 귀하는 집 한 채도 없이 전세를 사는 사람인데, 어떻게 갑자기 그 거금을 염출했겠느냐, 이것은 당시 노○○ 재단 이사장과 결탁하고 성균관 재단 돈으로 막은 것이 아니냐 하는데, 실제인지 낭설인지 이에 대해서 진위를 규명해 주시기 바랍니다.

3) 현재 가칭 사단법인 예의생활 실천운동 본부를 창설하여 회장으로 계신 것으로 알고 있는데, 이렇게까지 예의 실천에 앞장서는 분이 또한 전국 유림의 대표 급 표본의 한 사람으로서 지난번 친상 당시 장례 후 삼우三虞 지내고 탈상했다는데, 이게 사실이라면 예의 실천본부 창설자 자신이 실천 못하는 예의 실천운동 본부가 무슨 필요가 있겠습니까, 즉시 해체하는 것이 마땅하다고 생각합니다. 이에 대해서도 답변해 주시기 바랍니다.

⊙ 추신: 귀하의 금전 의혹 건이 부지기수로 알고 있습니다. 귀하께서 재단이사직 사표는 이미 두 번씩이나 낸 바 있는 것으로 알고 있는데, 한번은 사기극이었고, 두 번째로 이승관씨 통해서 낸 것은 이승관씨가 얼마동안 유보시켰다가 일전에 재단에 접수시킨 것으로 알고 있는데, 그렇다면 재단 이사직은 이미 끝이 났지만 가짜 이사

직에서는 언제 물러갈 것인지 귀하께서 이제는 거취를 결정하실 때가 된 것입니다. 정화위원회에서는 귀하에 대한 의혹 점검이 이제 시작입니다. 더 이상 확대 망신하지 마시고 재단 이사직 사표에 이어서 가짜 회장직에서도 하루 속히 물러가시기 바라며, 모두가 자업자득으로 생각하시고 마음을 비우시면 귀하도 무사하시고 성균관도 무사하겠습니다.

2002년 11월 18일

서울특별시 종로구 명륜동 3가 52번지

성균관정화위원회 위원장 이덕희

서울특별시 종로구 명륜동 3가 52번지

유도회 총본부 이○○씨 귀하

2.4 부록: 공주향교 정화

2.4.1 공주향교 불법운영 규탄 결의

1993년 6월 16일 결의인
유도회장 부회장 및 참석 지회장 33명

전문

우리 공주유도회 각 동면 지회장들은 공주유도회가 발족한 이후 수십 년을 향교와 알력, 불화 그리고 분쟁을 거듭하면서 조금도 발전을 못하고 있는 것을 매우 유감스럽게 생각하면서, 앞으로 이 모든 분쟁의 불씨를 영원히 제거하고 또는 공주향교의 전래적인 악습과 뿌리박힌 비리 부정을 발본색원하여 깨끗한 유림사회와 신성한 유림기풍을 자손 대에 물려주기 위해서 대동단결하여 다음과 같이 9개항의 결의문을 채택한다.

결의문

1. 유도회와 향교는 구성원이 똑같은 유림으로 이원화는 있을 수 없다. 하루 속히 일원화하여 운영도 같이 하고 감사도 같이 하라.

2. 유림사회에서 비밀은 있을 수 없다. 향교의 모든 재산을 공개하고 운영도 공개하여 의혹과 불신을 제거하라.

3. 전교가 공직자로서 저지른 그간의 모든 비리와 부정은 대소를 막론하고 용납할 수 없는 매직 행위이다. 하루속히 시인하여 공개정책에 순응하라.

4. 전교는 지난 유림총회에서 불법으로 장의를 선출한 것을 반성하고 즉각 취소하라.

5. 전교는 지난 유림총회에서 유림을 모독한 하기 4개 행위를 정식 사과하라.

   ① 향교직제를 무시하고 유림대표의 사전 동의 없이 계획에 의해서 전교직권으로 불법으로 장의를 선출한 행위

   ② 질문자 박종석朴鍾奭 장의를 대중 앞에서 대 망신을 준 행위

   ③ 유림회관 주인인 유림 앞에서 관리자가 감히 주인이라고 호통 친 행위

   ④ 회의도중 회의 소집자가 자기 의사에 불합하다고 해서 도망친 행위

6. 전교가 현직 감사를 상근직원으로 채용한 것은 유례없는 비리를 저지른 행위로 책임을 져야할 문제이며, 비리인 줄 알면서 시킨다고 수락한 정헌직鄭憲直씨는 92년도 결산 감사 임무도 수행 못한 바, 이것은 직무유기가 되므로 즉시 감사직에서 물러가라.

7. 전교가 유도회에서 수차 보낸 질의서에 대해서 20일이 경과하도록 떳떳하게 가부를 답변 못하는 이유는 충분히 알 수 있으나 이것은 비굴한 행동이다. 그간 잘못된 비리와 부정을 하루속히 시인하고 유림 앞에 사죄하라.

8. 전교는 향교와 유림회관을 결산보고 없이 우물쭈물 운영하던 과거를 답습하지 말고 분명하고 정확하게 92년도 결산을 항목별로 상세히 보고하라.

9. 92년도 자체감사로는 충분하지 못하다. 그리고 현재 드러난 약간의 비리부정은 빙산의 일각으로 본다. 다시 향교와 유림회관 전반에 대하여 하루 속히 유림의 요구에 의해서 철저한 특별 재 감사를 받아라.

1993년 6월 16일

결의인

유도회장 이덕희, 부회장 이정우李禎雨, 부회장 이양호李亮鎬,

총무 한영우韓英愚, 지회장 ○ ○ ○

직위	성명	인
유도회 회장	이덕희	
〃 부회장	이정우李禎雨	
〃	이양호李亮鎬	
〃 총무	한영우韓英愚	
지회장	안종국安鍾國	
〃	김도수金道洙	
〃	이관하李寬夏	
〃	맹순재孟順載	
〃	주흥식周興植	
〃	한영석韓榮錫	
〃	남궁연南宮連	
〃	이건인李建仁	
〃	이기상李紀相	
〃	정종화鄭宗和	
〃	오연만吳然萬	
〃	유각선柳覺善	
〃	윤달용尹達容	
〃	노일선盧一善	
〃	김종관金鍾觀	
〃	김상묵金相默	
〃	최찬용崔贊鎔	
〃	윤세영尹世榮	
〃	한수완韓洙完	

〃	김병하金炳夏	
〃	이흥우李興雨	
〃	유재민劉載敏	
〃	조성래趙成來	
〃	이흥수李興秀	
〃	이화규李化圭	
〃	심재선沈載善	
〃	이인묵李仁黙	
〃	서정필徐正弼	
〃	배주호裵柱浩	
〃	조준희趙俊熙	
〃	신장균申莊均	
〃	임준길林俊吉	
〃	이은상李殷祥	

2.4.2 공주 유림 대표 여러분에게(1)

요즈음 무더운 날씨에 더욱더 건강하시고 댁내 제절도 균안하시기 바랍니다. 취백就白 다름이 아니오라 근간 유도회와 향교 사이에 수십 년 누적된 불씨가 불이 붙다 보니 유림사회에서 분규 자체가 안 될 일이오나, 부득이한 경우에는 유림 여러분께서도 다 같이 유림의 일이기 때문에 이해하여 주시고, 하루 속히 마무리 하는 데에 다 같이 협조해주시리라고 믿습니다. 아시는 바와 같이, 과거에 잘잘못은 이무가론己無可論이요, 현 전교 부임 후 모든 것이 달라지리라고 기대했던 바, 현재까지 조금도 다른 바가 없으며 당초 매사를 피차 상의 처리하기로 약속하고서도, 작년 1년 내내 말뿐이지 대소사를 막론하고 유도회장과는 한 번도 상의한 바 없고, 또 지난 유림 총회 때 보신 바와 같이 전교가 무엇인지 안하무인격으로 독재독주하면서 날이 갈수록 부정비리가 점점 더해 가고 있는데, 유림 대표 여러분께서는 향교나 유림회관 운영자체를 자세히 모르시지만 알고 있는 유도 회장으로서는 목불인견입니다.

그리고 유도회를 괄시하고 짓밟는 것은 오늘의 일은 아니라고 하지만, 유도회장이 된 저로서는 더 이상 참을 수가 없어서 전교 최건식씨를 직접 찾아가서 제2정화를 선언하고 나선 것입니다. 고금을 막론하고 남으로부터 입질에 오르고 욕 얻어먹고 신경 쓰기를 좋아할 사람은 하나도 없을 것입니다.

이 싸움은 앞으로 후대를 위해서도 누군가가 꼭 싸워야할 것입니다. 그리하여 향교와 유도회 사이에 수십 년 누적된 불씨를 제거하고 영원히 화합하여 한집안 식구가 되어야 합니다. 그리고 싸우면 싸우지 왜 상대방의 부정과 비리를 들추느냐 하실 분도 계시겠지만 공주향교에는 부정비리만 근본적으로 척결되면 모든 것이 해결되는 것입니다. 다시 말해서 향교와 유도회가 화합하자면 우선 향교의 부정부패 척결이 선행되어야 합니다. 과거부터 공주향교는 잘못해도 별로 말하는 분이 없어서 부정부패를 다반사로 알고 있기 때문에, 이제 와서 그대로 답습하면서도 나쁘다고 생각 않는 것이 바로 문제가 되는 것입니다. 모든 것을 공개 못하고 쉬쉬하면서 비밀에 부치는 것은 바로 비리부정을 하자는 증거이며, 이것 때문에 견제하는 유도회장이 눈엣 가시가 되고 귀찮은 존재가 되어 가급적 전교에게 겸임시키거나 공석으로 두거나 해왔던 것입니다.

그러나 현명하시고 정의에 앞장서시는 우리 공주 유림 대표 여러분 오늘날 백주같이 밝은 세상에 우물쭈물하던 운영 방식을 그대로 이어간대서야 되겠습니까. 이제는 모든 것을 공개하는 사회입니다. 재산도 공개하고 운영도 공개하고 사업도 공개하여 떳떳하고 정직하게 하여야 합니다. 지난 16일 유도회지회장 회의에서 이의 없이 채택한 별지 결의문과 같이 (단 9개항 중에서는 차마 공개 못한 것이 또 있음) 말을 안 듣는다고 해서 그런 식으로 운영해서야 되겠습니까. 단, 말씀 드리고 싶은 것은 아무리 제가 추천한 전교이지만 큰 잘못이 있어도 무조건 묵인할 수는 없습니다. 이점 이해하여 주시기 바라오며, 동봉한 별지 결의문을 참고하시면 왜 또다시 정화가 필요한지 아시리라고 믿으면서, 끝으로 귀댁에 내내 만복이 충만하시기를 진심으로 기원합니다.

1993년 6월 21일

공주시군유도회

회장 이덕희 백

2.4.3 공주 유림 대표 여러분에게(2)

요즈음 점점 무덥고 장마철까지 겹친 날씨에 더욱더 건강하시고 댁내 제절도 균안하시기 바랍니다. 취백 아시다시피 시전詩傳에 이런 말이 있습니다. 처음 시작하는 자는 많으나 끝을 내는 자는 드물다. 이것은 매사가 시작이 중요한 것이 아니고 마무리가 어렵다는 말일 것입니다. 제가 개인적인 이해관계 없이 욕을 먹으면서 신경을 쓰고 바쁜 시간 틈을 내서 전교와 조용히 싸우고 있는 것은 분명히 전교를 사퇴시키려고 하는 것이 아니라는 것은 몇 번씩 못 박아 말했으며, 다만 과거부터 내려오는 향교의 비리 부정을 척결하고 유도회와 영원히 화합하기 위해서 공동운영하면서 공동발전 하자고 개인감정 없이 책임상 공적으로 정화에 나섰다고 했습니다. 10여 년 전 향교 분규가 있을 때도 제가 성균관장의 수습위원 위촉장까지 받아 총무라는 직책을 가지고 내 돈을 써가면서 최종 마무리를 지어 전교 임명장까지 내 손으로 받아다 준 사람이요, 그 후 십여 년이 지난 작년에도 본의 아니게 우연히 간섭하게 된 바, 엄연히 향교 땅을 팔아서 유림회관을 건립하고도 향교에서 간섭도 못하는 너무나도 큰 잘못을 발견했기에 시정했던 바, 만일 향교의 비리 부정이 척결되어 유도회와 같이 공동운영하여 균형발전만 된다면 내일 유도회장직을 그만둔다 해도 조금도 미련이 없을 것입니다. 이것을 시정하기 위해서는 누차 전교에게 질의서를 보낸 바 있으나 나는 하나도 잘못이 없다는 듯이 달이 넘어도 답변조차 아니 하고 있어서 9개항 결의문까지 채택했던 것입니다. 이것을 보시고 꼬집는 것이라고 하실 분도 계시겠지만, 9개항이 사실이라고 할 때 그래도 되는지 한 번 생각해 보시기 바랍니다. 무조건 좋은 게 좋은 것은 아닙니다. 흑백은 반드시 가려져야 하며 잘못된 것은 꼭 시정이 되어야 합니다. 소위 전교 위치에 앉아서 감사를 대동하고 지회장을 찾아다니면서 결의문 채택 무효화 도장을 받으러 다녔다는 사실 자체가 참으로 웃지 못 할 일입니다. 내용이 문제지 결의가 무슨 상관있습니까. 당시 결의문을 낭독하고 이의 여부를 물었으나 정식 이의하는 지회장은 하나도 없었으며, 결의문을 보냈으나 이제까지 항의전화 한통이 없습니다. 그런데 도장을 받아 사실이 아니라고 고소라도 한다는 것입니다. 또는 유림 대표 여러분에게 허위사실이라고 선전을 하려고 하는 것입니까. 궁여지책으로 한 짓인지는 모르지만, 전교로서 해서는 안 될 비열한 행동을 했다고 봅니다.

만일 지회장 여러분이 미처 앞뒤를 생각 못하고 인정에 못 이겨 할 수 없이 도장을 찍었다고 하더라도 내용이 무효 되는 것은 아니므로 저는 내용을 주장하는 것뿐입니다. 저는 누가 무엇이라고 해도 당초 뚜렷한 소신을 가지고 끝까지 향교가 정화가 되고 유도회가 정상 위치를 찾을 때까지는 전교와 사심 없이 투쟁할 마음 초지일관 변함이 없으며, 이것이 현재 유도회장의 주어진 사명이라고 생각합니다. 유림 대표 여러분께서는 무조건 화합을 주장하는 인정에 앞서 우선 제 주장이 옳은가 또는 옳지 못 한가 이것부터 냉철하게 판단하셔야 됩니다. 공무사정公無私情이란 말도 있듯이 공에 사가 개입한다든지 또는 인정과 사정에 의해서 옳지 못한 판단을 한다든지 하는 것은 우리 선비가 가지고 있는 고유의 선비정신이 아니라고 생각합니다. 별지와 같이 전교에게 보내는 공개 질의서를 동봉하여 드리오니, 다시 한 번 현명하신 유림 대표님의 공정하고 사심 없는 명석하고 정확한 판단이 있으시길 바라오며, 끝으로 유림 대표 여러분의 건강과 가정이 무사평온하시기를 기원합니다.

1993. 7. 공주시군 유도회 회장 이덕희 백

2.4.4 공주 전교 최○○씨에게

귀하게 질의한지 만 이 개월 만에 보내주신 답변서를 잘 받아보고 즉시 회신을 하려 하였으나, 주변의 당분간 보류 권고를 수용했다가 부득이 다시 일차 회답을 보내오니 지연되었음을 이해하여 주시기 바랍니다. 그러나 답변내용을 검토한 즉 꼭 답변하여야 할 것은 거의 빠지고, 또는 사실무근한 말씀도 있을 뿐만 아니라, 아니할 말씀을 많이 했으니, 이것을 보는 사람은 어리둥절할 것입니다. 표지에는 대의원에게 드리는 글이라 쓰고, 밑에는 이덕희 질의의 답이라고 쓰고서 내용인 즉, 뒤죽박죽이 되어 질의에 대한 정식 답변도 아니요, '하오리까? 됩니까?' 등등 대의원에게 많이 호소를 하였으나 호소문도 아니요, 또는 어떻게 보면 귀하 말씀대로 5회씩이나 거절하면서 어렵게도 추천을 수락하신 이후 오늘날까지 지나온 경과보고도 같으나, 사실 경과보고도 아닌 바 내종乃終에는 공적답변서에 심지어 구차하게도 나는 대성단大成壇

헌관獻官까지 한 사람인데 함부로 할 수 있느냐, 이것은 죄를 졌다, 경거망동이다, 양심부족이다 등등 질책으로 마감을 하였는데, 이것은 전교 소관사도 아닌 사사로운 일까지 질의답변에 포함시켜 시야비야한 것은 비신사적이요 전교체면에 어긋나는 일이 아닌가 생각되며, 뿐만 아니라 보는 사람으로 하여금 공사도 구별 못 한다고 치소嗤笑거리나 되지 아니할까 염려되옵니다.

그리고 어떻게 쓰고 남은 공금을 가지고 며느리에게 고기 근, 손자에게 과자 봉다리, 그리고 남으면 담배 갑씩이나… 등, 이것을 당연한 처사같이 서슴없이 말씀했는데, 단체로 쓰고 남은 돈은 분명 단체의 공금이요 내 주머니 돈이 아닙니다. 잘못된 일을 끝까지 잘 했다고 구차하게 변명하신다면, 점점 잘못만 가중되고 인격만 손상될 뿐 조금도 득이 안 될 것입니다. 현직 대통령도 잘못이 있으면 국민 앞에 사과하는데, 귀하께서 답하신 내용을 보면 하나도 잘못 없이 매사를 다 잘하시었는데, 그렇다면 본인이 귀하의 잘못이 많이 있다고 무수히 지적한 것이 허위를 날조한 모양입니다. 그러나 그럴 리는 없으며, 귀하의 잘잘못은 대의원 전원이 이미 잘 알고 있는 사실입니다. 그럼에도 불구하고 귀하께서 하나도 잘못이 없다고 하신다면 이것은 손바닥으로 하늘 가리는 격이 아닌가 사료됩니다. 그리고 9개항도 축조낭독逐條朗讀한 후 이의 여부를 물었으나, 정식으로 이의 제기한 지회장이 한 명도 없어 정식 통과했음에도, 사정과 체면에 못 이겨 마지 못 해 날인해 준 확인서를 가지고 공문서 위조 동同행사 명예훼손 등등 당장 형사고소라도 할 기세인데, 귀하께서 직접 받으신 확인서는 이미 번복이 되어 무효가 되었고 9개항 내용만 그대로 살아 있습니다. 9개항을 귀하께서는 날조한 허위문서로 몰아치지만, 양심으로 보신다면 하나도 거짓이 없을 것입니다. 그러므로 9개항은 귀하께서 반드시 시인하시는 것이 옳다고 생각됩니다. 끝으로 말씀드리고 싶은 것은 이번에 보내주신 답변서는 질의에 대한 답이라고는 볼 수 없습니다. 그러므로 수차 질의한 순서에 의해서 하나도 빠짐없이 조리 있게 답변을 다시 해 주셔야 됩니다.

만일 10일 이내에 정식 답변이 없을 시는 귀하께서 보내주신 일부 답변 이외는 귀하께서 전부 잘못을 시인하는 것으로 간주하겠습니다.

1993년 10월 4일

2.4.5 공주 유림대의원 여러분에게

오곡백과가 무르익어가는 싱그러운 결실의 계절을 맞이하여 대의원님 여러분 건강하시고 댁내도 무고하시리라 사료됩니다. 삼가 드릴 말씀은 과거부터 내려오는 공주향교의 썩은 부분을 과감히 도려내고 혁신적인 발전을 도모하기 위하여 잘못된 점을 바로잡고 매사를 비리 부정 없이 떳떳하게 처리하자는 데도 불구하고, 향교 측 몇몇이 필요 이상의 고집으로 아직도 분쟁은 계속되고 있습니다. 과거에 유림회관을 계속 감사도 그리고 결산보고도 아니 하고 몇몇이 적당히 운영해왔던 썩어빠진 고정관념이 아직도 남아있어, 지난 5월 유림총회에서 유인물이 없이 감사보고를 적당히 하고 결산보고도 아니 하여 물의가 일어나자, 전교님이 조속한 시일 내에 결산보고를 유인물로 만들어 여러분께 보내드린다고 즉석에서 약속한지 벌써 근 반년이 되었으나, 아직도 실천을 못하고 있는 점 한 가지만 보더라도, 공주향교 운영 상태를 가히 짐작할 수 있는 것입니다. 왜 모든 것을 공개적으로 떳떳하게 운영하지 못하고 큰 비밀이나 있듯이 우물우물합니까. 어두웠던 과거는 그러했다 하더라도 이제는 재산도 공개하고, 무엇이든 물어보시오, 하는 식으로 사무도 공개하고 또는 일 년간 살림했으면 무엇에 얼마를 쓰고 남았는지 또는 모자랐는지 결산보고도 해서 조금도 의심받지 말고 떳떳하고 당당하게 운영하라는 것입니다. 만일 부정이 없다면, 그동안 제가 계속 추궁을 했음에도 불구하고 대의원 앞에서 결산보고를 끝끝내 못하고 약속을 위반하는 이유가 무엇입니까. 이것은 반드시 부정비리가 있다는 증거입니다. 정부에서도 부정비리 척결을 국시로 삼고 샅샅이 파헤치는 오늘날, 아직도 구태의연하게 이런 짓을 하고 있다니 될 말입니까. 끝끝내 결산보고 아니 하고 또는 유림이 요구하는 철저한 재 감사를 받지 아니 하고는 아니 될 것이며, 현재 몇몇이 버티고 있지만 결국 정의에 굴복하고 말 것입니다.

오늘날에 와서는 과거와 같이 몇몇이 적당히 운영하는 향교가 아닙니다. 어둑했던 그 시대는 이미 지나고 이제는 광명의 시대로서 모든 것이 유림 앞에 공개적이어야 하며 조금도 부정비리가 있어서는 아니 됩니다. 그리고 전교님도 자기를 선출해준 대의원 앞에서 약속을 했으면 무슨 일이 있어도 지켜야 합니다. 유도회장에게만 약속을 안 지키는 줄 알았더니, 대의원 여러분에게도 약속을 안 지키니 이래서야 되겠습니까. 장부는 일언이 중천금이라고 하였는데, 이제라도 전교님은 유림 앞에 약속한 사항은 꼭 지켜주셨으면 합니다.

대의원님 여러분 이래도 유도회장이 나쁘다고만 하시겠습니까. 하기 좋은 말로 전교는 유도회장인 제가 시켜놓고 흔든다고 하지만, 이것은 흔드는 것이 아니고 잘못된 점을 시정하면서 향교와 유도회가 손잡고 잘 운영해보자는 것입니다. 요즈음 떠도는 말에 전교를 몰아내고 제가 전교를 하려고 한다, 판공비를 안주니까 꼬집는다 등등 구구한데, 유도회장이라고 하는 사람이 이렇게 악의적이요 야비한 인간이 아닙니다. 앞으로 보시면 아시겠지만, 여기에 대해서는 조금도 의심하실 필요가 없습니다.

다만 드리고 싶은 말씀은, 제가 유도회장으로서 향교의 잘못을 시정 아니 하고서는 유도회가 발전할 수 없다고 판단하여, 조금이라도 의무를 이행코자 싸우다보니 이제 와서는 더욱더 이 일은 꼭 하여야 할 일이다 하는 생각을 절실히 느끼고, 향교가 바로잡히고 유도회와 한집 식구가 될 때까지 끝끝내 싸우지 아니할 수 없는 결심을 하면서, 대의원님 여러분에게 솔직한 심정을 말씀드리오니 이해해 주시기 바랍니다. 요즈음 일부 유림사회에서 떠도는 말이 공주향교는 진짜 전교와 가짜 전교 둘이 있어 진짜 전교가 가짜 전교의 결재를 얻어야 모든 일이 처리된다 하는데, 이런 말이 떠도는 공주향교가 참으로 부끄러운 일입니다. 어째서 이런 말이 나왔는지 대의원님께서는 깊이 생각하실 필요가 있다고 사료되며, 그런 말을 듣는 전교님께서도 뚜렷한 주관을 가지고 누가 무슨 소리를 해도 흔들리지 말고 소신껏 일해 주셨으면 합니다. 별지 보내드리는 결의문은 바쁜 중에도 지회장과 감찰위원이 모여서 향교의 잘못을 규탄하는 결의문이오니, 대의원님께서는 편파적으로 부정적으로 보지 마시고 사심 없이 공정한 입장에서 참고로 보시고 시비를 가려주셨으면 합니다. 예부터 대쪽같이 곧은 것이 선비요 옳고 그른 것을 잘 판단하는 것이 바로 선비라고 들었습니다. 사실 그대로 쓴 결의문을 보시고 시비곡직을 잘 판단하시어 하루 속히 공주향교와 유도회의 분쟁이 종식될 수 있도록 협조해주시기 바랍니다.

끝으로 대의원님 여러분의 건강과 행운이 같이 하시기를 기원합니다.

※ 추신: 전교님께 보내드린 서신 1매도 사본하여 동봉하오니 참고로 보시기 바랍니다.

1993년 10월 5일

공주유도회 회장 이덕희 백

2.4.6 공주 유도회원님 여러분에게

존경하는 공주시군 유도회원님儒道會員任, 그간 안녕하시고 댁내 제절諸節이 균안均安하십니까. 목금目今 농촌에서는 이앙이 거의 끝나갑니다마는 아직도 일손이 바쁘신 줄로 사료됩니다. 풍년을 기원하면서 부족한 일손으로 일심 작농에 얼마나 수고가 많으십니까.

우리 공주유도회는 발족한 이후 수십 년을 유야무야한 상태에서 그나마 한동안은 명맥조차 이어가지 못하고 단절되었다가, 작년도에 재발족한 이후 맨주먹으로는 역시 제 기능을 발휘 할 수 없어서 현재 목숨만 유지하고 있는 현실인 바, 우리 공주유도회가 언제까지나 이대로만 유지될 수는 없기에 이 문제를 해결하기 위해서는 어떠한 시련과 난관도 극복하여야 할 입장에 봉착하고 있습니다. 이러한 현실에서 수십 년 내려온 모든 갈등과 뿌리박힌 불씨를 영원히 없애기 위해서, 제가 유도회장이란 책임을 갖고 과거에 풀지 못하고 내려오는 이 난제를 풀어서 앞으로는 다시 향교와 유도회가 분쟁 없이 한 가족과 같이 지낼 수 있도록 만들고 말겠다는 당당한 사명감을 가지고 직접 전교典校에게 제2정화를 선언했던 것입니다.

여러분들께서도 거번 총회에서 보시다시피 과거부터 공주향교같이 유도회를 박대하고 멸시하는 향교는 없다고 생각됩니다. 유도회도 같이 총회를 하여야 할 줄 알면서도 상의 없이 총회를 전교가 단독 소집하여, 유도회는 할 수 없이 덧붙이기로 회의를 하다가 결국 전교의 방해로 중단하고 말았습니다마는, 당일 말썽이 된 유림회관 공동운영 문제는 일 년 내내 두고 거론하던 문제이므로 전날도 식사까지 하면서 약속이 된 사항입니다. 그런데 하루저녁 사이에 돌변해서 어떻게 칼로 치듯 그럴 수가 있습니까. 우리만 공동운영을 하자는 것이 아닙니다. 성균관도 천안도 당진도 얼마든지 유림회관을 공동운영하는 실례가 있습니다. 이 내용을 잘 모르시는 분께서는 현 전교를 현 유도회장이 추천하고서 그리 할 수가 있느냐 하시는 분도 계실 것입니다마는, 저는 당초 현 전교를 추천할 때는 인격적으로 보아 누구보다도 원만하게 공정하게 깨끗하게 잘 할 줄 알았더니 그게 아닙니다. 장부일언이 중천금이어늘 약속한 짓도 소용없습니다. 일 년 동안 은근히 남몰래 많이 싸웠으나 아무 효력이 없어서 결국 또 다시 정화를 시작하게 되었습니다. 그러나 이것은 전교와 유도회장 사이에 권력과 세력 싸움도 아니요, 파벌 싸움도 아닙니다. 이것은 분명히 전교와 유도회와의 재산 싸움으로서, 아무것도 없는 유도회가 자기 멋대로 쓰고도 남는 향교 재산을 나누어 쓰자는 싸움으로 과거부터 내려오던 불씨가 이제 와서 불이 붙은 것입니다. 어찌하여 다 같은 유림의 공동재산으로써 목적이 같은 유림사업을 하기 위해서 같이 쓰자는 것이 나쁩니까. 한 마디로 작년까지 향교에서 손도 못 대던 유림회관을 겨우 찾아 주니까, 유도회야 죽든 말든 향교에서 몇몇이 별지別紙와 같이 갖은 부정부패를 다 저지르는데도 불구하고 아시다시피 모든 것을 극비로 운영하고 있습니다. 재산이나 사무를 공개 않는 이유가 무엇인지 그 속에는 반드시 흑막이 있다고 생각합니다. 공주향교는 과거부터 썩었지만 이제는 썩을 대로 썩었습니다. 저는 유도회를 살리기 위해서는 우선 향교의 썩은 부분부터 도려내려고 하는 것입니다. 그렇지 않고서는 유도회는 영영 죽고 말 것입니다. 한마디로 유림 없는 향교가 무슨 소용이 있겠습니까. 유림의 본산지는 바로 유도儒道입니다. 유도를 모르는 유림은 있을 수 없습니다. 공주 유림사회에서 작년에 이어 또다시 분쟁이라고 하는 불미스러운 말이 생기게 되어 대단 죄송합니다마는, 제가 오늘날 싸우는 것은 어디까지나 유도회와 향교의 공적인 싸움으로 여기에는 다시 말해서 권력이나 이권이나 파벌은 개재될 수가 없습니다. 저는 유림의 한 사람으로서 향교의 장래를 위해서 또는 유도회장이라고 하는 책임을 가진 사람으로서 선비정신에 입각해서 유도회나 향교에서 발생하는 모든 비리부정을 낱낱이 캐서 척결하고 시정해서, 앞으로 다시는 신성한 유림사회에서 썩어빠진 부정부패가 발붙이지 못하도록 하고 향교와 유도회가 영원히 일심동체가 되어 질서 있고 깨끗한 유림사회를 조성할 것을 약속드립니다. 이것이 바로 유도회를 살리는 길이요 향교와 유도회가 화합하는 길이라 생각합니다. 이 문제, 이 싸움은 우리가 아니 해도 언젠가는 누가 하여야 할 숙명적인 싸움인 바, 제가 먼저 시작한 것뿐입니다. 현명하신 공주시군 유림대표 여러분께서는 싸움의 취지와 목적을 정확히 판단하시어 제가 하는 일이 과연 정의라고 판단이 되신다면, 적극 후원해 주시어 앞으로 영원히 분쟁 없는 공주향교와 유도회를 자손 대대에 물려줄 수 있도록 다 같이 앞장서 주실 것을 간곡히 부탁드립니다.

유도회장 이덕희

2.4.7 전교출마 소견발표

제가 평소 생각했던바 소견을 간단히 말씀드리겠습니다.

모든 면에서 부족한 제가 외람히도 전교 출마를 결심하게 된 동기를 말씀드리면 두 가지 이유가 있습니다.

첫째 이유는 제가 유도회장 6년의 경험을 통해서 향교 입장과 유도회 사정을 너무나 잘 알고 있기 때문에, 제가 만약 전교가 된다면 유도회장의 경험을 토대로 향교와 유도회를 잘 조화시키고 접목시켜 조속한 시일 내에 융화하고 단합할 수 있는 기틀을 마련하되, 우선 향교와 유도회 사이에 가로 막고 있는 장벽부터 허물고 그리고 모든 갈등과 알력 그리고 불화의 불씨 등 제반 모순점을 말끔히 제거한 다음, 향교와 유도회의 운영체제를 일원화하여 같이 협조하고 같이 운영하는 공조공영식共助共榮式 구도 조정으로 향교와 유도회를 다 같이 균형 발전시켜서 상호 갈등과 불화 없이 영원토록 화기애애한 한집안 식구로 만들겠다는 것입니다.

이것이 당초부터 저의 꿈이요 소망이었기에 무한 노력을 해보았습니다마는, 무력한 유도회장으로서는 도저히 실현 불가능함을 직감直感하고 전교가 된다면, 충분히 할 수 있다고 생각이 되어 외람히도 전교 출마를 결심한 것입니다.

또 한 가지 이유는, 전국 수많은 향교의 거의가 교지 발간이 다 된 것으로 알고 있습니다마는, 유독 공주향교만이 아직도 교지발간을 못하고 있어 이것이 유감스럽습니다. 제가 만일 전교가 된다면 공주 전 유림의 숙원사업인 교지를 어느 향교 교지에 비해도 손색없이 완벽한 교지로 편집하여 임기 내에 기필코 발간 배포할 것을 약속드립니다. 저는 한다고 하면 꼭 하고야마는 특성을 가지고 있습니다. 다시 한 번 약속드립니다마는, 이상 두 가지는 무슨 일이 있어도 꼭 해내겠습니다.

이상 두 가지 이유 중 첫 번째를 좀 더 부연해서 구체적으로 말씀드리면, 앞으로 향교와 유도회의 일원화 운영을 원칙으로 하여 운영방법을 보수에만 집착할 것이 아니라, 가급적 시대감각에 맞추어 신구를 알맞게 취사取捨하는 절충식 운영으로 전환하여 과거 10년이 가도 20년이 가도 조금도 변함없이 옛날 제도 그대로 답습하는, 다시 말해서 발전 없는 향교와 유도회를 과감히 정화시키고 활성화시켜 현시대와 조화를 이루면서 사도 발전에 최선을 다하겠습니다. 그리하여 일반 사회에서 볼 때, 향교라고 하는 곳은 과연 시민 누구나 참여하여 배우고 본받을 수 있는 평범한 곳이다 또는 알고 보니 향교는 참으로 시대의 사표가 되고 모범이 되는 선비가 모이는 신성한 선비의 전당이다 라는 인식을 시민 가슴 속에 꼭 심어 주도록 정성을 다 바쳐 심혈을 기울이겠습니다.

끝으로 이상 말씀한 것을 다시 요약해서 말씀드리면, 한 가지는 향교와 유도회를 화합시켜 한 집안 식구 만든다는 것이요, 또 한 가지는 임기 내에 교지를 완성 배포하겠다는 것, 이상 두 가지 목표를 내걸고 반드시 실천하겠다는 약속을 여러분에게 분명하게 한 것입니다.

이상으로 저의 좁은 소견을 말씀드렸습니다. 감사합니다.

3. 언론으로 투쟁

3. 언론으로 투쟁

3.1 1999년 이전

3.1.1 충효교실(1): 효는 백행의 근본 〈1994. 10. 29. 공주신문〉

예부터 효孝는 백행百行의 근본이라고 해서 인간의 일상생활에서 가장 우선으로 삼아왔다. 백사만사가 효로부터 시작이 된다고 해도 과언이 아닐 정도로 효를 중요시해왔던 것은 효를 함으로써 가정이 편하고 매사가 순조롭게 이루어질 수 있기 때문이다. 다시 말해서 효를 하는 가정에는 형제간에 우애는 물론이요 일가친척 간에도 화목하며 이웃까지도 부러워 할 정도로 가족이 단란했던 것이다. 따라서 그 가정은 위계와 질서가 분명하고 명령이 잘 서면서 상하 관계가 원만하고 복종심이 강하며 이기심에서 벗어나 항상 솔선적이며 양보심과 이해력이 뒤따르게 된다. 그러므로 그 가정은 자연 화합 단결하여 누구보다도 잘 살게 될 것이요 항시 집안에 행복의 웃음이 떠나지 아니할 것이다.

반면에 불효하는 가정은 항상 상하가 반목反目하게 되면서 가정이 언제나 싸운 집안 같이 편안하지 못할 것이다. 불효하는 가정은 각자의 이해만 생각하기 때문에 이기적이요 타산적이다. 그러므로 이러한 가정은 화합할 수 없으며 단결할 수 없다. 또한 가족은 매사에 의욕을 상실하게 되며 개인 편의만 주장하게 된다. 양보심과 이해력이 없다보니 자연 불만이 쌓이고 항상 부정적이며 반항적이어서 윗사람의 말을 듣지 아니한다. 따라서 위계와 질서가 무너지고 가장의 명령 또한 설 수 없다. 이러한 가정에서 자란 아이가 조석으로 듣고 배운 것이 이것뿐이라고 할 때, 다음날 자라서 부모에게 효도할 리 없고 형제에게 우애할 리 없다. 그러므로 이 아이가 성장해서 가정을 잘 이끌고 다음날 사회에 나가 남에게 도움을 주는 훌륭한 사람이 되기를 바라는 것은 불가능할 것이다.

고금을 막론하고 가정이 이렇게 되는 것은 반드시 가장의 무관심과 그리고 무지의 소치라고 본다. 오늘날에 와서 아이들이 평소 가정에서 학교에서 윤리 교육 한 번도 받아보지 못하고 자라왔다. 부모에게 효하는 것이 무엇인지 형제간 우애가 무엇인지 배우지도 들어보지도 못하고 자란 아이들이 오늘날에 와서 너무나 많기 때문에, 사회적으로 청소년 문제가 심화되고 있는 것이 사실이다. 청소년의 문제는 작금의 문제가 아니요 적어도 수십 년을 두고 누적된 문제로 본다. 국운이 비색否塞하고 국력이 모자라 비록 왜정통치 하에 식민지 생활 36년을 했어도, 당시 청소년 문제는 그다지 심각하지는 아니한 것으로 알고 있다. 그런데 불행하게도 광복 후 점진적으로 오늘날에 와서는 극도에 달하고 있다. 이 원인을 분석한다면 대략 세 가지 이유가 있다고 본다.

첫째는 해방 후 노도와 같이 밀려오는 서구 문명 때문에 우리나라 고유문화와 전통예절이 점차적으로 소멸되어 이제 와서는 거의 찾아보기 어렵게 된 것이 하나요.

둘째는 인구 팽창으로 인하여 정부정책이 적극적으로 유도하는 핵가족제도로 바뀌면서, 아들 딸 하나씩 두다보니 지나친 사랑과 지나친 보호에만 급급한 나머지, 모든 잘못도 용서해 주고 회초리 한 번 들지 아니한 데서 원인이 있다고 본다. 예부터 매 맞은 자식이라야 사람 된다는 말도 있듯이, 진정 자식을 사랑하고 올바른 교육을 시켜 훌륭한 사람을 만들고자 한다면 자식이 나쁜 짓 할 때 보고만 있겠는가. 만일 나쁜 짓 하는 것을 보고도 그대로 묵인한다면 이것은 자식을 사랑하는 것이 아니라 자식의 장래를 망치는 것이다. 사물의 판단력이 부족한 아이가 제 자신이 잘못 한 것을 부모가 용서할 때, 아이들은 정당하다고 생각하여 연속 잘못을 하게 되고 그들이 성장하여도 그 습성이 남아 오늘날 청소년 문제가 된다고 본다.

셋째는 정부당국의 일관성 없는 교육정책과 광복 후 학생에게 윤리학과 예절교육을 전혀 실시하지 아니한 것이 한 원인이다.

이덕희(공주유도회장·원예조합장)

3.1.2 충효교실(2): 도덕성 회복과 어른 공경을~ 〈1994. 11. 5. 공주신문〉

세상의 어느 나라를 막론하고 나름대로 그 나라의 윤리와 예절이 있기 마련이다. 한 나라의 국민은 반드시 자기 나라의 윤리와 예절을 지키는 것이 국민 된 의무요, 인간의 도리일 것이다. 그러므로 국가에서는 반드시 자기나라의 윤리교육과 예절교육을 국민에게 실시하고 권장하여야 된다고 본다.

그런데 우리나라는 어떠했는가? 「한문과 한자는 우리나라 글이 아니므로 배우지 말아야 한다.」 그리고 「한자를 쓰게 되면 나라가 발전 할 수 없어, 한자는 전폐하고 국문만 전용하여야 된다.」 등을 말하면서, 해방 후 우리나라 전 학생에게 신문 한 장 도 못 보는 문맹자를 만들어온 것이다. 소위 대학을 졸업하고 한자 몇 자 들어있지 아니한 우리나라 신문을 못 본대서야 동양권에서 배웠다고 「행세」하겠는가!

어찌해서 일본은 자기나라 글도 아닌 한자를 국민학교부터 가르치고 있는가! 한자 를 거의 전용하다시피 하는 일본이 왜 우리나라보다 수십 년씩 앞서고 있는가!

한글전용을 부르짖고 있는 한글학자들은 오늘날 모든 사회적 불안요소인 청소년 문제를 전적으로 책임지고 국민 앞에 사과하여야 할 줄 안다. 오늘날 사회적 혼란 속 에 국민이 하루도 마음 편히 생활하지 못하고 있는 근본적 원인이 바로 한자문화에 서 비롯되는 윤리와 예절을 전부 무시하고 학생들에게 교육시키지 아니한데서 기인 된 것이다. 이제부터라도 정부와 교육자들은 청소년을 선도하고, 사회질서를 바로 잡 고, 국민의 생명과 재산을 보호하며 나아가서 국가 안녕을 유지하기 위해서는 하루 속히 도덕성을 회복하고 경노효친의 윤리사상을 청소년에게 심어 주어야 한다. 그리 하여 청소년은 어른을 공경 할 줄 알고, 어른은 젊은이를 사랑 할 줄 아는 예의 바르 고 질서 지키는 문화국민으로 만들어야 한다. 그러기 위해서는 윤리교육과 예절교육 이 아니고서는 절대 불가능 할 것이다.

얼마 전 뉴스에 늦게나마 다행히도 홍일식 고려대 총장이 도덕성 회복과 효 사상 함양을 위한 바른 교육 실천 방안의 일환으로 신입생부터 대학 1학년 필수 과목으로 명심보감을 선정하겠다고 발표했다. 명심보감이라고 하는 아동교양서적을 대학생에 게 가르친다고 하는 것은 부끄러운 일이지만, 그러나 참으로 우리나라 학생을 위해서 또는 국가 장래를 위해서 도덕사상을 학생에게 주입시킨다는 것은 국민이 다 같이 경하慶賀하여야 할 일이며 쌍수로 환영하는 바이다. 이것은 홍 총장이 현재 우리나라 가 심각한 도덕적 위기에 봉착해 있는 것을 정확하게 진단한 나머지 교육자로서 누 구보다도 효친 사상 등 도덕교육이 시급함을 선각한 것이다. 앞으로 홍 총장은 우리 나라 교육 백년대계를 위해서 도덕성 회복 실천방안을 최선을 다해서 효과적으로 추진해 주기 바라는 마음 또한 간절하다. 따라서 전국의 모든 대학인들도 홍 총장과 더불어 도덕성 회복을 위한 교육 개혁에 다 같이 앞장서 주기 바란다. 다시 말해서 우리나라는 하루 속히 어린 국민학생부터 청소년 대학생까지 경로효친敬老孝親의 참 뜻을 주입시켜 이들로 하여금 자진해서 부모에게 효도하고 노인에게 공경할 줄 아는 참다운 사람으로 교육시켜야 된다.

우리나라는 비록 약소국가이지만 옛 부터 동방예의지국으로 불려왔다. 그러나 오늘날에 와서는 우리나라 전통적인 미풍양속과 민족고유의 가치관이 서양 문명에 의해서 여지없이 침식되어 예의란 전혀 찾아보기 드물고 물질문명만 발전하다보니, 이제는 완전히 물질만능 시대로 변하고 말았다. 오직 돈만 벌어서 잘 먹고 잘 입고 그리고 즐기는 것이 생활의 전부가 되어 버렸다. 경로효친사상과 같이 예의는 이미 버려진 지 오래다. 우리 국민이 왜 이렇게 되었는지 한심하기 짝이 없다.

사람이 우주 내 모든 만물을 지배하는 만물의 영장이라고 하는 것은 질서를 지키

명륜학원 강의

고 예의를 지키는 데서 나온 말이다. 잘 먹고 잘 입고 잘 놀기만 한다면, 먹을 줄만 알면서 생명만 유지하는 짐승과 조금도 다를 바 없을 것이다. 다시 말해서 우리 민족은 예부터 유교문화권에서 예를 숭상하는 민족으로 자랑하여 왔고 경로효친 사상을 미덕으로 계승하여왔다. 그러나 언제부터인지 우리 생활주변에는 천륜이 무너지고 인륜이 단절되어 금수시대로 변해가고 있다.

70년대 이후 대가족제도가 붕괴되고 부부중심에서 핵가족화로 가부장권위가 퇴색하면서 여기서 오는 노인들의 소외감은 점점 심화되어 사회적 가정적 역할을 기대하는 모든 심리적 욕구와 그것이 채워지지 않는 데서 오는 갈등과 마찰은 마침내 자식들로 하여금 부모를 「귀찮은 존재」로 착각하게 하는 지경에 이르게 하였다. 그러나 서두에서 이미 기술한 바와 같이 인생의 생활은 효친에서 시작이 되고 결국 효친에서 마무리 된다고 보아야 한다. 이 사회에서 누구나 자식이 되어보지 아니 하고 부모가 되는 사람은 없다. 결국 내가 효하고 내가 효를 받는 것으로 효의 본질은 어버이와 자식 간의 질서요, 규범이요, 동시에 부모에 대해 자녀가 지켜야 할 도리다.

3.1.3 향교 전교 취임에 즈음하여(1) 〈1998. 7. 6. 공주신문〉

우선 향교가 무엇 하는 곳인지를 먼저 설명하고 난 다음 전교가 된 발자취를 더듬어 보기로 한다.

향교는 공자님의 위패를 모시고 춘추로 석전대제釋奠大祭를 봉행하는 문묘文廟에 예속된 옛날 학교로서 전교는 바로 그 학교의 책임자를 지칭하는 것이다. 다시 말해, 문묘와 향교는 구분되어 있으며 전교는 문묘수호의 책임자요, 또한 향교의 책임도 겸한 것이 되는 것이다. 옛날에 향교는 글자 그대로 시골 학교로서 그 곳에서 유생들이 모여 공부도 하고 벼슬에 나가는 초시도 보던 곳이다.

본인이 1980년 처음 향교에 인연을 맺어 근 20년이 지났는데, 그동안의 향교에 대한 본인의 발자취를 대략 적어 보기로 한다.

1992년 향교는 분규가 생겨 그 꼴이 말이 아니었다. 전교를 선출하는 대의원의 조직이 둘로 나뉘어 있었는데, 그들은 각각 나름대로 각자의 전교를 선출하여 성균관에 임명상신任命上申을 했으나 번번이 실패했다. 이것은 둘 다 전교로 임명할 수 없었기 때문이다.

그 때 본인은 현 전교인 김순씨의 끈질긴 권유로 향교에 나가게 되었으며, 수일 후 김순씨와 성균관에 가서 당시 성균관장 이재서씨를 만나보고 내려왔고, 불과 수일 후 성균관으로부터 공주 향교 분규 수습위원 9명의 위촉장이 내려오게 되었다.

그 수습위원들의 명단을 일부 소개하면 이미 고인이 되신 처음 지방자치 시 도의회 의장을 지내신 임헌세씨, 또 고인이 된 도의원을 지낸 김영옥씨, 자유당 부위원장을 지낸 이복문씨, 현재 생존하고 있는 전 군수 지상준씨 등 9명 중 내가 제일 연소한 사람이었으며, 수습위원장은 김영옥씨가, 총무는 본인이 선임되었다.

그리하여 각 면을 순회하면서 유지 분들을 모시고 여론 청취를 마친 후, 두 계통 대의원 명단을 하나로 귀일시키는 작업을 한 다음, 당시 군청회의실에서 대의원들을 소집하여 이종선 전교를 선출한 바, 본인이 수습위원 총무로서 성균관에 직접 가서 임명장까지 받아 이종선 전교 당선자에게 전달하였던 것이다.

당시 본인은 공주 과수조합장으로서 그 일에 전념했고, 이종선씨가 몇 번 전교를 중임한 다음, 후계자 문제 때문에 또 다시 분규가 일어났다. 본인이 조합장으로 있으면서 부득이 또 분규에 가담케 되었는데, 분규는 극도로 악화되어 수습이 어려워졌으나 (당시의 분규내용은 너무 복잡하여 일일이 기록할 수 없으므로 생략함) 2~3개월이 지나면서 향교는 가까스로 정상화를 되찾아 정식으로 전교와 유도회장의 선출에 들어가게 되었다.

3.1.4 향교 전교 취임에 즈음하여(2) 〈1998. 7. 15. 공주신문〉

여기에서 최건식씨가 전교로 당선되고 본인이 유도회장이 되었다. 3년 후 전교는 김순씨로 바뀌었고 유도회장은 본인이 연임하여 현재까지 내려오다가 이번에 전교가 된 것이다.

본인이 유도회장 6년의 길을 걸으면서 전교까지 되게 된 과정은 이루 말로 표현하기 어려워 생략하기로 하고, 다음은 다만 본인이 전교로서 앞으로 수행할 계획에 대하여 간추려 설명하기로 한다.

그간 향교는 일반 시민이 그곳이 무엇을 하는 곳인지 거의 잘 모를 정도로 공개가 안 되고 활성화가 이루어지지 않았다. 이것은 한마디로 유교가 너무나 침체되어 있다는 증거다. 그러하니 유도회는 더 말할 것도 없는 것이다. 그리하여 유림계통이 아닌 시민들은 유도회가 무엇을 하는 곳인지조차 모르고 있었던 것이다. 유도회는 그간 허공에 떠 있던 단체였으며 특별히 하는 일도 없었다. 그러던 중 본인이 유도회장을 맡으면서 유도회는 점차 윤곽이 잡히게 되어, 현재는 사무실과 또한 상근하는 총무도 두게 되고 일 년 예산도 나름대로 조금 세워 집행하고 있으며 회원도 확보되어 거의 천명에 이르게 되었다. 그리고 지난 4월에 발족 50여년 만에 문예회관 대강당에서 처음으로 회원 총회도 개최하게 되었으며, 본인이 편찬한 교양책자도 나누어 주어 현재 조금씩 부상浮上되고 활성화되어 간다. 참으로 다행한 일이다.

유도회 이야기는 이것으로 줄이고 앞으로 본인이 전교가 된 향교의 운영 계획을 말하면, 향교 운영 방법을 다소 개선하여 현대감각을 참작 신구가 병행하는 절충식 운영으로 전환할 계획이며, 향교와 유도회가 일체가 되어 침체된 유교를 진작 발전시키고 활성화 시키는데 주력하고자 한다.

또한 현재 1, 2, 3, 4학년의 주부 60여 명이 배우고 있는 명륜학원明倫學院을 좀 더 활성화하여 운영할 계획이며, 수백 년 간 펴내지 못한 공주 향교 교지校誌를 임기 내에 기필코 편집 발간할 계획이다. 그리고 우리 시민은 누구나 참여할 수 있는 향교, 또는 보고 배울 수 있는 평범한 곳으로서 과연 향교는 선비가 모이는 전당이요 시민의 마음의 안식처가 될 수 있는 곳으로 만들 계획이다.

3.1.5 윤리말살 선동자 김경일을 토죄한다. 〈1999. 7. 1. 공주신문〉

인간은 누구나 부모에게 효도를 하고 자식으로부터 효도 받는 것을 원할 것이며, 이것이 또한 사람으로서 당연한 도리인 것이다. 미물인 새도 효조孝鳥가 있거늘 하물며 인간으로서 태어나서 효도가 사람 잡는다고 한단 말인가? 말이 말 같지 아니해서 책하고 싶지는 아니 하지만 이 말은 궁극적으로 경일의 제 부모가 경일 제 자신을 잡아 죽인다는 말을 기탄없이 표현한 것이다.

만일 경일이 복제인간이 아니고 성도 있고 부모도 있는 가운데 태어났다면 저를 낳아 애지중지 길러서 갖은 고생 다하면서 최고학부까지 가르쳐 명색이 대학교수를 시켜 놓으니까 부모보고 겨우 하는 말이 저를 잡아 죽인다고 하였으니 기막힌 노릇이다. 그러나 이것은 천하에 못되게 가정교육을 시킨 부모로서는 의당 받을 선물인 것이다. 그리고 경일은 평소 제 부모에게 얼마나 효도가 하기 싫었기에 제 부모에게 저를 잡아 죽인다고 했겠는가? 뿐만 아니라 "공자가 죽어야 나라가 산다" 또한 "공자는 마음속으로 죽어야 한다" 또는 "동양사회의 스승은커녕 동방사회 전체를 거짓과 왜곡으로 끌어들인 장본인"이다 하였으니 참으로 천인이 공노하고 귀신도 경악할 노릇이다. 이것만 아니라 그 외에도 "사람 잡아먹는 유교", "유교라는 곰팡이", "인간성을 말살시켜 온 유교", "공자는 왜 거짓말을 했나" 등등 그 말의 흉악상을 입으로 일일이 열거할 수 없으니 소위 대학교수라고 하는 자가 이럴 수는 없다.

경일은 오늘날 우리 사회가 왜 극에 달하도록 무질서하고 험악해진지 그 이유를 조금이라도 알고 지껄여야 한다. 만약 공자님의 인의사상과 도덕정치와 충효정신을 기본으로 조금이라도 정치에 반영하고 교육에 우선하여 국민으로 하여금 정서를 함양시키고 실천궁행하도록 시무시의時務時宜의 정책으로 삼았다면 오늘의 사회상이 이토록 험난하지는 아니할 것이며 범죄와의 전쟁도 없을 것이다. 그런데 무엇 때문에 공자를 죽여야 하고 한국의 병폐가 공자때문인가? 그러나 경일은 외모가 사람의 인두겁을 쓰고 있을 뿐만 아니라 명색이 대학교수라고 하는 자가 동서고금을 막론하고 전인류가 인종을 초월하고 종교를 초월해서 누구나 하느님 같이 존경하고 숭배 추앙함으로 어느 누구도 그분의 언행학설 그리고 사상에 대해서 추호도 감히 논할 수 없는 세계 4대 성인 중 한 분이신 공자님을 무엄히도 제멋대로 평가하면서 갖은 모독을 다했을 뿐 아니라 효도를 받는 천하의 부모들을 모독했고 사부라고 해서 부모같이 존경하는 선생까지도 모독했으니 경일을 도척보다도 더 흉악한 자로 형법 308조 사자의 명예훼손에 저촉은 물론이요, 윤리도덕상 추호도 용서할 수 없는 대역 죄인이다. 앞으로 또 짐승과 같은 제2의 경일이 나타날 것을 대비해서도 일벌백계하여야 한다.

예부터 효도는 누가 시켜서 하는 것이 아니라 마음에서 우러나서 하는 것이기 때문에 누가 강요할 수도 없는 것이요, 법적으로 구속력이 있는 것도 아니므로 저하기 싫으면 그만이다. 어떻게 효도가 사람잡는단 말인가? 현재 저도 부모요, 스승이 아니던가? 유방백세보다 유추만년이 원이던가. 경일같이 못된 교수가 학생을 교도^{教導}한다고 할 때 그 학생은 무엇을 배우고 장차 무엇이 되겠는가? 교육부장관은 하루 속히 저질 경일을 파면시키고 그 대학 총장은 학교의 명예를 생각해서도 즉시 유사인간 경일을 학원에서 축출시켜야 한다.

이것이 국민의 여망이요, 또한 순리인 것이다. 만약 이것을 이행치 아니할 시는 장관도, 총장도 국민의 준엄한 심판과 동시에 민족적 양심으로 그 자리에서 물러갈 각오를 하여야 할 것이다. 그리고 경일은 이 세간에서 발붙일 곳이 없다.

가정적으로 불효막심한 자식이 되었고 학원에서 악질 저질로 설 곳이 없으며 사회에서도 짐승만도 못한 인간 이하로 전락되었으니 하루인들 인간사회에서 머물겠는가? 그리고 무슨 낯으로 세상을 살겠는가? 제 말대로 죽어야 마땅하다.

국민으로부터 박살 당하기 전에 차라리 자진해서 자결하는 것이 좋을 것이다. 그렇지 아니 하면 현명한 국민들은 잔인무도한 복제인간 경일이 인류사회에서 영원히 사라져 없어질 때까지 한사코 용서하지 아니할 것이다.

공주향교 전교 이덕희 외 임원일동

3.1.6 전통윤리 문화의 상징 향교 〈1999. 8. 20. 공주신문〉

역사는 인류와 더불어 병행 공존하게 된다. 그러므로 역사는 인간사회의 과거 변천, 성쇠 그리고 흥망을 빠짐없이 기록하게 되는 것이다. 그래서 역사는 인류가 남기고 간 발자취의 대소를 분류하여 큰 자취는 역사에 기록하고 작은 자취는 개인기록으로 남겨 후손에게 전하게 된다.

하지만 아무리 훌륭한 자취를 기록으로 남긴다 해도 세상에 드러내지 못하고 상협^{箱篋} 속의 유물로 남아 있게 되면 세월의 흐름과 더불어 자연 민멸^{泯滅}하게 마련이다. 그러므로 장장 6백년의 역사를 가지고 있는 공주향교의 발자취도 아직 상협 속의 기록으로만 남아 있어 세월이 흐를수록 공주유림의 심한^{深恨}을 가중시켜 온 것이다.

그러던 중 오늘날 다행히도 상자 속의 유물이 책자로 변신하여 온 세상에 드러나게 되었으니, 비록 만시지탄은 없지 아니 하나, 향교와 더불어 공주 전 유림의 일대경사가 아닐 수 없다. 일찍이 우리나라 전통 윤리문화의 상징인 향교는 선성先聖 선현先賢을 모신 문묘 내에서 공자님의 인과 의, 충, 효의 인본사상을 주입시키는 유일한 교육기관으로 오늘날 오백년 이래 많은 인재와 학자들을 배출시킨 곳이다. 그러나 국치 이후 시대의 변화에 따라 유교가 쇠퇴하게 되었고 이어서 향교가 시류時流에서 밀려나게 된 것이다.

광복 후 유교가 다소의 회복세를 보이다가 이단에 밀리어 다시 쇠퇴일로를 걷게 되었고, 향교는 또 주인을 잃은 듯 세인의 무관심 속에 발전 없이 유지만을 다행으로 여기다 보니, 자연 교지校誌도 출간出刊을 못하게 된 것이다. 이것은 아마도 전국적인 현상으로 우리 향교도 예외가 될 수 없어 역대 전교님의 관심 속에서 오늘에 이른 것이다.

그러던 중 김순 전 전교님께서 재임 시 편집위원까지 조직하여 많은 자료를 수집해 놓은 것을 시작으로 계속 자료를 보강하고 수단을 접수하면서 실제 편찬에 착수하다 보니, 새삼 쉬운 일이 아님을 느낄 뿐 아니라, 우리 향교로서는 전무후무한 방대사업이요 대역사라고 아니할 수 없다.

생각하건대, 공주향교는 역사의 발자취가 무려 6백년이란 장구한 세월이 흘렀으니, 기록으로 남은 문헌이 온전히 보관될 리 없어 훼손되거나 유실된 자료가 태반으로 사료된다. 다만, 현재 잔존한 기록을 수집하고 역대 공산지公山誌 등을 참고로 그리고 타 교지도 참작 인용하면서 편찬하게 된 것이다.

그러나 편집이 시작되면서 수집된 문건 중 상협에서 기록으로 남은 습유拾遺문헌과 각 문중에서 입수된 목차에 의하여 나름대로 선택, 보충, 정정, 배열하여 편집을 마치고 상재上梓에 붙이고 보니, 혹 목차의 선후를 잃지 아니 했나, 꼭 수록되어야 할 문안과 사적이 혹 누락이나 되지 않았나, 또는 고증 잘못으로 수록되어서는 아니 될 것이 등재되지 아니 했나 등 여러 가지로 염려가 불소不少하다.

더욱 아쉬운 것은 향교에 대한 기록문서가 유실 없이 온전하게 잘 보존되었다면 더 좋고 훌륭한 교지가 되었을 것을 하는 아쉬움을 남기면서, 오늘날 본지가 서광을 보기까지는 전 전교 김순씨의 공로가 컸으며 그리고 관계임원님 여러분께서 장기간 적극 협조해 주신 결정체라고 사료되어 심심한 사의를 표하오며 앞으로 강호제현의 아 낌없는 지도와 편달을 바라는 바이다.

공주 향교 전교 이덕희 씀

3.2 2000년

3.2.1 도의 선양으로 사회 안정을(1) 〈2000. 1. 24. 공주신문〉

옛날부터 세간에 전해오는 격언이 있다. '사람이면 다 사람이냐, 사람이 사람 노릇을 해야 사람이지.' 이 말은 인간에게 가장 적절한 교훈도 되지만 사람의 심장부를 자극하기에 충분하며 참으로 의미심장하다.

누구나 사람이라면 이 말을 들었을 때 한번쯤은 자신의 지난 언행을 돌아 볼 것이다. 이것은 한마디로 동물이 아닌 인간으로 태어났기에 모든 행동거지를 외부로부터 감시 또는 제재를 받아야 하며 또한 제 자신의 언행을 수시로 점검 아니 할 수 없기 때문이다.

다시 말하면 사람은 다행히도 인간으로 태어나 우주 공간에 생존해 있는 만물을 지배할 무한한 지혜와 역량을 천명으로 받아서 만물을 통솔 내지 보호 관리해야 할 의무와 책임 의식을 가지고 영장靈長이라고 하는 고귀한 칭호까지 부여받게 된 것이다.

그런데 사람은 언제부터인지 부여받은 의무와 사명을 충실히 이행하지 못하면서 살아 왔고 특히 오늘날에 와서는 인간의 존엄성과 자신력을 인간 스스로 포기하고 있는 것이다. 다시 말해서 만물의 귀감이 되고 표본이 되어야 할 인간이 소중하게도 부여받은 의무와 책임감을 망각하고 자기 사욕 충족에 혈안이 된 사람이 많다보니 인류가 지켜야 할 도리는 실종되고 인간의 가치는 추락된 것이다.

사람이 비록 만물 중 가장 귀하게 태어났지만 행동 처사가 너무 잘못되어 가정에서 사회에서 받아야 할 인간 대우를 받지 못하면서 살고 있는 오늘의 실상은 어느 누가 가져다가 준 것이 아니라 인간 스스로가 빚어낸 소산所産인 것이다.

우리 인류는 지켜야 할 도리를 지키지 못하기 때문에 받아야 할 대우도 받지 못하면서 살고 있으나 조금도 부끄럽게 생각을 아니 하고 있다. 이것이 바로 문제가 된다고 본다.

만일 뭇 동물들이 오늘날 인간들이 하고 있는 행동거지를 낱낱이 알고 있다면 비록 말은 못하고 표현도 못하지만 내심으로 과연 인간을 만물의 영장이라고 수긍하겠는가? 참으로 부끄러운 일이다. 여기에는 세계 어느 나라보다도 동방예의지국으로 자처하는 우리나라 국민들이 제일 먼저 부끄럽게 생각해야 할 것이다.

대표적인 한 실례를 든다면, 오직 국가와 민족을 위해 깨끗한 정치를 해야 할 장차 관급 이상의 위정자 중에서 그 자리를 내놓고 나면 비리와 부정이 드러나 국민의 지탄을 받는 것이다. 이래서야 어떻게 우리 민족의 긍지인 예의지국의 후손이라고 자칭할 수 있으며 오늘날 국민 모두가 원하는 선진국이 되고 문화시민이 되겠는가? 게다가 설상가상으로 거센 외래풍조까지 국토 전역을 엄습하다 보니, 국민 거개가 이에 못 이겨 정신적 지주인 주체의식마저 거의 상실하고 있다. 그리하여 서구에서 조상 전래 지켜오던 고귀한 문화 중 좋은 것은 외면하고 폭력 외설猥褻 등 퇴폐문화를 주로 무차별 받아들이고 있는 것이다.

그러하다 보니 이제는 완전 인간 궤도에서 벗어나 못할 짓 없이 제 멋대로 사는 방종시대가 된 것이다.

요즘 텔레비전 프로그램을 보면 기가 차다. 국민 정서를 해치고 청소년 교육에 대한 막대한 지장이 있는 것은 조금도 생각을 아니 한다. 화면에 기탄없이 나타내는 성적 묘사 행위는 얼굴이 화끈하여 눈으로 차마 볼 수 없는 장면이 비일비재하다.

특히 심야 프로는 더욱 더 하다. 뿐만 아니라 잔인한 살인 행위, 교묘한 사기 수법, 기타 폭력 등을 만인 앞에 공개적으로 재현하는 것은 바로 그 난폭성과 흉악성 그리고 그 방법까지도 청소년에게 간접 교육을 시키는 게 아니고 무엇이란 말인가.

수사상 재현은 불가피하다지만 전 국민에게 화면으로까지 알리는 이유가 어떠한 의도인지 알 수 없는 일이다. 보도로 알리면 그만이다. 무슨 좋은 일이라고 그 흉악상을 전 국민에게 보여줄 필요가 있단 말인가.

이상 여러 가지로 종합하여 볼 때 오늘날 정부에서 시행하고 있는 퇴폐풍조 단속이나, 사회폭력 뿌리 뽑기, 질서 바로 잡기, 바르게살기운동 등이 실현 가능하겠는가.

다시 말해서 이것은 당국에서 저지나 단속이 아니라 사회악을 조장하고 불량배를 양성하는 것으로 볼 수밖에 없다. 심지어 유치원생부터 대학생까지 성교육을 구체적으로 시킨다 하니 욕이 저절로 나온다. 사실이라면 이게 될 말인가.

3.2.2 도의 선양으로 사회 안정을(2) 〈2000. 2. 1. 공주신문〉

국민의 혈세를 거두어 국록을 먹으면서 얼마나 할 일이 없어 이런 짓을 한단 말인가. 이래야 선진국이 되고 문화 시민이 되는지는 몰라도 이와 같은 퇴폐 문화를 받아들여 장차 어떻게 하겠다는 것인가?

성교육은 말로는 성폭행을 사전 예방하기 위한 교육이라 하지만 이것은 예방이 아니라 성폭행 예행연습을 시키는 것이다. 감수성이 빠른 청소년이 배웠으니 얼마나 잘 실천에 옮기겠는가? 성교육을 안 시켜 경제 발전이 안 되고 선진국이 못되며 문화 시민이 안 되는 것인지?

이것은 천진난만한 어린이부터 학업에 열중하는 순수한 학생들까지 은근히 몹쓸 곳으로 유도하여 나쁜 짓을 하도록 선동하고 있는 것이 아니고 무엇이겠는가?

그리하여 학생 청소년들은 자연 못된 짓을 하게 되고 사회는 점점 험악해지는 것이다. 광복 후 우리나라 교육정책은 한마디로 일관성 없이 조변석개하면서 오늘날까지 계속 방향을 못 찾고 표류하고 있는 것이다.

그리하여 오십년 동안 학생들은 초등학교부터 대학원까지 무려 18년이나 배웠어도 무엇을 배웠는지 사회에 나오면 한자 섞인 신문 한 장 제대로 못보고 한자로 자기 성명 석자도 제대로 못 쓰는 무식꾼을 만들고 만 것이다.

그러하다보니 자기 본관조차 무엇인지 시조가 누구인지 알 리 없고 관심조차 없다. 학교 공부 18년이면 거의 반평생임에도 불구하고 그러나 자기 근본조차 모른대서야 어떻게 되겠는가?

그리고 그 사람이 가정에서 자녀 교육인들 올바르게 시키겠는가? 오십 년간을 한문은 고사하고 한자조차 가리키지 아니한 이유인 즉 간단하다, 한자는 우리나라 글이 아니다 라는 이유에서다.

한자를 쓰면 경제 발전이 둔화된다, 그리고 한문은 너무 어려워 대중적 학문이 못된다, 등등에서 한문은 고사하고 배우기 쉬운 한자가지도 철폐한 것이다. 그래서 현재 육십 대까지는 거의 가정에서 그리고 학교에서 배운 바 없어 자신이 한자를 모르다보니 계속 한자 병용을 기피하고 있다.

이것은 이해가 되지만 그렇다고 자식 손자까지 대대손손 무식꾼을 만들 수는 없다. 이제라도 학교에서 가정에서 가르쳐야 한다. 세계화 추세로 보아 한자를 안 쓰고는 아니 되는 시대가 도래한 것이다. 뿐만 아니라 우리가 일상생활에서 시시로 쓰는 낱말 하나하나가 바로 한자로 되어 있기 때문에 우리말 단어 90%가 한자인 것이다. 내 자신이 시시각각 쓰고 있으면서 그 말의 근본 뜻이 어디서 나왔는지 글자 자체를 모른다면 이것이 무식한 것이 아니고 무엇이겠는가? 전공이 아니면 영어 수학이 사회에 나가서 한자같이 필요하게 쓰이지는 아니 할 것이다.

우리가 알고 있듯이 경제 대국인 일본은 자기나라 글이 있으면서도 행정상 모든 공문서는 물론 신문 잡지 간판까지도 전부 한자를 쓰고 있다. 어떻게 우리나라에서 쓰면 경제 발전이 안 되고 후진국이 되는데 일본에서 쓰면 경제 대국이 되고 선진국이 되는지 참으로 알 수 없는 일이다.

해방 후 오십년간 학교를 다닌 사람들은 너무나 억울한 것이다. 세계화 운운하면서 동양권 공통문자인 한문 한자를 배제하고 어떻게 세계화가 가능할지 의심스럽다.

이제 와서 비록 만시지탄은 없지 아니 하나, 현 대통령께서 예하 관청에게 한자 병용을 지시한 바 있어 천만 다행으로 생각되오나 실현 여부가 주목된다.

때문에 무한한 윤리와 도덕성이 잠재해 있는 한문교육이 오십년간 전폐되다보니, 반세기동안 우리 국민은 윤리 도덕이 무엇인지 예의염치가 무엇인지 가정에서 학교에서 들어보지도 배워 보지도 못한 것이다.

예부터 용맹 있는 사람이 배우지 못하면 도둑 밖에 될 것이 없다는 말과 같이, 사람이 사는데 가장 기본적인 인성 인본을 모르고 물질에만 눈이 어둡다보니, 예의심과 양보심과 그리고 부끄러움이 무엇인지 모르고 오직 나만이 잘 살려는 이기심만 충만 되어 있을 뿐이다.

이와같은 이기적인 사람이 온 사회를 메우다 보니 세상은 험악해 질 수 밖에 없는 것이다.

그러므로 경제 발전도 중요하지만 국민의 생활수준이 향상될 수 있도록 정부에서는 도의선양과 도덕정치가 필요하고 국민에게는 예의심과 양보심 그리고 질서 의식을 길러 주어야 사회가 안정될 것이다.

3.2.3 촌수한정 금혼법은 어불성설 〈2000. 12. 13. 공주신문〉

지난 10월 4일 국무회의에서 누구보다도 헌법수호에 앞장서야할 국무위원들이 현

행 헌법총강 제9조의 '국가는 전통문화의 계승발전과 민족문화의 창달에 노력하여야 한다.'는 국가의무 규정도 전적 무시하고 또는 헌법 총강 제10조의 '모든 국민은 인간으로서의 존엄과 가치를 갖는다.'는 헌법상 보장된 인간 위상도 도외시한 채, 1997년 7월 16일 헌법재판소에서 아무 관련 없는 민법 809조 동성동본금혼법과 헌법 총강 10조의 행복추구권이 불합치하다는 윤리 도덕상 있을 수 없는 판결을 미끼로 삼아, 전통문화 중 가장 소중한 동성동본금혼법을 폐지키로 의결하고 이어서 동 법안을 국회에 회부한데에 대하여, 우리 전국 유림들은 분노를 참을 수 없으며 경악을 금치 못하는 바이다.

우리 유림 일동은 헌법재판소에서 불합치 판결 자체가 위헌이요, 불합리하기 때문에 재판부터 부정하고 있다. 이유인즉, 이 판결이 헌법 총강 9조의 국가헌법규정과 총강 10조 인간의 존엄과 가치를 무시한 판결일 뿐 아니라 헌법제정의 본뜻을 망각했기 때문이다. 헌법상 행복추구권의 본의가 절대 행복추구를 동성동본 일가 간에서 찾으라는 뜻에서 제정된 것이 아님에도 무엇이 불합치하다는 것인가? 사실상 아무 관련성 없는 조항끼리 억지로 결부시킨 의도 자체가 불순하고 잘못된 발상이다.

인간으로서 어떻게 이런 생각을 할 수 있을까? 행복을 아무 곳에서나 추구해도 좋다고 헌법을 제정했다면 정부에서 군이 8촌 이내로 금혼하라는 촌수제한을 할 필요도 없을 것이다. 때문에 이것은 눈 가리고 아옹 하는 식으로 사실상 정부안은 동성동본 결혼법을 제정하려는 것이다.

그러므로 당시 헌법재판소에서 양심상 차마 민법 809조가 헌법에도 위배된다는 위헌 판결을 내리지 못하고 고심 끝에 불합치 판결을 내린 것으로 알고 있다. 이것은 혈족간 결혼 여부를 입법기관인 국회에서 결정하라는 판결이며, 모든 것을 국회에서 합헌적으로 조정하라는 의도이기 때문에 작년 12월 17일 국회법사위원회에서 동법 폐지는 윤리 상 시기상조라는 이유로 그대로 존속키로 의결한 바 있음에도, 정부에서 억하심정으로 국회의 의결을 무시하고 이미 기각된 안을 또다시 국회에 제출한 것은 입법기관을 멸시한 잘못된 처사라고 아니할 수 없다.

예부터 정政은 정正이라고 하였다. 그래서 정치는 국민으로 하여금 정도를 걸으면서 올바른 생활을 할 수 있도록 잘 인도引導해서 인도人道라고 하는 궤도에서 벗어나지 못하도록 항시 지도 감독하여야 하며, 또는 국민이 정부를 신뢰할 수 있도록 정당한 정치를 하여야 국민이 이반하지 아니 하고 정부를 따르게 될 것이다.

아무리 경제가 발전하여 국민소득이 만 불, 이만 불이면 무엇 하겠는가? 인간은 잘 만 먹고 놀기만 하면 좋아서 날뛰는 동물이 아니다. 사람은 어디까지나 사람 위치를 지키면서 사람답게 살아야 헌법상 보장된 진실한 인간의 존엄과 가치를 찾게 될 것이다. 그럼에도 불구하고 정부에서는 아무리 시대가 변하고 외국문화가 좋다고 해도 선량한 국민으로 하여금 가정마다 다시는 돌이킬 수 없이 영원히 짐승우리가 되는 천인이 공노할 부도덕한 짓을 해서야 되겠는가?

우리나라는 본시 예의지국으로 조상님들이 수천 년을 불문율로 묵묵히 지켜온 세계 유일의 아름다운 전통문화, 동성동본 금혼제도를 몰지각한 소수의 여인들이 앞뒤도 생각 못하고 날뛴다고 해서, 이것을 설득시켜 저지는 못할망정 전통문화라면 앞장서서 지켜야할 정부에서, 전 국민이 거의 절대 반대하는 참된 의사를 전적으로 무시하고 온 국민을 짐승우리로 몰아넣는 8촌 이내 금혼법안을 차마 어떻게 의결한단 말인가?

공주향교 전교 이 덕 희

3.3 2001년

3.3.1 가부장 호주제도 폐지는 혈통을 말살시키고 가정을 파괴하는 행위이다.

〈2001. 10. 15. 유교신문〉

'호주제도는 일제의 잔재요, 우리나라 전통문화가 아니다.' 이것은 언제부터인지 여성단체에서 주장해온 말이다. 요즘 와서는 여성부 장관까지 합세하여 강도를 더욱 높이면서 호주제 폐지를 적극 후원하고 있다. 그러나 가부장 호주제도는 우리나라가 수천 년을 내려오면서 지켜온 불문율의 제도이다. 만일 우리나라가 가정마다 지켜온 것이 가부장 호주제도가 아니었다면 어떻게 집집마다 가통과 혈통이 이어질 수 있겠는가? 때문에 가부장 호주는 글자 그대로 그 문호門戸의 가장인 동시에 주인이라는 뜻이다. 그래서 어느 가정을 막론하고 대대로 장자가 호주를 승계하고 그 가정의 지주 역할을 하면서 가족을 이끌고 가통을 이어왔다. 뿐만 아니라, 장자가 큰집을 의무적으로 지속수호하면서 부모를 봉양하고 조상님도 받들며 일가를 대표해 왔던 것이다. 그리고 차자次子들은 각기 분가하여 호주를 창립하면서 각거各居하는 것이 바로 가부장 호주제도인 것이다.

그런데 어찌하여, 일제가 호주 칭호를 붙였다고 해서, 이 제도가 일제의 잔재라고 하여 전면 호주제 폐지를 운운할 수 있단 말인가? 호주제도는 분명히 우리나라 고유의 문화유산이요, 가통과 혈통을 이어가는 우리 민족의 둘도 없는 자랑이다. 그럼에도 불구하고 무엇이 여권신장에 걸림돌이 되는지 일부 여성단체에서 호주제도는 일제의 잔재라고 하면서 무조건 폐지를 주장하고 있으니 참으로 한심한 일이다.

그럼으로 만에 하나 우리나라 가부장 호주제도가 폐지된다고 가상할 때 어떠한 결과가 발생할 것인지 알아보기로 한다.

1. 가정마다 체계적으로 내려오는 가통이 무너지면서 대대손손 전해오는 성씨 자체가 자동으로 없어진다.
2. 자식은 부모 누구에게나 자유로이 입적이 가능한바, 이것은 부계족과 모계족이 자동 분리되면서 그 집의 혈통이 없어지고 급기야 성이 다른 부자와 형제자매가

한 가정을 이루게 될 것이다.

3. 따라서 조상도 친척도 족보까지도 다 없어지며 산마다 총총히 쓴 묘만 남을 것이다.

4. 결국 뿌리 없는 자손이 되고 손자 없는 할아버지가 되며 잡성이 모여 사는 혼합가족 체제가 형성될 것이다.

5. 가부장 호주제도가 폐지되면 사실상 호적도 필요 없을 것이다. 호적은 그 가정이 형성된 사유를 체계적으로 수록한 기록장이기 때문이다.

이상과 같이 결국 부모도, 형제도, 친척도, 조상도 다 없어지고 자기 혼자만이 사는 결과밖에 아니 될 것인데 이래도 만물의 영장 인간이라고 할 수 있겠는가? 우리나라가 아직은 전통적 예의 민족으로서 이럴 수는 없을 것이다.

사전에도 모계제도는 원시적 사회제도의 형태로 되어 있다. 원시의 용어 자체가 상고 미개시대 인간생활 제도의 무질서와 모순성을 단면적으로 표현한 말이다. 얼마 전 신문 기사에 의하면 현대에도 몽골 북쪽 미개한 인종들은 한 여성을 형제가 부인으로 같이 산다고 했다. 그래서 자식을 낳으면 아버지가 아니고 아저씨라고 부른다 했다. 이것은 일종의 모계사회로서 어머니는 있지만 아버지는 없는 것이다. 이것은 인간이 아니다. 분명한 짐승들이다. 그러나 이것은 상고의 원시인이 아니고 현대판 원시인들이다. 문명이 미치지 못하면 이럴 수도 있을 것이다.

만일 우리 민족도 가부장 호주제도가 폐지되고 입적이 자유화되어 한 집에서 시어머니와 며느리가 자식을 낳아 각각 어머니에게 입적하여 성이 다른 형제·숙질이 뒤죽박죽 살 때, 몽골 미개인보다 다른 것이 무엇이겠는가?

우리 민족은 아직도 국운이 남아 있는 한 가부장 호주제도를 폐지시키고 잡성가족을 형성하여 원시인과 같은 금수생활은 할 수는 없다.

이와 같은 역천逆天적이요 망국적인 제반문제를 미연에 방지하기 위해서는 하루속히 우리 유림이 앞장서서 법적으로 잡성 가족이 형성되지 못하도록 필사적으로 방지하여야 한다. 그리하여 이 더러운 유산을 자손에게 물려주는 일이 없도록 하는 것이 바로 우리 유림의 시대적 사명이다. 총궐기하여 다 같이 난국을 타개하야 한다.

성균관가족법대책위원회 위원장 이 덕 희

3.3.2 남성이 호주제 폐지를 반대하는 이유는

〈2001. 10. 22. 대전 YWCA에서 여성대표와 대담에서〉

1. 호주 제도가 폐지되면 호적 편제의 기준이 되는 가적이 동시에 없어지므로 사실 상 호적이 필요 없이 된다. 호적은 족보와 마찬가지다. 진돗개도 족보가 있다는데 관官에서 인정하는 사람 족보를 왜 없애려고 한단 말인가.

2. 호주는 가정을 지키고 질서를 유지하는 구심점이 되므로 가정을 책임지면서 리 드하는 호주가 절대 필요한 것이다.

3. 호주제도 폐지를 주장하는 이유는 부모 양방 입적을 자유화 하자는 데에 있는 것이다. 그러면 성이 왔다 갔다 하여 가통, 혈통이 동시에 무너져서 형제자매는 물론 조상도 족보도 친척도 다 없어진다.

4. 호주 제도는 일제 식민지의 잔재가 아니다. 호주 제도는 수 천 년을 지켜온 우리 나라 고유 전통문화이기 때문에 오늘날까지 가통과 혈통이 이어져 왔으며 따라 조상도, 족보도 그리고 친척이 있는 것이다. 호주 제도는 일제가 호주라고 하는 칭호만 붙였을 뿐이지 상고부터 이어온 불문율의 제도이기 때문에 폐지를 절대 반대한다.

5. 호주 제도가 폐지되면 이에 수반하는 자식이 부모 양방에게 입적이 즉시 법제화 하게 되므로 가정마다 잡성 혼합가족이 형성되어 근친상간은 물론 형제 숙질이 뒤죽박죽되어 화목했던 가정은 일시에 짐승 우리로 변할 것이다. 그렇게 안 된다 는 보장을 누가 하겠는가? 왜 위험한 짓을 한단 말인가?

6. 현행 호주 제도는 77년도 그리고 90년도 2차 개혁에서 거의 알맹이는 다 없어지 고 껍데기만 남아 있는데, 껍데기조차 없앤다고 하는 것은 호주제도를 뿌리까지 뽑아내어 남성적 부계중심 가족제도를 영원히 소멸시키고 모계중심 가족제도를 이룩하자는 의도로 본다. 모계사회는 원시시대 미개한 부족들이 하던 제도이다. 이들은 인간이 아닌 짐승들의 집단이다. 짐승들은 애비가 새끼를 낳을 뿐 어미 중심으로 자라기 때문이다.

7. 만일 호주 제도가 없고 가족이 다 같이 동등한 위치에 부부평등, 남녀평등, 인격

평등 모든 것이 다 평준화가 된다면(물론 노소 평등은 그 속에 포함되지 않겠지만) 앞장서서 가정을 리드할 책임자가 없어, 혼상婚喪사 기타 대소사에 서로가 미루고 하나도 맡아서 일하려고 하는 사람이 없을 것이며, 가정이 망하든 말든 상관없이 서로가 돈 한 푼이라도 더 쓰려고 혈안이 될 것은 뻔한 일이다. 그리하여 결국 그 가정은 멸망하고 말 것인데, 그래도 호주 제도를 없애야 한단 말인가? 이것은 사리판단을 못하는 숙맥菽麥천치天癡도 이런 주장은 아니 할 것으로 본다.

- 이것이 과연 남녀평등이요, 여권신장은 아닐 것이다.
- 사람은 각자 자기 위치를 지키고 자기 할 도리를 해야 한다. 남자는 남자 위치에서 여자는 여자 위치에서 자기 할 일만 하면 되는 것이다.
- 예부터 부부는 일심동체이다. 제사 지낼 때도 남편이 초헌하고 그리고 시동생 시누를 다 제쳐놓고 아내가 아헌을 하는데 이것도 두 번째라고 해서 남녀 차별로 본단 말인가!! 그래서 부부 상경相敬, 부부 겸상兼床 등 어느 하나도 자기 부인을 비하시키거나 차별 대우한 사실이 없었던 것이다.
- 다만 호주 제도에서 순위 상 남성을 우선한 것은 현행법상 남성 혈통 계승의 가족제도가 되다 보니 다음 세대를 잇는 호주가 남자이기 때문에 불가피 남성이 우선될 수밖에 없는 것이다.
- 그리고 여성은 출가하면 호적을 파 가지고 간다. 뿐 아니라 여자는 출가하면 내 집 식구가 아니고 외인이 되기 때문에 남성 우선은 너무나도 당연한 것이다.

여성단체에서 호주제도를 폐지하고자 하는 이유는 아래와 같다.
- 부부가 이혼할 경우 모가 자식의 친권자로서 자식을 보호 교양함에도 모가의 호적에 편제할 수 없다.
- 부가 입적이 우선이므로 부가에 입적한 자식을 모가에 입적시킬 수 없다.
- 부가 입적 우선 원칙은 부계 혈통을 중시하기 때문이다.
- 처는 부가에 입적하는 시점부터 불평등하다.
- 민법은 호적의 기준이 되는 호주 계승 순위를 호주의 아들, 딸, 배우자, 어머니, 며느리 순으로 정한 것이 남성 우선주의이다(순위가 바뀐 것 같이 생각하는 것이다).

- 자식의 성과 본은 부계를 따르고 부가에 입적하므로써 부모계 평등 내지는 양성 평등에 위반된다(이것은 바로 부모 양방 입적을 요구하는 것임).
- 호주제도 자체가 남성 우선이므로 남성 선호사상을 부추긴다. 그리하여 남성 성비 불균형을 초래한다.

성균관가족법대책위원회 위원장 이 덕 희

3.3.3 필승, 동성동본금혼 지켜낼 터: 8촌 이내 금혼, 정부가족법안 논의할 가치조차 없어《인터뷰 : 성균관 가족법대책위원장 이덕희, 대담 : 조선인 주간》
〈2001. 12. 1. 유교신문〉

▷ 어려운 시기에 큰일을 맡으셨습니다. 가족법 대책위원장을 맡으신 소감과 각오를 말씀해 주시기 바랍니다.

(답) 이 어려운 시기에 큰 일을 맡았다고 말씀하셨는데 저도 그렇게 생각합니다.

오랜 세월을 두고 줄다리기를 하다 보니 이제는 가부 결정의 절정기가 된 것 같아 참으로 어려운 시기라는 생각이 듭니다.

이 어려운 시기에 학식과 덕망 그리고 역량 등 모든 면에서 부족한 이 사람의 손에 외람되게 성균관과 향교의 존폐가 달려 있고 일천만 유림의 사활이 달려 있게 되어 송구한 마음 금할 길 없어 등에서 땀이 흐릅니다.

수십 년을 가족법에 헌신하신 이완희씨의 잘못된 판단으로 추천된 제가 가족법대책위원장이라는 막중한 직책을 맡고 보니 문부태산蚊負泰山이라고 하는 말같이 모기가 태산을 짊어진 것 같아 어떻게 이 중대한 소임을 감당할 것인지 밤낮으로 걱정스럽기 그지없습니다.

그러나 일단 책임을 맡은 이상 사필귀정이라는 굳은 신념을 가지고 반드시 해내고야 말겠다는 비장한 결심을 하고 있습니다.

저는 평소 배우고 알기를, 최종 승리는 정의다, 이것이 바로 천리요 순리라고 하는 불변의 소신을 가지고 있기 때문에, 누가 무슨 소리를 해도 끝까지 투쟁하여 우리나라 수천 년을 지켜온 미풍양속이요, 고유문화인 동성동본금혼법, 가부장 호주제도만은 원상회복하고 지켜나가면서 남은 인생 오직 가족법 수호에 분골쇄신할 각오입니다.

▷ 성균관 가족법 대책위원회가 구성된 지 여러 해가 지났으나 유림들 사이에서 아직도 가족법대책위의 활동상황에 대해 인지가 부족한 것 같습니다. 지금까지 가족법대책위의 활동상황에 대해 간략하게 소개해 주시기 바랍니다.(질문자 곽배희)

(답) 제가 알기로는 가족법에 대해서 유림과 여성단체간의 극렬한 논쟁과 물리적으로 대항한 역사가 수 십 년입니다.

이것은 아직도 우리나라에 사리를 올바로 판단할 수 있는 위대한 정치지도자가 없다는 증거라고 생각합니다. 때문에 가족법 논쟁은 수십 년이 흘렀건만 아직까지 귀결을 짓지 못하고 갈수록 심화되고 있는 것입니다.

그러나 제가 알고 있는 바로는 다행히도 동성동본금혼법을 재생시킬 수 있는 명맥이 남아 있고 가부장 호주제도 역시 아직까지 살아있습니다. 이것은 모두 성균관에서 관장을 비롯한 역대 가족법대책위원들을 비롯한 역대 가족법대책위원장의 불굴의 의지와 꾸준한 노력의 산물이라고 생각합니다.

특히 전임 이완희 위원장은 오늘날까지 남다른 관심으로 수문장과 파수꾼 역할을 했던 분이기에 더욱 감사하게 생각하고 있습니다.

▷ 정부의 가족법안이 10월 31일 국회 법사위에서 심사를 받는 등 가족법 개악이 급물살을 타고 있습니다. 이에 대한 대책을 말씀해 주시기 부탁드립니다.

(답) 정부의 가족법안은 8촌 이내 금혼과 호주제 폐지 운운하는 일고의 가치도 없는 법안이라고 생각합니다. 예부터 정政은 정正이라고 했습니다. 정당성을 잃은 정부는 민심에서 이반된 정부이기 때문에 국민 곁을 떠나야 한다고 생각합니다.

정부가 국민적 논쟁에 중립을 지키지 못하고 일방으로 치우치려하는 것은 정부의 위상을 손상시키는 행위라고 봅니다. 단적으로 국민 모두 일가 간에 혼인하고 호주제도를 폐지하라고 하는 것은 국민 모두를 짐승우리로 몰아넣자는 야만의 정치로 볼 수밖에 없습니다. 이러고서야 어떻게 위국위민하는 정치라고 하며 국민의 정부라고 하겠습니까? 천만 유림의 무한한 저력으로 힘을 규합하고 모든 수단 방법을 동원해서 10년을 싸우고 또 싸워서라도 동성동본 금혼제와 가부장 호주제만은 끝까지 지킬 것입니다.

▷ 지난해 11월 8일 일부 여성단체가 가정법원에 낸 호주제 위헌 심판 제청을 법원이 받아들임으로써 현재 호주제의 위헌여부가 헌법재판소의 판결을 기다리고 있습니다. 이에 대한 대처 방안으로 생각하고 계신 바를 말씀해 주십시오.

(답) 여성단체가 주장하고 있는 호주제가 위헌이라고 하는 것은 터무니없는 말이므로 헌재에서 절대로 위헌판결을 내리지 않을 것이라 생각하고 있습니다.

그들은 호주제가 일제의 잔재다. 남녀평등권 위반이다 등등 이유를 달고 있고 정부에서 여성부장관까지 가세하고 있지만 이것은 어불성설입니다. 가부장 호주제도는 호주제도의 일부분으로 상고시대부터 전해오는 불문율의 제도로서 일제가 일찍이 호주제라고 하는 이름만을 붙였을 뿐입니다.

그런데 여성단체에서 호주제 위헌 운운하는 것은 부계혈통 사회의 근간이 되는 가부장 제도를 말살하고 모계사회를 형성하여 남자의 모든 권리를 일거에 쟁취하려는 심산임에 분명합니다. 다시 말해서 남자와 여자 사이에 총성 없는 전쟁입니다. 그러나 분명한 것은 모계사회는 상고시대 유목민의 사회에서 행해졌던 방식으로 이것은 불가능합니다.

대대손손 내려온 호주제가 폐지되면 그 폐해는 이루 말 할 수 없을 것입니다. 호주제가 폐지되면 자식이 부모 쌍방 간에 입적이 가능하게 되어 부모간 형제간 성씨가 달라지고 가족이 잡성이 될 것입니다. 그러면 조상족보는 말할 것도 없고 가문혈통이 말살되면서 근친상간이 되어 가정은 짐승우리로 변할 것입니다.

우리 유림뿐 아니라 전 국민이 앞장서서 이것만은 막아야 합니다. 우리 국민은 아직도 호주제가 폐지되면 결과가 어떻게 되는 것을 잘 모르고 있습니다. 그것이 문제인 것입니다. 그러나 앞으로 인류가 존재하는 한 여성단체의 꿈은 불공자파不攻自破가 되는 것은 자명한 사실입니다.

▷ 마지막으로 늘 가슴속에 새기고 계신 경전구절이나 성현의 말씀이 있으시면 알려주시기 바랍니다.

(답) 평소 가슴속 깊이 새기고 있는 좌우명이 있습니다. 순천順天자는 흥하고 역천逆天자는 망이라고 하는 성현의 말씀입니다. 비록 평범한 말이지만 바로 사람이 사는 원리이며 근본이 되기 때문에 항시 이 말을 가슴속에 두고 평생 불변의 신조로 삼고

있습니다.

이렇게 살아야 일신이 편안하고 가정이 무사할 것입니다.

3.3.4 우리 것을 지키기 위한 책임과 권리 〈2001. 12. 21. 공주신문〉

고금을 막론하고 우주 공간 수많은 만물 중에서 가장 귀하게 영장으로 군림한 인류는 태어나면서부터 선천적으로 부여받은 권리와 동시에 반드시 지켜야 할 의무와 책임도 가지고 탄생하게 된 것이다. 그러므로 부모는 자식을 사랑하고 자식은 부모의 은덕을 다소라도 보답하기 위해서 부모에게 정성껏 효도하면서 평생 봉양할 의무와 책임이 있는 것이다. 그리고 남자는 결혼하여 가통을 잇고 가정을 이끄는 견인차 역할을 하면서 전 가족을 보호하고 부양할 의무와 책임이 있으며, 여자는 출가하여 유자생녀有子生女하고 현모양처가 되어 안주인으로서 부덕을 쌓으면서 가정 살림과 자녀 교육에 진력할 의무와 책임이 있는 것이다. 뿐만 아니라, 어른과 젊은이 사이도 또는 친구와 친구 사이도 각각 지켜야 할 도리가 있으며, 그 밖에도 직업과 위치에 따라 각각 해당되는 의무와 책임이 또한 있기 마련이다.

그런데 요즘 세상은 어찌된 일인지, 우리 국민의 대다수가 자기 의무와 책임은 생각도 아니 하고 주어진 권리만 주장하고 있는데, 이것이 바로 사회를 혼란시키며 질서를 파괴하고 있는 것이다. 그 이유와 원인을 나름대로 개괄적 분석을 해 볼 때, 첫째는 우리국민 수준에 맞지 않는 지나친 개방에 의한 자유화, 민주화가 가장 큰 원인이요, 둘째는 모든 교육이 윤리를 바탕으로 하는 근본적 이념을 망각하고 경제성만 앞세우다 보니 윤리도덕은 생각할 겨를도 없이 국민 모두가 이기심과 물욕만이 팽만 되어 있는 것이다. 때문에 인본 인성 교육은 전무한 상태에서 지나친 자유로 인한 방종 시대가 바로 각종 사회악을 야기하는 것이다. 이것은 절대 법만 가지고는 치유가 불가능하다. 다만, 방법이라면 청소년에게 예의염치를 위주로 하는 도덕적 순화 교육이 아니면 치유할 수가 없다. 국민은 정부로부터 자식은 부모로부터 학생은 선생님으로부터 아이들은 어른으로부터 적절한 통제와 간섭을 받아가면서 살아야, 인간다운 길을 걷게 되는 것이다. 지나친 자유는 모든 사회악을 낳는 근원이 된다. 그러나 현 사회는 그렇지 못하다. 행동 면에서 어느 누구한테도 구속을 받거나 간섭을 받지 아니하고, 제멋대로 살려고 하는 것이 오늘날에 와서 제도화되었고 시대적 추세로 되었음을 부인 못할 것이다. 때문에 장유와 상하 구분 없이 무조건 평등할 뿐이다.

그래서 일부 여성 단체에서는 동성동본 간에 혼인하고 호주제를 없애고 간통죄도 없애고 이 세상을 거리낌 없이 멋대로 살려고 한다. 그러나 이것은 불가하며 또한 이것은 모든 여성이 원하는 것도 아니다. 일부 지각이 없는 여성들이 앞뒤도 생각 않고 사리분별 없이 하는 짓이다.

이것이 바로 권리만 주장하는 사고에서 나온 일례다. 권리에는 반드시 책임과 의무가 따라야 한다. 그렇지 못할 때 역리현상과 막대한 부작용이 오게 마련이다. 만일 여성단체에서 권리를 주장하기 이전에 본인들도 여성으로서 책임과 의무가 무엇인지 깊이 생각했다면, 우리나라에서 가장 자랑스럽고 소중히 여기는 혈통을 말살시키고 가정을 파괴하는 동성동본금혼법과 호주제 그리고 간통제 등을 폐지하자는 말을 어떻게 할 수 있겠는가? 바라건대 위정자는 하루 속히 국민으로 하여금 주체성 없이 무조건 외국 문화를 받아들이는 우리나라 낡은 사상과 맹목적으로 추종하는 국민의식부터 개선하도록 계도하는데 주력하여야 할 것이다.

전 공주향교전교 이덕희

3.3.5 가족법에 대한 KBS 라디오 방송과의 대담

KBS 중앙방송국 제1라디오(생방송 오늘), 대담에 곽배희 여성대표

2001년 12월 21일 오후 7시 30분

(첫 번째 질문 내용) 질문자 곽배희

성균관 가족법 대책 위원회에서 호주제 폐지에 대해 반대하는 근본적인 이유는 어떤 것입니까?

(답변내용) 답변자 이덕희

호주는 글자 그대로 한 가정의 주인입니다. 주인이라고 하는 뜻은 바로 한 집안을 대

표하면서 그 가정을 도맡아 운영하는 책임자를 말하는 것입니다. 그런데 한 가정을 리드하는 책임자 호주가 없다고 하는 것은 바로 국가의 대통령이 없고 회사에 사장이 없는 것과 조금도 다를 것이 없습니다. 만일 국가에 대통령이 없고 회사에 사장이 없다고 가정할 때 국가와 회사가 올바로 운영이 되겠습니까? 국가나 사가私家나 규모가 크고 작을 뿐이지 운영방법은 똑같다고 생각합니다. 그리고 더 중요한 것은 호주제도가 폐지된다면 체계적인 부계가 무너지면서 부모 쌍방 입적이 가능케 되는 바, 이것은 바로 현재 민법상 대대손손 이어가는 부계혈통을 없애고 부계모계 나누어 혈통을 이어가자는 의도로서, 이것이 바로 양성평등 주장에 가장 핵심으로 생각됩니다. 그러나 이것은 너무나 잘못된 발상입니다. 이유인즉 어떤 가정을 막론하고 체계적으로 일관성 있게 이어오는 조상대대의 혈통이 완전 말살되고 잡성 가족이 형성되어 결국 아비는 이씨 자식은 김씨, 손자는 박씨가 될 것입니다. 그렇다면 한 가정에서 부자가 성이 다르고 형제가 성이 다를 때, 누가 부자라고 할 것이며 누가 형제라고 하겠습니까? 뿐만 아니라 조상도 족보도 친척도 그리고 부모 산소까지도 다 없어지고 저 혼자만 남을 것입니다. 이와 같이 뿌리를 다 버리고도 만물의 영장 인간이라고 할 수 있단 말입니까?

(두 번째 질문 내용)

요즘 이혼율도 높고 재혼하는 가정도 많습니다. 따라서 재혼하는 가정의 경우 새 아버지와 성이 다른 자녀가 충격을 받는 일도 많은데요. 시대가 변한 만큼 호주제 개정의 필요성도 어느 정도 있는 것 아닐까요. 어떻게 생각하십니까?

(답변내용)

목금 이혼여성이 날로 증가하다 보니 자연 재혼 여성이 많은 것은 기정사실입니다. 그러나 이것은 오늘날 근본적으로 아주 잘못 되어 가는 우리나라의 망국적인 일종의 유행성 질병으로 볼 수밖에 없습니다. 이에 대하여 우리나라 여성들은 참으로 깊이 자성하여야 할 심각한 문제라고 생각합니다. 우리나라 신혼 부부 30%가 이혼하고 1개월에 가출하는 부부가 1,000명꼴이라고 TV에서 보도한 바 있습니다. 이게 웬 말입니까. 인생의 대장정을 출발하는 결혼이 결코 장난은 아닙니다. 그리고 한 가정

살림을 도맡은 주부로서 사랑하는 남편과 자식을 헌신짝 같이 버리는 것은 있을 수 없는 일대 죄악이라고 봅니다. 그리고 재혼하는 경우 새 아버지와 성이 다른 자녀가 충격을 받는다고 하시는데, 그러나 이것은 너무나도 당연하다고 봅니다. 누구나 자기 성은 날 때부터 정해져 있습니다. 그런데 어떻게 성을 바꾼단 말입니까? 만일 어려서 성을 바꾸어 새 아버지에게 입적을 시킨다 해도 그 애가 성장하면 자연 본 아버지 성을 찾아 가게 됩니다. 뿐만 아니라 성을 바꾼다는 것은 자식에게 크게 증오감과 모멸감을 주는 행위라고 생각합니다. 그리고 만에 하나 또다시 결혼을 세 번째 한다면 그 성은 또 바꾸어야 된다는 결론이 나옵니다. 그렇다면 불편해도 차라리 자녀에게 본 성을 가지고 있게 하는 것이 어머니의 도리가 아닌가 사료됩니다. 이혼한 여성에게는 대단히 미안하지만 대승적 차원에서 볼 때 ,소수 재혼여성의 자녀 때문에 온 국민의 성이 뒤죽박죽되고 일가친척 조상족보까지 버릴 수는 없다고 생각합니다.

(세 번째 질문 내용)

일제가 식민지 조선을 손쉽게 통제하기 위해서 이식시킨 제도가 호주제다, 일제도 폐지했는데 왜 우리가 아직까지 가지고 있어야 하느냐, 이런 주장에 대해서는 어떻게 생각하십니까.

(답변 내용)

이것은 천부당만부당한 말씀입니다. 가부장적 호적 제도는 우리나라 상고 시대부터 무려 수천 년을 두고 전해 오는 전통적 고유 제도로서 다만 일제가 호주라고 하는 칭호만 붙였을 뿐입니다. 어느 가정을 막론하고 장자가 호주로 이어오는 모든 가족 사항을 똑바로 기록 하는 것이 바로 호적이요, 그 호적상 대표자가 호주이기 때문에, 우리나라는 부계 혈통을 이어온 가부장적 호적 제도로 인하여 오늘날 가정마다 체계적으로 성씨가 유지되고 조상족보 그리고 친척이 있는 것입니다. 그런데 일제가 호주라고 하는 칭호를 붙였다고 해서 일제의 잔재라고 하는 것은 어불성설입니다. 그리고 시대가 변한만큼 호주제 개정의 필요성을 강조 하시는데 인간의 생활 주변에는 수시로 변할 수 있는 제도와 불변의 원칙 두 가지로 분류되어 있다고 생각합니다. 자유가 무한량 변함이 없듯이 인류가 존재하는 한 가정과 가족이 있는 것은 불변의 원칙이기 때문에, 가정을 이끌어 가고 가족의 질서를 바로잡기 위해서는 책임자 호주는 반드시 있어야 된다고 생각이 됩니다.

(네 번째 질문 내용)

남아 선호 사상도 호주제에 뿌리를 두고 있다, 이렇게 주장하는 측도 있는데요, 호주가 죽으면 장남이 갓난아기라도 누나를 제치고 호주가 되잖습니까? 여기에 대해서는 어떻게 생각하십니까?

(답변내용)

이것은 너무나 현실을 잘 지적했기 때문에 부인할 수가 없습니다. 그러나 우리나라의 전통적인 제도로 보나 이것을 감안하여 법제화한 현행 민법상으로 보아 불가피한 입장이 되어 있다고 생각이 듭니다. 누구나 이 세상에 태어났으면 자기 일신으로 마감을 짓지 아니 하고, 무엇인가 자취를 남기고 싶은 심정은 만인이 동일할 것입니다. 때문에 내 가문을 백년 천년 지속적으로 이어가고 일관성으로 같은 성씨를 유지하기 위해서는 남아 선호가 당연하다고 생각됩니다.

현행법상 호주가 죽으면 장남이 갓난아기라도 큰누나를 제치고 호주가 된다고 말씀하시는데, 만일 갓난아기라도 아들로 호주를 아니 하고, 누나인 여자로 호주를 승계시킨다면, 이미 지적한 바와 같이 가정을 파괴하는 일대 혼란이 오기 때문입니다. 다 같은 자식인데 아들이 더 예뻐서가 아니라, 여자는 출가하면 내 식구가 아닌 사실을 알면서 어떻게 호주로 승계시킬 수 있단 말입니까? 그래서 예부터 출가외인이라고 해서, 어려서만 내 가족일 뿐 커서 출가하면 내 가족이 아닙니다. 때문에 대를 잇고 가정을 유지하기 위해서는 남아를 선호할 수밖에 없습니다. 만일 아들이 없다면 모르거니와 아들이 있는데, 어느 누가 출가 시킬 딸에게 호주를 승계시켜 딸과 사위에게 자기 가정을 맡기겠습니까? 이것은 있을 수 없다고 생각합니다.

이상입니다.

(답변자) 성균관 가족법대책위원장 이덕희

3.4 2002년

3.4.1 한명숙 여성부장관에게 보내는 10조항 공개질의서

〈2002. 3. 1. 유교신문〉

먼저 장관님께서 세계적으로 유일한 여성부 장관이라고 하는 조각組閣 사상 없었던 장관으로 발탁된 것을 축하합니다. 그리고 우리나라 전 여성을 위해서 끝없는 여권신장에 불철주야 얼마나 노고가 많으십니까?

드릴 말씀은 날짜는 정확히 기억하지 못합니다마는, 근자에 장관님께서 TV 아침마당에 나오셔서 대담하신 말씀을 듣고 전 유림은 참으로 경악을 금치 못했습니다. 물론 여성만을 위해서 신설된 여성부라면, 오직 여성을 위해서 신명을 바치는 것이 장관님의 부하된 임무요 사명이라고 생각되지만, 그러나 남성들이 볼 때 너무나 지나치지 아니한가 해서 몇 가지 의문점을 공개 질의하오니 이해와 납득할 수 있는 답변을 주시기 바랍니다.

장관님께서는 호주제 폐지와 친양자제도를 앞장서서 적극 지지 찬성하고 계시는데,

1. 만일 호주제도가 폐지되고 친양자제도가 도입될 경우 우선 가정을 이끌어갈 주인이 없어집니다. 가정에 호주가 없다면 국가에 대통령이 없는 것과 같다고 보는데 이래도 된다고 생각하십니까?

2. 자식이 부모 양방에 입적이 가능하게 되는 바, 부자가 성이 다르고 형제가 성이 다를 뿐 아니라, 조상도 족보, 친척도 다 없어집니다. 이것은 기정사실입니다. 진돗개도 족보가 있다는데, 짐승이 아닌 사람으로서 이럴 수는 없다고 보는 바, 장관님께서는 이래도 좋다고 생각하십니까?

3. 사람을 포함한 모든 만물은 근본과 뿌리가 있습니다. 나무도 뿌리를 자르면 고사하는데, 사람이라고 뿌리를 제거한다면 우선은 그 몸뚱이는 살아있겠지만 급기야는 살아남지 못한다는 것은 자연의 원리라고 생각합니다. 그런데 장관님께서는 호주제 폐지를 주장하시니 이것은 인간의 뿌리를 제거하는 것입니다. 이래도 장관님께서는 뿌리가 없어도 자신부터 건강하게 오래 살 수 있다고 생각하십니까?

4. 그리고 친양자 제도를 적극 주장하시는데, 이혼여성이 자녀를 데리고 재혼할 때 불편한 것은 사실입니다. 그러나 특례법 같은 다른 방법으로 구제할 수 있다고 봅니다. 그런데 불변의 원칙인 타고난 제 성을 버리고 의부의 성에 붙인다면, 이 것은 인권유린이 될 뿐 아니라 그 아이가 성장하면 제 성을 찾을 것은 너무나 당 연합니다. 이때에는 어떻게 할 것인지 의문이며, 또는 재혼한 여성이 때로는 두 번, 세 번 갈 수도 있습니다. 그럴 때는 자녀의 성을 두 번, 세 번 바꿔야 되는데 이것도 좋다고 생각하시고 또는 사람이 할 짓이라고 생각하십니까?

5. 오늘날 우리 사회는 부모도 죽이고 또는 버리기도 하고 심지어 대학교수가 효도 가 사람 잡는다고까지 하는 세상입니다. 사람은 누구나 늙으면 노인인데, 현재 가정적으로 사회적으로 말할 수 없이 천대받는 노인을 위해서 노인복지부 신설 이 시급하다고 보는데 이것은 어떻게 보십니까?

6. 여성부는 꼭 여권신장을 위해서만 신설된 것은 아니라고 사료됩니다. 모든 여성 으로 하여금 현모양처를 만들어 신사임당과 같은 훌륭한 여성을 많이 배출시키 는 것도 장관님의 책임이라고 생각하는데 현재 그렇지 못합니다. 여기에는 책임 이 없다고 생각하십니까?

7. 장관님께서 취임하신 이후 이혼율이 계속 늘고 가출부가 날로 증가하고 있는데, 이것은 역사상 가정파괴 원흉장관이라고 하는 오명을 면치 못할 것입니다. 여성 을 위해서 여성부가 출범했다면, 과연 이것이 여성만을 위해서 노력하신 좋은 결 과는 아닐 것입니다. 이것은 그간 호주제 폐지와 친양자 도입에만 주력하시다보 니 은연중 계속 이혼과 가출을 부추긴 것으로, 수많은 가정을 파괴시킨 대 죄악 이 아닐 수 없습니다. 이에 도의적인 책임을 지시고 사임하실 의도는 없으신지요.

8. 여성부는 여성만을 위해서 생긴 부서라고 생각합니다. 그러므로 오늘날 남성들 이 가정적으로 여성을 위해서 경제권도 거의 여성에게 이양하고 있으며, 여성들 의 사회진출도 남성에 뒤지지 않습니다. 그래서 현재 여성들은 정치, 경제, 사회 모든 면에서 남성들을 추월하고 있는 실정입니다. 계속 이러한 추세로 나간다면 남성은 설 곳이 없어집니다. 현재 지나친 여권신장으로 오히려 남성이 여성으로 부터 모든 면에서 유린당하고 있는 실정은 세인이 공감하고 있습니다. 때문에 이

제는 여성부를 남성부로 교체하는 것이 남녀 평준화가 될 것입니다. 어떻게 생각하십니까?

9. 장관님께서는 호주제 폐지 실천에 앞장서는 의미에서 먼저 부부가 공평하게 성을 합쳐서 아드님께 박한길朴韓吉이라고 하는 성명을 붙여준다고 자랑스럽게 말씀하시면서, 호적에는 현행법상 뜻을 이루지 못했지만 우리 가정에서는 박한씨로 사용한다 하시었습니다. 그렇다면 장관님의 아드님은 앞으로 박한씨의 시조가 되는 것입니다. 그런데 만일 아드님이 앞으로 두 성 가진 여성과 결혼하게 되면 성이 넉자가 됩니다. 이와 같이 대가 내려갈수록 성자姓字는 점점 늘어만 갈 텐데, 대대로 부는 성을 일부 떼어버릴 수도 없는 바 나중에는 성이 백 자, 이백 자가 되어도 상관없다고 생각하십니까? 이에 대해서 국민들이 납득할 수 있도록 답변해 주시기 바랍니다.

10. 장관님께서 아드님에게 박한씨를 창시했다면 아드님은 현재 자기 박씨의 조상, 족보, 친척은 물론 부모, 형제까지도 다 버려야 되는 것입니다. 박한씨가 어떻게 박씨와 일가라고 하며 부모라고 하겠습니까? 이것은 자동적으로 그리 될 것입니다. 그렇다면 장관님 때문에 아드님은 자기가 세상에 태어난 뿌리까지 자연 버리게 될 것입니다. 오직 부부만이 내 가족일 뿐, 자식과 손자도 성이 다를 때 내 자식, 손자라고 할 수는 없을 것입니다. 어떻게 생각하십니까?

이상 열 가지 질문에 정확한 답변을 주시기 바라면서 끝으로 한 말씀 가첨하고 싶은 것은 만일 장관님 주장대로 호주제가 폐지되고 친양자법도 도입된다고 볼 때, 앞으로 20년, 30년 또는 100년 후 우리나라 미래상은 과연 어떻게 될 지 한 번쯤 생각해 보신 적 있으십니까? 수 천 년을 지켜온 고유문화로 인한 예의국의 아름다운 모습은 간 곳이 없고, 가정마다 사촌간 남매간이 결혼하는 짐승 우리가 된다고 할 때, 국민의 원성과 함께 장관님의 악명은 하늘을 찌를 것이며 아마도 부관참시까지 하게 될 지도 모릅니다. 이런 점을 감안할 때 현재 장관님께서는 장관으로서 국태민안은 못시킬망정 국론을 분열시키고 국기를 흔들며 국민간의 위화감을 조성하고 있는 것이 사실입니다. 그렇다면 장관님께서는 더 이상 자리 지키기에 연연하지 마시고, 더

늦기 전에 국민 앞에 사과하시고 하루 속히 사임하시는 것이 도의적 책임을 면하는 길이요, 현명하신 처사라고 사료되오니 재삼 고려하시기 바랍니다.

2002년 3월

성균관가족법 대책위원회 위원장 이덕희 올림

3.4.2 반드시 구분해야 할 두 가지 〈2002. 4. 5. 공주신문〉

사람은 살아가면서 가정, 사회 또는 국가에서 꼭 해야 할 일과 절대 해서는 아니 될 일이 있을 것이다.

그런데 사람은 이 두 가지가 엄연히 분류되어 있는 줄 알면서도 무슨 일을 할 때에는 거의 구별 없이 적당히 처리하고 마는 경향이 있다. 이것은 사람이 일하다 보면 간혹 그럴 수도 있겠으나, 꼭 할 일과 해서는 안 될 일은 반드시 구분하여야 매사가 원만히 처리되고 뒤에 탈도 없을 것이다. 그럼에도 오늘날에 와서는 특히 이것을 혼돈하거나, 또는 의도적으로 구분하지 아니 하고, 되는대로 살자는 풍조가 점점 늘고 있어 바로 이것이 각종 문제를 야기 시키고 있는 것이다.

신뢰받는 국가 사회로.

때문에 이로 인한 국민간 불신과 갈등이 점점 심화되어 현재 정치, 사회, 가정 어느 한 곳도 안심하고 믿을 곳이 없어 모두가 불안한 것이다. 이것이 어디에서 야기된 것인지 원인을 규명해 볼 때, 이것은 한마디로 정치부재에서 국가가 신뢰받지 못하고 정치가 신뢰받지 못한 원인에서 나오는 산물이기 때문에, 여기에 수반되는 사회, 가정까지도 신뢰받지 못하고 서로가 서로를 의심하고 불신하는 풍조만 팽배해 있는 것이다. 그러므로 국가는 날로 부정, 비리의 색출에 여념이 없고 사회는 날로 험악해지며 가정은 가출부, 이혼녀만 날로 증가하고 있는 것이다. 이와 같이 사회가 불안하고 가정이 훼손될 때 국가는 안전하겠는가.

오늘의 우리나라 정치상 사회상을 관망할 때, 어느 국민인들 국가의 앞날을 걱정하지 아니 하겠는가. 어찌해서 정부는 이런 점을 사전 국민에게 선도하지 못하고 또는 미연에 방지하지 못하고, 오히려 가정이 붕괴되는 이혼, 가출 같은 망국적인 것을 은연 중 부추기고 있는지 참으로 알 수 없는 일이다.

정부가 국민에게 이와 같이 나쁜 점을 부추기고 있는 것이 한두 가지가 아니다. 8촌 이내 금혼법, 호주제도 폐지, 친양자제도 도입 등 모두가 정부의 주장이다. 왜 정부가 앞장서지 아니 하면 안 되는 이유라도 있는 것인지 모르겠다. 이와 같이 중대한 문제까지 논하기에는 지면상 어렵고 그 외에 실례 한 가지만 든다면, 근년 새로 신설된 여성부는 출범 목적이 여성만의 권익보호와 여권신장을 위해서 세계적으로 유일하게 우리나라만이 신설된 특유의 부서라고 볼 때 좋은 점도 있다. 그러나 현재 좋은 점을 살려나가기보다는 여성들을 나쁜 곳으로 오도하고 있어 사회적 물의를 일으키고 있다. 이것이 문제인 것이다.

현모양처를 육성하라.

여성부가 한갓 여성의 권리와 이익만을 주장하는 여성부가 되어서는 아니 된다. 여성의 아름다운 미덕, 품행 등을 권장하여 사회에 표본이 되고 가정의 현모양처가 되도록 인도하여야 한다. 그리하여 가정을 건전하게 지키면서 정치, 경제, 사회 모든 분야에 진출하도록 유도하여야 하며 이어서 가정적으로, 사회적으로 훌륭한 여성을 많이 배출시키는데도 역점을 두고 노력하는 것이 바로 여성부의 의무요, 할 일 이라고 사료된다.

그런데 우리나라는 현재 여성부가 출범한 이후 훌륭한 여성이 배출된다는 미담은 별로 들어보지 못하고 다만 가출부, 이혼녀만 일익 증가하고 있다는 것이다. 이유인즉, 여성부에서 여권신장에만 주력하고 여성으로서 가정에서 반드시 지켜야할 의무와 주부로서 갖추어야 할 품행, 품격 같은 인격도야에는 전혀 고려하지 아니 하고 있다는 것이다. 그리하여 오직 여성으로 하여금 마음만 부풀게 한 것이 바로 가출, 이혼을 부추기는 요인이 되고 있다는 것이다.

권리·의무는 병행돼야.

때문에 사람은 개인이나, 단체 어느 곳을 막론하고 내가 권리를 주장 할 때는 반드시 의무감이 뒤따라야 한다는 것이다. 그러나 우리나라는 현재 정치부터 사회, 가정 그리고 개인까지도 거의 자기 권리만 주장하고 의무이행은 하지 아니 하려 한다. 이 것이 바로 오늘날 모든 정치적인 모순, 제반 사회악 그리고 가정의 파괴까지 부르고 있는 것이다. 이러한 현실 속에서 우리나라는 현재 한 달에 가출부가 1,000명이 넘 고 신혼부부 30%가 이혼한다고 하는데, 이래도 정부 측 여성부에서는 별다른 대책 없이 수수방관만 하고 있는지 참으로 알 수 없다. 그러나 이 심각한 문제는 전적으로 여성부가 책임져야 한다. 전술한 바와 같이 이 문제는 여성부가 신설된 이후 이혼녀, 가출부가 급증하기 때문이다.

여성을 위하는 여성부라면 이럴 수는 없다. 이혼, 가출을 강 건너 불 보듯 해서는 아니 된다. 하루 속히 막아야 한다. 여권신장만이 여성을 위하는 것은 결코 아니다. 다시 말하면 어떻게 나만이 잘 살자고 인정상 사랑하는 남편, 아내를 버리고 이혼하 며 가출을 밥 먹듯 할 수 있단 말인가. 인간이라면 차마 못할 짓이다. 이것은 결과적 으로 가정이 파괴되고 국가의 기초가 흔들리는 망국적인 징조이다. 정부는 이것을 하루 속히 방지책을 강구하는 것이 정책상 급선무며 큰 과제인 것이다. 이러하기 때 문에 사람은 반드시 꼭 해야 할 일과 절대 해서는 안니 될 일을 분명히 구분하면서 살아야 하며, 이어서 모든 권리와 의무가 같이 병행될 때 비로소 국가, 사회 그리고 가정이 안정될 것이다.

3.4.3 호주제 폐지 안 된다. 〈2002. 4. 19. 공주신문〉

우리나라가 유구한 역사를 자랑하는 것은 바로 전통적으로 지켜온 민족의 뿌리 문화유산이 많이 있기 때문이다.

만일 전통적으로 자랑할 수 있는 문화유산이 없다면, 이것은 국토만 갖고 있을 뿐 국가를 상징하는 역사적 가치관과 면면이 이어온 민족적 긍지가 전혀 없어 한낱 주 인 없는 빈집과 조금도 다를 바가 없을 것이다. 그러므로 어느 나라를 막론하고 가장 중요시하는 것은 바로 그 나라의 역사적 가치를 갖고 있는 전통과 문화유산이 얼마 만큼 많이 있느냐에 따라 그 나라의 위대성과 가치관을 평가하게 될 것이다. 때문에 우리나라도 국내 어느 곳을 가더라도 국보급 문화재, 지방 문화재 그리고 유형, 무형 문화재가 비일비재하다. 이것이 바로 관광자원도 될 뿐 아니라 우리나라를 빛내주는 큰 보배인 것이다. 그래서 현행 헌법 9조에 명시된 바와 같이 국가는 전통문화 계승 발전과 민족문화 창달에 노력해야 한다고 법으로 보장하고 있다. 때문에 정부는 이것을 뒷받침하기 위해서 유형무형 간에 문화재를 막대한 예산을 투입하여 보호 관리하고 있는 것이다.

그럼에도 불구하고 이에 생각이 미치지 못하는 정부 측 여성부와 일부 여성단체에서는 우리나라 전통문화요, 미풍양속인 가부장적 호주제도가 일제의 잔재라고 폐지하기를 주장하고 있다. 그렇지만 이것은 절대 일제의 잔재가 아니다. 다만 일제가 본래 있는 호적상 대표가 되는 호주라고 하는 명칭만 붙였을 뿐, 가부장적 호주제도는 상고부터 내려온 우리나라 고유제도가 분명한 것이다. 예나 이제나 가정에 통솔자인 호주가 없이 한집안을 어떻게 이끌어 왔겠는가? 때문에 일제의 잔재라고 하는 것은 어불성설이다.

또한 이들은 주장하기를 왜 전 가족이 호주 한사람의 지배를 받으면서 사느냐, 가족이라면 누구나 똑같은 권리를 갖고 있다, 하면서 식구마다 따로따로 자기의 호적으로 신분등록부라고 하는 것을 만들자는 것이다.

그러나 이것은 실현이 불가능하며 사리에 불합리하기 때문에 될 수 없다고 사료된다. 그리고 또 있다. 자식은 어미 아비가 똑같이 낳았는데 어찌해서 자식은 아비 성만 따르느냐, 자식도 어미 아비 똑같이 나누어 호적에 입적시키자고 하면서 이것이 바로 부부 평등이라고 주장하고 있다.

그러나 이것은 안 되는 이유가 있다. 이럴 때 어느 가정을 막론하고 가통과 혈통이 무너져 아비는 이씨, 자식은 김씨, 손자는 박씨가 되면서 조상, 족보, 형제, 친척 모두가 없어지기 때문에 이것은 절대 안 되는 것이다.

사람은 눈에 보이는 근시안적인 사고에 집착할 것이 아니라 먼 훗날 백년, 천년을 생각하면서 우리나라 역사는 바로 우리 민족이 지켜야 한다. 국가의 자랑이요, 국민의 긍지인 전통문화도 바로 우리 손으로 지켜야 한다.

그리하여 유형무형 간에 모든 문화유산은 조금도 훼손하지 말고 떳떳하게 당당하게 우리 후손에게 물려주는 것이 바로 우리가 할 일이요, 의무라고 생각한다.

전 공주향교 전교 이 덕 희

3.4.4 희박해지는 친족양자 개념 〈2002. 5. 3. 공주신문〉

요즘 새로 등장한 친양자親養子라고 하는 사전에도 없는 단어의 이해를 돕기 위해서는 먼저 전래의 양자법을 설명하지 않을 수 없다.

본시 양자라고 하는 것은 자식 없는 사람이 자기 대를 잇기 위해서 자기 친족 중 질항姪行이 되는 사람을 양자로 삼아 끊기는 가통을 이어가고 조상의 향화香火를 받들게 하는 것이다.

때문에 양자는 반드시 동성동본 중 가장 가까운 친족을 택했으나 부득이하면 먼 일가에서도 입양했던 것이다.

그런데 요즘은 대를 존속하기 위한 전래의 친족 양자 제도는 거의 사라지고 새로 생긴 타성 간 친양자 제도라고 하는 것이 등장한 것이다.

그러나 친양자 제도 자체의 근본목적은 일리가 있어 나쁘게만 볼 수는 없다. 자식 없는 사람이 부모도 없고, 성도 없이 버려진 고아를 데려다가 길러 내 자식으로 삼아 고독함도 달래고 비록 친족은 아니지만, 대를 잇는다는 것은 좋은 일이 아니라고 할 수는 없다. 그래서 친양자라고 하는 술어는 남의 자식이지만 친자식 같이 기른다고 해서 친양자라고 한다는 것이다.

예부터 낳은 공은 없어도 기른 공은 있다고 했다. 그래서 옛날에도 울타리 밑에서 내다버린 어린애를 주워 다가 길러서 내 호적에 입적시켜 내 자식으로 만든 예는 많이 있다. 이것은 부모도 모르고 성도 모르기 때문에 가능하다고 보지만, 부모와 성이 분명히 있는 남의 다 큰자식을 데려다가 저를 낳아 기른 아비를 버리고 남의 자식이 되라고 하는 것은 아니 되는 것이다. 다만 의부義父와 의자義子는 될 수 있는 것이다.

그런데 요즘 정부의 여성부와 일부 여성단체에서 주장하는 친양자 제도는 이와는 정반대다. 이것은 완전 친양자 제도의 근본 목적을 저버리고 이 제도를 역이용하여 재혼하는 여성의 편의를 위해서 악용하려는 것이다.

이것은 어불성설이다. 어떻게 본 남편의 자녀를 데리고 재혼한다고 해서 자식에게 제 본성을 버리고 의부아비의 성을 따르라고 하는 것인가? 이것은 윤리 상 있을 수 없다. 뿐만 아니라 성은 날 때부터 타고났으며, 피는 속일 수 없기 때문이다. 사람은 순리적으로 살아야 한다. 인륜과 도덕을 무시하고 만물의 영장인 인간이 될 수 없는 것이다. 역리적인 행위는 할 수도 없으며 해서도 아니 될 것이다.

전 공주향교 전교 이 덕 희

3.4.5 가계단절 가정파괴 안되게 호주제 존속해야 〈2002. 5. 13. 중앙일보〉

우리나라 헌법 제10조에 모든 국민은 인간으로서의 존엄과 가치를 갖는다고 명시돼 있다. 현 정부는 앞장서 호주제 폐지를 강력히 주장하고 있다. 이것은 인간의 존엄과 가치를 전혀 고려하지 않은 처사다. 현행 호주제가 국정수행에 걸림돌이 되는 것도 아니요, 국가 경제성장에 저해요소도 아니다.

호주제 폐지 주장은 생각이 짧은 극소수 여성의 의견일 뿐 전 국민의 뜻이 아님을 알아야 한다. 그러므로 사리 판단이 정확한 국민이라면 남녀를 막론하고 어느 누가 가정을 파괴하는 호주제 폐지를 찬성하겠는가? 그럼에도 불구하고 정부는 민의를 무시한 채 힘으로 밀어붙여 조상의 얼이 담긴 아름다운 문화유산을 말살하고 온 국민을 금수 세계로 몰아넣으려 한다.

이것이 위국위민하는 선정善政이란 말인가? 왜 국기國基를 흔들고 국론國論을 분열시키며 가정을 파괴하면서까지 호주제를 폐지하려 하는가? 이것은 국가의 존망에 관한 문제이며, 역사에 큰 오점을 남기는 참으로 위험한 발상이다.

호주제가 폐지되면 안 되는 이유 몇 가지를 설명하겠다.

첫째, 호주제도가 폐지되면 민법 781조의 자는 부父가에 입적한다는 조항이 삭제되고 부모 쌍방에 입적이 가능하게 된다. 이렇게 되면 부자도 성이 다르고 형제자매도 성이 다르게 된다. 이래도 부자지간이요, 형제자매지간이라 하겠는가? 오늘날 동성동본도 팔촌 이상이면 결혼하자는 것이 정부 측 법안인데 이 시점에서 아무리 남매男妹간이라고 하지만 성이 다르면 남남인데 사랑하고 결혼한들 법적으로 무슨 하자가 있겠는가? 친아버지가 시아버지가 되고, 친어머니가 시어머니가 될 것은 자명하다. 여기에 무슨 가족 관념과 가정 개념이 있겠는가? 이것은 가정 파괴가 아니고 무엇이란 말인가?

둘째, 이혼자녀의 의부 성 따르기다. 물론 이혼여성의 불편은 이해한다. 그러나 인간의 성은 어머니 뱃속에서 정해졌기 때문에 영원히 바꿀 수가 없는 것이다. 만일 성을 바꾼다면 자식에 대한 씻지 못할 모독행위다. 어떻게 어머니가 자기 행복을 추구하기 위해 타고난 자식의 성가지 바꾸면서까지 행복을 찾으려 한단 말인가? 만의 하나 세 번, 네 번 결혼한다면 자식의 성도 세 번, 네 번 바꿔야 하는데 이것이 과연 부모로서 할 짓인가?

셋째, 호주제가 폐지되면 어느 가정을 막론하고 가계가 단절되고 대가 끊긴다. 영원히 뿌리까지 없어져 자기가 태어난 흔적조차 찾을 길이 없다. 성이 뒤죽박죽되면서 촌수寸數도 항렬行列도 따질 수 없다. 부자 형제도 남남이 되고 조상, 족보, 일가친척도 다 없어진다. 이같이 가정이 무너지는데 국가인들 안전하겠는가? 생각만 해도 모골毛骨이 송연悚然하다. 오늘날 같이 가정을 파괴하는 악정은 우리나라 역사상 찾아 볼 수 없다. 참으로 애석한 일이다.

정부는 우선 보이는 목전의 이익만 추구하지 말고 국가의 백년대계와 자손의 앞날을 위해 망국적인 호주제 폐지 방침을 하루속히 철회하라. 그렇지 않으면 뜻 있는 국민과 더불어 1천만 유림가족들은 총 궐기할 것이다. 정의가 이긴다는 필승의 굳은 신념을 갖고 정부가 호주제 폐지안을 철회할 때까지 목숨 걸고 계속 투쟁할 것이다. 이상은 전국 유림 가족이 하나같이 외치는 목청이다.

성균관가족법대책위원장 이 덕 희

3.4.6 '콩가루 집안' 만들고 싶나 〈2002. 5. 12. 세계일보〉

현재 호주제 폐지를 놓고 유림과 일부 여성단체가 치열하게 대치하고 있는 시점에서 호주제 폐지를 국무회의에서까지 결의한단 말인가. 호주제 폐지는 우리 1,000만 유림 가족들이 목숨을 걸고 막을 것이다. 호주제가 폐지돼서는 안 되는 이유를 몇 가지 설명하겠다.

첫째, 호주제가 폐지되면 민법 781조의 자는 부가에 입적한다는 조항이 삭제되고 부모 쌍방 입적이 가능하게 되어 같은 자식, 같은 형제자매지만 어떤 자식은 아버지 성씨, 어떤 자식은 어머니 성씨를 가지게 될 것이다. 이래도 부자간이요, 형제자매라고 하겠는가?

둘째, 이혼자녀의 의부 성 따르기다. 물론 이혼여성의 불편은 이해한다. 그러나 성은 어머니 뱃속에서 정해졌기 때문에 영원히 변할 수가 없는 것이다. 만일 성을 바꾼다면 자식에 대한 씻지 못할 모욕이요, 또한 역천 행위다.

셋째, 호주제가 폐지되면 어느 가정을 막론하고 가계가 단절되고 대가 끊긴다. 그리고 영원히 뿌리까지 없어져 자기가 태어난 흔적조차 찾을 길이 없다. 뿐만 아니라 호주제가 폐지되면 부자, 형제, 자매의 성이 뒤죽박죽되어 완전 요즘 유행어와 같이 '콩가루 집안'이 될 것이며, 누가 누구인지, 촌수도 항렬도 따질 수 없다. 이러한 상황에서 예의가 어디 있고, 질서가 어디 있겠는가. 가정이 무너지는데 국가인들 안전하겠는가?

성균관가족법대책위원장 이 덕 희

3.4.7 인륜 급속히 무너져 〈2002. 5. 16. 중앙일보〉

호주제 폐지 주장은 국가의 존망에 관한 문제며, 역사에 큰 오점을 남기는 위험한 발상이다. 그러면 안 되는 이유는 이렇다.

첫째, 호주제도가 폐지되면 부모 쌍방에 입적이 가능하게 된다. 그러면 같은 자식, 같은 형제자매지만 어떤 자녀는 아버지 성을, 어떤 자녀는 어머니 성을 따르게 된다. 오늘날 동성동본도 팔촌 이상이면 결혼하자는 것이 정부 측 법안인데 이 시점에서 아무리 남매간이라고 하지만 성이 다르면 남남인데 사랑하고 결혼한들 법적으로 무슨 하자가 있겠는가. 친아버지가 시아버지가 되고 친어머니가 시어머니가 될 것은 자명하다. 이것이 가정파괴가 아니고 무엇인가.

둘째, 이혼한 자녀의 의부 성 따르기다. 물론 이혼 여성의 불편은 이해한다. 그러나 인간의 성은 어머니 뱃속에서 정해졌기 때문에 영원히 바꿀 수가 없는 것이다. 어떻게 어머니가 자기 행복을 추구하기 위해 타고난 자식의 성까지 바꾸면서까지 행복을 찾으려 한단 말인가.

만의 하나 세 번, 네 번 결혼한다면 자식의 성도 세 번, 네 번 바꿔야 하는데 이것이 과연 부모로서 할 짓인가.

셋째, 호주제가 폐지되면 어느 가정을 막론하고 가계가 단절되고 대가 끊긴다. 영원히 뿌리까지 없어져 자기가 태어난 흔적조차 찾을 길이 없다. 부자, 형제도 남남이 되고 조상, 족보, 일가친척도 다 없어진다. 가정이 무너지는데 국가인들 안전하겠는가.

성균관가족법대책위원장 이 덕 희

3.4.8 국한자 혼용하여 일상용어 바로알자. 〈공주신문〉

서 론

인간이 살아가면서 가장 긴급하고도 중요한 것은 의식주 세 가지일 것이다. 때문에 우선적으로 의식주를 해결 못한다면 여타餘他는 논할 필요조차 없을 것이다. 그러므로 동서고금을 막론하고 의식주 삼대 요소를 해결하기 위해서 국가나 사가에서 생사를 무릅쓰고 최선을 다해서 이 문제를 해결하려고 노력하는 것이다. 그리하여 의식주가 해결되면 다음으로는 사람으로서 사람도리를 하면서 인간답게 살기를 원할 것이다. 이것이 바로 만물을 지배하는 영장 인간이기 때문에 국가는 국민을 가르치고 가정은 자식을 가르쳐 참다운 인간으로 재탄생 시키는 것이다. 그렇다고 무엇이든 분별 없이 무조건 가르치고 배워서는 아니 된다. 반드시 인간생활에 유익하고 필요한 것만 선택해서 배우고 가르쳐야 한다.

그런데 요즘이 아니라 언제부터인지 우리나라에서 가르치는 대국민 지도교육이나 학생 교과정책이 선택의 여지도 없이 갈팡질팡 방향감각을 완전 잃은 상태이다. TV를 포함한 모든 교육방법이 어디에 주안점主眼點을 두고 국민을 교육시키려 하는지 도무지 알 수 없다. 분명한 것은 모든 것을 볼 때 멀리 내다보는 백년대계의 원대한 교육제도가 아니고 근시안적 미봉彌縫 교육만은 틀림없다.

그리하다 보니 교육정책의 변동이 심할 수밖에 없다. 단 일 년을 내다보지 못하는 정책을 수립하고 있는 것이다. 이것은 우리나라 위정자들이 목전 이익만을 추구하고 있는 때문이다. 이것도 위국위민하는 정치라고 할 수 있겠는가. 물론 날로 발전하는 변화 속에서 시대와 조화를 이루기 위해서는 시대에 적응하는 불가피한 교육 변화도 있어야 할 것이다.

그러나 교육은 반드시 두 가지로 분류하여 정책을 수립하고 교육을 시켜야 할 것이다. 하나는 수시로 변경 시킬 수 있는 교육(예: 기술교육, 과학교육 등), 그리고 하나는 영원불변의 근본교육(예: 충효를 근본으로 한 인본사상교육과 탈선을 바로잡는 예의염치 禮儀廉恥의 정신 교육)이다.

그럼에도 우리나라 교육정책은 이 두 가지를 분류하는 교육제도가 되어 있지 아니할 뿐 아니라, 인류가 존재하는 한 반드시 필요로 하는 인성 인본의 윤리교육은 전무 상태이다. 다만 경제 성장만을 위주로 하는 생존경쟁의 교육만 실시하다 보니, 인심만 각박해지면서 국민 모두가 도덕성이나 양보심 같은 기본 양식은 찾아 볼 길 없고 오직 목전 이익추구에 혈안이 되어 있다. 이러한 시점에서 어떻게 국가 백년을 설계하는 교육정책을 수립할 수 있겠는가. 먹고 사는 것도 중요하고 잘 사는 것도 좋지만 우리나라는 현재 국민들이 먹을 것을 추구하려고 혈안이 된 것이 아니라 먹을 것이 남아돌아 즐기며 노는데 혈안이 되고 있는 것이다.

그러나 시대의 흐름이 이럴수록 국가는 여기에 최소한 기본 예의만이라도 지킬 수 있는 인성인본 교육을 시켜야 질서가 다소 잡히고 나라가 나름대로 편안할 것이다. 그리하여 인성인본 교육의 기본이 되는 충효를 바탕으로 한 예의염치禮儀廉恥 사유四維 교육부터 실시하여야 한다. 그러나 예의염치 교재는 반드시 근본이 한자 한문에서 나오기 때문에 우선적으로 한자부터 가르치고 동시 사용하여야 한다. 그리하여 한자교육이 일상생활에 얼마만큼 필요한 것인지 알아보기로 한다.

본 론

한자는 왜 반드시 배워야 하나.

우리 국민이 현재 쓰고 있는 국어 중 90%가 한자어로 되어 있어 소리, 뜻, 글자 삼요소를 갖추고 있는 어원인 한자를 모르면 국어의 깊은 뜻을 알 수 없다. 예를 들자면 TV에서 흔히 말하는 '난상토론'의 난상의 뜻을 저마다 알기 어렵다. 자주 듣다보니 그냥 짐작으로 아는 것뿐이다. 다른 예를 들면 가정에서만 쓰는 일상용어 중 부모, 형제, 남매, 숙질, 고부, 손자, 자식 그리고 주방, 식탁, 탁자, 요리대, 다용도실, 냉장고, 온장고, 온수기, 거실, 침대, 화장실, 변기, 세탁기, 욕조, 시계, 선풍기, 온풍기 등등 하나에서 열까지 거의 한자어이다. 따라서 정치, 경제, 문화, 사회 그리고 신문, 행정도 한자어 그대로 쓰고 있으면서 웬일인지 한자는 가르치지도 아니 한다. 어원도 모르고 남이 쓰니까 나도 일상 습관적으로 쓰는 관용어慣用語가 되어 쓰는 것뿐이니 사실 수박 겉핥기다. 지나친 표현이 될는지 모르지만 우리나라 교육제도가 현재 대학원 2년은 그만 두더라도 보편적으로 초등학교에서 대학까지 장장 16년을 학교에서 공부하게 된다.(옛날에는 십년만 한문을 공부하면 과거를 본다고 했는데) 그럼에도 16년 졸업후 한자로 자기 성명 삼자를 똑바로 못쓴다고 들었다. 물론 다 그런 것은 아니지만 이런 표현은 너무나 당연하다. 배우지 아니했기 때문이다. 그런 입장에서 어떻게 아버지, 할아버지 이름자를 제대로 알아보고 쓰겠는가. 16년 배운 결과가 겨우 이렇다면 참으로 한심한 일이다.

이것은 음식을 먹으면서 맛을 모르는 것과 조금도 다를 바가 없는 것이다. 웃어넘길 일이 아니라 너무나 잘못된 교육 제도 때문이 아닐 수 없다. 그렇다면 한자는 영원토록 안 쓸 것인가. 그렇게는 안 될 것이다. 불원간 언젠가는 다시 쓰는 시기가 도래하게 된다. 다만 우리의 세대만 일자 무식꾼이 된 것이다. 보통 말하기를 영어나 수학을 모른다고 해서 무식하다고는 아니 하지만, 생활 상식을 너무나 모르면 무식하다고 한다. 한 마디로 신문 한 장 못 보고 이해 못 한다면 무식하다는 소리를 들어 마땅하다. 신문을 읽는다 해서 다 보는 것은 아니다. 한자어를 해석할 줄 알아야 한다.

그러면 생활상식은 어디에서 나오는가. 이것은 100% 한자에서 나오는 것이다. 때문에 한자를 모르고 한자어를 해석한다는 것은 이미 서술한 바와 같이 수박 겉핥기다. 우리나라와 인접한 일본을 가보더라도 이정표 간판은 100% 한자로 표기 되어 있고 신문, 잡지 등도 자기나라 글과 100% 혼용하고 있다. 기타는 말할 것도 없을 것이다. 그런데 우리나라에서는 한자는 우리나라 문자가 아니다, 또는 한자를 사용하면 국가 발전에 저해가 된다, 운운하면서 광복 후 계속 국문학회서 주장해 왔고 정부나 학계에서 받아들이다 보니, 이제는 행정부 공문서는 고사하고 신문에서도 한자는 완전히 사라져, 한자어는 100% 쓰고 있지만 한자는 눈을 씻고 보아도 찾아보기 어렵다. 어찌해서 일본에서는 한자를 혼용하면 국가가 발전하여 경제대국으로 성장하고 우리나라가 한글한자를 혼용하면 국가발전에 저해가 되고 경제 성장이 둔화되는지 참으로 알 수 없는 일이다. 그리하여 현재 60대 이하는 억울하게도 거의가 한자를 모르는 무식꾼이 된 것이다.

그러나 앞으로 후대 후손까지도 계속 무식꾼을 만들 수는 없다. 이것은 국가적으로나 가정적으로 깊이 생각할 문제라고 본다. 그리고 전 국민이 반세기 동안 못 배운 점을 후회하면서 점차적으로 배워나가야 할 줄 안다. 우리나라가 수천 년을 내려오면서 배우고 써온 글인데 이제 와서 우리나라 글이 아니라고 배척한다면 왜 영어, 독어는 가르치고 배우는가. 이것은 필요하기 때문이다. 그러나 실제로 더 필요하고 더 많이 쓰는 것은 영어보다 또는 기타 외국어보다 우리가 조석으로 사용하는 한자어인 한자일 것이다. 한자는 국민이 누구나 말할 때마다 쓰는 글이지만 영어는 저마다 쓰는 것은 아니다. 그리고 한자는 우리나라 역사상 영원한 문자이지만 영어는 세계 추세에 따라 안 쓸 수도 있을 것이다.

결 론

영어는 항시 쓰는 것도 아니요 저마다 쓰는 것도 아니지만, 한자는 글자 하나라도 배워 두면 평생 쓰는 글이다. 듣건대 일본 초등학생이 우리나라 대학생보다 한자를 더 많이 안다고 한다. 참으로 부끄러운 일이다. 일본이 자기나라 글이 없어서 한문한자를 쓰는 것은 아니다. 모든 분야에서 필요하다고 인정이 되었기 때문에 열심히 가르치고 배우는 것이다.

성문화成文化된 한문은 배우기가 어렵지만 낱자로 된 한자는 참으로 배우기가 쉽다. 예컨대 전문적으로 배울 때 불과 5~6개월이면 우리가 충분히 쓸 수 있는 3,000자는 배울 수 있는 것이다. 필자가 광복 후 배워보았기에 아는 것이다. 어려워서 못 배운다는 말은 다 거짓말이다. 영어 단어 외우기에 비하면 아무것도 아니다. 그런데 왜 못 가르치고 못 배우는가. 그리하여 오늘날에 와서 국민 모두에게 한자 무식꾼을 만들어 생활상 불편을 주고 있는 것이다.

현 김 대통령이 공문서에 한글 한자를 병용하라고 지시한바 있으나 현재까지 실천을 못하고 있다. 이유인즉 전 공무원이 배우지 못하여 모르기 때문에 쓸 수가 없는 것이다. 그러나 국가의 장래와 민족의 앞날을 생각할 때 이제라도 초등학생부터 가르치기 시작하는 것이 현명한 일이다.

듣건대 유치원생부터 영어를 가르친다고 하는데, 영어는 임시 생활수단에 이용하려고 가르치는 것이요, 한자는 인생의 잘못된 행동을 영원히 바로잡는 인생철학의 학문이다. 때문에 우리나라도 일본과 같이 한글 한자 병용하여 학생을 비롯한 국민 모두가 배움으로 해서 모든 사회악이 부지중 소멸되고 국가가 안정되며 국민 모두가 안도감을 갖고 생업에 종사하도록 하여야 한다. 이유인즉 살인, 강도, 사기, 폭행 등 무지에서 나오는 인류의 모든 악성을 제거시키고 참다운 인간으로 순화시키는 원소인 예의염치가 한자어와 한문 속에 들어 있기 때문이다.

이 시점에서 아무리 정의사회를 구현하고 이상적인 정치를 한다고 해도, 경제가 다소 향상되고 국민생활 수준이 조금 좋아질 수는 있으나, 충효를 바탕으로 한 예의염치 교육을 실시하지 않는 한, 살인, 강도, 폭력 그리고 부정, 비리 등 제반 사회악이 근절되기란 산에 가서 고기 잡는 격과 같은 연목구어緣木求魚가 될 것이다. 때문에 우리나라에서 가장 시급한 것은 경제성장보다 선행하여야할 것이 바로 국가 기강을 바로 세워 관민이 다 같이 올바른 정신을 가지고 생활에 임하도록 하는 것이라고 본다. 그러므로 이것을 실행하기 위해서는 이미 서술한 바와 같이 모든 분야에서 불편을 해소하고 일상생활에서 무식을 면할 수 있는 한자교육부터 실시하여야 한다. 다시 말하거니와 우리는 영어, 컴퓨터가 일시 생활수단에 이용의 가치를 높일 수는 있으나 잘못된 인생을 바로 잡을 수 없으며 면무식은 될 수 없다고 본다.

정부는 하루 속히 과거 잘못된 점을 각성하고 김 대통령의 지시에 의하여 국문한자 혼용정책을 실시하기 바란다. 한자교육만이 오늘날 향방을 잃고 우왕좌왕하는 모든 국민에게 방향을 지시하는 나침반이 될 것이다. 그리고 이것이 바로 국가 장래와 가정 앞날을 걱정하는 식자의 간곡한 여망이기도 하다.

2002. 4. 30

성균관 가족법 대책위원장(전 공주향교 전교) 이덕희 씀.

3.4.9 노인복지·청소년 선도에 관심을 〈2002. 11. 1 공주신문〉

우리나라는 현재 사회적으로 물의가 일어나고 부작용이 많은 불요불급한 여성부보다 오히려 사회에서 소외되고 가정에서 푸대접 받는 불우한 남녀 노인들을 위해서 또한 사회적으로 일익 증가하는 제반 사회악을 근본적으로 방지할 수 있는 청소년 순화와 자질 향상의 원동력이 되는 인성인본 교육을 전담하는 청소년 선도부를 신설하는 것이 시대가 요구하는 우선적 급선무가 아닌가 사료된다.

예부터 정政은 정正이라고 하였다. 입법, 사법, 행정 3부를 통괄하는 정부는 모든 면에서 국민 모두가 공감하고 납득할 수 있는 시의적절時宜適切한 행정을 펼쳐, 전 국민에게 조금도 편벽됨이 없이 공평무사한 혜택을 주도록 하여야 하며 혜택 수수授受 과정이 투명하고 정당성이 있어야 한다. 특히 국민의 고락과 안위를 쌍견에 짊어진 일국의 통치자라면 국민에게 호불호好不好와 후박厚薄없이 균등하게 보살펴 원성 없는 정책을 펼쳐야 할 것이다.

그런데 우리나라 국민 정부는 출범하면서 세계적으로 유일할 뿐 아니라 국가적으로도 불요불급한 여성부까지 창설했다. 참으로 이해할 수 없는 일이다. 여성부는 행정부처의 일개 국局으로 가능하다고 본다. 여성에게는 대단히 미안한 언사가 될지는 모르지만 여성부라면 글자 그대로 여성만을 위하는 부처다. 그렇다면 날이 갈수록 남성 권익이 실종돼 가는 시점에서 남성을 위해서 남성부도 필요할 것이다. 때문에 여성부보다 차라리 날로 늘어나는 노인층을 위해서 노인복지부가 필요하며, 사회 안정을 위해서 청소년 선도부가 더욱 필요한 것이다. 이것은 국민 모두가 공감하는 부분이다. 그럼에도 현재 노인복지와 청소년선도에는 등한하고 여성부만을 창설하여 여권신장에 계속 박차를 가하고 있다. 하지만 여성 권익은 이미 한계점에 도달했다고 본다. 무한량 권익이란 있을 수 없다. 사회와 가정에서 가히 여성에게는 남성과 대비할 때 조금도 손색없는 권익을 부여하고 있는 실정이다. 이 이상 여권 신장을 도모하는 것은 남성을 유린하고 무력화시키는 결과를 낳게 될 것이다.

그러므로 우리나라에서 현재 여성이라고 해서 조금도 차별대우하거나 등한시하는 경향은 없다고 본다. 사회적으로나 가정적으로 모든 권익이 동등하며 남녀평준화가 최대한으로 이루어지고 있다. 남성이 할 수 있는 것은 여성도 똑같이 할 수 있는 기회를 주고 있으며, 정치인부터 고급 공무원 그리고 말단 공무원까지 조금도 남성과 차별이 없다고 본다. 여성부가 출범한 이후 현재는 남성을 위협할 정도로 여권이 신장되다 보니 이제는 남성의 사기가 극도로 저하되고 체면까지 손상시키는 위험수위에 이르고 있어 현재는 남녀평등이 아니라 완전 여성 상위시대가 된 느낌이다. 신혼부부 30%이상의 이혼율도 지나친 여권신장에서 빚어진 결과라고 보며 가정주부가 매월 1,000여 명씩 가출 하는 것도 남성을 무시하는 독단에서 오는 기막힌 현상이다. 이와 같이 점진적 여성 독주시대가 되다보니 남성이 하루인들 안심하고 살 수 있겠는가. 이 사실을 위정자들은 명심하여야 한다.

그러나 정부는 이에 관심이 없다. 정부는 정권연장에 급급하고 정치인들은 개인 영달에 혈안이 되어 국가 백년대계를 위한 청소년 선도와 노인 우대 복지정책에는 관심이 없다. 지나친 여권신장은 결과적으로 사회적, 가정적 모든 남권을 점진적으로 빼앗아 가고 있어 불원간 불가피 남권회복 운동 시대가 도래하는 것이 아닌가 생각해 본다.

전 공주향교 전교 이덕희

3.4.10 "대전 충남, 혈서로 호주제 사수: 각 문중도 집결, 열기 하늘 찔러" 〈대전일보에 게재된 기사〉

◇ 이덕희 이사장, 이정우 회장, 유재민 전교(왼쪽부터)가 분연히 혈서를 쓰며 호주제 사수의 의지를 보여주고 있다.

대전과 충남의 유림들이 혈서를 쓰는 등 호주제폐지 반대를 외치며 9월 10일 오후 1시부터 2시 30분까지 대전역 광장에서 궐기대회를 갖고 시가행진에 나섰다.

이날 궐기대회는 1부 행사가 끝나 갈 무렵 이덕희 이사장(충남향교재단), 유재민 전교(공주향교), 이정우 회장(공주 유도회지부)이 단상에 올라와 혈서로 호주제 사수 의지를 보여주자 대전역 광장을 가득 메운 유림들이 우레와 같은 함성과 박수로 화답

함으로써 대미를 장식했다.

이에 앞서 이덕희 궐기대회 준비위원장(충남향교재단 이사장)은 대회사에서 "자기들이 먼저 성도 바꾸고 아들딸 남매끼리 결혼시켜야 할 것 아닌가"라면서 부계성본 계승을 부정하고 동성동본금혼을 폐지하자는데 앞장서는 사람들을 향해 포문을 열었다.

매번 노무현 대통령에게 독설을 퍼붓기로 유명한 하유집 위원장(성균관가족법대책위원회)은 작심한 듯 "우리가 이렇게 고생하는 것은 지도자를 잘못 만난 탓"이라며, "노무현 대통령이 입만 열면 나라가 혼란에 빠진다"고 강도 높게 비난했다.

변온섭 회장(성균관유도회)은 여성에게도 친생부인권을 부여하는 "법리에도 맞지 않는" 민법개정안을 강력히 성토하면서 "전쟁터에서 구차하게 살려고 하지 말라 했던 조헌 의병장을 비롯한 칠백 의사들에게 지혜와 용기를 달라고 기원했다"며, "호주제 수호는 구국운동"이라고 열변을 토했다.

조하청 전교(진잠향교)는 "정부여당을 비롯한 정치인들이 부부·남녀의 불평등의 싸움터로 전락시키고 말았다"며 호주제폐지 움직임을 규탄하고, '보호법'의 입법을 촉구했다.

1부 행사가 종반으로 치달으면서 국회의장에게 보내는 메시지(회덕향교 유선자 장의), 결의문 채택(공주향교 노재경), 만세삼창(전행수 충남유도회장)을 끝으로 대전·충남 유림들은 대전역 광장을 출발해 목척교를 거쳐 충남도청 앞까지 약 1km를 행진하면서 호주제폐지의 부당성을 시민들에게 알렸다.

한편 1부행사가 시작되기 전 사회자 이종택 충남도재단 사무국장은 풍물패들을 동원해 궐기대회의 분위기를 한층 고취시켰다. 이날 궐기대회에는 대전 충남지역 각 문중이 참여해 범유림권의 단합을 과시했다.

3.5 2003년

3.5.1 토론해 봅시다./새 아버지 성 따르기: 본성 바꾸면 가정 무너진다.
⟨2003. 3. 6. 주간조선⟩

지난 2월 17일 밤 텔레비전 뉴스는 법원에서 이혼녀의 자녀가 현행법상 새 아빠의 성을 따르지 못하게 된 민법 781조는 헌법 제10조에 위배된다고 하여 헌법재판소에 위헌 제청提請을 했다는 소식을 보도했다.

법원에서 개인이 모르고 낸 소원을 접수하여 성씨 수시 변경에 앞장선다는 것은 국민으로서 납득이 가지 않는다. 어떻게 어머니가 자기 행복을 추구하기 위하여 날 때부터 가지고 태어난 자식의 성씨까지 바꾸면서 행복을 찾으려 한단 말인가? 자식의 본성을 바꾸어 주는 것은 천벌을 받을 일이다. 그리고 이것은 바로 인간의 뿌리인 성씨 제도를 말살하고 나아가서 가정을 파괴하는 원흉이므로 차라리 성을 없애라고 주장하는 것이 나을 것이다.

요즘 이혼율이 급증하고 있다. 물론 다 그런 것은 아니지만, 이혼하고 재혼하는 여성이라면 거개가 성격이 남다른 점이 있어서 재혼남과 영구히 결합하기란 쉽지 않기 때문에 두 번, 세 번, 그 이상도 결혼할 소지가 다분하다. 그렇다면 그 자녀는 어머니가 결혼하는 대로 몇 번씩 성을 바꿔야 하는데 이것이 사람으로서 할 짓이란 말인가?

이혼녀의 재혼은 이해하지만, 자식에게 뿌리까지 버리라고 하는 것은 바로 친양자 제도의 근본이념을 망각했기 때문이다. 친양자 제도는 본시 자식 없는 사람이 성 없이 버려진 기아棄兒를 데려다가 양육하여 내 성을 주어 내 자식으로 만드는 제도로 알고 있는데, 일부 이혼 여성들이 이 제도를 악용하여 자식에게 의부 성을 따르도록 하자는 것은 참으로 천인공노할 일이다. 그리고 엄마 성을 따르면 어떠냐고 하는데 이 것도 아니 된다. 이유인즉 이는 부모가 자식을 나누어 호적에 입적시키기 때문이다.

그렇다면 결국 아비는 이가, 자식은 김가, 손자 대에 가서는 박가, 최가 등이 나오기 때문에 한 가정에서 부자, 형제, 사촌의 성이 각각 달라져서 급기야 잡성 가족이 형성될 것은 불 보듯 뻔한 것이다. 이것은 사람 사는 가정이 아니라 짐승의 무리로 보아야 할 것이다. 자동적으로 친할아버지가 외할아버지가 되기 때문이다. 이것은 바로 국기를 흔들고 사회질서를 파괴하며 가정을 붕괴시키는 결정적 요인이 되는 것이다.

이와 같이 사회와 가정에 미치는 모든 해악과 시비의 발단이 바로 헌법 제10조 행복추구권에서 기인되었기 때문에 다시 한 번 헌법 제10조항을 분석해 보려고 한다. 말썽 많은 헌법 제10조의 서두에 모든 국민은 인간으로서의 존엄과 가치를 가지며 행복을 추구할 권리를 가진다고 했다. 그렇다면 이 조항은 행복을 추구할 때 반드시 인간으로서의 존엄성과 가치관을 가지고 행복을 추구하라는 뜻이다. 그런데 어떻게 헌법의 근본이념을 망각하고 엉뚱하게 또는 가당치도 아니한 일가 간에 결혼하자, 호주제도를 폐지하자, 자식을 부모 쌍방에 나누어 호적에 입적시키자, 제 성을 버리고 의부 성을 따르자 등등 이와 같이 못할 짓만 골라 주장한단 말인가. 이것이 과연 헌법에 명시된 인간의 존엄이요, 가치라고 보겠는가.

만일 이것을 주장한다면, 자식은 부의 성과 본을 따른다는 민법 781조가 위헌이 아니라 이상 지적한 내용들이 헌법상 인간의 존엄과 가치에 위배되는 위헌이 아니고 무

엇이겠는가? 때문에 민법 781조는 너무나도 당연한 것이다. 왜 이 조항을 위헌이라고 주장하는가? 하루 속히 위헌 제정을 취소하여야 한다. 그리고 위헌을 제청한 법원에서는 헌법 9조에 명시된 국가는 전통문화의 계승 발전과 민족문화의 창달에 노력하여야 한다는 국가 의무조항도 모른 체하고 왜 엉뚱하게도 행복추구권만 주장하는가?

그러므로 이와 같이 불순한 생각을 가진 자는 부모와 조상을 생각하면서 뉘우치고 각성하여야 한다. 왜 먼 앞날은 생각 못하는가? 국가의 장래와 자손의 앞날은 어이하란 말인가? 정부는 국민 대다수가 이상 세 가지를 반대하는 이유와 그리고 일부에서 나름대로 찬성하는 이유를 전 국민에게 납득이 가도록 충분히 설명하여 전 국민이 옳고 그른 것을 완전 판단하게 한 다음, 가족법 중 가장 핵심적인 동성동본금혼법과 호주제 폐지 문제 그리고 친양자 제도 등 세 기지를 국민 투표에 부쳐 가부를 결정한다면 누구도 이의가 없을 것으로 안다.

우리나라의 자랑인 미풍양속과 전통가정 그리고 윤리도덕을 파괴하는 성씨 변경은 어떠한 이유로도 용납할 수 없음을 분명히 하면서, 이 나라 민족이라면 누구나 타고난 제 성만은 목숨 걸고 지킬 것을 국민에게 호소하는 바이다.

성균관가족법대책위원장 이 덕 희

3.5.2 호주제도 폐지되면 나라가 위태롭다. 〈중앙일보〉

헌법 제10조에 모든 국민은 인간으로서의 존엄과 가치를 갖는다고 명시되어 있다. 이것은 바로 국민으로 하여금 존엄성을 지키며 좀 더 가치 있고 인간답게 살라는 것이다. 그런데 오늘날 우리 국민은 그러하지 못하다. 인간의 존엄과 가치는 묵살하고 오직 물질과 행복에만 치중하고 있다.

현재 정부는 앞장서서 호주제 폐지를 강력히 주장하고 있으니 이것은 인간의 존엄과 가치를 전연 고려하지 아니 하는 처사라고 본다. 이럴 수는 없다. 현행 호주제가 국정 수행에 걸림돌이 되는 것도 아니요, 국가 경제성장에 저해요소도 아니다.

다만 양성평등과 이혼녀의 불편을 덜어주자는 것이라면, 이 두 가지는 얼마든지 해소할 방법이 있을 것이다. 왜 국기를 흔들고 국론을 분열시키며 가정을 파괴하면서까지 호주제를 폐지하려 한단 말인가? 이것은 국가 존망에 관한 문제이며, 역사상 큰 오점을 남기는 아주 위험한 발상이다.

때문에 절대 호주제를 폐지하면 안 되는 이유를 설명하기 전에, 우선 알아 둘 것이 있다. 우리나라 호주제도는 분명히 일제 잔재가 아니며 예부터 조상의 대를 이어가면서 가정을 대표하는 국가 사회의 기본 조직체다. 만약 호주제가 폐지된다면 가계家系가 단절되면서 부자, 형제도 남남이 되고 조상, 족보, 산소는 물론 일가친척도 다 없어진다. 호주제가 절대 폐지되어서는 안 되는 실제적 이유 몇 가지를 개괄 설명하자면,

첫째, 호주제도가 폐지되면 민법 781조의 자子는 부가에 입적한다는 조항이 삭제되고 부모 쌍방 입적이 가능하게 되어 같은 자식, 같은 형제자매이지만 어떤 자식은 아버지 성씨, 어떤 자식은 어머니 성씨로 되어, 부자도 성이 다르고, 형제자매도 성이 달라질 것은 불 보듯 뻔하다. 이래도 부자간이요, 형제자매간이라고 하겠는가? 그러면 결국 한 가정은 잡성의 부자, 형제, 자매가 모여 사는 집단이지, 단란한 가족이 모여 사는 가정은 아닐 것이다.

그뿐 아니라 오늘날 동성동본도 8촌 이상이면 결혼하자는 것이 정부 측 법안인데, 이 시점에서 아무리 남매간이라고 하지만 성이 다르면 남남인데 사랑하고 결혼한들 법적으로 무슨 하자가 있겠는가. 이럴 때, 친아버지가 시아버지가 되고, 친어머니가 시어머니가 될 것은 자명한 사실이다.

여기에 무슨 가족관념과 가정개념이 있겠는가? 결국 국민을 짐승우리로 몰아넣는 결과가 되고 말 것이다. 이것이 가정 파괴가 아니고 무엇이란 말인가? 이것이 과연 국가 백년대계를 위해서 위국위민하는 위정자가 할 짓이란 말인가?

둘째, 이혼자녀의 의부 성 따르기다. 물론 이혼여성의 불편은 이해한다. 그러나 천리天理는 수시로 변할 수 있는 것과 천년만년이 가도 변할 수 없는 두 가지가 있다. 따라서 인간의 성도 어머니 배속에서 정해졌기 때문에 영원히 변할 수가 없는 것이다. 만일 성을 바꾼다면 자식에 대한 씻지 못할 모욕이요, 또한 역천행위다. 그런데 어떻게 어머니가 자기 행복을 추구하기 위하여 타고난 자식의 성까지 바꾸면서 행복을 찾으려 한단 말인가? 만에 하나 세 번, 네 번 결혼한다면 자식 성도 세 번, 네 번 바꿔야 하는데 이것이 과연 부모로서 할 짓이란 말인가? 아무리 생각해도 이해할 수 없다.

성까지는 바꾸지 아니해도 불편을 해소하는 방법은 있을 것이다.

셋째, 호주제가 폐지되면 어느 가정을 막론하고 가계가 단절되고 대가 끊긴다. 그리고 영원히 뿌리까지 없어져 자기가 태어난 흔적조차 찾을 길 없다.

사람은 누구나 세상에 태어나면 대를 이으면서 가정을 존속시키고자 한다. 그러나 호주제가 폐지되어 호주를 중심으로 한 가족의 호적부가 없어지고 개개인의 호적부가 편제되면 법적으로 가족이 분산되어 부모, 형제, 자매도 찾을 길이 없으며 자연 족보까지 없어지게 되어 자신이 사망 후 성명 삼자 남길 곳도 없다.

뿐 아니라, 호주제가 폐지되면 부자, 형제, 자매의 성이 뒤죽박죽으로 되어 완전 요즘 유행어와 같이 콩가루 집안이 될 것이며, 누가 누구인지 촌수도 항렬도 따질 수 없게 된다.

이러한 상황에서 예의가 어디 있고, 질서가 어디 있겠는가? 가정이 무너지는데 국가인들 안전하겠는가? 과연 이것이 일국을 통치하는 대통령으로서 국익을 위해서 할 수 있는 정책이란 말인가? 아무리 생각해도 이해가 안 간다.

정부는 우선 보이는 눈앞만 생각하지 말고 국가의 백년대계와 자손의 앞날을 위해서 심사하고 숙고하여 호주제 폐지 결의안을 하루속히 철회하라. 그러지 아니 하면 뜻 있는 국민과 더불어 일천만 유림가족들은 총궐기하여 정부에서 호주제 폐지안을 철회할 때까지 목숨 걸고 계속 투쟁할 것이다.

2003년 5월

성균관가족법대책위원장 이 덕 희

3.5.3 호주제도 폐지되면 가정은 해체된다. 〈세계일보〉

수일 전 5월 7일자 조선일보 등 중앙 일간지에서 호주제도 폐지에 대해서 국무회의가 결의한 내용을 보고 경악을 금치 못했다.

현재 호주제 존폐를 놓고 유림과 일부 여성단체가 치열하게 대치하고 있는 시점에서 호주제 폐지를 국무회의에서까지 결의한단 말인가? 이것은 완전 편파적이요, 여성 일변도一邊倒다. 여성만이 국민이 아니요, 여성만이 표를 갖고 있는 것도 아니다. 그런데 어찌해서 정부는 유독 여성 편에 서서 일방적인 국정을 수행하는지 알 수 없다.

국민이라면 누구나 국가로부터 균등하게 혜택을 받을 권리를 갖고 있다. 왜 유림들이 여성들과 현격한 차별대우를 받아야 하는지 알 수 없다. 그러나 호주제 폐지는 우리 일천만 유림 가족들이 목숨 걸고 막을 것이다. 국무회의에서 통과되었다고 국회에서 통과되는 것은 아니다. 현재 한나라당도 강력히 반대하고 있다. 사리를 정확히 판단하는 국회의원이라면 여야를 막론하고 누구나 호주제 폐지를 반대할 것이다. 왜 호주제가 폐지되면 아니 되는지 그 이유 몇 가지만 개괄 설명하면

첫째, 호주제도가 폐지되면 민법 781조의 자는 부가에 입적한다는 조항이 삭제되고 부모 쌍방 입적이 가능하게 되어 같은 자식, 같은 형제자매이지만 어떤 자식은 아버지 성씨, 어떤 자식은 어머니 성씨로 된다. 그러면 부자도 성이 다르고, 형제자매도 성이 다를 것은 불 보듯 뻔하다. 이래도 부자간이요, 형제자매간이라고 하겠는가? 그러면 결국 한 가정은 잡성의 부자, 형제, 자매가 모여 사는 집단이지, 단란한 가족이 모여 사는 가정은 아닐 것이다.

그뿐 아니라 오늘날 동성동본도 8촌 이상이면 결혼하자는 것이 정부 측 법안인데, 이 시점에서 아무리 남매간이라고 하지만 성이 다르면 남남인데 사랑하고 결혼한들 법적으로 무슨 하자가 있겠는가. 그럴 때, 친아버지가 시아버지가 되고 친어머니가 시어머니가 될 것은 자명한 사실이다.

여기에 무슨 가족관념과 가정 개념이 있겠는가? 결국 국민을 짐승우리로 몰아넣는 결과가 되고 말 것이다. 이것이 가정 파괴가 아니고 무엇이란 말인가?

둘째, 이혼자녀의 의부 성 따르기다. 물론 이혼여성의 불편은 이해한다. 그러나 성은 어머니 배속에서 정해졌기 때문에 영원히 변할 수가 없는 것이다. 만일 성을 바꾼다면 자식에 대한 씻지 못할 모욕이요, 또한 역천행위다. 그런데 어떻게 어머니가 자기 행복을 추구하기 위하여 타고난 자식의 성까지 바꾸면서 행복을 찾으려 한단 말인가? 만에 하나 세 번, 네 번 결혼한다면 자식 성도 세 번, 네 번 바꿔야 하는데 이것이 과연 부모로서 할 짓이란 말인가?

셋째, 호주제가 폐지되면 어느 가정을 막론하고 가계가 단절되고 대가 끊긴다. 그리고 영원히 뿌리까지 없어져 자기가 태어난 흔적조차 찾을 길 없다. 뿐만 아니라 호주

제가 폐지되면 부자, 형제, 자매의 성이 뒤죽박죽으로 되어 완전 요즘 유행어와 같이 콩가루 집안이 될 것이며, 누가 누구인지 촌수도, 항렬도 따질 수 없게 된다.

이러한 상황에서 예의가 어디 있고, 질서가 어디 있겠는가? 가정이 무너지는데 국가인들 안전하겠는가? 아무리 생각해도 이해가 안 간다. 정부는 우선 보이는 눈앞만 생각하지 말고 국가의 백년대계와 자손의 앞날을 위해서 심사하고 숙고하여 호주제 폐지 결의안을 하루속히 철회하라. 구국일념의 충정에서 뜻있는 국민과 더불어 일천만 유림가족들은 다 같이 호소하는 바이다.

2003년 5월

성균관가족법대책위원장 이 덕 희

3.5.4 가정이 무너지면 국가도 무너진다. 〈세계일보〉

현재 정부는 앞장서서 호주제 폐지를 주장하고 있다. 이것은 인간의 존엄과 가치를 전연 고려하지 않는 처사다. 대한민국 헌법 제10조는 인간으로서 모든 국민의 존엄과 가치를 명시하고 있다. 현행 호주제는 국정수행이나 국가의 경제성장에 걸림돌이 되지 않는다. 호주제 폐지는 국가의 존망에 관한 문제이며 역사에 큰 오점을 남기는 위험한 발상이다. 양성평등의 실현과 이혼녀의 불편을 덜어주자는 호주제 폐지의 취지는 다른 방법으로 얼마든지 풀릴 수 있는 문제다.

우리나라 호주제도는 일제 잔재가 아니며, 예로부터 조상의 대를 이어가면서 국가 사회구성의 기초를 이루는 가정의 기반이다. 호주제가 폐지된다면 가계가 단절되면서 부자, 형제도 남남이 되고 조상, 족보, 산소는 물론 일가친척도 다 없어진다. 호주제가 폐지되면 안 되는 이유를 몇 가지만 들어 보자.

첫째, 호주제도가 폐지되면 자는 부모 쌍방에 입적이 가능하게 되어 같은 자식이지만 어떤 자식은 아버지 성씨, 어떤 자식은 어머니 성씨를 따르게 되어, 부자도 성이 다르고 형제자매도 성이 다르게 된다. 이래도 부자간이요, 형제자매간이라고 하겠는가? 그럴 때 한 가정은 성이 각각인 부자 형제 자매가 모여 사는 잡성 집단이지, 더 이상 단란한 가족이 모여 사는 곳이 아니다. 동성동본도 8촌 이상이면 결혼하자는 것이 정부 측 법안인데, 이 시점에서 아무리 남매간이라고 하지만 성이 다른 남남이 되어 사랑하고 결혼한들 법적으로 아무 하자가 없게 되어, 친아버지가 시아버지가 되고 친어머니가 시어머니가 될 수 있음은 자명하다. 이것이 가정 파괴가 아니고 무엇인가? 이것이 과연 백년대계를 향해 위국위민하는 위정자가 할 짓인가?

둘째, 이혼 자녀가 의부 성을 따르다. 물론 이혼여성의 불편은 이해한다. 그러나 인간의 성은 어머니 배속에서 정해졌기 때문에 영원히 변할 수가 없는 것이다. 성을 바꾼다면 자식에 대한 씻지 못할 모욕이요, 또한 역천행위다. 어떻게 어머니가 타고난 자식의 성까지 바꾸면서 행복을 찾으려 한단 말인가? 만에 하나 세 번, 네 번 결혼한다면 자식 성도 세 번, 네 번 바꿔야 하는데 이것이 과연 부모로서 할 짓이란 말인가?

셋째, 호주제가 폐지되면 어느 가정을 막론하고 가계가 단절되고 대가 끊기게 될 것이다. 사람은 누구나 세상에 태어나면 대를 이으면서 가정을 존속시키고자 하는데, 호주제가 폐지되고 개개인의 호적부가 편제되면, 법적으로 가족이 분산되어 부모, 형제, 자매도 찾을 길이 없으며 족보까지도 자연 없어지게 되어, 죽은 후 이름 석 자도 남길 곳이 없게 된다. 뿐만 아니라 부자, 형제자매의 성이 뒤죽박죽으로 되어 누가 누구인지 촌수도, 항렬도 따질 수 없게 된다. 이러한 상황에서 예의가 어디 있고, 질서가 어디 있겠는가? 가정이 무너지는데 국가인들 안전하겠는가?

호주제 폐지 주장은 생각이 짧은 극소수 여성의 의견일 뿐이다. 정부는 우선 보이는 눈앞만 생각하는가? 국가의 백년대계와 자손의 앞날을 위해서 심사하고 숙고하여 호주제 폐지 결의안을 하루속히 철회하라. 그렇지 않을 땐 뜻 있는 국민들과 더불어 일천만 유림 가족들은 총 궐기하여 정의가 이긴다는 필승의 신념으로 목숨 걸고 투쟁할 것이다.

2003년 5월

성균관가족법대책위원장 이 덕 희

3.5.5 호주제도에 대한 KTV 국립방송과의 인터뷰 〈2003. 7. 4.〉

호주제도는 조상의 대를 이어 가정을 대표하는 국가사회의 기본 조직 구성체라고 봅니다. 그러므로 호주제도가 폐지되면 국가적으로 국가 기본 조직체가 무너지고 가정적으로는 가통과 가계가 단절되어, 조상도 일가친척도 족보, 산소까지도 다 없어지게 됩니다. 때문에 호주제 폐지는 국가 기강을 흔들어 놓고 가정을 완전 파괴시키는 망국적인 행위라고 생각합니다.

호주제가 폐지되면 국가 국민에게 미치는 악영향은,

첫째, 국가는 국가기본 조직체인 가정이 무너지게 되면서 자유 방임시대가 되어 국민을 통솔 내지 통치가 불가능하게 될 것입니다. 따라서 사회악이 날로 증가되어 법적으로 제재할 수 없는 정치부재의 혼돈 시대가 올 것입니다.

둘째로 가정은 가정의 주인 격인 호주가 없으면 선장 없는 선박과 같아 우왕좌왕하다가 급기야 거센 파도에 침몰하고 말 것입니다. 가정에 통치자 호주가 없는 것은 선장 없는 배와 같아 질서가 무너지고 책임지고 가정을 이끌어갈 사람이 없어 결국 우왕좌왕하다가 가정이 무너질 수밖에 없을 것입니다.

뿐만 아니라 양성평등이니 부부평등이니 하면서 자식을 낳아서 하나씩 나누어 부부양방에게 입적시킨다면 아버지는 이씨, 자식은 김씨, 손자는 박씨 그리고 형은 이씨, 아우는 김씨가 될 것은 뻔합니다. 성이 다른 부자가 되고 성이 다른 형제가 된다면 법적으로도 부자형제가 될 수 없고 사적으로 부자형제가 될 수 없습니다. 이래도 되는 것입니까? 그리고 결국은 성이 다르다 보니 형제간이 사돈이 되고 남매간에 결혼도 하게 될 것입니다. 이것을 짐승세계가 아닌 인간 사회에서 할 수 있다고 생각하십니까? 참으로 상상조차 할 수 없는 극악무도한 발상이라고 생각합니다.

생각해 보면 모든 동식물이 다 근본이 있고 뿌리가 있다고 봅니다. 동물도 근본이 없으면 이 세상에 태어나지 못할 것이요, 식물도 뿌리가 없으면 당장 고사하고 말 것입니다. 하물며 어떻게 만물의 영장인 인간의 근본이요 뿌리인 조상은 물론, 족보 그리고 부자, 형제, 일가친척까지 다 버리고 혼자만 잘 살자는 것인지 참으로 알 수가 없습니다.

그리고 일부 여성단체에서는 성과 본을 선택하는 것은 인간의 기본권리라고 하는데 이것은 어불성설입니다. 길을 막고 지나가는 행인에게 물어보아도 다 같이 안 된다고 할 것입니다. 또한 삼척동자에게 물어 보아도 아니 된다고 할 것입니다. 왜냐하면 이것은 불변의 원칙이 있기 때문입니다. 성은 본시 어머니 배속에서부터 이미 정해져 있기 때문에 누구도 바꿀 수 없기 때문입니다. 그럼에도 불구하고 성을 마음대로 바꾼다는 것입니다. 이것은 인간의 도덕성과 기본윤리를 말살하려는 비인간적인 극악 행위라고 생각합니다.

또한 자식을 낳아서 성씨를 놓고 부부가 합의가 아니 될 때, 가정법원에서 자식의 성씨를 결정한다고 하는데 이게 아이들 장난입니까?

우리나라는 현재 무지하고 몰지각한 몇 몇 때문에 나라가 망하게 생겼습니다. 어떠한 가정을 막론하고 조상 없고, 일가친척 없는 가정은 없을 것입니다. 만일 호주제도가 폐지되어 가정마다 성씨가 뒤죽박죽으로 된다면 이것은 영원히 돌이킬 수 없는 죄악을 범하고 마는 것입니다.

다시는 고칠 수 없습니다. 다시 말해서 어떠한 집안을 막론하고 한번만 성씨가 뒤죽박죽이 된다면 그 집안은 영영 조상전래 내려오는 혈통이 없어지고 가계가 단절되면서 다시는 찾을 수 없는 뿌리 없는 집안이 되고 맙니다. 이것은 조상을 위해서도 앞으로 자손을 위해서도 이런 짓을 해서야 되겠습니까?

호주제도 폐지하자고 하는 사람들 참으로 딱한 사람들입니다. 호주제 폐지를 찬성하시는 국민이 있다면 신중에 신중을 기하시어 재고하시기 바랍니다. 이것은 국가 흥망이 좌우되고 가정 존폐가 달려있는 막중한 국가대사입니다.

성균관가족법대책위원장 이 덕 희

3.5.7 전화인터뷰 질문: 이재광의 아침저널(라디오 생방송 진행)

2003년 8월 28일(목) 오전 7:15~7:33(약 18분간)

법무부가 호주제 폐지를 골자로 한 민법 개정안을 확정하고 조만간 입법 예고할 예정입니다.

현행 호주를 비롯한 가족의 범위를 삭제한 새로운 법이 확정될 경우 가족관계에 상당한 변화를 가져올 것으로 보이는데요.

특히 가족이라는 공동체 개념이 법률상 사라진다는 점에서 심리적인 공허감과 개인주의가 심화되는 등 부작용도 예상이 되고 있습니다.

오늘 이 시간, 호주제 폐지에 대해 많은 염려의 뜻을 나타내고 있는 유림측을 연결해 호주제 폐지에 대한 문제점에 대해 알아보도록 하겠습니다.

충청남도 36개 향교재단 이사장이면서 성균관 가족법대책위원회 위원장이신 이덕희 위원장님, 지금 전화연결 되어 있습니다.

이덕희 위원장님, 안녕하십니까?

1. 질문에 들어가기에 앞서 호주제에 대한 이해를 돕기 위해서 호주제가 무엇인지 간단히 설명을 좀 해주십시오.

2. 이 위원장님은 호주제 폐지에 대해 반대하는 입장이신데요, 반대하는 이유가 무엇입니까?

3. 하지만 각종 여론조사를 보면 많은 국민들이 호주제 폐지나 수정을 찬성하는 것으로 나타났는데요, 이들은 왜 호주제 폐지를 찬성한다고 생각하십니까?

4. 구체적으로 호주제를 폐지하게 되면 어떤 점들이 달라질까요?

5. 그로 인해 어떤 문제점들이 발생하리라 생각하십니까?

6. 그렇다면 우리나라에서 호주제가 차지하고 있는 위상이랄까? 그동안 호주제가 어떤 역할을 해왔다고 생각하십니까?

7. 하지만 최근 들어 이혼율이 늘고 사회가 변화하면서 호주제에 따른 문제점들이 많이 발견되고 있는데요, 만약 지금 주장하시는 대로 호주제를 폐지하지 않는다면 이러한 문제점들은 어떻게 해결해 나가야 할까요?

8. 점점 호주제 폐지에 대한 가능성이 높아지고 있는 것 같은데 이에 대해서 어떻게 대응하실 생각이십니까?

온&오프 토론방   호주제 폐지 추진 어떻게 보나

여러 차례의 가족법 개정을 통해 호주제는 그 취지가 퇴색된 지 오래이며 내용적으로 '아들-딸-처-어머니-며느리' 라는 승계 순위만 남아 있다. 호주라는 이름 자체, 그리고 아들을 무조건 승계 1순위로 해 어머니·딸인 여성을 2차적 존재로 규정해 양성평등과 부부평등의 걸림돌이 되고 있다.

호주제 존치론자들은 그것이 우리의 아름다운 전통이며 이를 폐지하면 곧 가족이 붕괴된다는 논리를 내세우고 있으나 현재 가족법상의 호주제는 이름만 조선시대에서 비롯된 것일 뿐 내용적으로는 일제가 식민통치를 원활하게 하기 위해 도입한 제도다.

근본적인 문제는 호주제가 오늘날의 사회적·문화적 상황에 전혀 맞지 않는 '옷' 이라는 점이다. 우리 사회는 농경사회를 근간으로 하는 대가족제도가 급속하게 붕괴돼 부모와 미혼 자녀로 구성된 핵가족이 가족제도의 핵심이 되었다. 이는 당연히 가족 가치관의 변화를 수반했으며 양성평등과 부부평등이 주요한 이념으로 부상했다. 가족들은 가정 안에서 서로 역할을 분담할 뿐 그 지위를 따지는 것

존폐 공방이 성(性)대결로 비화하며 치열했다. 폐지하자는 측은 다양한 형태의 가정이 늘어나는 사회에 맞게 법도 바꿔야 한다고 했다. 반면 유지하자는 쪽은 가정의 근간을 흔들어 사회가 혼란스러워질 것이라고 우려했다. 한편 호주 승계순위 등 일부 문제는 대체로 수정하자는 데 의견이 모아졌다.

김동선 기자 kdenis@joongang.co.kr

곽 배 희
한국가정법률상담
소장

가족 붕괴는 기우다

兩性·부부 평등해야

은 시대에 맞지 않는 일이 되었다.

호주제를 고집하는 것은 아무런 의미도 없고 가족 구성원 간에 갈등을 유발하며, 사회 변화에 따라 필연적으로 발생하는 새로운 형태의 가족에게 '비정상' 이라는 낙인을 찍으며, 그들에게 불필요한 부담만 가중시키는 일이다.

이 덕 희
성균관
가족법 대책위원장

위험한 발상이다

人倫 급속히 무너져

호주제 폐지 주장은 국가의 존망에 관한 문제며, 역사에 큰 오점을 남기는 위험한 발상이다. 그러면 안되는 이유는 이렇다.

첫째, 호주제도가 폐지되면 부모 쌍방에 입적이 가능하게 된다. 그러면 같은 자식, 같은 형제자매지만 어떤 자녀는 아버지 성을, 어떤 자녀는 어머니

성을 따르게 된다. 오늘날 동성동본도 팔촌 이상이면 결혼하자는 것이 정부 측 법안인데 이 시점에서 아무리 남매 간이라고 하지만 성이 다르면 남남인데 사랑하고 결혼한들 법적으로 무슨 하자가 있겠는가. 친아버지가 시아버지가 되고 친어머니가 시어머니가 될 것은 자명하다. 이것이 가정파괴가 아니고 무엇인가.

둘째, 이혼한 자녀의 의부 성 따르기다. 물론 이혼 여성의 불편은 이해한다. 그러나 인간의 성은 어머니 뱃속에서 정해졌기 때문에 영원히 바꿀 수가 없는 것이다. 어떻게 어머니가 자기 행복을 추구하기 위해 타고난 자식의 성까지 마구 뜯어서까지 행복을 찾으려 한단 말인가. 만의 하나 세번 네번 결혼한다면 자식의 성도 세번 네번 바꿔야 하는데 이것이 과연 부모로서 할 짓인가.

셋째, 호주제가 폐지되면 어느 가정을 마론하고 가계가 단절되고 대가 끊긴다. 영원히 뿌리까지 없어져 자기가 태어난 흔적조차 찾을 길이 없다. 부자·형제도 남남이 되고 조상·족보·일가가 친척도 다 없어진다. 가정이 무너지는데 국가인들 안전하겠는가.

성(姓)의 선택은 인간의 기본권

박소현 가정법률상담소 상담위원

지난 2월 17일 아침, 조간신문 사회면에서 '친아버지 성(姓)만 따르게 규정한 민법조항 첫 위헌심판대에'라는 제목의 기사를 접했다. 친아버지가 돌아가신 후 어머니가 재혼하면서 새아버지와 함께 살고 있는 14세된 소년이 자신의 성을 새아버지의 성으로 바꿀 수 있도록 해달라는 호적정정 신청과 함께 '자(子)는 부(父)의 성(姓)과 본(本)을 따른다'는 민법 제781조 제1항이 헌법에 규정한 개인의 존엄과 가치 및 행복추구권, 평등권, 혼인과 가족생활에 있어서의 개인의 존엄과 양성평등 이념에 위배된다는 이유로 낸 위헌심판제청 신청을 법원이 받아들인 것이다.

법원은 재혼해 새로운 가정을 이룰 경우 남편이 데리고 온 자녀들은 그대로 남편(아버지)의 성과 본을 따르지만 여자가 데려온 자녀들은 새아버지의 성과 본이 아니라 친아버지의 성과 본을 그대로 따라야 하는 것은 남녀평등의 원칙에 어긋나 위헌의 소지가 있다고 위헌심판제청의 이유를 밝혔다.

법 논리에 따른 당연한 결정임에도 불구하고 소송을 제기한 당사자와 법원의 용기있는 결정에 찬사를 보내는 이유는 우리 사회의 오랜 부계(父系) 혈통주의의 벽을 절감해온 탓이다. 그러나 이제 그 벽은 무너져야 할 시점이다. 이미 너무 늦었다.

자녀로 하여금 출생과 동시에 아버지의 성을 따르도록 한 민법 제781조는 '자녀는 아버지와 성이 같아야 한다'는 우리의 관습을 반영하는 동시에 일상의 억압을 확대 재생산하는 근거가 되고 있다. 자녀는 왜 반드시 아버지 성만 따라야 하는가?

생물학적으로도 자녀는 부모로부터 50%씩의 유전인자를 물려받는다. 부계 혈통만을 강조하는 것은 결국 모계 혈통에 대한 무시와 여성에 대한 차별 그리고 헌법에서 규정하고 있는 양성(兩性) 평등에 위배되는 편견과 제도를 양산한다.

또한 부자 동성(同姓) 원칙은 어머니의 성을 따르거나

괴로움으로 몰아넣고 있다. 오늘날 우리 사회는 급격한 변화와 함께 다양한 가족형태가 존재하고 있다. 사별(死別), 이혼으로 인한 재혼 가정의 증가는 변화하는 가족 현실을 반영하는 한 징표이다.

1990년 7.1%였던 재혼율은 2001년에는 16.4%로 증가하였다. 늘어나는 재혼 가정의 안정과 자녀의 복리를 위하여 가장 시급하게 요구되는 과제는 바로 자녀의 성 문제이다.

관념적 가족제도는 부계 혈통이라는 혈연만을 통해 이어지도록 강요하고 있으나 우리사회의 현실은 이미 그 한계를 뛰어넘고 있다. 피 한방울 섞이지 않은 배우자의 전혼(前婚) 자녀를 자기의 친자녀처럼 키우는 남편도 있고, 다른 사람의 아이를 입양하여 친자녀처럼 키우기를 원하는 부부도 있다. 이러한 가족관계를 지지하기보다는 오히려 저해하는 것이 바로 우리의 법 제도인 것이다. 이 사회가 자신들의 관계를 가족으로서 인정하지 않는다는 자괴감으로 괴로워하는 이들에게 여전히 '친부의 성과 본'이라는 부정의하고 시대에 뒤떨어진 낡은 잣대만을 들이대야만 하는지, 진정한 '가족'의 의미는 무엇인지 되돌아보아야 한다.

평등한 가족제도를 구현하기 위하여 가장 중요한 과제는 현행법의 부계 혈통주의를 폐지하는 일이다. 아버지와 어머니를 차별하지 않고 자녀의 성을 부모가 합의하여 정하도록 하는 것이다. 부모가 협의하여 자녀의 성을 정한다면 자녀는 아버지의 성뿐만 아니라 어머니의 성도 따를 수 있게 되며 이러한 제도의 변화에 따라 부계 혈통의 상징으로 인식되어 왔던 성의 의미도 자연스럽게 변하게 될 것이다.

개인의 정체성을 확립하고 외부에 나타내는 성의 사회적 의미에 비추어 볼 때 자녀가 자신의 성으로 인하여 심리적으로 고통받고 정체성의 혼란을 겪고 있는 경우에는 자녀의 복리실현을 위하여 성을 변경할 수 있는 권리를 인정할 필요가 있다.

아버지와 어머니의 유전자를 동등하게 타고난 자녀에게 아버지의 성만을 강요하여 부계 혈통을 존속시키는 것은 명백히 헌법에 위배된다. 성을 선택하고 변경할 자유는 인간의 기본권으로 존중받아야 한다. 문제 조항에 대한 헌법재판소의 신속한 위헌 결정을 촉구한다. 몇년째 국회에

> 아버지와 어머니의 유전자를 동등하게 타고난 자녀에게 아버지의 성만을 강요하여 부계혈통을 존속시키는 것은 명백히 헌법에 위배된다. 성을 선택하고 변경할 자유는 인간의 기본권으로 존중받아야 한다.

본성(本姓) 바꾸면 가정 무너진다

이덕희 성균관 가족법 대책위원장

지난 2월 17일 밤 텔레비전 뉴스는 법원에서 이혼녀의 자녀가 현행법상 새아빠의 성을 따르지 못하게 된 민법 781조는 헌법 제10조에 위배된다고 하여 헌법재판소에 위헌 제청을 했다는 소식을 보도했다.

법원에서 개인이 모르고 낸 소원을 접수하여 성씨(姓氏) 수시 변경에 앞장선다는 것은 국민으로서 납득이 아니간다. 어떻게 어머니가 자기 행복을 추구하기 위하여 날 때부터 가지고 태어난 자식의 성씨까지 바꾸면서 행복을 찾으려 한단 말인가. 자식의 본성을 바꾸어 주는 것은 천벌(天罰)을 받을 일이다. 그리고 이것은 바로 인간의 뿌리인 성씨 제도를 말살하고 나아가서 가정을 파괴하는 원흉이므로 차라리 성을 없애라고 주장하는 것이 나을 것이다.

요즘 이혼율이 급증하고 있다. 물론 다 그런 것은 아니지만 이혼하고 재혼하는 여성이라면 거개가 성격이 남달른 점이 있어서 재혼남과 영구히 결합하기란 쉽지 않기 때문에 두 번 세 번, 그 이상도 결혼할 소지가 다분하다. 그렇다면 그 자녀는 어머니가 결혼하는 대로 몇번씩 성을 바꿔야 하는데 그게 사람으로서 할 짓이란 말인가.

이혼녀의 재혼은 이해하지만 자식에게 뿌리까지 버리라고 하는 것은 바로 친양자제도의 근본 이념을 망각했기 때문이다. 친양자제도는 본시 자식없는 사람이 성없이 버려진 기아를 데려다가 양육하여 내 성을 주어 내 자식으로 만드는 제도로 알고 있는데 일부 이혼 여성들이 이 제도를 악용하여 자식에게 의부(義父) 성을 따르도록 하자는 것은 참으로 천인공노할 일이다. 그리고 엄마 성을 따르면 어떻냐고 하는데 이것도 아니된다. 이유인즉 부모가 자식을 나누어 호적에 입적시키기 때문이다.

그렇다면 결국 아비는 이가, 자식은 김가, 손자대에 가서는 박가, 최가 등이 나오기 때문에 한 가정에서 부자, 형제, 사촌의 성이 각각 달라져서 급기야 잡성(雜姓)가족이 형성될 것은 불 보듯 뻔한 것이다. 이것은 사람 사는 가정이 아니라 짐승 무리로 보아야 할 것이며 자동적으로 친할아버지가 외할아버지가 되기 때문이다. 이것은 바로 국기(國基)를 흔들고 사회질서를 파괴하며 가정을 붕괴시키는 결정적 요인이 되는 것이다.

이와같이 사회와 가정에 미치는 모든 해악과 시비의 발단이 바로 헌법 제10조 행복추구권에서 기인되었기 때문에 다시한번 헌법 제10조항을 분석해 보기로 한다. 말씀 많은 헌법 제10조의 서두에 모든 국민은 인간으로서의 존엄과 가치를 가지며 행복을 추구할 권리를 가진다고 했다. 그렇다면 이 조항은 행복을 추구할 때 반드시 인간으로서의 존엄성과 가치관을 가지고 행복을 추구하라는 뜻이다. 그런데 어떻게 헌법의 근본 이념을 망각하고 엉뚱하게 또는 가당치도 아니한 일가간에 결혼하자, 호주제도를 폐지하자, 자식을 부모 쌍방에 나누어 호적에 입적시키자, 제 성을 버리고 의부 성을 따르자 등등 이와 같이 못할짓만 골라 주장하는데 이것이 과연 헌법에 명시된 인간의 존엄이요 가치라고 보겠는가.

만일 이것을 주장한다면 자식은 부의 성과 본을 따른다는 민법 781조가 위헌이 아니라 이상 지적한 내용들이 헌법상 인간의 존엄과 가치에 위배되는 위헌이 아니고 무엇이겠는가. 때문에 민법 781조는 너무나도 당연한 것이다. 왜 이 조항을 위헌이라고 주장하는가. 하루 속히 위헌 제청을 취소하여야 한다. 그리고 위헌 제청한 법원에서는 헌법 9조에 명시된 국가는 전통문화의 계승 발전과 민족문화의 창달에 노력하여야 한다는 국가 의무조항도 모른 체하고 왜 엉뚱하게도 행복추구권만 주장하는가.

그러므로 이와같이 불순한 생각을 가진 자는 부모와 조상을 생각하면서 뉘우치고 각성하여야 한다. 왜 먼 앞날은 생각 못하는가. 국가의 장래와 자손의 앞날은 아이란 말인가. 정부는 국민 대다수가 이상 세 가지를 반대하는 이유와 그리고 일부에서 나름대로 찬성하는 이유를 전국민에게 납득이 가도록 충분히 설명한 다음 또는 전국민이 옳고 그른 것을 완전 판단한 다음 가족법 중 가장 핵심적인 동성동본 금혼법과 호주제 폐지 문제 그리고 친양자제도 등 세 가지를 국민 투표에 부쳐 가부를 결정한다면 누구도 이의가 없을 것으로 안다.

우리나라의 자랑인 미풍양속과 전통가정 그리고 윤리도덕을 파괴하는 성씨 변경은 어떠한 이유로도 용납할 수 없음을 분명히 하면서 이 나라 민족이라면 누구나 타고난 제 성만은 목숨 걸고 지킬 것을 국민에게 호소하는 바이다.

> 어떻게 어머니가 자기 행복을 추구하기 위하여 날 때부터 가지고 태어난 자식의 성씨까지 바꾸면서 행복을 찾으려 한단 말인가. 만약 두 번 세 번 결혼한다면 그 자녀는 몇번씩 성을 바꿔야 하는가.

세계일보 www.segye.com

호주제 민법개정안

■ 쟁점과 대안

호주제 폐지가 바꿀 수 없는 흐름이 됐다. 호주제 폐지를 위한 범정부적 특별기획단이 구성됐고, 민법 개정안이 이달 중 의원입법 형태로 발의될 예정이다. 이로써 남녀차별을 조장하고 다양한 가족형태를 수용하지 못한다는 비난을 받아오던 호주제가 폐지될 것으로 보인다. 호주제란 무엇이며 폐지 의의는 무엇인지, 지금까지 추진 경과, 호주제의 대안은 무엇인지에 대해 알아본다.

람들이 불편해 한다는 이유로 폐지하는 것은 말도 안된다"고 반발하고 있다.

◆부가 입적 강제조항=지은희 여성부 장관은 특히 민법상의 부가 입적 강제규정 삭제를 강조해 관심을 끌었다. 여성계는 이 규정을 두고 "이혼 여성 자녀의 모계 입적을 허용하지 않음으로써 이들의 복리를 침해할 소지가 크다"며 위헌적 요소가 큰 독소조항으로 지적해 왔다.

민법 제781조 제1항은 자녀가 아버지의 본(本)과 성(姓)을 따르도록 함으로써 부계혈통을 우선하고 있다. 이에 따라 아버지의 성을 따르는 가족만이 정상적이라는 인식을 심게 하고 어머니 성을 따르는 가

父系호주-姓씨계승 삭제땐

곽배희 한국가정법률상담소 소장

2003년이 드디어 호주제 폐지 원년이 될 것인가. 기대와 만감이 교차한다. 그간 기대와 좌절을 되풀이하며 큰 실망을 피하기 위해 너무 기대하지 말자며 스스로를 다독여 온 시간이 참으로 길었던 탓이다. 그러나 이번 만은 우리 가족법 개정운동사에 커다란 전환점이 될 역사적 계기가 마련되지 않을까 기대가 크다. 호주제 폐지는 부부 평등과 완전한 양성 평등을 이룩하는 데 주요 전기가 되기 때문이다.

호주제를 폐지해야 하는 이유는 너무도 분명하다. 호

"6살 손자가 호주 돼서야"

주제는 여성과 남성을, 딸과 아들을, 어머니와 아버지를 차별함으로써 헌법의 양성 평등 규정을 위반하고 있다.

이는 또한 역사적 맥락도 아름다운 전통도 아닌 일제 식민지배의 잔재로 중국은 물론 이미 일본에서도 패전 직후 폐지한 시대착오적인 규정인 것이다.

호주제 폐지 운동을 전개하며 실시한 몇차례의 설문조사에 따르면 일반인들은 호주와 가구주의 차이조차 인식하지 못하고 있으며, 의미도 실질적 내용도 없이 피해자들만 양산하고 있는 이 제도를 폐지하자는 견해가 더 많다.

여섯살된 손자가 단지 남자라는 이유로 할머니 어머니 누나를 제치고 호주가 되는 것이 미풍양속인가. 딸과 어머니는 언제나 가족 구성원 가운데 이등으로 밀려나는 것이 당연한 전통인가. 호주제, 당연히 하루라도 빨리 폐지해야 한다.

■ 유림-여성계 반응

이덕희 성균관가족법대책위원장

현재 호주제 폐지를 놓고 유림과 일부 여성단체가 치열하게 대치하고 있는 시점에서 호주제 폐지를 국무회의에서까지 결의한단 말인가. 호주제 폐지는 우리 1000만 유림 가족들이 목숨을 걸고 막을 것이다. 호주제가 폐지돼서는 안되는 이유를 몇가지만 설명하겠다. 첫째, 호주제가 폐지되면 민법 781조의 자(子)는 부가(父家)에 입적한다는 조항이 삭제되고 부모 쌍방 입적이 가능하게 되어 같은 자식, 같은 형제자매만 어떤 자식은 아버지 성씨, 어떤 자식은 어머니 성씨를 가지게 될 것이다. 이래도 부자간이요, 형제

'콩가루 집안' 만들고 싶나

자매라고 하겠는가. 둘째, 이혼자녀의 의부성 따르기다. 물론 이혼여성의 불편은 이해한다. 그러나 성은 어머니 뱃속에서 정해졌기 때문에 영원히 변할 수가 없는 것이다. 만일 성을 바꾼다면 자식에 대한 씻지 못할 모욕이요, 또한 역천 위함이다. 셋째, 호주제가 폐지되면 어느 가정을 막론하고 가계가 단절되고 대가 끊긴다. 그리고 영원히 뿌리까지 없어져 자기가 태어난 흔적조차 찾을 길이 없다. 뿐만 아니라 호주제가 폐지되면 부자, 형제, 자매의 성이 뒤죽박죽되어 완전 요즘 유행어와 같이 '콩가루 집안'이 될 것이며, 누가 누구인지, 촌수도 항렬도 따질 수 없다. 이러한 상황에서 예의가 어디 있고, 질서가 어디 있겠는가. 가정이 무너지는데 국가인들 안전하겠는가.'

266 행동하는 선비정신

3.6 부록: 전통예절 논단

3.6.1 계룡산산신제와 웅진수신제의 역사적 배경과 실제 행사

1. 서론

계룡산신제鷄龍山神祭와 웅진수신제熊津水神祭를 논하기 이전에 우선 '제사祭祀'라고 하는 개념이 무엇을 의미하는 것인지 알아보기로 한다. 제사라고 하는 것은 신에게 음식을 바쳐 정성을 표하는 예절로서 추모와 기도의 형식이다. 때문에 제사에는 물론 음식이 소중하지만 더 소중한 것이 정성이라고 본다. 그래서 정성 없는 제사란 의미가 없으며 신 또한 흠향할 리 없다.

"제진기성祭盡其誠"이란 말이 있다. 모든 제사는 그 정성을 다하라는 뜻이다. 또는 "유기성즉유기신有其誠則有其神" 하고 "무기성즉무기신無其誠則無其神"이란 성현의 말씀이 이를 뒷받침하고 있다. 이 말은 제사지낼 때 정성이 있으면 신도가 와서 흠향을 하고, 정성이 없으면 신도가 오지 아니한다는 뜻이다. 때문에 제사는 반드시 정성을 다해서 지내라고 후생들에게 가르치게 된다.

그러면, 다음은 제사가 언제부터 시작이 되었고, 왜 제사를 지내야 하는지 필자가 아는 대로 간략히 설명해보기로 한다.

2. 제사를 지내는 이유

제사가 시작된 연대는 정확히 알 수 없으나 기원전부터라고 생각된다. 동양에서는 물론 서양에서도 기도하는 것이 바로 일종의 제사 의식으로 보기 때문이다. 그러므로 제사는 동서고금을 막론하고 인류가 존재하는 한 제사 또한 병존하리라고 사료된다. 그런데 제사는 왜 인류만이 지내야 하며 수 천 년을 내려오면서 지내온 이유는 과연 무엇일까. 고금을 막론하고 제사는 반드시 상대가 신이어야 한다. 전술한 바와 같이 추모와 기도 두 가지 이외에 다른 명분은 없는 것 같다. 추모는 국가적으로나 사회적으로 크게 공헌한 대유공大有功한 분과 또는 불망지은不忘之恩을 갚기 위한 보본지의報本之義로 자기 조상을 대상으로 삼게 된다. 기도는 그 범위가 광범하기 때문에 일

일이 매거枚擧할 수 없으나, 단, 기도는 모든 신에게 자기의 소원과 복과 앞날의 영화를 비는 것이다. 만사여의하기를 신에게 비는 것이라 하겠다.

그런데 왜 눈에 보이지 않는 신에게 이렇게 하여야 하나. 이것은 신이 사람보다 영특하고 조화무궁하여 사람이 하지 못하는 것을 신은 할 수 있다고 생각하기 때문이다. 즉 신의 도움을 받으려고 또는 의지하려고 하는 불안한 인간의 심리에서 비롯한 것이라고 본다. 그래서 신에 의지하고, 하늘에 의지하고, 조상에 의지하고, 심지어 고목 암석의 대상까지 신앙의 신으로 삼아 의지하려 한 것이다.

3. 계룡산신제와 웅진수신제의 맥락

이상 설명과 같이 계룡산신제와 웅진수신제도 이와 같은 맥을 같이 하는 국가제례의식國家祭禮儀式의 하나이다. 거국적 규모의 국행제로 거행했던 일종의 무속적巫俗的 제례로 전해오는 연례의 대행사였던 것이 틀림없다. 때문에 나라에서 해가 바뀔 때마다 국태민안國泰民安과 시화년풍時和年豊을 위하여 예조禮曹에서 제관祭官을 선정하여 명산대천名山大川을 찾아 정성을 다하여 치제기도致祭祈禱 했던 것이다. 물론 계룡산신제와 웅진수신제도 그 중의 하나였다고 사료된다. 그래서 해가 바뀌면 나라에서 공주 관아에 명을 하여 제례에 대한 모든 것을 관장 주선케 하고 공주향교로 하여금 이 행사를 직접 주관 대행하도록 하였던 것이 문헌에 명백히 기록되어 있다. 그러나 이 산신제 수신제가 1910년 경술국치庚戌國恥 이후 근 1세기 단절되었다가 이제 와서 다행히도 심우성沈雨晟 공주민속극박물관장님을 비롯하여 구중회具重會 공주대학 교수님, 그리고 관련된 고고학 학자 몇 분의 부단한 관심과 피나는 노력 끝에 공주 향교가 주관이 되어 근 백년 만에 재현이 가능하게 된 것이다.

이상과 같이 계룡산신제와 웅진수신제가 재현되게 된 역사적 배경과 동기는 기술하였거니와 실제 행사상의 구체적 현실 면에서는 큰 어려움을 겪었다. 이에 관련된 모든 문헌을 다각도로 고증하여 제례 절차를 기록하는 홀기도 제정하여야 했고, 무슨 제물을 써야 하고, 또는 어떻게 진설해야 하는지 등등 다방면으로 문헌을 고증하기까지는 참으로 어려움이 많았던 것이다.

4. 실제 행사에 관한 개괄적 설명

2001년 계룡산신제와 웅진수신제는 지금까지 네 번째의 재현 행사이다. 매년 4월 중에 행사하였으며 일자는 음력 3월 16일을 원정일로 하여 행사하여 왔다.

우선 계룡산신제부터 개괄적으로 설명하면 다음과 같다. 제향일이 임박하면, 먼저 산신제 수신제에 헌관 역을 할 제관부터 각 3명씩 선정하여 통첩하고 집사자와 참사원도 같이 안내장을 발송하여 사전에 알린다. 그리고 다음으로 제수 준비에 들어간다. 제수는 화식이 아니고 서원제와 같이 생식으로 한다. 내용은 보簠가 2개, 궤簋가 2개인 바, 쌀, 좁쌀, 율무, 수수 등 네 가지를 각각 담게 된다. 두豆 8개, 변籩 8개를 쓰되 두 8개는 우右쪽 갓 줄 위에서부터 조기, 미나리, 소 허파 등을 쓰고, 다음 줄에는 고사리, 소고기, 졸 등을 쓰고, 세 번째 줄은 닭, 무 등을 쓰며, 좌左쪽으로는 갓 줄 위에서부터 육포, 은행, 민어포 등을 쓰고, 다음 줄에는 땅콩, 밤, 소금 등을 쓰며, 세 번째 줄에는 호도와 대추를 쓴다. 그리고 중앙에 생牲이라고 해서 돼지 머리를 쓰고, 생 앞에 폐백幣帛을 놓는다. 그리고 양쪽에 촛대를 놓고 제일 앞줄에 삼헌三獻할 잔대를 놓게 된다. 다음 제상祭床 밑으로 향상香床을 놓고, 향상 위에 향로香爐와 향합香盒을 놓고 그 옆에 축판祝板을 놓는다.

이상이 산신제의 진설陳設하는 방식이요, 향교에서 준비하는 제수祭需들이다. 단 제주祭酒는 수신제와 달리 청주淸酒 한 가지만 쓰게 된다. 청주는 수신제의 세 가지 술과 같이 정성들여 빚은 가양주家釀酒를 쓴다. 수신제는 이와 다른 점이 많고 진설 또한 달라 산신제 설명이 끝난 다음 별도로 설명하기로 한다. 위와 같은 제수 준비는 제향 전일前日까지 완전 끝내고, 다음으로 제관과 집사자들을 제향전일 입재入齋 시켜 깨끗한 여관에서 일숙박시킨다. 그리고 제향일에 새벽같이 시청에서 대기시킨 버스를 타고 계룡산 신원사 후면 산신제단山神祭壇을 향하여 출발한다. 도착하면 아침 7시가 못 된 시각이다. 이미 관광객이나 언론사 그리고 방송국에서 나와 있다. 즉시 짐을 풀면서 제석祭席을 펴고 진설에 들어간다. 다음 삼헌관들에게 각각 헌관복獻官服을 착복 시키고 "계룡산신지위鷄龍山神之位"라는 위패를 주독主櫝에게 써서 모시고 행례行禮를 하게 된다. 집례의 창홀唱笏에 의하여 순서적으로 제례의식이 진행된다. 제례 진행 절차 내용은 산신제와 수신제가 대동소이하므로 이중으로 기록할 필요는 없을 것이다. 절차가 다소 복잡한 수신제의 의식 절차 내용을 구체적으로 설명하기로 하고 산신제 행제 절차는 생략하기로 한다. 제향이 끝나면 즉석에서 제관과 관광객이 다 같이 청주일 배씩 음복飮福하고 즉시 짐을 챙겨 트럭에 실고 일부 관광객과 제관들은 타고 온버스에 합승 출발하여 공주에 도착하여 '유림식당'에서 아침 식사를 하게 된다.

식사 후 즉시 웅진동 고마나루 수신단水神壇으로 출발하여 도착 후 또다시 제례준비에 들어간다. 제석을 펴고 제상에 준비된 제수를 순서적으로 진설한다. 제수가 산신제보다 다양하여 산신제에서 쓰지 아니한 제물도 많이 쓰게 되어 이색적이다. 그러나 다 같은 생식이며 다만 화식이라면 두 가지 떡이 있다. 산신제와 같이 보簠가 2개, 궤簋가 2개인 바, 쌀, 좁쌀, 율무, 수수 등 네 가지를 각각 담는다. 신위神位 앞 좌左쪽에는 간하지 아니한 국을 질그릇에 담아 각각 세 그릇을 놓고, 우右쪽에는 간하여 담은국 세 그릇을 각각 놋그릇에 담아 쓴다. 다음으로 제물祭物은 좌쪽부터 밤, 대추, 민어포, 소금, 땅콩, 호도, 은행, 육포, 백병白餠, 흑병黑餠 순으로 쓰고, 우쪽으로는 소고기, 무, 허파, 졸, 고사리, 닭, 미나리, 소업전, 천엽, 조기 순으로 쓴다. 좌 쪽 앞에는 염소를 칠체七體로 등분하되, 앞다리 2개, 뒤다리 2개, 갈비 2개, 등심 1개 등 모두 칠체로 나누어 쓴다. 제상 중앙에 폐백幣帛을 쓰고 상 앞줄에는 삼헌관三獻官이 헌작할 술잔이 놓인다. 향상香床 위에 향로와 향합이 있고 옆에 축판이 놓인다. 다음으로 신위 동남쪽에 청주淸酒와 앙제盎齊, 그리고 예주醴酒 등 세 가지 제주祭酒가 모셔있으며 옆에는 현주병玄酒瓶이 놓이게 된다. 이상과 같이 진설이 끝나면 "웅진수신지위熊津水神之位"라고 쓴지방 위패紙榜位牌를 모시고 국악 1인의 국악 연주가 시작되면서 집례의 창홀唱笏에 의하여 순서적으로 엄숙하게 제례 의식이 진행된다. 제례가 시작되면, 처음에는 삼헌관三獻官 이하 제집사諸執事가 각각 자기 위치에 서립序立한다. 다음 집례執禮와 찬인贊人이먼저 4배를 하고 따라 제집사도 4배를 한다. 그리고 찬인이 초헌관 앞에 나아가 "근구청행사謹具請行事"라고 아뢰어 곧 행사하기를 청한다. 다음 헌관 이하 참제자參祭者 모두가 다 같이 4배를 하면서 제례는 시작이 된다. 초헌관이 분향을 하고, 이어서 전폐례奠幣禮를 행하여 폐례幣禮를 올린다. 다음은 초헌례가 시작된다. 초헌관이 예제醴齊의 술로 초헌을 올리고 축관이 독축讀祝을 한다. 다음은 아헌례가 시작된다. 아헌관이 앙제盎齊의 술로 아헌을 올리고 다음에는 종헌례를 하게 된다. 종헌관이 청주로 종헌을 올리면서 삼헌은 끝이 나고 다음은 음복례를 행하게 된다. 초헌관이 음복한 후 초헌관 이하 참제관 모두가 4배하고 사신辭神한다. 이어서 찬인贊人이 초헌관 앞에 나가서 백례 필白禮畢로 제례가 끝났음을 고告하고 수신 제례의식을 끝낸다. 이상은 제례 절차를 개괄 설명한 것이다. 홀기에 의하여 좀 더 구체적으로 설명하려 했으나 문장이 너무 지루하여 중요한 것만 간추려 설명했음을 남자覽者가 이해하시기 바란다.

5. 결론

이상과 같이 계룡산신제와 웅진수신제에 대한 역사적 배경과 재현하는 유가 식 실제 행사에 대해서 필자가 나름대로 문헌을 고증하면서 기술하였으나 행사 과정에서 의문疑問이나 미흡未洽한 점이 너무나 많았다고 생각된다. 그러나 행사 상 의문이나 미흡한 점은 세월을 더하면서 보완 수정할 수도 있으나, 단 염려되는 것은 단절된 지 근백 년 만에 다시 맥을 찾은 이 전통문화의 행사가 과연 얼마만큼 발전이 되고 얼마만큼 지속 보완하느냐에 관건이 있다고 사료된다.

필자가 알기로는 우리나라 명산의 상·중·하 삼악三岳을 칭할 때, 상악은 평북에 있는 묘향산, 중악은 충청도 계룡산, 그리고 하악은 전라도 지리산을 말하였다고 한다. 그래서 이 삼대명산에 상·중·하의 악단嶽壇을 설치하고 일 년 일차 동시에 산신제와 수신제를 올린 것으로 알고 있다. 그러나 1910년 경술국치 이후 제단을 돌보지 않게 되고 제례 역시 폐지된 것으로 알고 있다. 하지만 계룡산 중악단中嶽壇만은 그 후 어떠한 명분으로 복원되었는지는 알 수 없으나 이름을 중악단으로 옛날 이름을 붙이며 현재까지 불가 식으로 유지하고 있다. 그러나 이것은 당초 나라에서 국행제로 행사했던 유가 식 산신제가 아니다. 원래대로 향교鄕校에서 지내야 옳을 것이나 실제 상황은 유儒·불佛·무巫의 조화로 진행될 수밖에 없는 실정이다.

다만 우리 충청인이나 공주인들은 오랫동안 단절되었던 전통문화를 다행히도 오늘날에 되찾아 맥을 이어가게 된 것만으로도 우선 다행스럽게 생각해야 하며 앞으로 점진적으로 발전하기를 기원해야 할 것이다. 그 동안 오늘날이 있기까지 다년간 부단한 노력과 끊임없는 관심과 불굴의 집념으로 아직은 비록 거국적 행사로까지는 도달하지 못했으나 공주 지역 사회에서 당당한 전통문화 행사로 맥을 이어가게 해주신 심우성 공주민속극 박물관장님과 공주대학교 구중회 교수님의 공로에 대하여 무한한 감사를 드리며 심심한 사의를 표하는 바이다.

2001년 4월 20일

공주향교 전교 이덕희 씀

3.6.2 전통예절의 현대적 이해

1. 서론

일찍이 문헌을 참고해보면 예라고 하는 것은 사람으로서 마땅히 지켜야 할 의칙儀則이요, 인사라고 했다. 따라서 예의 본질은 경敬이 주가 되기 때문에 공경이 없는 예는 의미가 없다. 그래서 예에서 가장 소중한 것이 바로 공경이요, 다음으로 사양하는 마음씨 양심이다. 공경을 바탕으로 사양하는 마음이 곧 예가 되며 이로 인해 모든 예의범절이 나오게 된다고 본다. 그러나 예번즉난禮煩則亂이라고 하여 예가 너무나 번거롭고 지나치면 도리어 어지럽게 되어 사람으로 하여금 짜증을 나게 하고 기피현상까지 초래하게 된다. 따라서 예는 이론으로는 매우 합리적이고 타당성이 있으나 행동으로 옮기기에는 너무나 어려운 점이 많아 선조들도 100% 실천한 것은 아니다. 그래서 예설예론禮說禮論도 많이 있을 뿐만 아니라 예문을 놓고 왈가왈부 시비도 많았던 것이다. 그러나 특이한 것은 예절은 특상층만 지키는 것이 아니라, 상하급을 막론하고 누구나 지키고 싶으면 지킬 수 있다는 것이 특징이기도 하다. 그래서 부모가 돌아가면 천자로부터 서민들까지 삼년상이 차이 없이 동일했던 것이다. 우리민족은 광복 전까지만 해도 누구나 거의 지켜왔으나 광복 후 외래풍조에 밀리고 현대교육에 밀려 점차 쇠퇴일로를 걷게 되어 현재는 거의 사라지고 겨우 명맥만 유지하고 있는 실정이라고 보아야 할 것이다. 오늘날에 와서는 사회가 너무나 거칠고 질서가 문란하여 온 세상이 혼돈시대로 변하다보니 본의 아니게 인간사회에서 점진적으로 금수사회 문턱까지 오게 된 것이다. 그래서 이제는 국민이 현대교육만으로는 인간의 본성을 되찾고 사회질서를 바로잡을 수 없다 해서 사회적으로 다시 우리 것을 찾아 재교육시키자는 목소리가 높아가고 있는 것이 사실이기도 하다. 그래서 필자가 박약한 지식과 고루한

식견이나마 나름대로 짜내어 이 글을 쓰게 된 것이다. 그러므로 이미 서두에서 기술한 바와 같이 예의 본질은 경이 주가 된다고 하였고 다음으로는 전통예절이 무엇인지 알아보기로 한다.

2. 전통예절의 의미

전통예절이라 함은 전통을 받아 전해오는 관습 가운데서 역사적 배경을 가지고 높은 규범적 의의를 지닌 예의범절로서 우리나라에서는 관혼상제가 이를 대표한다. 그러나 그 외에도 예절은 요약할 수 없을 정도로 다변화되어 가고 있어 그 방법과 양상이 단순하지 아니 하고 다원적으로 복잡하다. 그리고 형태 또한 다양하기 때문에 낱낱이 들어 말하기는 매우 곤란하다. 왜냐하면 인류가 생존하고 있는 한, 일상생활 중 국가나 사가에서 또는 개인 일동일정—動—靜에서 예의범절이 일신에서 잠시도 떠나지 아니 하고 항시 따라 다닌다고 할 수 있으므로, 사람은 언제나 몸가짐에 조심하게 되기 때문이다. 이것은 고금을 막론하고 누가 시켜서가 아니라 사람의 도리를 행하는 것뿐이어서 지극히 자연스럽고 당연하다고 생각된다. 그래서 행동처신을 잘하고 못하며 또는 예의범절을 얼마나 지키느냐에 따라 인격수준을 평가받을 뿐만 아니라, 전 국민의 행동여하에 따라 크게는 국가의 위상을 높이고 사회적으로 질서를 유지시키며 작게는 가정적으로 일신상 영욕에도 영향이 미치기 때문이다. 다시 말해서 전통예절은 비단 우리나라뿐만 아니라 세계 어느 나라 어느 국민도 나름대로 예의범절이 있는 것으로 알고 있다. 이것이 바로 그 나라의 문화적 유산이요 상징이기 때문에 잘 보존되어 있다고 본다. 그러나 나라마다 보는 관점과 보존 가치가 각기 다르기 때문에 전통적인 예절형태와 지키는 방법이 각기 다를 줄 안다. 그래서 예를 들어 우리나라 국민이 볼 때 저것도 예절이요 예의라고 할 수 있을까 할 정도로 지극히 유치하고 야만적인 것도 있지만, 그 나라에서는 일종의 전통예의로 높이 평가하면서 온 국민이 지키고 있는 것도 비일비재하다고 본다. 이것으로 볼 때 어느 나라를 막론하고 무엇이든 조상으로부터 내려온 풍습과 관습을 대대손손 지켜오고 전해오는 것이 바로 전통예절로 보아야 할 것이다. 우리나라의 앞에서 말한 관혼상제 사례四禮만을 우선 아는 대로 개괄적으로 설명해보기로 한다.

우선 사례 중 관례부터 알아보기로 한다. 관례는 한 마디로 아이가 어른이 되는 과정으로 남자는 관례 여자는 계례라 한다. 이는 결혼 이전에 남자는 갓을 쓰고 여자는 쪽을 찌는 의식절차를 말한다. 스무 살에 관례를 하고 그 후 혼례를 하는데, 광복 후에도 혹 하는 이가 있었으나 이는 완전히 사라지고 다만 관이나 학교 주도하에 간혹 재현될 뿐이다.

혼례는 관례 후 성례를 말하는 것으로 신부를 맞아온다고 해서 빙례라고 하며 시집가고 장가간다고 해서 가취지례嫁娶之禮라고도 한다. 문헌을 참고해보면 상고에는 삼십에 유실有室이라고 하여 남자 나이 삼십이 되어야 장가를 갔으나 중고 이하는 조혼하는 경향도 있어 십오륙 세에도 많이 한 것으로 알고 있다.

상례는 상중에 행하는 모든 예절을 말하는 것인바 초상에서 장례에 이르기까지 일체의 의식이다. 그러나 모든 의식절차를 빠짐없이 갖추기에는 너무나 번다하고 복잡하여 사대부집에서만이 예절을 갖추었을 뿐, 일반 서민들은 대략만 행했던 것으로 알고 있다. 예문을 참고 해보면 계층별로 예장법이 달라 우리나라도 국상이 나면 5개월이 넘어야 장사를 지내고 사대부는 3개월이 지나야 장사를 지내며 일반 서민들은 유월이장踰月而葬이라고 하여 달을 넘겨야 장사를 지냈던 것으로 그 사이에 행하는 예는 부지기수이다. 그러하다보니 상제는 말할 것도 없고 온 가족이 장사전에는 제백사하고 여기에 종사하여야 하는 어려움이 있다. 뿐만 아니라 장사 후에도 삼년동안 집상하여야 한다. 이것은 거의 집집마다 행해진 것으로 그 시대 그 사회에서 일반적으로 통속화되었던 상례의 면모요 실상이었던 것이다. 이와 같이 어려운 예절을 21세기 현대인이 그대로 실천하고 이해하기란 매우 어렵다고 생각된다. 그러므로 약식예절로 상례를 행하고 있으나 너무나 망인에게 박절하고 지나치도록 약식인 삼일탈상으로 삼년상을 대체하는 예가 허다하여 좀 더 아쉬운 것은 나를 길러주신 부모님이 돌아가도 자식으로서 슬퍼하는 상제를 보기가 드물다는 점을 지적하지 않을 수 없다.

제례는 제사 지내는 의식과 절차를 말한다. 제사는 유형이 너무 많아 일일이 매거하면서 설명할 수 없으나, 모든 제사는 정성이 주가 되고 다음은 공경하고 엄숙함을 근본으로 삼는다. 그래서 제진기성祭盡其誠이란 말이 있다. 이 말은 제사에 정성을 다하라는 뜻이다. 그리고 "유기성즉유기신 무기성즉무기신有其誠則有其神 無其誠則無其神"이라는 성현의 말씀도 있다. 이는 제사를 지낼 때 정성 없이 지내면 신도가 흠향을 아니하고 정성을 다하여 지내면 신도가 흠향을 한다는 말이다. 다시 말하면 자손이 부모나 조상에게 제사 지낼 때 정성을 다하라는 뜻도 되지만 정성 없이 지내는 제사는 아무 의미가 없음을 말해준다. 고금을 막론하고 부모 없이 태어난 사람은 없으며 조상 없는 자손 또한 없다. 그러므로 자기의 뿌리인 조상을 찾게 되고 제사를 지내게 되는 것인데, 정성을 다하는 것은 너무나 당연한 자손의 도리라고 생각한다. 아무리 제물을 많이 차려놓아도 정성이 없다면 아무 소용이 없다.

3. 결론

이상으로 전통예절의 주축이 되는 관혼상제 사례와 기타 예절 약간을 개괄적으로 설명했으나 미흡하다. 예는 위에서 설명한 바와 같이 번다하고 복잡할 뿐만 아니라, 행하는 절차 또한 각양각식各樣各式이 되다 보니 예의 전모를 지면으로 소개할 수 없을 정도로 한이 없다. 뿐만 아니라 예는 일정불변하게 법제화 된 것이 아니라 각각 소견에 따라 해석이 다르고 절차가 다를 수도 있기 때문에 옛날에도 학자들 사이에서 예문을 놓고 논쟁이 비일비재했던 것이다. 그래서 모든 예절은 절차와 의식이 하나로 통일 될 수 없는 것이 예를 지키는데 커다란 단점이 아닌가 생각된다. 그러나 우리 민족은 수천 년을 두고 이것을 지키려고 무한 노력한 흔적이 역사상 역력할 뿐만 아니라, 전 민족이 상하 구분 없이 실제로 지켜왔기 때문에 전통예절이 오늘날까지 명맥을 이어 온 것이 사실임을 누구도 부인할 수 없다. 그러나 오늘날에 이르러서는 사회가 전통예절을 수용하지 못하고 전면 거부하거나 기피하고 있다. 조국의 전통문화요 조상이 지켜온 예절인데 그 민족 그 자손이 되어 당연히 지키는 것이 도리이지만, 그러나 역사가 바뀌고 시대가 변천되어 국민의식이 달라지고 교육제도가 전연 달라졌으며 풍속 또한 변하다 보니, 이 시점에서 예의범절이 무엇인지 알지도 못할 뿐만 아니라, 바쁜 세월에 어느 누가 일일이 실천할 수 없기 때문이 아닌가 한다. 옛날에는 식생활을 뒤로하고 예의를 우선했기 때문에 전 국민이 너나 할 것 없이 모두 지켜왔지만, 광복 후 점차 시대적 사고도 바꾸고 생활양상도 옛날과 대조적이다 보니 복잡하고 실천하기 어려운 전통예절을 액면 그대로 수용하기가 어려워 기피할 수밖에 없는 실정이다. 그리하여 현대사회는 지킬 수 있는 가정까지도 조류에 따라 남의 이목을 피하면서 형식적 외면만 수식修飾하려고 하고 일반 대중의 가정에서는 조금도 거리낌 없이 거의 지키려고 하지 않는 추세이다. 그러나 현대도 주목할 만한 것은 관혼상제 중 관례는 이미 사라진지 오래되었으니 거론할 여지도 없거니와 혼례·상례·제례 등 전통예절은 일부분이나마 아직도 다소 남아 있는 점이다. 물론 그 중에는 요즘 시대와 관계없이 대조적으로 철저히 지키는 가정도 간혹 있다고 보지만 이것은 거의 찾아보기 드물 정도로 희한하다. 오늘날 현대 사회에서도 전통예절에 대하여 어느 정도 이해하고 있는지 살펴본다면 대략 90%가 외형으로 흉내 내고 있으나 실제 예절 면에서는 거의 지키지 못하고 있다. 이유를 분석해보면, 첫째는 관심이 적으며, 둘째는 너무나 절차가 번거로워 두서를 찾기가 어렵고, 셋째는 시간 소요가 많이 되기 때문에 대중이 외면하는 것으로 보아야 할 것이다. 그렇지만 오늘에 와서 다수의 국민들이 조금씩 이해하는 면이 늘고 있다고 본다. 왜냐하면 시대가 너무 이기주의 편의주의 그리고 물질만능주의에만 치우치다보니 이제는 한계점에 도달한 것이 아닌가 하여 청소년을 제외한 온 국민이 잘못되어 가는 것을 절감하고 이제는 인간 본연의 성품인 인성인본이 현대 사회에 필요성을 다소 느끼게 되었다고 생각된다. 그리하여 이제 와서는 비록 전통 예절을 지키지는 못할망정 조금씩 이해하게 되고 옛것을 많이 찾으려고 노력하기도 한다. 필자가 생각하건대 사람은 지위고하를 막론하고 누구나 일상생활에서 예의에서 벗어나면 인간대접을 받지 못하기 때문에 인도人道에서 탈선된 사람을 제외하고는 가급적 예절과 몸가짐의 예의를 지키려고 한다. 이것은 인간이 만물을 지배하는 영장이기 때문에 모든 만물의 표본이 되어야 한다는 의무감이 있기 때문이 아닌가 생각된다. 그러나 아무리 의무감이 있고 지키려는 의욕이 있다 해도 전통예절을 옛날과 같이 지킬 수는 없다. 다만 옛 것이라 하여 무조건 버리지 말고 보기 좋은 현대의 새것이라고 하여 다 좋은 것이 아니니, 옛날의 좋은 점만 취하고 오늘날의 나쁜 점을 버리는 절충식 예절이 바로 만인이 지킬 수 있으면서 시대에 부응하는 예절이요 현대인이 이해하는 예절이라고 본다. 예는 지키는데 목적이 있고 의미가 있기 때문이다.

공주향교 전교 이덕희

4. 인사말

4. 인사말

4.1 조합장

4.1.1 1989년도 3월 9일 조합원 총회에서

만장하신 공주시군 과수농가 여러분! 새해도 안녕하십니까. 아직도 추운 날씨에 공사 간 바쁘심에도 불구하고 이토록 많이 참석해 주시어 대단 감사합니다. 그리고 만 일 년 만에 여러분을 같은 자리에서 만나 뵈오니 더욱 반갑습니다. 제가 작년도에 말씀드리어 여러분께서도 잘 아시다시피 우리 조합이 당초 인가를 낼 때 원예조합 능금조합 등 명칭이 많이 있음에도 불구하고 유독 우리 조합은 모든 과일을 광범위하게 취급하기 위하여 또는 오늘과 같이 배, 사과, 그리고 밤, 복숭아 할 것 없이 재배농가 여러분을 한 자리에 모시기 위해 과수조합이라고 명칭을 했던 것입니다. 그러하므로 공주시군내 거주하시는 모든 과수농가 여러분께서는 조합에 가입을 하시었든 또는 아니 하시었든 간에 다 같이 조합원이라고 해도 과언이 아니므로 여러분께서는 조합을 감독하실 권리가 있음은 물론 조합을 키워주실 의무 또한 있는 것으로 알고 있습니다. 존경하는 과수농가 여러분! 우리 조합이 법인 조합으로 창립되어 적수공권赤手空拳으로 운영을 시작한지도 어언 만 3년이 되었습니다. 그간 여러분께서는 결심코 조합을 키워보시겠다는 일념 하에 물심양면으로 협조해 주신 것은 물론이요 또는 간접 직접으로 조합발전에 크게 공헌을 하시었습니다. 그리하여 우리 조합은 여러분의 도움에 힘입어 작년도만 하더라도 연말결산을 해 본 결과 재작년도에 비하여 무려 근 200% 성장이 되었습니다. 다시 말해서 삼년동안 많이 성장했다고 하겠습니다. 이것은 물론 운영자 노력도 다소 있었다고 하겠습니다마는 어디까지나 여러분께서 이해를 초월하여 음으로 양으로 보살펴주시고 염려해주신 덕택이 아니고 무엇이겠습니까. 이 고마움을 이 자리를 빌어서 다시 한 번 감사드립니다. 그러나 우리는 이것으로 자만할 수는 없습니다. 우리는 이제 초등학교 그리고 중학교를 갓 졸업했다고 하겠습니다. 아직도 고등학교 그리고 대학과정이 남아있습니다. 소위 법인조합이라고 하면서 아직까지 사무실 하나 신설하지 못하고 공판장 하나 개설하지 못하다보니 조합체면도 말이 아니요 그 애로는 이루 말할 수 없습니다. 이것이 아직도 초창기의 굴레를 벗지 못한 어려운 고비가 아닌가 싶습니다. 우리는 하루 속히 이 모든 역경에서 벗어나 훌륭한 법인조합으로서의 면모를 갖추어야 하겠습니다. 그러자면 물론 운영자의 피나는 노력도 필요합니다마는 그보다도 이 자리에 앉아계신 여러분의 장중에 달려있다고 하겠습니다. 앞으로 여러분께서는 조합을 내 가정과 같이 생각하시어 같은 값이면 또는 약간의 손해가시는 일이 간혹 있다 해도 농약 한 봉지 박스 한 장 비료 한 포를 사시더라도 조합에서 매입을 해주시고 또는 과일 한 상자 한 짝을 내시더라도 역시 조합을 이용해 주시면 조합은 일익 번창하여 앞으로 몇 년 안가서 훌륭한 회원조합으로 부상할 것입니다. 이것은 확신합니다. 여러분들께서 100% 믿어도 좋습니다. 과수농가 여러분! 조합은 운영자의 조합이 아니요 바로 여러분의 조합입니다. 조합이 잘 되면 바로 여러분이 잘 되는 것이요 조합이 성장하면 그 이익은 바로 여러분에게 돌아갈 것입니다. 이 논리는 제가 구태여 말씀드리지 아니해도 너무나 여러분께서 잘 알고 계시리라 믿습니다. 이러한 측면에서 볼 때 우리는 뭉쳐야합니다. 뭉치는 길만이 우리가 살길이요 뭉치는 길만이 이 모든 악덕상인으로부터 횡포와 농락에서 벗어나는 첩경이라고 하겠습니다. 우리는 일시적인 이해에만 급급할 게 아니라 좀 더 나아가서 십년 그리고 백년을 설계하여야 하겠습니다. 공주 지역사회에서 없어서는 안 될 우리 과수조합이 하루 속히 성장하여야 우리 과수 농가 여러분께서 여러모로 혜택을 보시리라 믿습니다. 끝으로 여러분께서는 과거보다 조합을 배전倍前 애용해 주시고 또는 수시로 지도편달해 주실 것을 간곡히 부탁드리면서 또는 여러분 가정마다 행운이 충만하시기를 기원하면서 두서없고 간단하나마 이것으로 인사말씀을 가름합니다. 감사합니다.

4.1.2 1994년 2월 25일 조합원 교육에서

존경하는 공주시군 과수농가 여러분! 새해에도 안녕하십니까. 새해에는 복 많이 받으시고 더욱더 건강하시기 바랍니다. 그리고 아직도 추운 날씨에 또는 공사무간 바쁘심에도 불구하시고 오늘 교육에 이토록 많이 참여해 주시어 대단히 감사합니다. 아시다시피 지난 한 해는 국가적으로 다사다난했음은 말할 것도 없거니와 우리 과수농가에게도 크나큰 충격을 안겨 준 한 해였다고 생각됩니다. 우루과이라운드 협상타결로 인하여 우리나라 모든 농산물이 점진적으로 큰 타격을 받게 되는 오늘날 우리 과수라고 예외는 될 수 없습니다.

지구촌이 일일생활권이 되고 모든 것이 개방화 경쟁화 시대가 되다보니 이것은 피치 못할 세계적 추세요, 흐름이라고 사료됩니다. 그러나 이 문제는 전 국민은 물론이지만 특히 우리 농민의 사활이 걸린 심각한 문제가 아닐 수 없습니다. 제가 생각할 때 모든 농산물은 동일 하겠습니다마는 그 중 가장 피해를 많이 볼 수 있는 품목이 바로 과수작목이 아닌가 싶어서 더욱더 걱정이 됩니다.

과수농가 여러분! 우리는 오늘날 처지가 바로 망망대해를 항해하는 항해사와도 같다고 생각을 해 보았습니다. 항해사가 항해하기 위해서 출발할 때는 바람 한 점 없어 항해하기에 참으로 좋은 일기였습니다. 그러나 출발하여 망망대해에 도달하였을 때는 바람이 불기 시작하였고 바람은 점점 강풍으로 변하면서 파고波高는 점차 높아지고 배는 흔들리기 시작했습니다. 이 때 항해사가 정신을 똑바로 차리지 못하고 갈팡질팡한다면 그 배는 결국 침몰하면서 항해사 자신은 물론 그 배에 승선했던 선원까지도 비참한 결과를 초래하고 말 것입니다.

그러나 항해사가 비록 위급한 상황에 처해 있다하더라도 추호도 동요하지 아니 하고 침착하게 최선을 다한다면 아무리 높은 파고波高와 아무리 거센 풍랑도 무난히 헤쳐 나갈 것입니다. 이와 마찬가지로 우리 과수농가 여러분께서도 처음 시작할 때는 우리 배, 사과가 세계적으로 개방이 되고 경쟁이 되리라고는 상상조차 못했던 일입니다. 그러나 우리는 생활을 위협하고 사활까지 걸린 이 중대한 문제를 이제 와서 아무도 맡아 해결해줄 사람은 없을 것입니다. 이것은 우리 스스로가 슬기롭게 대처해 나가는 방법 이외는 별다른 도리가 없을 것입니다. 그러면 대처하는 방법이 과연 무엇이냐? 이것은 바로 수출시장 경쟁에서 이겨나갈 수 있는 우수상품을 생산하는 방법 이외에는 아무것도 없을 것입니다. 그러면 우수상품 생산방법이 또 무엇이냐고 물을 때, 이것은 말할 것 없이 오늘과 같은 기술교육에 적극 참여하여 남보다 더 배워서 하나라도 더 알고 또는 남보다 더 협력해서 각자 남이 생산하지 못하는 질 좋은 과실을 많이 생산하는 것입니다. 우선 과학적 영농방법으로 생산비를 절감하고 과감하게 재래품종을 도태淘汰하고 신품종으로 갱신하여 시장성을 높이고 뿐만 아니라 가급적 재래식 대규모 영농을 피하고 힘에 맞는 소규모 영농으로 단위생산량을 높이는 것만이 오늘날 노동력부족시대에 적절한 영농방법이요, 경쟁시대를 대처하는 최선의 방법이라고 사료됩니다.

존경하는 과수농가 여러분! 오늘날 모든 농민이 다 같이 가장 어려운 난관에 봉착해 있다고 하지만 그러나 농민 중 우리 과수농민은 어떠한 농민보다도 행운을 탄 농민이 아닌가 생각도 해보았습니다. 그 이유는 첫째, 우리나라 배, 사과가 세계적으로 가장 질 좋은 과일이라고 평가되어 정부에서 우리나라 수출품목 중 제일 먼저 손꼽는 것으로 알고 있습니다. 그리고 둘째는, 우리나라 기후풍토가 과수재배에 가장 적합해서 앞으로 정부가 어느 품목보다도 지원을 아끼지 아니할 것으로 알고 있어 우리가 노력만하면 얼마든지 질 좋은 과실을 생산할 수 있는 모든 조건이 갖추어졌다고 생각되기 때문입니다.

과수농가 여러분! 모든 농사는 동일하겠습니다마는 앞으로 우리 과수영농은 과거 적당하게 짓던 재래식 농사방법을 하루 속히 탈피해서 현대적 시각에서 기술적 과학영농으로 탈바꿈하는 것만이 무엇보다도 급선무가 아닌가 생각됩니다. 그리고 우리 과수농가는 각자 개인의 사소한 목전이익만 추구할 것이 아니라 좀 더 장기적인 안목에서 닥쳐오는 난관을 극복하면서 다 같이 공존공생하기 위해서는 첫째 대동단결하여 하나같이 뭉쳐야 되겠습니다. 과수농가의 권익을 최대한 보호하고 모든 농자재를 적시적기에 공급하여 과수작농에 편의를 제공하는 여러분의 조합 과수조합을 중심으로 하여 우리 과수농가 전원이 일사불란하게 똘똘 뭉쳐서 상호간 기술도 제휴하고 정보도 교환하면서 요즈음 흔히 말하는 미래지향적인 발돋움을 하여야 하겠습니다. 이것이 바로 악덕상인의 손아귀에서 벗어나는 길이요 경쟁시대에서 살아남는 첩경이라고 하겠습니다. 다시 말해서 과수조합이 구심체가 되어 과수농가 전체가 결집해서 상호협력체제구축을 가일층 강화하자는 것입니다.

존경하는 과수농가 여러분! 여러분께서 보시다시피 여러분 손과 정성으로 만들어

놓으신 과수조합이 그간 여러분의 적극적인 협조 하에 이제는 우리 과수농가 여러분께서 믿고 의지하고 이용할 수 있는 단계에 왔습니다. 지금으로부터 8년 전에 단돈 13000원이 들은 통장 하나만을 전임자로부터 인수받아 그 즉시 국민은행에서 임원님의 배려로 2천만 원이란 거액을 대출받아 그 돈을 쓰면서 만 5개 월 만에 법인조합으로 승격시켰고 그 돈으로 운영자금을 쓰면서 재출발하여 오늘에 이르게 된 바, 93년 작년도에는 외형거래액이 무려 25억이 넘었고 여러분께서 출자하신 출자에 대한 배당도 조금씩 시작하게 되었습니다. 그리고 금년도에는 목표액을 30억으로 정하고 이것을 달성하기 위해서 직원 7명이 쉴 새 없이 열심히 뛰고 있습니다. 이것은 오직 수많은 과수농가가 절대 필요로 하는 또는 잠시도 없어서는 안 될 과수조합을 공주지역에서 영원히 존재할 수 있는 불멸의 조합으로 또는 당당한 조합으로 만들기 위해서 그간 갖은 수모와 갖은 역경을 다 겪으면서 오직 우리 조합원 전체의 숙원이요, 조합의 지상목표인 농협중앙회에 회원조합으로 정식 가입하기 위해서 우리 직원들은 혼신의 힘을 다하고 있는 것입니다. 그래서 저는 분명히 여러분에게 약속드립니다. 무슨 일이 있어도 목숨을 걸고 회원조합만은 기필코 만들어내고 말 것입니다. 우리 공주지역에서 과수조합이 조직이 아니 되었다고 가정한다면 또는 조직이 되었어도 농협중앙회에 회원조합으로 정식가입을 못한다고 볼 때 이것은 우리 공주 과수농가는 한 마디로 표현해서 집도 절도 없이 유리사방 떠돌면서 생활하는 무의무탁한 유락아遺落兒와 조금도 다를 바 없는 가치 없는 존재가 될 것입니다. 이 말은 바로 과수조합이 없다고 할 때 과수농가들은 구심체가 없어서 무장지졸無將之卒과 같이 갈팡질팡 하게 된다는 말입니다. 그러나 공주지역은 다행히도 과수조합이 발족되어 이제는 지역사회에서 두각을 나타내고 있으며 현재로는 비록 여러분에게 경제적으로 큰 도움은 못 드리지만 여러분께서 믿고 거래할 수 있을 뿐 아니라 모든 면에서 편의제공을 받을 수 있으며 따라서 불원간 우리가 염원하는 회원조합까지 만들 수 있는 모든 조건이 완전 갖추어져 현재 가입신청 서류를 제출하고 승인만 기다리고 있으나 중앙사정으로 인하여 다소 연기되고 있는 실정입니다. 이런 것으로 볼 때 이것은 조합이 재탄생한지 8 년 만에 괄목할만한 발전이라고 해도 과대평가는 결코 아니라고 사료됩니다. 이것이 모두가 과수농가 여러분께서 과수농사에는 반드시 과수조합이 필요함을 절실하게 느끼시고 그간 꾸준히 물심양면으로 협조해주시고 보살펴주신 결정체라고 생각하면서 다시 한 번 고개 숙여 여러분에게 감사드립니다. 끝으로 부질없이 한 말씀 드린다면 여러분 중에서 간혹 개인적 친분이나 사정에 못 이겨 모든 농자재를 일반상인으로부터 거래한다고 볼 때 다음날 돌아오는 득은 하나도 없을 것입니다. 만에 하나 염려되어 말씀드리오니 이 점 이해하시고 앞으로는 바로 여러분께서 진짜 주인이 되시는 과수조합을 더욱더 아껴주시고 전줄 이용利用해 주시어 이웃에 있는 단위조합 못지않게 성장 발전시켜서 과수농가 여러분께서 마음껏 이용하시고 그리고 직접 눈으로 보이는 혜택을 받으실 수 있도록 배전倍前의 협력이 있으시기를 이 자리를 빌어서 간곡히 부탁말씀 드리면서 다시 한 번 강조말씀 드리고 싶은 것은, 오늘날 세계적인 추세에 의해서 우리 과수농가 여러분께서 너무나 충격적인 어려움에 처해 있습니다마는, 조금도 굴하거나 실망하지 마시고 노력과 인내와 슬기로써 모든 난관을 극복해 주실 것을 부탁드립니다. 오늘 기술교육은 경쟁시대인 오늘날에 와서 더욱 절실하다고 생각됩니다. 훌륭하신 초빙강사님의 과학적 영농방법과 현대적인 기술로 단위생산량을 높이고 우수한 과일을 생산할 수 있는 좋은 말씀을 끝까지 경청해 주시고 꼭 실천해 주실 것을 부탁드리면서 중언부언 두서없이 부탁말씀 겸 인사말씀을 마칩니다. 감사합니다.

4.1.3 대의원에게 부탁 인사말

대의원에게 부탁 인사말

대의원님 여러분! 그간 안녕하셨습니까.

오래간만에 한자리에서 만나 뵈오니 대단히 반갑습니다. 여러분께서도 아시다시피 지난 한해는 국가적 차원에서 볼 때 정치적으로나 사회적으로 매우 혼란하였고 우리 농민입장에서 볼 때도 극심한 가뭄으로 인하여 작농에 매우 어려움을 겪은 한 해였다고 생각됩니다. 그러나 우리 대의원님 여러분들께서는 모든 어려움을 슬기롭게 무난히 극복하시면서 94년도를 깨끗이 청산하시고 활기에 넘치는 대망의 95년도 새해를 힘차게 맞이하시는 것으로 알고 있습니다. 대의원님 여러분! 새해에는 복 많이 받으시고 모든 계획하신 바가 순조롭게 성취되시기를 기원합니다. 오늘 엄동설한 추운 날씨에 또는 구정이 임박하여 여러 가지로 바쁘심에도 불구하시고 이와 같이 많이 참석해 주시어 대단히 감사합니다.

실은 이 결산총회를 1월 초순부터 하려고 하였으나 조합사정으로 인하여 준비 상 지연이 된 점 대단히 죄송하게 생각합니다. 십분 이해해 주시기 바랍니다.

제가 이 자리를 빌어서 대의원님 여러분께 몇 가지 부탁말씀 드리고 싶은 것은 여러분께서도 아시다시피 우리 조합이 자나 깨나 숙원이었던 회원조합을 다년간 정성을 다 바친 나머지 천신만고 끝에 어렵게도 지난 9월 1일부터 기적으로 가입이 되어 우리 공주지역사회에서 당당하고 영원한 과수농협으로 탄생하였습니다.

이것이 모두가 이 자리에 계신 대의원님 여러분을 위시해서 전체 조합원께서 뜨거운 성원과 물심양면으로 꾸준히 협조해 주신 덕택으로 생각하면서 다시 한 번 고개 숙여 깊은 감사를 드립니다.

그러나 우리는 회원조합이 되었다고 해서 만족할 것은 아닙니다. 예컨대 가옥을 신축한다고 가정할 때 우리는 이제서 대지를 구입하여 정지작업을 하고 기초를 해서 벽돌을 쌓고 슬라브까지는 겨우 쳐놓았다고 생각이 됩니다. 그러나 아직도 할 일은 너무나 많습니다. 벽도 발라야 되고 가장 중요한 내장공사도 하여야 하고 또는 담장도 쌓고 주변도 정리하여 조경도 하여야 비로소 가옥이 완성되는 것과 같이 우리 조합도 이제부터 가장 중요하다고 생각이 듭니다. 청사도 신축하여야 되고 신용사업도 시작하여야 되고 또는 공판장도 개설하여야 비로소 조합의 면모가 갖추어져서 조합으로서의 구실을 한다고 생각이 됩니다. 그러므로 이 모든 사업을 추진하자면 우리 자력으로는 도저히 불가능하기 때문에 농협중앙회에서 장기저리자금을 많이 따와야 됩니다.

그런데 자금을 따오려면 우선 자기자본부터 조성이 되어야 된다고 해서 중앙으로부터 자기자금조성에 성화같이 불이 내려집니다. 대의원 여러분께서는 이 점 이해하시고 현재대의원 의무출자 30만원에서 60만원으로 또는 그 이상으로 제고시켜 주시기 바랍니다. 우리 조합도 이제는 마음 놓고 출자도 하면서 거래할 수 있는 믿는 조합이 되었습니다. 작년부터 출자배당 5%씩 환원출자도 해드리고 있습니다. 물론 일반

금융권에 비해서 이율의 차이는 있습니다마는 앞으로 동일하게 될 것으로 보시고 적금삼아 좀 더 출자하시어 조합발전에 이바지하여 주시기 바랍니다. 임원님도 현재자격 2백만 원에서 3백만 원까지 출자를 시켰습니다. 이 점 이해하시고 출자에 각별恪別이 유의해 주시기 바랍니다.

그리고 한 가지 더 말씀드리고 싶은 것은 이제부터는 모든 농자재도 100% 모두 이용利用해 주셔야 되겠습니다. 한마디로 이제 우리는 뭉칠 때가 된 것입니다. 그래야 많이 경쟁화시대의 모든 난관을 극복할 수가 있을 뿐 아니라 우리 조합도 발전이 되어 바로 여러분들께서 눈으로 보이는 혜택을 받을 수 있을 것입니다. 끝으로 다시 한 번 출자 좀 많이 해주실 것과 그리고 모든 농자재를 모두 이용해 주실 것을 재삼 당부드리면서 또한 대의원님 여러분의 건강과 각 가정마다 만복이 충만하시기를 진심으로 기원하면서 이것으로 인사를 가름합니다. 감사합니다.

1995년 1월 26일

4.1.4 95년 12월 22일 개점 인사말

안녕하십니까. 아시다시피 오늘이 바로 동지 날입니다. 기시우동지氣始于冬至라고 해서 모든 만물의 생기가 동지로부터 시작한다고 하는 매우 뜻이 좋은 날이기도 합니다.

평소 깊은 애정과 관심을 가지시고 항시 저의 과수조합이 성장하는 모습을 지켜보시면서 계속 지원을 아끼지 아니 하고 계신 농협 대전충남지역 윤승열尹昇烈 본부장님을 비롯하여 농협중앙회 윤익로尹益老 이사님과 그리고 불철주야 시정에 바쁘심에도 불구하시고 왕림枉臨해 주신 전병용全炳庸 시장님, 권태욱權泰昱 시의회 의장님 그리고 당무에 여념이 없으심에도 시간을 할애하시어 내림來臨해 주신 자민련 중앙당 부총재이시며 겸하여 공주지역구를 맡고 계신 정석모鄭石謨 위원장님 그리고 원근에서 많이 참석해 주신 각급기관장님, 사회단체장님 그 외에도 내외 귀빈 여러분을 모신 가운데 과수조합으로서는 역사적인 이전 개점 식을 갖게 된 것을 매우 영광스럽고 기쁘게 생각하면서 내빈 여러분께 진심으로 뜨거운 감사를 드립니다. 여러분께서도 일찍이 잘 알고 계시다시피 저의 과수조합은 1986년에 어렵게도 창설되어 이후 모든 난관과 역경을 극복하면서 법인조합을 걸쳐 설립 만 8년 만에 작년 9월 1일부로 농협중앙회에 정식 가입이 되어 오늘날 난생 처음 내 건물이라고 하는 조그마한 점포를 장만하고 신용업무라고 하는 참으로 어려운 일을 시작하게 되다 보니 저의 조합으로서는 유사 이래 처음 맞이하는 일대 경사라고 아니 할 수 없습니다.

이것이 모두가 윤승열尹昇烈 지역본부장님을 비롯하여 전병용全炳庸 시장님과 선인갑宣仁甲 공주시지부장님 그리고 임직원은 물론 조합원 여러분께서 음으로 양으로 적극 협조해 주시고 수시로 보살펴주신 결정체라고 생각하면서 이 자리를 빌어서 다시 한번 고개 숙여 정중히 감사드립니다.

존경하는 내빈 여러분과 조합원 여러분! 저의 조합도 이제는 당당한 회원조합이 되어 여수신까지 취급하는 떳떳하고도 손색이 없는 농협대열에 서다 보니 앞으로 600여 조합원을 위해서 또는 그 외 모든 과일 생산 농가를 위해서 임직원이 힘차게 제 기능을 발휘할 수 있는 기틀이 마련되었다고 생각합니다.

돌이켜보건대 지금으로부터 만 9년 전 창설 당시 무일푼 적수공권으로 발족하여 어렵게 어렵게 성장하면서 전국 특수조합으로는 45번째 끝으로 농협중앙회에 가입이 되었고 신용업무를 취급하는 농협으로도 저의 조합이 전국에서 마지막으로 태어났습니다.

제가 알기로는 앞으로 회원조합으로 가입을 한다는 것도 참으로 어려운 일이 되겠습니다마는, 설사 가입을 한다 해도 신용업무만은 못하도록 규제가 되어 있어 저의 조합은 놓칠 듯 하다가 가까스로 잡은 기적의 행운이었다고 생각이 됩니다. 그러나 행운을 차지한다는 것이 그리 쉬운 일은 아니었습니다. 오랜 세월을 두고 피나는 노력 끝에 얻어낸 산물이 분명하였습니다. 다시 말해서 장벽에 부딪칠 적마다 남이 먼저 알고 과수조합은 회원조합은 고사하고 결코 해산하고 말 것이다 등등 이러한 소문이 들릴 때마다 저는 각오를 새로이 하고 곤경에 빠질 때마다 내심으로 정신일도精神一到에 하사불성何事不成이라고 하는 격언을 좌우명으로 삼고 참고 견디면서 한 번도 실의에 빠지거나 좌절감을 가져본 적은 없었습니다. 이제 와서 볼 때 이것이 바로 오늘을 낳게 한 비결이 아니었던가 생각을 해봅니다. 그러나 우리 조합은 이것으로 만족하는 것이 아니고 아직도 앞으로 할 일이 너무나 많이 남아있습니다. 대지를 확보하여 종합청사도 신축하여야 하고 그리고 과수전문조합으로서 조합원을 위해서 모든 과일을 순회수집하면서 홍수출하를 방지하고 계통 출하와 직접전달판매도 할 수 있는 공판장이 기필코 개설이 되어야 하기 때문에 앞으로 어려운 일만 남은 것이 아닌가 생각이 됩니다. 그러나 어렵던 지난날을 돌이켜 볼 때, 어느 땐가 적절한 시기가 오면 이것도 가능하다고 믿어지기 때문에 우리 임직원 일동은 맡은 바 소임에 충실할 것을 다짐하고 근무에 더욱더 열중할 것입니다. 한편 일부 조합원들께서는 금융업무를 개설하게 되면 과수작농에 편의를 제공하는 경제사업에 소홀하지나 아니할까 우려하시는 분도 계십니다마는 저의 조합에서는 경제사업이나 신용사업을 어느 한쪽도 소홀함 없이 동일하게 병행해 나갈 것입니다.

우리 조합은 과수전문조합으로서 조합원을 위해서 하는 사업 중 가장 중요한 것은 두말할 나위도 없이 경제사업으로써 과일작농에 필요로 하는 모든 운영자재를 차질 없이 수시 공급하여 작농에 조금도 지장 없도록 도와드리는 것이 조합의 가장 큰 의무이며 앞으로 이 점에 대해서는 배전倍前의 노력을 경주 할 것입니다. 그러므로 제가 평소 생각하기를 조합이 성장할수록 조합원에 대한 우대는 물론 권익보호와 편의제공 등 혜택이 현저히 향상되어야 한다고 주장해 왔고 또는 농협이야말로 지역농민에 의해서 조직이 되고 운영이 되는 농민과 가장 가까운 지방조합입니다.

우리 과수조합이 비록 연조年照는 짧습니다마는 그러나 근 10년간 저축해 온 경험과 지혜를 바탕으로 농민본위 항재농장, 실사구시의 새로운 농협 운영방침아래 모든 사무를 차질 없이 수행하면서 조합원 돕는 일에 최선을 다할 것입니다.

존경하옵는 내외 귀빈과 조합원님 여러분! 서두에서도 말씀드리듯이 저의 조합이 오늘날이 있기까지는 성장과정이 너무나 어려웠고 파란곡절이 너무나 많았습니다. 당초부터 근근하게 태어나서 모든 시련을 다 겪으면서 어렵게도 또 어렵게도 자라고 있는 조합입니다. 그동안도 유관 기관은 물론 여러분께서 음으로 양으로 적극 도와주시어 오늘의 영광이 있습니다마는 그러나 이것으로 족한 것이 아니기 때문에 금반 신용사무 개점을 계기로 더욱더 발전이 되고 성장을 해서 공주지역사회에서 조합원을 위해서 또는 시민을 위해서 많이 공헌을 할 수 있도록 전 조합원과 함께 이 자리에 앉아 계신 내외 귀빈 여러분께서 특히 농협에서는 윤승열尹昇烈 지역본부장님과 행정에서는 전병용全炳庸 시장님께서 전국적 농협 막내둥이로 갓 태어난 어린 조합을 키워주시는 뜻에서 남달리 특별배려 있으시기를 간곡하게 감히 부탁드립니다.

끝으로 저물어가는 한 해를 깨끗하게 잘 마무리 하시면서 깊어 가는 엄동 추운날씨에 여러분의 존체 더욱더 건강하시고 돌아오는 병자년 새해에는 여러분의 가정마다 만복이 충만하시고 하시는 일마다 여의형통하시기를 진심으로 기원하면서 두서없는 인사로 가름합니다. 감사합니다.

이전 개점일(1995년 12월 22일)

4.1.5 대의원 및 조합원 총회에서

대의원 여러분 안녕하십니까. 지난여름 야유회에서 잠시 만나 뵈옵고 오랜만에 다시 한 자리에서 만나 뵈오니 대단히 반갑습니다. 풍성한 수확을 위해서 금년 1년간 작농에 얼마나 수고하셨습니까. 그리고 예상대로 풍성한 수확은 하셨는지요. 제가 알기로는 금년은 과수작농 상 모든 조건이 여의치 못하여 수도작水稻作과는 달리 과일은 수량도 적을 뿐 아니라 가격 면에도 현재 과수농가 여러분을 만족시키지 못하고 있어 조합에서도 조합원 여러분과 함께 매우 안타깝게 생각하고 있습니다. 아시다시피, 농민 거의가 농촌을 버리고 다 도시로 떠난 오늘날 전체 인구의 10분의 1밖에 안 되는 농민이 모든 어려움을 극복하고 농촌을 지키면서 국민 전체의 생명을 유지 지탱하는 자원을 공급하고 있는 막중한 역할을 담당하고 있음에도 불구하고 농민이 노력한 만큼 대가를 받지 못한다고 할 때, 정부 차원에서 대농민정책은 반드시 재고되어야 할 문제라고 생각합니다. 다시 말해서 걸핏하면 농자는 천하지대본農者天下之大本이라고 떠들고 있지만 오늘날의 실정은 농자는 천하지천본農者天下之賤本이라고 하는 말이 맞을 것입니다. 오늘날 제일 천대 받는 것이 바로 농촌이요 농민이기 때문입니다. 그러나 저는 불원간 농민이 대우받는 날이 오리라고 믿고 있습니다. 이것은 인간은 농촌에서 생산되는 식량을 비롯하여 모든 부식품이 아니면 절대 살 수 없기 때문입니다. 인간이 먹어야 사는 식량과 부식물이 이렇게도 천대받고 있는 것은 저 상천에 계신 하느님이 그대로 보고만 계실 리 없기 때문입니다. 이것으로 미루어 볼 때 우리 농민들은 우리 농촌을 묵묵히 지키면서 때를 기다리고 있는다면, 어느 날 농자는 천하지천본天下之賤本이 아닌 대본大本이 반드시 돌아오리라고 생각됩니다. 모든 것은 천하면 다시 귀해진다는 원리에 입각해서 때를 기다리면서 쓰러져 가고 죽어 가는 농촌은 열심히 살리면서 지켜나갑시다.

오늘 대의원 여러분께서 비록 추수는 완전 끝났다고 하나 아직도 하실 일이 많이 있으리라고 생각될 뿐 아니라, 그 외에도 공사무에 매우 바쁘심에도 불구하시고 이와 같이 많이 참석해 주시어 대단히 감사합니다. 이번 대의원 임시총회는 예년에 없었던 예산심의승인 총회로서 갑작스레 내려온 중앙지시입니다. 저의 조합이 농협이 된 지 얼마 안 되다 보니 잘 모르겠습니다마는, 작년에도 이러한 지시가 없었습니다. 그러나 이번 예산승인 총회는 절차상 반드시 있어야 한다고 생각됩니다. 예산 심의는 일차 임원회에서 심의를 거쳐 총회에서 승인을 받아 중앙에 제출하여야 되기 때문입니다. 아시다시피 우리 조합은 타 조합에 비하여 아직은 취급하는 관항목이 적다 보니 예산안도 매우 적습니다. 일일이 심의 하시어 수정하실 것은 수정하시고 승낙해 주시기 바라면서 현재 저의 조합 운영 실태를 개괄적으로 말씀드리고 아울러 몇 가지 부탁 말씀도 드리겠습니다.

우선 경제사업을 말씀드리면 구매 판매 두 가지 사업 모두가 작년 동기에 대비해서 평균 15% 정도 부진하고 있을 뿐 아니라 당초 목표와는 너무나 거리가 멀다 보니 비록 연말까지 1개월이 남았다 해도 얼마나 더 신장이 될는지 한걱정입니다. 그리고 신용사업도 시작한지 만 1년이 되어 가고 있습니다마는 예수금이 현재 약 20억으로 한 달밖에 안남은 연말까지 모두 30억을 할 것 같지 아니 하여 매우 불안한 상태에 있습니다. 이상과 같이 경제사업이나 신용사업이 획기적인 발전이 되지 못하고 지지부진한 이유는 첫째 조합장 이하 전 직원의 능력부족과 근무태만에서 온 것이 아니냐 하는 생각이 들고 둘째는 이 자리에 앉아계신 대의원님 여러분을 비롯하여 조합원 여러분께서 아직도 조합에 대한 인식 부족으로 거래가 적극적이 아닌 미온적이고 또는 등한시 하는 경향이 있어 그런 결과가 나온 것이 아닌가 생각되어 이 자리에 앉아계신 대의원님 여러분께 감히 몇 가지 부탁말씀을 드리고자 합니다.

첫째는 경제사업입니다. 아시다시피 경제사업이 너무나 부진하다 보니 상부로부터 계속 지적을 당하고 있습니다. 어째서 회원조합 되기 전만도 못하니 이럴 수가 있느냐 회원조합이 되다 보니 해이해진 것이 아니냐 등 추궁이 이만저만이 아닙니다. 사실 그 말도 들을만합니다.

회원조합이 된 이후 작년과 금년의 실적이 계속해서 떨어지고 있어 비료 농약 박스 그리고 판매도 실적이 너무나 부진하다 보니 조합에서는 유구무언입니다. 심지어 중앙에서나 도 본부에서 공주과수조합을 공연히 회원조합으로 만들어 주었다고 후회를 한다는 말을 들었습니다. 참으로 부끄러운 일입니다. 뿐만 아니라 둘째로 신용사업도 지지부진한 상태입니다. 그러나 신용사업은 시작한지가 얼마 안 되다 보니 중앙에서 다소 이해를 하고 있는 것 같습니다마는 이것도 금년 목표예수금 30억 달성이 매우 어렵게 되었습니다. 그러나 예수금을 많이 받는 것도 문제이지만 대출도 문제되고 있어 이것은 이중으로 부담을 안고 있다 보니 더욱 어렵다고 생각됩니다.

그리고 세 번째는 자기자본 조성입니다. 연전에 회원조합 가입 당시 약 7천만 원이 조합원 여러분께서 열심히 도와주시어 현재 2억이 넘었습니다마는 타 조합에 비해서 아직도 미약합니다. 우리 특수조합은 물론 단위조합도 5,6억씩 다 넘다보니 우리는 타 조합을 따라가려면 더욱더 노력을 하여야 하겠습니다. 이것은 타 조합 따라가는 것이 목적이 아니고 중앙에서 계속 다그칩니다. 농사자금이나 모든 지원이 조합원수, 사업실적 그리고 더욱더 참고로 하는 것이 바로 자기자본입니다. 그러므로 출자는 계속 늘리지 아니 하고는 조합을 운영할 수 없기 때문입니다. 아시다시피 금년에는 평균 출자 30만 원이었습니다마는 명년에 가서는 하는 수 없이 50만원으로 올리지 아니할 수 없게 되었습니다. 대의원님 여러분 이 점에 대해서 이해를 해주시고 조합원 여러분에게도 충분하게 이해를 시켜주시기 바랍니다. 이상과 같이 경제사업 신용사업 그리고 출자에 대해서 개괄적으로 말씀을 드렸습니다.

존경하는 대의원님 여러분. 여러분께서도 아시다시피 우리 과수농협이 회원조합으로 되기까지 얼마만큼 어려운 과정을 겪고서 농협이 되었는지 잘 알고 계실 줄 믿습니다. 이것은 조합원 여러분과 조합이 최선을 다해서 피나는 노력 끝에 이루어 놓은 결정체입니다. 조합원 여러분께서 이와 같이 천신만고 끝에 어렵게도 만들어 놓은 조합이라면 조합원 여러분께서 키워주실 의무 또한 있다고 생각합니다. 여러분께서 조합을 조금이라도 소홀히 하시거나 등한시 하신다면 어렵게 만든 조합이 다시 원점으로 돌아가고 만다는 사실도 알고 계셔야 됩니다. 그러므로 기왕 여러분께서 만들어 놓으신 조합인 만큼 최선을 다해서 키워야 되고 키워야 만이 조합원 여러분께서 마음껏 이용하시고 눈으로 보이는 혜택도 돌아갈 것입니다. 아시다시피 회원조합이 된 이후 현재 조금씩은 혜택이 돌아가고 있다고 봅니다. 조합원 여러분께서는 우리 과수조합에 대해서 희망과 용기를 가지시고 적극 협조해 주신다면 불원간 반드시 서광이 비치리라고 믿습니다.

끝으로 다시 한 번 부탁드리고 싶은 것은 여러분께서는 당장 눈앞에 보이는 이해만 따지지 마시고 앞날을 내다 보시고 조합에서 취급하는 비료, 농약, 박스 등 농자재 일절을 모두 이용해 주시고 또는 신용사업에도 적극 참여하시어 반드시 우리 조합에서 예금도 해주시고 필요하시면 대부도 해가시기 바랍니다. 이것만이 우리 조합을 키워주시는 길이요, 방법입니다. 속담에 밑알을 넣는다는 말도 있습니다. 밑알을 넣는다 생각하시고 이해를 초월해서 모두 이용해 주시면 그 밑알로 말미암아 수십배로 빼먹을 때가 반드시 돌아올 것입니다. 그리고 출자관계도 그렇습니다. 출자는 없어지는 돈이 아닙니다. 예금으로 생각하신다면 조금도 부담 될 것이 없습니다. 현재는 적자가 나다 보니 배당을 못해드리지만 98년부터는 배당이 될 것입니다. 그렇다고 할 때 별 손해 없다고 생각하시고 또는 조합원의 의무라고 생각하시고 반드시 책임의 출자는 꼭 해주시기 바랍니다. 대의원 여러분께서도 책임출자 50만원씩 그리고 그 이상 해주신 것으로 알고 있습니다마는 혹 아니 하신 분이 계시다면 연말 안으로 꼭 해주시기 바랍니다. 대의원이라고 하는 책임을 지다 보니 일반 조합원과는 다르다고 생각하시면 부담이 덜어질 것입니다. 아시고 계시겠습니다마는 이사님 감사님들은 3,000,000원씩 출자를 하고 계십니다. 이것이 다 책임이 있기 때문입니다. 널리 이해해 주시고 우리 조합 우리가 키운다고 하는 사명감을 가지시고 적극 협조해 주시기 바라며 저의 임직원들도 조합 발전에 최선을 다 하겠습니다. 끝으로 금년 한해도 거의 저물어가고 있습니다. 추운 날씨에 건강에 유의하시면서 하시는 일 잘 마무리 하시고 여러분의 가정마다 항시 다행다복하시기를 진심으로 기원하면서 이것으로 인사말씀을 가름하겠습니다. 감사합니다.

4.2 라이온스클럽 회장

4.2.1 공주라이온스클럽 24대회장 이임사

천산에 녹음이 우거지고 들에는 오곡이 무럭무럭 자라나는 성하의 계절을 맞이하여 공주라이온스클럽FY 92~93 회장 이취임 식에 평소 존경하는 309E지구 이병목李炳牧 총재님을 위시하여 김건배金建培 공주시장님, 문세모文世模 공주경찰서장님 그리고 각 기관장님과 각 클럽회장단 여러분께서 공사무간 다망하심에도 불구하시고 본 클럽 신구 회장 이취임을 축하해 주시기 위하여 이토록 많이 왕림해 주신데 대하여 진심으로 감사를 드립니다. 회고하건대 지난 1년 전 바로 여러분을 모신 자리에서 최선을 다하여 봉사를 해보겠다고 다짐하면서 회장직에 취임한지가 바로 엊그제 같은데 어언 1년이 지나 이임의 자리에 서게 되었습니다. 그동안 회장으로서 부하된 의무를 다하지 못하여 뚜렷한 업적 하나 남기지 못하고 이임을 하게 되다 보니 여러분 뵈옵기에 송구스럽기 한이 없으며 부끄럽기 짝이 없습니다. 회원님 여러분! 아시다시피 우리 클럽은 만 24년이란 오랜 역사를 지니고 있을 뿐 아니라 항시 100여명이란 막강한 회원을 보유하고 있어 309E지구는 물론 국내에서도 명성 높은 클럽으로서 총재가 무려 세분이나 배출되었고 또는 일억이 넘는 기금으로써 장학재단을 설립하여 향학열에 불타는 모범학생을 위해서 연간 천여만 원의 장학금을 수십 명에게 지급하고 있는 국내 유일무이한 최우수클럽으로 군림하고 있는 사실은 누구도 부정 못할 것입니다. 이것은 모두가 역대 회장님의 숨은 공로와 회원님 전체께서 꾸준히 노력하시고 배려해 주신 결정체라고 사료됩니다. 이와 같이 훌륭한 클럽을 부족한 제가 외람히도 회장직을 맡아 일 년간을 운영하면서 조금도 발전시키지 못하고 소임에서 물러가게 되다 보니 과연 남을 위해서 봉사한다는 것이 참으로 어렵다 하는 것을 깨달았으며, 짐짓 저의 역량이 부족하고 열성이 부족했다는 것을 새삼 느끼게 되었습니다. 일 년간 봉사했다는 것이 뚜렷한 업적하나 없이 겨우 인습적이고 의례적이어서 특별히 열거할만한 실적이 없는 점 관용 있으시기 바랍니다. 그러나 오늘 취임하시는 황도익黃道益 신임회장께서는 지역사회에서 신망 높은 분으로 봉사의지가 남보다 뛰어나 앞으로

클럽 발전에 많은 공적을 남기시리라고 확신합니다. 끝으로 말씀드리고 싶은 것은 회원님 여러분께서 일 년 동안 부족한 저를 시종 보살펴 주시어 대과 없이 임기를 마칠 수 있도록 적극 협조해 주신데 대하여 다시 한 번 뜨거운 감사를 드리며 그리고 일년간 주위에서 수시로 도와주신 안광성安匡成 총무님과 양승전梁承全 재무님의 노고에 대해서 진심으로 감사를 표하면서 앞으로 본 클럽의 무궁한 발전은 물론이요 무더운 날씨에 참석해 주신 회원님과 네스님 그리고 내빈 여러분의 건강과 가정에 만복이 충만하시기를 기원하면서 두서없는 이임사에 가름합니다. 감사합니다.

1992년 7월 7일

공주라이온스클럽이임회장 이덕희

4.3 전교/유도회장

4.3.1 지회장 및 감찰위원연석회에서

안녕하십니까. 공사간 바쁘심에도 불구하시고 이렇게 건강하신 모습으로 많이 참석해 주시어 대단히 감사합니다.

여러분께서도 대략은 짐작하시리라고 믿습니다마는 오늘 여러분을 모이시라고 한 이유는 한마디로 유도회발전을 위해서 좀 더 지회장님들께서 비상한 각오를 가지고 단합해 보자고 모이시라고 한 것입니다. 아시다시피 공주유도회가 발족한지 수십 년이 되었으나 향교와 알력, 불화, 그리고 분쟁만이 계속해 왔지 유도회는 조금도 발전을 못하고 있습니다. 그 이유는 전교 이하 전 장의掌議가 다 같은 유도회원이면서 조금도 관심 없이 짓밟고 무시해 왔기 때문입니다. 한마디로 유도회는 향교에서 볼 때 자기네 마음대로 하지 못하게 하는 견제 기관이요 귀찮은 존재로 생각하여 왔기 때문에 발전을 억제해 왔다고 봅니다. 그러므로 그동안 10여년을 계획적으로 유도회장을 전교에게 겸임시키거나 그렇지 아니 하면 공석으로 놓아 두었던 것입니다. 저는 그 사실을 제가 유도회장을 하면서 알았습니다. 제가 1년간 유도회장을 하면서 향교에서 유도회를 대하는 태도는 한마디로 목불인견입니다. 제가 유도회장이 된 이후 전교가 향교일이나 유도회 일에 대해서 사전에 한번도 상의한 바가 없다고 할 때 여러분께서도 제 심정은 가히 짐작하시리라고 믿습니다. 그래서 제가 1년간 관찰한 나머지 도저히 안 되겠다, 이것은 근본적으로 치료를 하여야 할 문제라고 생각해서 시정할 것을 전교에게 수차 요구했으나 들어주지 아니 하여 결국 싸움이 시작된 것입니다. 항간에는 전교는 유도회장 제가 시켜놓고 이제 와서 몰아내고 제가 전교를 하려고 한다 또는 유도회장이 전교에게 판공비를 요구했다가 안 들어 주니까 사사건건 물고 늘어진다, 심지어 전교를 3개월만 하고 그만두라, 또는 택호만 얻으면 그만이지 꼭 임기를 마쳐야 되느냐는 등등 가진 허무맹랑한 소리를 다 하고 있으나 이것은 하늘을 두고 맹서하지만 다 근거 없는 소리로 누군가가 모략중상하는 소리요 모함하는 소리가 분명하니 지회장님支會長任께서는 귀 갓으로 들어주시면 되겠습니다. 이덕희가 그리 나쁘고 비양심적인 사람이 아닙니다. 왜 제가 죽도록 시켜놓고 석 달만 하고 그만두라 또는 유도회에서 돈이 없어 할 일도 못하고 있는데 무슨 판공비며 택호만 얻으면 그만이지 왜 임기를 채우냐는 등 미치지 아니한 이상 이런 말은 아니 했을 것입니다. 참으로 어처구니없는 소리며 어불성설입니다. 이것은 재론할 가치가 없어 이상 언급을 피하겠습니다.

다만 저는 유림사회에 물의를 일으키며 싸우는 이유가 딱 두 가지가 있을 뿐이지 그 외는 다 거짓이요 허위라고 생각하시면 됩니다. 한 가지는 딴 향교와 같이 가족적인 분위기에서 공동운영하여 향교와 유도회간 싸움의 불씨를 영원히 없애자는 것과 또 한 가지는 발족한지 수십 년이 되어도 사무실 한 칸 없이 유야무야한 유도회를 좀 더 발전시켜 지역사회에서 떳떳하게 알리면서 제 구실을 하자는 것입니다. 왜 유림이라고 하면서 유도회를 무시하고 유도회원이라고 하면서 왜 유도회에 무관심하단 말입니까.

존경하는 지회장님支會長任, 그리고 감찰위원님監察委員任. 제가 그동안 전교에게 보낸 질의서나 여러분에게 보낸 안내문 중 만약 제 말이 조금이라도 거짓이 있거나 허위라고 한다면 당장 이 자리에서 견책을 해주시고 꾸지람을 해주셔도 감수하겠습니다. 저도 남하고 싸우기 싫어하고 돈도 아까운줄 알고 신경 쓰는 것이 나쁘다는 줄도 알고 있습니다. 그리고 사실 이것저것 맡다보니 시간도 없는 사람입니다. 그러나 막상 유도회장이 되어 책임을 지다보니 예부터 향교에서 유도회를 짓밟고 무시하는 나쁜 관습과 또는 뿌리 박힌 비리부정을 시정해 보겠다는 일념에서 힘닿는 한 최선을 다해서 부하된 책임을 백분의 일이라도 이행해 보자는 것입니다.

존경하는 지회장님, 그리고 감찰위원님 여러분. 여러분께서는 이미 부족한 유도회장이지만 유도회장과 같이 한 배를 타고 계십니다. 그러므로 앞으로는 고락을 같이 하면서 항해를 같이 하여야 할 운명이라고 생각하시면서 동승한 선원은 반드시 일심동체가 되어 불평불만 없이 단합이 될 때 이 배는 무난히 목적지에 도착할 것입니다. 그러나 가는 도중 선장이 선로를 찾지 못하고 갈팡질팡 한다든지 또는 선원끼리 자중지란이 일어난다든지 하게 되면 그 배는 틀림없이 거센 풍랑에 못 이겨 중심을 잃고 왔다 갔다 하다가 결국은 암초에 부딪쳐 좌초되고 마는 결과가 되고 말 것입니다. 우리 유도회도 상황이 이와 조금도 다름이 없다고 생각됩니다. 이번에 만약 공동운영이라는 목적지를 향해서 달리다가 도중하차 한다든지 또는 목적지가 너무 멀으니 좀 가까운 곳으로 다시 잡는다든지 하게 되면 이것은 다시 유도회가 유림사회에서 또는 공주 지역사회에서 영영존재하지 못한 채 없어지고 말 것입니다. 그러나 여러분, 여러분이 있고 아직 공주유림이 살아 있는 한 이럴 수는 없습니다. 우리는 오늘날 쓰러져 가는 유도회를 다시 재기시키고 없어져 가는 유도정신을 다시 환기시킬 사명을 띠고 의무를 가진 당당한 지회장이요 감찰위원입니다. 우리는 하루 속히 결속하고 단합해서 사필귀정이요 정의가 승리한다는 신조를 가지고 유도회와 향교가 일심동체가 되어 공동운영하면서 한 가족이 될 때까지 다시 말해서 우리의 목적이 달성 될 때까지 대동단결할 것을 간곡히 호소하면서 두서없는 인사 말씀 마칩니다. 감사합니다.

1993년 9월 15일
유도회장 이덕희

4.3.2 석전대제에서(1)

안녕하십니까. 방금方今 소개받은 유도회장 이李○○입니다. 오늘 날씨도 아직 쌀쌀할 뿐 아니라 공사간 바쁘심에도 불구하시고 석전대제에 많이 참여해 주시어 대단히 감사합니다. 앞서 전교님께서 좋은 말씀 많이 하시다보니 저로서는 더 이상 드릴 말씀이 없습니다마는 그러나 이 자리를 빌어서 한가지 말씀 드리고 싶은 것은 제가 생각하기에는 이 자리에 참석하신 여러분께서 거의 공주유도회에 가입하신 유도회원으로 알고 있습니다. 그러므로 제가 유도회장 입장에서 한말씀 드리겠습니다. 다름이 아니라 여러분께서도 아시다시피 공주유도회가 발족한지는 무려無慮 40년이 넘은 것으로 알고 있습니다. 그럼에도 현재까지 유야무야有耶無耶 조금도 발전하지 못하고 예나 지금이나 변함이 없습니다. 여러분 이래서야 되겠습니까. 참으로 한심한 일입니다. 이것은 한마디로 공주유림 전체의 크나큰 수치라고 아니할 수 없습니다. 이 자리에 참석하신 공주유림 여러분께서는 다 같은 유림이요 또는 유도회원으로서 공주유도회를 발전시킬 의무와 책임이 있다고 생각됩니다. 타군에 비해서 유독惟獨 공주유도회만이 발전하지 못하고 있는 이유와 원인原因을 공주유림들께서는 하루 속히 면밀綿密히 검토분석檢討分析해서 이 문제를 근본적根本的으로 원만圓滿히 해결하여야 할 중대重大한 과제를 안고 있는 것입니다.

유도회는 글자 그대로 공자님의 도를 교화발전 시키는 곳입니다. 그러나 불행不幸하게도 공주유도회는 여러가지 사정과 문제점으로 인하여 수십년동안 제 기능技能을 발휘 못하고 있는 점點 매우 안타깝게 생각합니다.

오늘날 서구문명이라하는 비인도적인 거대한 물결 속에 우리 고유문화와 인본사상人本思想이 여지없이 짓밟히고 말살抹殺되고 있는 현실現實 속에 고유문화와 인본사상을 조금이라도 되찾고 또는 땅에 떨어진 강상綱常을 다소라도 회복하기 위해서는 첫째도 유도를 발전시키는 일이요 둘째도 유도를 진흥발전 시키는 일입니다.

존경하는 공주시군 유림 여러분께서도 아시다시피 예부터 우리의 고장 공주는 전국적으로 선비의 고장이요 양반의 고장으로 유명합니다. 앞으로 공주만이라도 솔선해서 한가닥 남은 인본주의人本主義와 윤리문화倫理文化를 지켜나갑시다. 그리하여 이것을 지키는데 밑거름이 되고 초석礎石이 되는 공주유도회를 하루 속히 승화발전昇華시키는데 온 공주유림이 다 같이 앞장서 주시기를 간곡히 부탁드리면서 간단한 인사말씀 올립니다. 감사합니다.

유도회장 이덕희

4.3.3 지회장 선임 후 상견례 및 결산총회에서

안녕하십니까. 유도회장 이덕희입니다.

제가 생각하기로는 오늘 처음 나오신 지회장님이 무려 7,8명이나 되시기에 제 성명을 새삼 밝혀드렸습니다.

오늘 일기불순日氣不順하고 무더운 날씨에 또는 공사무간公私務間 바쁘심에도 불구하시고 지회장님, 그리고 감찰위원님까지 거의 전원 참석해 주시어 대단히 감사합니다.

오늘 이 모임은 아시다시피 임원 선출이 끝난지 벌써 수개월이 지났습니다마는 그간은 농번기라서 차일피일 하다가 이제서 상견례도 하게 되었고 임명장도 수여하게 되었습니다. 따라서 쥐꼬리만한 예산입니다마는 집행을 했기에 결산보고와 감사보고도 늦게나마 하게 되었습니다. 이 점 양해하여 주시기 바랍니다.

그리고 제가 이 자리를 빌어서 한 말씀 하고 싶은 것은 여러분께서도 잘 알고 계시다시피 우리 공주 유도회가 수십년 역사를 갖고 있습니다마는 걸어온 길이 오늘날에 와서 흔적痕跡조차 찾아 볼 수 없을 정도로 무관심속에서 겨우 명맥만 이어오거나 때로는 명맥이 단절된 적도 있었습니다.

이것은 그간 수십년을 두고 공주유림 여러분께서 유도회에 너무나 관심이 없었고 소외를 해왔기 때문이라고 사료됩니다. 앞으로는 회장단은 물론 지회장님 여러분께서도 좀 더 관심을 가지시고 유야무야한 공주유도회의 발전에 앞장서 주시기 바랍니다.

그리고 아시다시피 공주유도회는 재정이 너무나 없습니다. 그러하다보니 유도회에서 무슨 일을 하고 싶어도 할 수가 없습니다. 현재 3년째 향교에서 480만원씩 지원을 받아 총무에게 월 25만원씩 쥐꼬리만한 급여를 주면서 사무실을 지켜오고 있습니다. 그외에 사무용품, 전화료 등등 약간의 잡비를 쓸 뿐 딴 곳에는 한 푼도 안 쓰고 있습니다. 그래서 매년 남은 돈이 100여 만원씩 되는 것으로 알고 있습니다. 잠시후 유인 물로 나누어 드릴 감사보고에서도 밝혀 지겠습니다마는 전에 인수받은 돈 기백만원 하고 해서 합치면 현재 6백여 만원이 저축된 것으로 알고 있습니다.

그리하여 잠시후 토의시간에 별도로 말씀을 드리겠지만 금년 겨울이나 명춘 즈음 해서 여러분의 의사에 따라 조그마한 일을 하나 해볼까 합니다.

아시다시피 제가 유도회장을 맡은 후 몇년간 향교와 치열한 입씨름을 하다 보니 한 가지도 해놓은 것이 없습니다. 이 점 유림 여러분께 특히 우리 지회장임께 대단 죄송 하게 생각하면서 심심한 사과를 드립니다. 그러나 치열했던 입씨름이 언젠가는 우리 유도회 발전에 큰 도움이 될 것이라고 확신합니다. 저는 유도회장을 하면서 시종일관 두가지 꿈을 갖고 있습니다. 첫째는 향교와 유도회가 한 식구가 되는 것이요 또 한가 지는 유도회관 건립입니다. 능력이 부족한 저로서는 이 두가지 꿈을 실현 시키기가 어 렵습니다마는 누군가 능력있는 분이 앞장선다면 절대 실현불가능은 아니라고 사료됩 니다. 그러므로 언젠가는 이 두가지 꿈이 실현될 것이라고 확신하면서 다시 한 번 우 리 공주유도회가 활성화가 되고 발전하는데 우리 지회장님 여러분께서 앞장 서시어 최선을 다 해 주실 것을 간곡히 부탁말씀 드리면서 두서없이 간단히 인사 드립니다. 감사합니다.

1996년 7월 16일

4.3.4 전교취임인사

존경하옵는 향교임원님, 그리고 유도회임원님, 여러분 그간 안녕하십니까. 모처럼 향교유도회 임원님 여러분을 한 자리에 모시고 보니 참으로 반갑고 감회가 깊습니다. 오늘 여러분께서 저희들의 이취임식을 지켜보시기 위해서 무더운 날씨에 또는 공사 간 바쁘심에도 불구하시고 이토록 많이 왕림해 주시어 대단히 감사합니다.

여러분께서 잘 아시고 계시다시피 모든 면에서 부족한 제가 그동안 과분하게도 유 도회장이라고 하는 막중한 책임을 맡아 임기동안 유도발전에 조금도 기여하지 못하 고 또는 맡은 바 소임도 다하지 못하면서 계속 자리만 더럽혀 오다가 임기가 끝나는 오늘날 이임식에서 여러분을 뵈오니 참으로 부끄럽고 죄송스럽기 한이 없습니다. 저는 그동안 제 나름대로 유도회를 발전시키려고 또는 위상 좀 높혀보려고 무한한 노력을 하였습니다만 지혜가 짧고 역량이 부족하다보니 모든 것이 여의치 못하여 6년이라는 긴 세월을 허송하고 만 것입니다.

그러나 이번에 취임하시는 신임회장께서는 사회경력도 화려하실 뿐 아니라 역량이 풍부하시어 임기동안 반드시 괄목할 만한 업적을 남기시리라고 믿어 의심치않습니다.

저는 오늘 이임하는 이 자리가 마음으로 무한 서운함을 금할 길 없습니다. 제가 유도회장을 맡고 있는 동안 유도회를 좀 더 활성화시켜 공주지역사회에서 뚜렷하게 부각시키지 못하고 이 자리를 떠나는 생각을 하니 지난 날 저의 무능함을 오늘에 와서 깨닫게 된 것입니다. 그러나 앞으로도 유도회를 도와 발전시킬 기회는 있다고 생각하면서 다만 여러분께서 그동안 저의 모든 부족한 점을 접어 주시고 음으로 양으로 도와주시고 보살펴 주시어 저로 하여금 대과없이 무사히 임기를 마칠 수 있도록 협조해 주신 데에 대해서 이임하는 이 자리를 빌어서 진심으로 뜨거운 감사를 드립니다. 이어서 한말씀 드리고 싶은 것은 역시 저와 같이 오늘 퇴임하시는 김전교님께서는 지난 임기 삼년동안 문묘수호에 최선을 다 하시었고 그리고 사도진작을 위해서 명륜학원 운영에도 전력을 경주하시었으며 뿐 만 아니라 특히 가족법 수호에 대한 장장 10년간 남다른 노력은 전국 유림이 다 알 정도로 명성이 높으신 분이라고 하는 것은 제가 군이 설명 아니해도 임원님 여러분께서 너무나 잘 알고 계신 사실입니다. 앞으로 김전교님은 비록 전교직에서 물러가신다하더라도 우리 유림을 위해서 일해 주시고 또는 가족법 수호를 위해서 계속 투쟁해 주시리라고 믿습니다.

그리고 지난 임원 선거에서는 여러분들께서 특별 배려하시어 부족한 이 사람을 또다시 전교라고 하는 막중한 책임을 지어 주시어 오늘 취임토록 해 주시니 저로서는 기쁨보다 두려움이 앞서고 걱정이 태산같습니다. 그러나 그간 회장을 역임한 경험을 바탕으로 향교발전과 유림사업에 일할 수 있는 마지막 기회라고 생각하면서 열과 성을 다해서 반드시 이 고마움을 보답해 드리겠습니다.

제가 생각할 때 보답해 드리는 길은 다음과 같다고 사료됩니다.

첫째, 문묘를 잘 수호하는 일로써 춘추 석전대제에 정성을 다하여 봉행함은 물론이요, 대성전을 비롯하여 동무 서무 등 모든 건물을 수시 관찰 보수에 만전을 기할 것입니다. 그리고 경내를 항시 깨끗하게 정리 정화 할 것입니다. 그렇다고 해서 전임자께서 절대 잘못하시었다는 말이 아니고 앞으로 더 잘 해보겠다는 것입니다.

두번째는 향교와 유도회의 화합에 최선을 다 하겠습니다. 제가 알기로는 광복 후 우리 공주유도회가 발족한 이래 50여년동안 향교와 유도회가 계속 불편한 사이로 지내온 것으로 알고 있습니다. 이것은 비록 향교와 유도회가 같은 유림의 한 가족이지만 체제상 머리가 둘이요, 계통도 다를 뿐 아니라 거기다가 유도회는 재정상 약자가 되다보니 보이지 않는 장벽과 알력이 생겨 계속 불화의 불씨가 남아 있는 것같습니다. 그러나 저는 이것을 최선을 다해서 모든 불화의 불씨를 최소화하면서 가급적 한 집안 식구로 만드는데 전력을 다 하겠습니다.

세번째는 교화사업에 혼신의 힘을 기울이겠습니다. 아시다시피 교화사업은 향교 본연의 사업이며 유림의 생명도 바로 교화사업으로 인한 사도발전 여하에 달려있다고 생각됩니다. 그러므로 오늘날과 같이 유교의 침체 원인도 바로 교화 부진에서 기인된 것입니다. 그러므로 앞으로는 향교에서 현재 실시하고 있는 교화사업보다 가일층 강화해서 남녀노소와 이교자異教者 할 것 없이 배우겠다고 하는 사람만 있으면 모두 수용해서 공맹지도孔孟之道 포교에 전심전력을 다 하겠습니다.

네번째는 향교재산을 철저하게 보호·관리하겠습니다. 그동안 제가 아는 역대 전교님께서 너무나 재산 관리를 잘 해오신 것으로 알고 있습니다. 저도 다만 전임 전교님 여러분 못지 않게 잘 관리 수호해서 절대 향교에 누를 끼치지 않겠습니다.

다섯번째 향교 제반운영을 시대감각에 다소나마 맞추어 현실화하겠습니다.

그간 역대 전교님께서 너무나 보수에 집착하다보니 향교 발전이 둔화 퇴보되는 것같습니다. 물론 향교에서 보수하는 것은 너무나도 당연합니다마는 그러나 모든 것을 운영면에서 우리의 근본 정신을 벗어나지 않는 범위 내에서 조심스럽게 시대의 조류에 따라 다소 개혁하려고 합니다. 가급적 모든 매체를 통하여 향교 자체가 무엇하는 곳인지 널리 선전해서 시민이 대거 참여하여 공자님 사상을 깊이 배우고 실천할 수 있도록 하는데 주력하겠습니다.

여섯번째는 교지발간 문제입니다. 제가 알기로는 전국 향교 중 교지 발간을 하지 못한 향교는 공주뿐이 아닌가 사료됩니다. 충남 충북의 수향이라고 하는 공주향교에서 아직도 교지를 발간하지 못했다는 것은 참으로 수치스러운 일입니다.

저는 제 임기 내에 어떠한 일이 있어도 교지만은 기필코 해내겠습니다. 그런데 교지를 발간한다는 자체가 쉬운 일이 아니기 때문에 이것도 문제가 되겠습니다마는 이것보다 더 큰 문제는 발간보다 교지 자체가 얼마만큼 깨끗하고 값어치가 있느냐가 바로 관건이 될 것입니다. 넣을 것을 넣고 안 넣을 것을 넣어서도 아니됩니다. 그래서 수단과 편집에 공정성을 기하는 것이 교지발간에 핵심이 되므로 임원님 여러분의 적극적인 협조가 절대 필요하다고 생각됩니다. 다시 말씀드립니다마는 돈만 가지고 되는 것은 아닌만큼 내 조상 위하는 것도 좋지만 너무 무리한 요구는 가급적 삼가 주시고 그리고 임원님 여러분께서는 교지발간에 대해서 더 좀 널리 선전하시어 꼭 들어가야 할 것이 누락됨이 없도록 심혈을 기울여 주시면 감사하겠습니다. 그러면 저는 최선을 다해서 누가 보아도 잘 되었다고 인정받을 수 있는 훌륭한 교지를 만들어 내겠습니다.

끝으로 말씀드리고 싶은 것은 이상 여러가지 보다 몇 배 중요한 것이 있습니다. 이것은 바로 알고 계시는 가족법수호 문제입니다. 그동안 이리저리 다 무너졌습니다마는 끝으로 만에 하나 동성동본금혼법마져 무너진다면 이것은 완전 금수세계로 돌입하게 되어 문묘도 향교도 다 소용없이 되고 맙니다. 내 조상이 없어지고 내 족보가, 그리고 내 혈통 가통이 없어져 부자, 형제, 숙질이 뒤죽박죽 아수라장이 되는 마당에 무엇인들 소용이 있겠습니까. 그러므로 가족법 수호는 우리 유림의 생명이 달린 중차대한 문제이며 우리 인간의 긍지입니다. 만물의 영장이라고 자처하는 인간이라면 동성동본금혼법만은 목숨 걸고 지켜야 합니다. 저도 전전교님 못지 않게 신명을 바쳐 앞장서서 전 국회의원에게 서한도 보내어 설득 작업도 하고 대통령에게도 또 다시 진정할 것이며 전국 전교에게도 다 같이 궐기하자는 협조요청도 할 것입니다. 임원님 여러분께서도 가족법은 이미 끝났다고만 생각하지 마시고 아직도 기회는 남아있으니 너나 할 것 없이 다 같은 내 일인만큼 멀게는 국가 장래를 생각하고 가깝게는 자손대를 위해서도 다 같이 목숨 걸고 막아내야 합니다. 적극적인 협조 부탁드리며 끝으로 다시 한 번 임원님 여러분께 지난 날 보살펴 주신 은덕에 깊은 감사를 드리면서 또는 앞으로도 종전과 같이 변함 없는 성원와 수시 지도편달을 해 주시어 저로 하여금 전교의 막중한 업무를 차질 없이 수행할 수 있도록 끝까지 협조해 주실 것을 간곡히 부탁드리면서 또한 무더운 고열에 여러분의 건강과 가족의 행운이 충만하시기를 기원하면서 두서없는 이임 겸 취임 인사말씀을 마치겠습니다. 대단히 감사합니다.

이덕희

4.3.5 석전대제 후 효부표창 인사

존경하옵는 남녀 유림지도자 여러분! 안녕하십니까?

여러분께서 공사간 바쁘심에도 불구하시고 오늘 석전대제釋奠大祭에 향교발전과 사도진작斯道振作을 위해서 우천雨天에도 불구하시고 이토록 많이 참례하여 주시어 진심으로 감사드립니다.

그리고 오늘 우천에도 석전대제를 유림 여러분께서 적극 협조해 주신 덕택으로 무사히 대제봉행大祭奉行을 마치게 되어 책임자로서 유림 여러분에게 뜨거운 감사를 드립니다.

금년 춘향에도 종일 오는 바람에 대제 봉행에 막대한 지장을 초래했을 뿐 아니라 행사후 제관접대도 불성모양不成模樣이어서 우금于今 마음에 결연합니다. 그리고 이어서 오늘 효부상을 받으신 네분에게 축하와 아울러 감사의 말씀을 드립니다. 축하의 말씀을 드리는 것은 효도는 누구나 자식의 도리를 하는 것으로서 너무나도 당연한 일이지만 그러나 효도는 저마다 못하기 때문에 상 역시 저마다 받지 못하는 상을 여러분께서는 받으시니 이것을 축하드리는 것입니다. 그리고 감사를 드리는 것은 이 세상이 장차 어찌 되려고 그러는지 모르겠습니다마는 심지어 효도가 사람을 잡는다고까지 하는 천하에 죽일 놈 대학교수까지 등장하는 험악한 세상에서 여러분께서 부모님께 극진히 효도를 하심으로 해서 부모님의 은혜를 망각하고 불효막심한 사람들에게 귀감이 되고 모범이 되도록 앞장서시고 있는 점에 감사드리는 것입니다.

참으로 네 분들은 흘륭屹隆하신 분들입니다. 우리 다 같이 효부들에게 뜨거운 박수를 보냅시다.... 고맙습니다. 그리고 우리 모두 이 분들에게 배워서 다 같이 부모님께 효도하면서 사람답게 삽시다.

예부터 효도는 백행지본이라고 하였습니다. 효도하는 집안은 화목단란하여 매사가 순조롭게 이루어질 것입니다. 그러나 불효하는 집안에는 부모와 자식사이에 불화는 물론 가정도 편치 못할 것입니다. 그래서 고금을 막론하고 효도는 사람의 기본도리이며 가정을 편안히 하고 또는 바로 잡는 중심역할을 하는 것입니다.

존경하는 남녀 유림 지도자여러분!

얼마 전 불과 10여일 밖에 안 되었습니다마는 어떤 교회에서 종말 광신자 수십 명이 집단 가출한 사건을 기억하실 것입니다. 아마도 우리나라에 그들의 말처럼 종말이 오는 것 같습니다. 그렇지 않고서야 세상이 이렇게 어지럽고 험악할 수는 없습니다.

정부는 정부대로 사회는 사회대로, 어느 한 곳도 편안한 곳이 없습니다. 이것은 단적으로 말해서 해방 후 소위 위정자들이 자기 출세에 혈안이 되고 돈이나 벌어서 정치 생명이나 연장하려 하다 보니 국가와 민족은 조금도 생각을 아니한 것입니다. 그리고 나라가 부자되고 국민만 잘 살면 된다는 사고 하에 경제성장만 위주로 정치를 해왔지 국가 백년대계를 위한 인도적 측면에서는 아주 무관심했던 것입니다.

비록 오늘날에 와서 국가가 다소 발전되고 국민들의 생활도 많이 향상되었다고 할 수 있으나 반면 국민들은 여러모로 안심하고 생업에 종사할 수 있는 평화로운 시대가 되지 못하다 보니 국민의 마음은 하루도 안심할 날이 없는 것입니다.

인간으로서 인간대접을 받지 못하면서 불안에 떨고 공포에 쌓여 호의호식하는 것보다 차라리 못살아도 마음 편안하고 단란 화목하면서 온 가족이 단합해서 화기애애한 분위기 속에서 악의악식惡衣惡食하는 것을 국민들은 오히려 원하고 있는 것입니다.

다시 말해서 할 짓, 못할 짓 다하면서 나만 잘 먹고 즐기면 그만인 것입니다. 부모도 자식도 친척도 이웃도 필요가 없습니다. 돈이 무엇인지 돈 때문에 환장을 해서 부모가 사랑하는 자식까지 죽이면서 보험금을 타서 일확천금하려 하고 자식이 부모를 발로 차고 때리면서 돈을 빼앗어 가고 심지어 명색이 대학교수라는 놈이 돈 때문에 제 부모까지 살해하는 이 험악한 세상, 과연 누가 만들었다고 생각하십니까?

그리고 누가 책임져야 하겠습니까? 이것은 두말 할 것 없이 국가의 안위와 국민의 사활을 도맡은 통치권자 역대 대통령들이 이 지경으로 만들어 놓은 것입니다. 위에서도 말한 바와 같이 역대 대통령이 국민에게 특히 학생들에게 인성교육을 시키지 아니

한 소치라고 하겠습니다.

우리나라 국민들은 해방 후 50년동안 윤리가 무엇인지 예의염치가 무엇인지 학교에서 그리고 사회에서 평생 들어보지도 배워보지도 못하고 자란 국민이 되다보니 바로 이것이 원인이 되어 오늘날 모든 사회악이 날로 증가하는 시대상을 빚어낸 것입니다. 그래서 저는 호소합니다. 하루 속히 국민으로 하여금 올바른 교육과 의식개혁부터 시켜야 한다고 말입니다.

의식개혁은 국민 스스로가 자기 노력한 만큼 대가를 받아 정직하고 올바르게 살아야 한다는 정신부터 주입시켜야 합니다. 이 정신주입에는 윤리와 도덕성이 무한 잠재해 있는 공자님의 인의사상이 들어있는 한문교육이 아니면 절대 아니 될 것입니다.

우리나라가 50년간 한문 그리고 한자까지 철폐한 이유인 즉 간단합니다. 그네들이 말하기를 한문은 우리나라 글이 아니다. 한문을 쓰면 모든 발전이 둔화된다. 그리고 어려워서 대중적인 학문이 못된다. 그래서 한문은 고사하고 배우기 쉬운 한자까지 완전히 철폐한 것입니다. 그리하여 50대 후반까지도 자신들이 배우지 못한 관계로 오늘날 한자병용을 기피하고 있는 실정입니다. 이것은 이해가 되지만 그렇다고 자식 손자까지 계속해서 무식꾼을 만들 수는 없습니다.

초등학교부터 대학원까지 근 20년을 배워도 사회에 나와 신문 한 장 제대로 못 보고 자기의 뿌리조차 모른다면 공부해서 무엇 하겠습니까? 먹고 살기 위해서 공부한다면 어떻게 하면 못 먹고 살겠습니까? 공부라고 다 옳은 공부는 아닐 것입니다. 그래서 공부는 꼭 필요한 실학공부를 시켜야 합니다. 이제라도 학교에서 한문을 가르쳐야 합니다. 이제는 세계화 추세로 보아 동양권의 통용문자 한문한자를 아니 배우고 그리고 아니 쓰고는 안 되는 시대가 도래한 것입니다.

경제대국의 일본을 가보면 우리나라와 같이 자기 나라 글이 있음에도 불구하고 신문잡지, 간판 등이 한자 투성입니다. 어떻게 우리나라에서 한문을 쓰면 경제발전도 아니 되고, 선진국도 아니되는데, 일본에서 한문을 쓰면 선진국이 되고 경제대국까지 되는지 알 수가 없습니다. 그러므로 여러분께서도 잘 아시고 계시다시피 우리나라 뿐 아니라 동양권내에서는 한문한자를 모르면 한마디로 무식꾼이 되고 마는 것입니다. 특히 우리나라에서는 일상생활에서 쓰는 말 한마디 한마디가 거의 100% 한자로 되어있기 때문에 한자를 모르면 그 말의 어원語源을 모르기 마련입니다. 비록 단어로 되어 있는 말이기 때문에 익숙하게 쓰고는 있지만 근본적인 뜻은 한자를 모르면 절대 알 수가 없는 것입니다. 그러나 다만 일상생활에서 항시 쓰는 숙어가 되다보니 근본 뜻도 모르고 쓰고 있는 말이 많다고 생각됩니다. 참으로 안타까운 일입니다. 이것은 한마디로 해방후 우리나라 위정자들이 코앞만 생각했지 국가 장래는 도무지 생각 못한 사람들이 정치를 한 것입니다. 그래서 해방후 국민들은 신학문은 많이 배웠다고 하나 실제로는 무식꾼이 된 것입니다. 참으로 억울한 일입니다. 늦게나마 김대통령이 한자 병용을 지시한 바 있어 천만 다행으로 생각되오나 앞으로 실행여부가 의문이 되는 것입니다.

존경하옵는 유림지도자 여러분!

우리나라는 현재 결여된 도덕성이 회복되어야 나라도 살고, 국민도 살 수 있습니다. 경제 성장도 중요하지만 현재로는 그보다 더 시급한 것은 바로 국민으로 하여금 예의 염치를 교육시켜 성을 확립시키고 인본사상을 고취시키는 일입니다.

오늘날 도덕성이 결여되고 윤리관이 희박하다보니 사회는 점점 험악하여 심지어 최고 인격과 지식을 갖추었다는 대학교수까지도 '공자가 죽어야 나라가 산다' 또한 '효도가 사람 잡는다' 뿐만 아니라 '유도가 사람 잡아 먹는다'하였으니 아무리 미치고 환장할 놈이라고 하지만 명색이 대학교수라고 할 때 이것은 우리나라에서 행동으로 귀감이 되고 또는 정신적으로 지주 역할을 해온 우리 유림으로서 오늘날 아무리 단결력이 없고 심히 약화弱化된 유림이라고 하지만 이럴 수는 없습니다. 우리 유림들은 다시 한 번 각성할 바가 있다고 생각합니다.

현재 유림들은 우리나라 전통고유문화 중 가장 소중한 동성동본금혼법이 폐지되어 이것을 회복시키려고 갖은 고초를 감수하는 긴박한 시점에서 설상가상으로 김경일 같은 못된 대학교수까지 등장하여 우리 유림의 고통을 가중 시키고 있는 것입니다. 그래서 우리 공주향교에서도 유림의 고통을 분담하기 위해서 최선의 노력을 다하면서 매사는 사필귀정이라고 하는 군건한 신념을 가지고 오늘날 우리 유림이 아니면 누구도 풀 수 없는 가족법 등 여러가지 절박한 당면과제를 해결하기 위하여 본 향교 전임원이 일치단결하여 비록 목숨은 내던질지언정 불의에 굴하지 아니 하는 당당한 선비 정신을 발휘하여 끝까지 투쟁할 각오를 하고 있습니다. 현재에도 하고 있습니다. 우리 다 같이 미약한 힘이나마 결집해서 이 어려운 난관을 극복하여야 되겠습니다.

끝으로 다시 말씀드리고 싶은 것은 우리나라는 현재 예의염치사유禮義廉恥四維가 신장되어야 제반 사회악이 종식될 것이며 따라서 나라가 편하고 국민도 편하다는 것을 또 한 번 강조하면서 그리고 거기에는 반드시 한문교육이 없이는 사유신장四維伸張이 불가능하다는 것을 분명히 말씀드리면서 두서없이 중언부언重言復言으로 인사말씀을 마치겠습니다.

1999년 9월 12일

공주향교 전교 이덕희

4.3.6 기로연에서 인사

평소 존경하여 마지않는 유림 지도자 원로 여러분 새해도 안녕하십니까? 기사년己巳年 새해에는 더욱더 건강하시고 복 많이 받으시기 바랍니다. 요즈음 엄동설한도 그리고 입춘도 다 지났습니다마는 아직도 겨울 날씨 못지 않게 추운 날씨에도, 또는 공사간 바쁘심에도 불구하시고 이와같이 늠름하시고 건장하신 노익장의 모습으로 기로연耆老宴에 많이 참석해주신 노인 여러분께 진심으로 감사드리면서 두손 모아 환영하여 마지않습니다. 그리고 우리 기로연을 축하해 주시기 위해 원근에서 참석해주신 귀빈 여러분에게도 아울러 감사말씀 드립니다.

여러분께서 이미 초대장을 통하여 대강 짐작하시리라 믿습니다마는 오늘 이 조촐한 기로연 행사는 성균관의 주선으로 문화관광부로부터 전례 없는 특별한 행사비 지원을 받아 유림노인을 대상으로 전국 향교 거의가 기로연을 베풀고 있다는 것으로 알고 있습니다. 이것은 정부에서 특별히 배려한 유림노인 우대정책의 일환이라고 생각되는 바 참으로 유교발전에 일조가 되는 좋은 현상이라고 아니할 수 없으며 또한 유림에 대한 일단의 예우라고 사료되어 정부에 대한 감사함을 진심으로 느끼고 있습니다.

그러나 노인은 항시 국가적으로 사회적으로 그리고 가정적으로 누구나 다 같이 받들고 대우해야 하는 것은 너무나도 당연하다고 생각합니다. 남녀수하男女誰何를 막론하고 늙으면 자연 노인이 되는 것은 피치 못할 기정사실입니다. 그래서 노인을 멸시하고 등한시하고 또는 천대시하는 경향이 많이 있습니다. 그러나 이것은 잘못된 사고로 근대에 와서 급속한 외래풍조의 원인도 있겠습니다마는 첫째는 광복이후 지속적으로 오늘날까지 잘못된 교육제도에서 비롯된 산물이라고 사료됩니다.

한마디로 노인은 국가의 원천이요 국민의 뿌리입니다. 때문에 노인 없이는 절대 국가가 형성될 수 없고 가정도 이루어질 수가 없는 것입니다. 뿐만 아니라 노인은 국가, 사회, 그리고 가정의 원천적 뿌리가 되기 때문에 뿌리를 거름 주고 잘 북돋아야 나무가 무성하듯 노인도 잘 보호하고 받들어야 국가도 편안하여 살기 좋은 태평성대가 올 것입니다. 그러나 노인은 노인만 일방적으로 대우 받으려고 생각해도 아니 됩니다. 노인은 노인 나름대로 젊은이를 아끼고 사랑하면서 노인이 할 수 있는 도리를 다하여 노소간 조화를 이루어야 할 것입니다.

그리하여 하루 속히 노인은 어느 곳을 가나 존경받고 대우 받을 수 있는 시대적 자연풍토가 조성되어야하고 또는 국내 어느 곳을 가나 보호 받을 수 있는 사회제도와 국가적 대책이 시급히 마련되어 노인은 누구나 균등하게 누릴 수 있는 근본적 복지시설도 아울러 갖추어져야 되리라고 생각됩니다. 그리하여 오늘날 사회적으로 버림받음은 말할 것도 없거니와 가정적으로도 자식에게 발로 차이고 거리에 내다 버려지고 죽음까지 당하고 있으며 심지어 부모가 자식에게 효도를 강요하는 바도 아니건만 소위 학식과 인격을 갖추었다는 대학 교수까지 효도가 사람 잡는다는 극악무도하고 해괴망측한 망언을 서슴없이 지껄이는 극도로 험악한 세상이 조속히 사라지고 온 사회가 노인을 보호하고 젊은이가 노인을 공경하고 대우할 줄 아는 시대가 하루 속히 찾아오기를 기대하는 마음 간절합니다.

오늘 기로연을 좀 더 확대하여 기로유림전원을 모시지 못하고 부득이 인원을 제한하여 소수 노인만을 모시게 된 점 대단히 송구스럽게 생각하면서 끝으로 말씀드리고 싶은 것은 변변치 못한 음식과 노인 기호에 맞는 격조 높은 문화 행사도 제공해 드리지 못하면서 외람히도 초대하여 노인 여러분을 괴롭게 해 드리는 것 같아 대단히 죄송하게 생각합니다. 이 점 너그러이 이해해 주시면서 별로 드실 것은 없습니다마는 맛있게 잡수시면서 오늘 하루 끝까지 즐겁게 또한 유쾌하게 보내 주실 것을 간곡히 부탁 드리면서 이것으로써 저의 인사 말씀을 대신하겠습니다. 감사합니다.

2001년 2월 13일

공주향교 전교 이덕희

4.3.7 석전대제에서(2)

존경하옵는 유림지도자 여러분 안녕하십니까? 금년 새해 들어 이와 같이 건강하신 모습으로 처음 한자리에서 뵈오니 참으로 반갑습니다. 금년에는 더욱더 건강하시고 하시는 일마다 성취하시기 바랍니다. 요즘 날씨가 입춘 우수가 이미 지났습니다마는 아직도 겨울 기운이 남아 있는 듯 매우 냉냉할 뿐 아니라 비까지 오락가락하는 불순한 날씨에도 불구하시고 우리 유림의 전당이요, 상징이기도 한 향교 발전을 위해서 또는 만세 종사이신 공자님을 비롯한 선성선현의 추모에 남다른 관심을 가지시고 이토록 많이 참석해 주시어 대단히 감사합니다. 따라서 오늘 석전제향釋奠祭享을 우중雨中에도 불구하고 여러분께서 협조해 주신 덕택으로 무사히 봉행하게 되어 또 한 번 유림 지도자 여러분께 진심으로 고마운 말씀을 드립니다. 그리고 오늘 효자효부 상을 받으신 여러분께도 축하의 말씀과 아울러 고맙다는 말씀을 드립니다.

자고로 효는 백행지본이라고 해서 인간의 일상 생활 중 효를 가장 으뜸으로 삼아 왔던 것입니다. 뿐만 아니라 예부터 효는 이효사충移孝思忠이라고 했습니다. 이 말은 바로 부모에게 효하는 자만이 나라에 충성도 한다는 말입니다. 그러므로 예나 이제나 효가 가정적으로 국가적으로 얼마나 중요한 것인지 가히 짐작하고도 남음이 있습니다. 그리고 효없는 그 집안은 볼 것이 없을 것입니다. 때문에 효는 자식으로서 부모님께 하는 기본 도리요, 의무 이행일 뿐 아니라 가정적으로 불목요소不睦要素를 조화시키는 화합의 발원이 될 것입니다. 그러므로 효는 가정에서 잠시도 떠나서는 아니 되며, 대대손손 이어가야 그 집안이 훌륭한 가문이 될 것입니다.

그러나 부모가 되어 효도는 자식으로부터 의례적으로 받는 것이라고 생각하면 이것은 아니 될 것입니다. 예부터 부모는 자식을 사랑하고 자식은 부모에게 효도하라고 하였습니다. 이 말은 부모와 자식이 다 같이 자기 할 도리를 하라는 말입니다. 요즘같이 부모가 자식을 사랑할 줄도 모르고 자식 또한 부모로부터 입은 은혜의 소중함이 무엇인지 또는 효도자체가 무엇인지도 모르고 다만 돈만 생기면 부모도 자식도 또는 부부간도 아랑곳없이 다 버리면서 무슨 짓이든 다하는 말세가 되다보니 참으로 살기 두려운 세상이 된 것입니다. 부모가 두렵고 자식이 무서운 이러한 세상은 일찍이 인류 사상 없을 것입니다. 이렇게 험악한 세상에서 다행이도 오늘 표창 받으시는 여러분과 같이 사회적으로 규범이 되고, 표본이 되는 훌륭하신 효자효부가 있다는 것은 축하 말씀 이전에 얼마나 고마운 일인지 모르겠습니다. 우리 다 같이 효자효부 이 분들에게 격려의 박수를 보내주시기 바랍니다. 고맙습니다.

존경하는 우리 유림 지도자 여러분 제가 보는 소견으로는 우리 국민들이 현재 사람이 살고 있는 인간 세계에서 살고 있는 것이 아니라 동물 세계에서 동물과 똑같이 살고 있다고 해도 과언이 아닐 것 같습니다. 다시 말해서 우주공간에서 사는 온 인류가 사람의 상징인 인두겁만 썼을 뿐, 행동거지는 짐승과 똑같은 시대가 바로 오늘의 세계라고 보기 때문입니다. 이것은 굳이 실례나 실증을 들어 말씀드리지 아니해도 가족법 등 정부에서 하는 짓이나 요즈음 TV에서 눈으로 차마 볼 수 없는 장면을 보셔도 너무나 잘 아실 것으로 믿습니다.

그러나 이 문제를 가지고 청소년이나 아이들에게 물어본다면 절대 그게 아니라고 답변할 것입니다. 왜냐하면 청소년들은 오로지 예의 바르고 인정 넘치는 참다운 인간 세계를 보지 못하고 자라왔기 때문입니다. 다시 말해서 오늘의 청소년들은 당초 윤리가 무엇인지 예의염치가 무엇인지 또는 충효사상이 무엇인지 전혀 보지도 듣지도 못하고 오직 갖은 수단과 방법을 동원하여 할 짓 못할 짓 다 하면서 먹고 즐기는 데에만 경쟁하는 짐승과 똑같은 세계에서 자라왔기 때문입니다. 그러나 현재 노인이나 우리 유림들은 과거 우리 민족이 어떻게 살아 온것을 너무나 잘 알고 있기 때문에 오늘날 우리가 사는 세계는 분명히 동물과 조금도 다를 바 없다는 생각을 하고 있을 것입니다.

그렇지만 오늘날 시대가 이 지경까지 도달한 것을 그동안 무책임했던 국가에서 책임을 지겠습니까? 그렇지 아니 하면 종교단체나 사회단체에서 책임을 지겠습니까? 책임은 고사하고 내 일이 아닌 양 강 건너 불 보듯 관심조차 없을 것입니다. 다만 우리 유림만이 조금만이라도 책임을 느끼고 이것은 반드시 시정되어야 하고 또는 하루 속히 바로잡아야 한다고 생각할 것입니다. 다시 말해서 오늘날 우리 사회가 인간세계에서 동물세계로 변해 가는 것은 한 마디로 윤리가 실종되고 추락했기 때문입니다. 그래서 예의가 없어지고 염치가 없어지다 보니, 국민들은 하루가 다르게 인간 사회에서 동물세계로 깊숙이 빠져 들고 있는 것입니다.

그래서 현재 우리 국민들은 분명히 이 사실을 느끼지 못하는 불감증에 걸려 있음에도 이것을 알지 못하고 있으니 한심하기만 합니다. 이것은 모두가 광복 이후 오십년간 우리 유림들이 윤리를 앞장서서 지키지 못하고 국민에게 계몽계도하지 못하여 유림으로서 부하된 의무 이행을 하지 못한 소치에서 빚어진 결과라고 생각합니다. 우리 유림이 오랫동안 너무나 이에 방심했고 자포자기했기 때문에 이제 와서 우리 유림이 다시 돌이키기 어려운 쇠퇴 일로를 걸으면서 유림 사회가 완전 무력화 되었고, 윤리가 완전 실추된 것입니다.

그러므로 우리 유림들은 이제라도 중앙에서는 성균관을 중심으로 지방에서는 향교를 중심으로 결집하고 똘똘 뭉쳐서 실추된 윤리를 되찾고 무력화된 우리 유림의 위상을 되살려 우리 유림이 앞장서야만이 회복할 수 있는 도덕성과 우리 유림만이 고취할 수 있는 충효 정신을 온 인류에게 계도하여 하루 속히 우리 국민을 금수세계에서 인간세계로 구출해야 되겠습니다. 이것이 바로 오늘을 사는 우리 유림에 부하된 의무요, 시대적 소명이라고 생각하면서 끝으로 유림 지도자를 비롯한 남녀 참사자 여러분께서는 항시 존체 보중하시고 더욱 건강하사와 문묘수호文廟守護와 사도斯道 발전에 많은 공헌을 해 주실 것을 간곡히 부탁드리면서 또 앞으로 여러분의 댁마다 만복이 항시 충만 하시기를 진심으로 기원하면서 중언부언 인사말씀을 이것으로 대신하고자 합니다. 감사합니다.

5. 축사, 환영사 등

5. 축사, 환영사 등

5.1 라이온스클럽 회장

5.1.1 뉴공주라이온스클럽 1주년 기념행사 축사

공주라이온스클럽 회장 이덕희李惪熙

 금년도 어느덧 입춘이 지나고 대동강이 풀린다는 우수경칩까지도 지나고 보니 이제는 만물이 생동하는 화창한 봄기운이 완연한 것 같습니다. 이때를 즈음하여 공주라이온스클럽 창립 24주년과 네스클럽 13주년 행사에 공사다망하심에도 불구하시고 이 자리를 빛내주신 309-E지구 이병목李秉牧 총재님을 비롯하여 김건배金建培 시장님, 전병용全炳庸 군수, 각 기관장님 사회단체장님 그리고 각 클럽 회장님과 원근에서 왕림해 주신 내외귀빈 여러분께 본 클럽을 대표해서 깊은 감사를 드리는 바입니다.

 본 클럽은 1968년도에 대전 라이온스클럽의 후원으로 창립되어 지금까지 역대회장님과 회원님들의 모든 정성과 부단한 노력으로 오늘날 당당한 대 클럽으로 성장할 수 있었던 것입니다. 또한 이미 여러분들께서도 아시다시피 본 클럽은 그간 수많은 클럽을 후원했으며 3차에 걸쳐 지구총재님 배출은 물론 증경회장님 한분께서는 1억원의 거금을 선뜻 장학기금으로 내놓으심으로써 회원전체가 동참하여 설립된 장학재단은 현재 향학열에 불타는 모범학생을 위해서 연간 일천만원 이상의 거대한 장학사업을 실시하고 있습니다.

 그리고 공주의 상징인 곰 사당 곰 탑을 건립하였고 또한 시민헌장 탑도 건립하는 등 이것은 굴지의 웅대 사업이라고 하겠으며 여타 잡다한 사업으로는 이루 헤아릴 수 없이 많은 실적을 남긴 바 있습니다.

 존경하옵는 회장님과 그리고 네스님 여러분!

 우리는 기왕 봉사대열에 선 봉사인으로서 긍지와 자부심을 가지고 어두운 곳에서 신음하는 소년가장을 찾아서 또는 아직도 생계에서 궁핍을 면치 못하는 불우한 이웃을 찾아서 즐거운 마음으로 힘껏 봉사합시다. 참된 봉사는 누가 시켜서 하는 것이 아니라 진정 마음에서 우러난 것이어야 된다고 생각합니다마는 이것은 결코 쉬운 일이 아닙니다. 경제적 시간적 정신적 모든 어려움을 배제하지 않고서는 봉사는 불가능하다고 생각되기 때문입니다.

회원님 여러분!

우리는 유서 깊고 예의바른 양반의 고장 공주에서 태어난 것을 긍지로 삼으면서 현재 서해안시대를 창조하는 시점에서 우리 고장은 충남의 중심부에 위치하고 있어 무한한 발전의 가능성이 있다고 볼 때 앞날의 번영과 영광을 위하여 공주건설에 앞장서서 찬란한 백제문화를 계승 발전시키고 라이온 정신에 입각하여 헌신적인 봉사로써 미래를 지향하는 희망찬 공주인이 됩시다.

존경하는 회원님 여러분! 우리는 오늘 클럽 창립24주년 기념일을 맞이하여 비록 역사 깊은 연로클럽으로 자처할 수 있으나 자칫 연소클럽에 비해 방심하고 해이해질 우려마저 없지 않으므로 우리는 타 클럽 못지않게 가일층 노력하고 최선을 다해서 깊은 전통과 대 클럽 명예를 빛내주실 것을 부탁드립니다.

끝으로 이 자리에 참석해주신 귀빈 여러분과 라이온 가족 여러분의 건강과 가정에 항시 만복이 깃드시길 진심으로 기원합니다. 감사합니다.

5.1.2 축사

대망의 임신년 새해를 맞이하여 친애하는 뉴공주라이온스클럽 회장 여러분과 네스 여러분 그리고 이 자리를 빛내 주시기 위하여 원근에서 참석해 주신 내외 귀빈 여러분 안녕하십니까.

본인은 1년 전에 뉴공주클럽을 스폰서하기 위하여 당시 공주클럽회장님을 비롯하여 주무자 몇몇 분께서 동분서주하시던 일이 아직도 기억에 생생할 뿐 아니라 뉴공주클럽에서는 역시 자기 클럽을 탄생시키기 위하여 현 회장이신 권경욱權景旭 회장 외 몇몇 분의 분주했던 모습을 본지가 엊그제 같은데 어느덧 세월이 흘러서 일주년을 맞다 보니 과연 세월은 유수와 같구나 하는 생각을 새삼 하면서 오늘 제가 귀 클럽을 스폰서한 공주클럽을 대표해서 성스러운 귀 클럽 일주년 행사에 참석하여 축사를 하게 된 것을 무한한 영광으로 생각합니다.

　귀 클럽은 공주라이온스클럽의 제2세가 많이 참여한 클럽으로서 혈기왕성하고 패기가 넘칠 뿐 아니라 지역사회에서 장래가 촉망되는 유능한 젊은 기수만이 규합한 클럽으로서 전국적으로 보기 드문 최연소자의 클럽이 아닌가 사료됩니다. 이제 회원님 여러분께서는 비록 1년밖에 안된 연소클럽이지만 일 년간 봉사한 경험을 토대로 하여 권경욱權景旭 회장을 중심으로 화합과 친목을 위주로 일치단결하여 봉사활동을 활발히 전개함으로써 어제보다 오늘이 오늘보다 내일이 이렇게 점점 발전해서 불원간 기성 클럽을 능가하는 훌륭한 클럽으로 성장할 것을 확신합니다. 저도 봉사클럽의 일원입니다마는 남을 위해서 봉사한다는 것이 그리 쉬운 것이 아닙니다. 경제적 정신적 또는 시간적으로 많이 자기 희생이 뒤따르기 때문입니다. 그러나 남을 위해서 한가지 한가지 봉사를 하다 보면 흐뭇할 때도 많습니다. 이 세상에서 남을 위해서 베푸는 것보다 더 기쁜 일은 없다고 생각이 됩니다. 앞으로 회장님과 여러분께서는 젊음과 패기와 그리고 능력까지 모두 갖춘 혈기왕성하고 야심만만한 장년회원으로서 봉사인의 긍지를 가지고 지역발전을 위해서 또는 불우한 이웃을 위해서 명실공히 알찬 봉사로써 빛나는 업적을 많이 쌓으면서 클럽성장에 최선을 다해주시어 조속한 시일에 훌륭한 최우수 클럽으로 도약하시기 바랍니다. 끝으로 다시 한 번 귀 클럽의 일주년 행사를 축하하면서 이 자리에 참석하신 귀빈 여러분과 그리고 회원님 여러분의 건강과 가정에 만복이 가득하시기를 진심으로 기원하면서 두서없는 축사에 가름합니다. 감사합니다.

1992년 2월 20일

공주라이온스클럽회장 이덕희

5.1.3 부여라이온스클럽 회장 이취임식 격려사

　백화만발하여 향기 그윽했던 춘삼월은 어느덧 사라지고 만물이 무럭무럭 성장하는 중하의 계절을 맞이하여 장구한 역사와 찬란한 문화를 자랑했던 백제의 고도 부여에서 강산이 몇 번씩이나 바뀐 바 있어 오랜 전통을 지니고 있는 부여라이온스클럽 창립 제23주년 행사 겸 FY 92~93년도의 이윤조 신임회장님과 조남식 이임회장님의 이취임 식을 거행하게 된 것을 진심으로 축하하오며 제가 23년 전에 귀 클럽을 후원한 공주클럽을 대표해서 외람히도 이 자리에 서서 축사 겸 격려의 말씀을 올리게 된 것을 무한한 영광으로 생각합니다.

귀 클럽은 20년이 넘는 긴 역사를 소유하고 있을 뿐 아니라 60명이란 다수의 회원을 보유하고 있어 명실 공히 대 클럽으로서 그간 역대회장님과 회원님의 부단한 노력과 숨은 공로는 물론 조남식 이임회장님의 재임기간 탁월하신 지도력과 투철하신 봉사정신으로 더욱더 위상을 높여 놓으신 것으로 알고 있으며 특히 신임회장님께서는 제가 들어서 알기로는 학식과 덕망을 겸비하여 사회적으로 추앙받고 있는 인격 높은 라이온으로서 앞으로 모든 클럽의 추종을 불허하는 모범적인 봉사대열의 선두주자로서 확고한 라이온이념 확산과 고장의 번영을 위해서 막중한 책임을 부여 받으신 것으로 알고 있습니다.

귀 클럽은 지역사회에서 모든 봉사단체를 대표할 수 있는 격조 높은 라이온만이 규합된 유일한 클럽으로서 회원님 여러분께서는 내 고장 발전을 적극 주도하시고 백제의 찬란한 문화유산을 잘 보존하면서 봉사인의 긍지를 가지시고 최대한 심혈을 기울여 그늘진 곳에서 신음하는 불우한 이웃을 도와주는 데 선도적 역할을 담당하시어 명성 높은 클럽이 되어 주시기 바랍니다.

존경하옵는 부여클럽 회원님 그리고 네스님 여러분! 우리는 다 같이 오늘에 사는 시대적 선구자로서 막중한 소명의식을 갖고 보람되고 영광된 미래를 위하여 차원 높은 가치관을 적립하면서 앞으로 연륜을 더해갈수록 신뢰와 존경받는 라이온이 되도록 노력하여 사회정화와 윤리성 회복에 앞장서는 선봉장이 되어야 하겠습니다. 끝으로 귀 클럽 23주년 행사와 신구회장님 이취임 식을 다시 한 번 축하드리며 회장님 여러분과 네스님 그리고 이 자리에 참석하신 내외 귀빈 여러분의 건강과 가정에 만복이 깃들기를 기원하면서 두서없는 격려사를 가름합니다. 감사합니다.

1992년 6월 9일
공주라이온스클럽 회장 이덕희

5.2 전교/유도회장

5.2.1 난영정蘭詠亭 준공식 축사

그동안 지리했던 장림長霖도 거의 사라지고 어느덧 삼복三伏도 지나 오늘이 바로 처서處暑로 알고 있습니다마는 아직도 노염老炎이 기승을 부리는 무더운 날씨에 또는 일기불순日氣不順한 우천雨天에도 불구하시고 전병용全炳庸 시장님을 비롯하여 원근을 막론하고 이렇게 제제다사濟濟多士께서 많이 참석하신 엄숙하고 경건한 자리에서 제가 외람히도 난영정蘭詠亭 준공 축사를 하게 된 것을 무한한 영광으로 생각하면서 우선 이와 같이 훌륭한 정자가 준공되기까지 앞장서서 유종의 미를 거두어 주신 이정우李禎雨 금란회장金蘭會長님과 이해권李海權 풍영회장風詠會長님, 그리고 뒤에서 음으로 양으로 도와주신 전 회원님 여러분의 노고에 진심으로 치하를 드리며 아울러 오늘의 준공식을 경축하여 마지않습니다.

제가 듣기로는 정자 쌓기를 계획하면서 모금과 건축과정을 거쳐서 오늘의 영광이 있기까지는 물심양면으로 많은 애로와 난항이 있었던 것으로 알고 있습니다. 첫째는 이와 같이 거창한 사업을 하기 위해서 소요되는 막대한 비용을 염출하시는데는 이면에 말할 수 없는 어려움이 뒤따랐을 것이라고 사료됩니다. 말이 그렇지 회원이 불과 30여 명이 어떠한 외부의 도움도 없이 이 거금을 판출해 냈다고 하는 것은 참으로 놀라운 일이라고 아니할 수 없습니다.

그리고 둘째는 장소 선정에도 큰 어려움이 있었던 것으로 알고 있습니다. 자금만 있으면 어떠한 곳에 정자를 세운들 무슨 상관이 있느냐 하고 생각할 수도 있습니다마는 정자는 장소 물색이 가장 어렵다고 생각됩니다.

정자는 건물보다 경치좋은 장소를 더욱 중요시하기 때문입니다. 그러나 오늘 낙성하는 난영정은 건물도 훌륭하고 장소도 훌륭하여 두 가지 모두 겸비하였으므로 보는 이로 하여금 마음 흐뭇합니다. 그리고 아시다시피 이곳은 일찍이 유명하신 이조중엽의 대학자 초려선생草廬先生께서 벼슬을 내놓으시고 낙향하시어 도의강마와 육영사업으로 일생을 마치신 유명한 곳은 물론이요, 선생님의 10대손되시는 긍당농포肯堂農

圃 형제兄弟분 같이 학덕이 고매하신 당세 저명 학자님도 배출되신 곳으로 현재는 고전마을로 지정되어 세인의 각광을 받고 있는 이름난 마을이기도 합니다.

이와 같이 훌륭한 마을에는 일찍이 사림의 공론에 의하며 초려선생草廬先生님의 위패를 모시고 1년 1차 향사享祀를 올리는 용문서원龍門書院이 복원되어 있고 또는 선생님의 후손되시는 성암醒庵께서 국치國恥 이후 철저한 배일排日로 옥고를 치르시면서 항일투쟁하신 성암공醒庵公의 타령지소安靈之所 숭의사崇義祠도 있습니다.

이와 같이 선생님의 위패가 모셔있는 용문서원龍門書院과 숭의사崇義祠 부근에 이와 같이 축정築亭을 하다 보니 정자가 더욱 빛이 나고 가치가 있어 뜻있는 선비와 풍류객으로부터 더욱 높은 평가를 받으리라 사료됩니다. 거기다가 금상첨화로 전국에서도 백제고도의 관광지로 유명한 공주, 공주에서도 산자수명山紫水明으로 이름 높은 구곡왕천九曲旺川이 둘러있고 또는 남으로 명산인 계룡산鷄龍山이 바라뵈며 전면에는 불식주야不息晝夜 유유히 흐르는 금강수錦江水가 일품인데다가 금강에서 상거相距가 불과 수백 보 내 높지도 얕지도 아니한 산마루에 바로 난영정蘭咏亭이 하늘 높이 우뚝 서 있으니 보시다시피 이와 같은 절경의 아름다움은 말로 일일이 표현하기가 어려울 것 같습니다. 뿐만 아니라 정자 주변에 깔려 있는 반석과 병풍같이 둘러 있는 절벽은 경치를 한층 더하고 있어 공주에 새로운 명승지와 명물이 등장했다 해도 지나친 말이 아닐 것입니다. 그러므로 이 정자는 공주일경은 물론이요, 전국 어느 명소, 어느 정자에 비해도 조금도 손색이 없어 지나가는 관광객으로 하여금 잠시 걸음을 멈추기에 충분할 것이며 우리 공주 관광자원에도 일조가 되리라고 생각됩니다.

예부터 정자를 쌓는 것은 선비사업 중 하나로 알고 있습니다마는 그러나 저마다 못하는 것을 자랑스럽게도 금란金蘭과 풍영風咏 두 회원님들은 해냈습니다. 참으로 근세에 보기 드문 사업이요, 선비 세계의 일대승사一大勝事라고 아니할 수 없습니다.

다시 한 번 경하하여 마지않습니다. 여러분께서도 아시다시피 정자라고 하는 것은 본시 경치 좋은 곳에 세우고 금란지교金蘭之交 좋은 친구들과 뜻있는 선비들이 수시 모여서 담소도 하고 풍월도 읊으며 때로는 좋은 술을 빚어놓고 잔을 기울이면서 흥이 도도하면 한 곡조 부르는 곳으로 알고 있습니다.

다시 말씀하면 이 정자는 선비가 모여 흥을 내는 유일한 휴식 휴양처라고 생각합니다. 농이 아니라 이곳이 바로 난영정蘭咏亭이라고 하는 정자 이름으로 보아도 선비들이 흥이 저절로 날 것 같습니다. 추측하여 생각해보건대 앞으로 경치 좋고 이름 좋은 이 난영정에는 뜻있는 선비들이 항시 가득할 것이며, 또는 이 정자로 말미암아 음풍농월吟風弄月하는 풍류객이 많이 배출되어 공주의 명예를 가일층 드높일 것입니다.

이 정자야말로 공주 역사에 길이 남을 것이며 수백년을 두고 중수 중건하면서 영원토록 이 위용을 뽐낼 것입니다.

끝으로 다시 한 번 두 회장님을 비롯한 전 회원님의 노고를 치하하면서 또는 오늘의 낙성식을 재삼 축하하면서 두서없는 축사에 가름합니다.

감사합니다.

1998년 8월 23일

공주향교 전교 이덕희

5.2.2 명탄서원鳴灘書院 강당 준공식 축사

어느덧 국화향기 그윽한 구월이 지나고 섭리의 변화인 절후에 못 이겨 제법 추워진 초동날씨에 교육장님을 비롯하여 원근을 막론하고 제제다사께서 많이 참석하신 엄숙하고 경건한 명탄서원강당준공식鳴灘書院講堂竣工式에서 제가 외람히도 축사를 하게 된 것을 무한한 영광으로 생각하면서 우선 이와 같이 훌륭한 강당이 복원준공 되기까지 사업을 앞장서서 추진하여 유종의 미를 거두어 주신 이종인李種仁, 추진위원장님과 류석규柳錫珪 원장님, 그리고 뒤에서 음으로 양으로 협조하신 관계자 여러분의 노고에 대한 위로의 말씀과 아울러 이와 같이 거대한 사업을 이룩하신데 대해서 머리 숙여 치하의 말씀을 드리지 아니할 수 없습니다.

일찍이 공주 전 유림을 대표해서 우리 향교에서 앞장서서 관에 자금협조요청은 한 바 있습니다마는 자금을 요청한다 해서 다 주는 것은 아닙니다. 거기에는 이종인李種仁 추진위원장님의 남다른 위선심爲先心과 피나는 노력이 수반되었기에 도비 5천만원과 시비 5천만원을 따내서 이와 같이 거창한 사업을 이룩해 내신 것입니다.

그 외에도 자손의 성금 6천만원이 보태진 것으로 들었습니다.

추진위원장님을 비롯하여 제자손諸子孫 여러분께서는 참으로 어렵고도 훌륭하신 일을 해내신 것입니다.

다시 한 번 치하의 말씀을 드립니다. 제가 나름대로 알고 있는 것을 말씀드리면 명탄서원鳴灘書院은 일찍이 성종조成宗朝에 나라에서 사액賜額한 사액서원賜額書院으로 당시는 충절사忠節祠로 창건되었다가 임진병화壬辰兵火에 소실되었고 그후 철종哲宗 2년에 다시 복원하였다가 고종高宗 5년에 조령朝令으로 훼철되었던 바 광복후 병신년丙申年 지금으로부터 44년전에 자손과 사림이 합력하여 다시 복설 오늘날까지 향사가 이어지는 곳으로 무수한 풍상을 겪고 애환이 담긴 사우라고 하겠습니다. 이와 같이 풍상을 겪고 애환이 깃든 옛날 충절사忠節祠요, 오늘의 명탄서원鳴灘書院에는 공주 이씨의 중시조가 되시는 저 유명하신 고려말 명신 송은선생松隱先生과 이조초李朝初의 명신 사봉선생沙峰先生은 다 같이 우리나라의 대학자로 유명하신 목은선생牧隱先生의 문인門人으로 송은선생松隱先生은 일찍이 여말麗末 공민왕恭愍王 때에 감찰어사監察御使로 계시다가 국운이 위태롭자 포은선생圃隱先生과 같이 쓰러져 가는 나라를 구하려다가 여의치 못하자 벼슬을 버리시고 이천산중伊川山中으로 들어 가시어 자취를 감추시고 고요히 여생을 보내시어 절개를 온전히 하신 분이요, 사봉선생沙峰先生은 국운이 바뀌는 것도 천명인지라 백성들은 국운을 쫓을 수 밖에 없다 하시고 태조太祖 5년에 문과에 급제하시어 공조工曹, 그리고 병조판서兵曹判書를 거쳐 판중추원사判中樞院事에 이르신 이조초李朝初의 명신名臣이시다. 그러므로 형제분兄弟分은 다 같이 흠절欠節 없이 의리와 명분을 지키면서 각자 자기할 도리를 다하신 분들이시다. 그리하여 공주이씨의 명조가 되신 것이요, 유명하신 업적이 청사에도 남게 된 것이다. 이와 같이 훌륭하신 형제兄弟분의 업적과 덕행을 영원토록 추모하고 기리기 위해서 유유히 흐르는 금강변錦江邊 아담한 이곳 사송정四松亭에 자리 잡은 명탄서원鳴灘書院은 공주이씨의 시조이신 문무공께서 전거奠居하신 이래 오늘날까지 자자손손 세거世居해 온 공주이씨 재향梓鄕으로서 전면에는 건너다 보이는 봉화태烽火台와 문필봉文筆峰이 충천하듯 흘립屹立해 있고 좌로는 멀리 보이는 명산중 명산 계룡산鷄龍山과 가깝게는 우로 역사어린 공산성과 유명한 봉황산이 대치 옹위하여 서원이 한층 돋보인다. 거기다가 말없이 흐르는 비단폭 같은 금강수錦江水는 경치를 배가하니 누가 보아도 이곳은 과연 두 선생님을 편하게 모실 수 있는 타령지소安靈之所가 아닌가 생각된다.

뿐만 아니라 오늘날에 와서 선생님의 학문과 덕행을 강론할 수 있는 강당까지 마련되었으니 이것으로 인하여 서원의 면모가 일신하게 구비되어 참으로 금상첨화라고 아니할 수 없다.

앞으로 명탄서원이 더욱 유지 발전하면서 대대손손 면면이 영구수호하기를, 그리고 오늘 준공된 강당에서 선생님의 학문을 강론하는 선비들이 항시 가득하면서 장구보존 되기를 진심으로 기원하면서 다시 한 번 오늘의 영광이 있기까지 심혈을 기울여 주신 이종인李種仁 추진위원장님과 적극 협조하신 류석규柳錫珪 원장님, 그리고 수고하신 관계자 여러분과 제자손에게 거듭 치하의 말씀과 아울러 축하의 말씀을 드리면서 이것으로 두서없는 축사를 대하고자 합니다.

1998년 11월 23일

공주향교 전교 이덕희

5.2.3 선화당宣化堂 관계례冠笄禮에서 축사

아름다운 자태를 마음껏 뽐내면서 온 누리에 가는 곳마다 만발했던 오색백화는 아직도 그 잔화가 처처에 남아 있어 절후는 비록 녹음방초가 우거져가는 신록의 계절 초여름이라고 하지만 아직도 봄기운이 풍기는 듯 한 좋은 시기에 국가에서 정해 놓은 성년의 날을 하루 앞둔 오늘 지난 이조시대의 혼이 담겨있을 뿐 아니라 우리 공주의 깊은 유서를 상징하는 선화당宣化堂에서 또는 비단폭 같이 유유히 흐르는 경치 좋고 정서어린 금강변錦江邊에서 우리 충남의 도백道伯이신 심대평沈大平 자사님과 김수진金壽鎭 부지사副知事님을 위시한 각계 기관장님과 내외 귀빈 여러분을 모신 가운데 장차 이 나라의 동량이 될 씩씩하고 늠름한 예비신랑과 현숙하고 아리따운 예비신부들이 무수히 참여해서 관례冠禮와 계례笄禮의 성년식을 거행하게 된 것을 매우 기쁘게 생각하면서 축하하여 마지않습니다. 아시다시피 오늘 행하는 이 관계례는 우리 주변에서 사라진지 이미 오래되어 영원토록 잃어버린 줄 알았던 이 귀중한 문화를 이제 다시 되찾았으니 이것은 단절된 맥을 이을 뿐 아니라 점차 사라져 가는 모든 전통적 고유문화를 창달발전시키는 면에서도 큰 역할을 하게 되어 우리 공주의 자랑은 물론이요 나아가서 충남의 일대성사라고 아니할 수 없습니다. 다시 말해서 오늘 행하는 이 관계례는 예부터 우리 조상님이 행하여 오신 미풍양속의 전통예절로서 주로 사대부 명문가에서 행해 왔던 의식으로 알고 있으나 실은 특정인이 아닌 일반 서민층도 행할 수 있는 통속적인 문화로서 광복후에도 간혹 행하는 이가 있어서 이 사람도 17세 때 친척을 포함한 인근 어른 수십명이 모이신 가운데 초립草笠과 갓과 그리고 또 한 가지는 관冠으로 기억됩니다마는 이 세가지를 번갈아 쓰고 삼가례三加禮의 의식을 행하는 관례를 한 적이 있어서 오늘날 다시 관계례를 보게 되니 저로서는 남달리 지난날이 상기되어 더욱 감회가 새롭습니다. 일찍이 문헌을 상고해 보면 옛날의 관례는 20세가 되어야 행하는 것으로 되어 있으며 계례笄禮는 여자 15세만 되면 하게 되어 있으나 연령제한 없이 10세 이상만 되면 행할 수 있었던 예로서 생각컨대 이것은 당시의 잘못된 풍습이기도 하지만 오늘 행하는 이 관계례는 만 20세가 된 성년이라야 행하는 예로서 20에 관이라고 하는 성현의 말씀과도 부합되어 더욱 의미가 있다고 사료됩니다.

예부터 우리나라가 자칭 동방예의지국으로 만방에 과시하면서 수천년 지켜온 각종 고유 전통문화가 이제 와서 거의 자취를 감춘 이 시점에서 일찍이 고고考古에 조예造詣가 깊으신 한학자漢學者 몇몇 분의 착안으로 관계례의 재현을 시작한 것이 점차 발전되어 오던 중 이제 와서는 노일선盧一善 회장이 더욱 육성발전 시켜 오늘과 같이 성대한 행사로까지 이루어진 것으로 알고 있습니다.

이것은 평소 잃어버린 보화를 다시 찾아낸 듯 참으로 기쁘고 반갑기만 합니다. 오늘 이 행사가 어떻게 생각하면 오늘날 과학문명의 시대적 조류에는 다소 불합리하다고 생각할 수도 있으나 온고지신에 큰 도움이 될 줄로 생각되며 따라서 오늘 이 행사가 있기까지 특별 배려해 주신 심대평沈大平 지사님과 전병용全炳庸 시장님께, 그리고 오늘 행사에 심혈을 기울여 주선해 주신 관계자 여러분에게도 다 같이 앞으로 이 관계례의 행사가 공주를 시발로 충남 전역은 물론 전국으로 확산·발전되어 청소년소녀로 하여금 이 관계례를 바탕으로 해서 마음가짐과 몸가짐이 크게 달라져 오늘날 국가적으로나 사회적으로 윤리가 완전 무너져 상하구별 없이 물탄 반죽이 된 혼탁한 우리

사회가 하루 속히 예의 바르고 질서 있는 동방예의지국으로 다시 태어났으면 하는 기대를 가져 보면서 끝으로 다시 한 번 오늘 관계례를 지켜보시면서 축복해 주시기 위해서 참석해 주신 내외귀빈 여러분께 감사 드리며 또는 오늘 관계례에 참여한 예비 신랑신부들의 앞날에 무한한 영광과 행운이 언제나 함께 하기를 기원하면서 두서없이 간단하나마 이것으로 축사를 대하고자 합니다. 감사합니다.

2000년 5월 14일
공주향교 전교 이덕희

5.2.4 유도회도본부에서 주최한 연수회에서 환영사

존경하옵는 부여夫餘, 임천林川, 석성石城, 홍산鴻山, 정산定山, 연기燕岐, 그리고 공주지역 유림 지도자 여러분 안녕하십니까. 그리고 항시 사도발전과 유교부식에 주소晝宵 얼마나 노고가 많으십니까. 오늘 영광스럽게도 누지陋地 공주에서 이해문 유도회 총본부 회장님을 비롯한 여러 강사를 초빙하여 유교사상 주입과 윤리선양을 위한 연수회를 갖게 된 것을 진심으로 환영하면서 아울러 이와같이 성대한 연수회를 주선하신 우리 충남 유도회 총본부 황규만黃圭萬 회장님과 임직원 여러분께 심심한 감사를 드립니다.

아시다시피 오늘날 우리 유교는 시대의 조류에 밀리고 이단에 밀리어 이제 유림세력이 약존약무若存若無하여 가위 누란지세에 처해 있어 우리와 같은 일선양맥一線陽脉의 노년층 유림 소수만이 겨우 명맥을 유지하고 있는 것은 누구도 부인 못할 것입니다. 그러하다 보니 사회 곳곳에서 날이 갈수록 우리 유교를 말로 또는 행동으로 노골적으로 무시하고 짓밟고 탄압하는 못된 무리들이 무수히 출현해서 현하現下 사회적으로 무력한 우리 유림을 더욱더 어려운 곤경에 빠트리고 있는 것입니다. 공자가 죽어야 나라가 산다, 효도가 사람 잡는다, 유교가 사람 잡아 먹는다 그리고 짐승같이 일가간에 결혼하여야 한다, 심지어 선현들의 분묘에 칼을 박지 아니 하나 내 조상과 같은 국조 단군상 목을 자르지 아니 하나, 이것이 모두가 이단의 무리들의 소행으로 우리 유교를 단계적으로 말살시키려는 계획된 악의적 음모에서 우리 유림을 일차적 시험

대에 올려놓고 반응여하를 시험해 보는 것입니다. 그러나 우리 유림들은 성균관 이하 특별한 반응 없이 강건너 불 보듯 보고만 있으니 참으로 한심하고 답답하기만 합니다. 하지만 이제부터라도 비상한 각오로 전 유림이 합심육력合心戮力하여 최후까지 싸워서 한사코 이 못된 무리들을 박살전멸시켜야 합니다. 만약 이것을 못한다면 저 못된 무리들은 더욱 강성한 자세로 배전倍前을 가해 올 것이 명약관화한 일인바 급기야 우리 유교 우리 유림들은 완전 쓰러지고 말 것이며 다시는 재기 못 할 것입니다.

　존경하옵는 유림 지도자 여러분 우리 유림이 이것을 보고 그대로 묵인하고 그리고 좌절하고 말 수는 없습니다. 우리 유림은 하루 속히 총궐기하여 우리가 완전승리 할 때까지 목숨 걸고 싸워야 합니다. 그런데 아시다시피 오늘날 우리 유림정신은 완전 썩어 있습니다. 옛날 견위수명見危授命하고 백절불굴百折不屈하는 강직한 선비정신과 기개는 다 어디로 가고 나약하고 우유부단優柔不斷한 유림상儒林像만 보여 주는지 알 수가 없습니다. 그리하여 너, 나 할 것 없이 오늘의 현실을 말할 때 모두가 국운이요 천명이지 인력으로 막을 수 있나, 내가 앞장서지 아니해도 할 사람 있겠지, 억지로 한다고 되나, 이것이 바로 오늘의 모든 문제를 야기시켜 왔고 유림을 약화시킨 장본인이요 썩은 정신이라고 생각 됩니다. 그러므로 우리 유림들은 그동안 잘못된 사고를 거울삼고 오늘날 모든 수모를 계기삼아 와신상담臥薪嘗膽의 어려움을 극복하면서 일대 각성을 하여야 합니다. 만일 유림들이 유교의 흥망과 유림의 사활이 걸려 있는 오늘의 중대사를 뒷짐 지고 강 건너 불 보듯 한다면 결국 유림사회는 결말이 오고야 말 것입니다. 우리는 다 같이 오늘의 당면문제가 내 목숨이 걸려있는 내 일로 생각하고 하루 속히 앞장서서 이 긴박하고도 시급한 과제를 해결하여야 합니다.

　막상 동성동본결혼이 법적으로 허용이 되고 호주제도가 완전 폐기된다고 할 때 자칭 유림이라고 하는 사람들은 다 죽어야 합니다. 그리고 성균관도 향교도 문을 닫아야 합니다. 성균관 향교가 무슨 소용이 있겠습니까. 생각만 해도 모골이 송연합니다.

　오늘 연수회를 개최하는 취지도 바로 오늘날 해이해진 유림정신을 다시 환기 시키고 인의사상을 고취시키며 인성을 회복시키는데 목적이 있다고 사료됩니다. 이제 와서 비록 유림의 힘이 미약하다고 하나 총결집해서 대동단결만 한다면 저 못된 무리들로부터 이토록 무시는 당하지 아니 할 것입니다.

부족한 소견인지 모르겠습니다마는 저는 생각할 때 전 유림이 단합만 된다면 당면 문제해결은 이제라도 늦지 않다고 자신 있게 말할 수 있습니다. 성균관이 앞장서서 총지휘하고 전국 유림이 일제히 봉기한다면 동성동본금혼법도 부활시킬 수 있으며 호주제도도 고수 할 수 있다고 생각합니다. 그리고 김경일金涇一도 잡아 죽일 수 있습니다. 경일은 공자님을 잡아 죽여야 하고 유교가 사람 잡아먹는다고 했으니 미국에서 돌아오는 즉시 제 놈부터 잡아 죽여서 다시는 이런 극악무도한 놈이 등장하지 못하도록 일벌백계하여야 합니다.

유림 지도자 여러분 우리는 조속한 시일 내에 이와 같이 긴박한 문제들을 말끔히 해결하여 오늘날에 와서 유야무야한 우리 유교를 하루 속히 부흥시키고 말할 수 없이 실추된 유림의 명예를 회복시켜야 합니다. 이것이 바로 우리 유림이 사는 길이요 뿐만 아니라 오늘을 사는 우리 유림의 의무요 소명이라고 사료됩니다.

끝으로 다시 한 번 오늘 연수회를 진심으로 환영하고 주최하신 황규만黃圭萬 회장님께 경의를 표하면서 이것으로 중언부언重言復言 두서없는 환영의 말씀을 대신 하고자 합니다. 감사합니다.

1999년 10월 28일

공주향교 전교 이덕희

5.2.5 도의선양대회道義宣揚大會 대회사

일찍이 우리 민족사를 애환의 소용돌이 속에서 피와 눈물로 얼룩지게 했던 지난 천년을 미련 없이 청산하고 희망찬 새 역사와 민족의 무한한 영광과 그리고 끊임없는 발전을 기약하면서 우리 민족의 모든 승리만을 창출하는 새 천년 새 아침을 맞이하여 오늘 이 모임은 그 어느 때 어느 모임보다도 가장 중요하고 비중 높은 정신문화를 재창조하는 대 행사가 될 것이며, 온 시민이 이를 공감하고 갈망하는 깊은 뜻과 참다운 정성을 담은 오늘의 이 대회야 말로 예절의 고장이요, 충효의 본산지인 우리 공주에서 생장한 우리 공주인의 참된 선비 정신을 전 국민에게 재확인 시키는 기회가 될 것입니다.

그러므로 공주 시민이 무언 중 요구하고 열망하는 인성 회복의 뜻 깊은 이 도의선양대회에 일천만 유림 가족을 대표하는 최창규崔昌圭 성균관장님과 그리고 새 충남건설에 불철주야 분투 노력하시는 심대평沈大平 지사님과 효실천운동에 항시 앞장서시는 전병용全炳庸 시장市長님, 또는 박시창朴始昌 경찰서장님, 임성묵林成墨 교육장님, 각급 기관장님, 그리고 존경하옵는 남녀 시민 여러분께서 날이면 날마다 끊임없이 타락하는 성을 하루 속히 회복시키기 위하여 이와 같이 성황을 이루어 주신데 대하여 주최측 책임자 한 사람으로서 더 없이 뜨거운 감사를 드립니다.

　만장하신 남녀 시민여러분, 우리는 다 같이 영광스럽게도 세계 유일한 예의동방에서 태어난 이 나라 이 민족으로서 우리 조국의 명예를 추호라도 격하시키거나 손상시키는 일을 한다면 이것은 수하誰何를 막론하고 민족의 반역이요, 역사의 죄인이 될 것입니다. 그러므로 자고로 우리 민족은 의리에 살고 죽는 당당한 선비 정신을 가지고 예의와 염치를 지키면서 반만년 어느 나라 어느 민족보다도 월등한 민족임을 자랑으로 삼아 오고 있는 것입니다. 그런데 근세에 와서 서구풍조가 점점 거세지면서 우리 문화는 어디론가 사라져 가고 눈뜨고 차마 볼 수 없는 나쁜 것만 배우고 있으니 참으로 애석하고 한심한 일입니다.

　이것은 바로 오랜 세월을 두고 우리나라가 계속 잘못된 정치 체제의 흐름 속에서 오늘과 같은 현실이 빚어진 바 그 원인을 분석하면 대개 두 가지로 요약할 수가 있습니다.

　첫째는 광복 이후 50년 제한 없이 지나치게 개방한 자유 때문이요, 또 한 가지는 인간이라면 어려서부터 배워야 할 성과 인성교육의 부재에서 왔다고 단언할 수 가 있습니다. 물론 자유도 좋고 현대교육도 좋지만 너무나 지나치게 개방한 자유와 분별없는 교육은 바로 이것이 질서와 규범을 무차별 파괴하는 원천이 되기 때문에 국민의 기본 질서가 무너지고 사회혼란만 초래하며 불신풍조만 만연되어 가장 가깝고 믿어야 할 부부가 불신하고 부자 간 살해하는 극한상황까지 나타나고 있으며 학교에서 사제간이 불신하여 폭력으로 이어지고 있어 여기에서 파생하는 악영향은 날이 갈수록 심화되어 유사 이래 오늘날과 같이 험악한 시대는 일찍이 없었다고 사료됩니다.

　때문에 작금에 와서 비록 종말론자까지 등장하는 말세라고 하지만 당파와 종교와 사상을 초월해서 우리나라 이 민족이라면 누구나 숭배하여야 할 국조단군상 목을 자르고 짐승이 아닌 인간이라면 나를 낳아 길러 주신 부모님께 어떻게 효도가 사람잡는다고 하며 세계적으로 인종도 초월해서 누구나 추앙하는 4대 성인 중 한 분이신 공자님이 죽어야 한다고 하며 심지어 허다한 타성씨 다 두고 하필이면 이 짐승우리와 같이 뒤죽박죽되는 일가 간에 결혼까지 하자고 주장한단 말입니까. 이것은 모두가 윤리교육과 인성교육을 받지 못한 무지에서 나온 소치라 하겠습니다. 때문에 위정자들은 하루 속히 국민으로 하여금 모든 악성을 교정시킬 수 있는 순화교육을 실시하는 것을 항시 급선무로 삼아야 할 것입니다.

다시 말해서 국민 교육에 그 나라의 흥망성쇠가 달려 있으므로 백년대계의 장기적인 안목으로 올바른 교육을 실시하여야 합니다.

돌이켜 보건데 광복 후 우리나라 교육정책은 한마디로 일관성 없이 조변석개하면서 오늘날까지 계속 표류하고 있는 것입니다. 그리하여 50년 동안 학생들은 초등학교부터 대학원까지 무려 18년이나 배웠어도 무엇을 배웠는지 사회에 나오면 한자가 섞인 신문 한 장 똑바로 못보고 한자로 자기 성명 석자 제대로 못 쓰는 무식꾼을 만들고 만 것입니다. 그러하다보니 자기 본관조차 무엇인지 시조가 누구인지 알 리 없고 또는 관심조차 없습니다. 학교 공부 18년에 자기 근본조차 모른다면 다른 공부해서 무엇 하며 출세해서 무엇 하겠습니까. 그리고 그 사람이 가정에서 자녀 교육인들 올바로 시키겠습니까.

50년간 한문 한자를 가르치지 아니한 이유인 즉 간단합니다. 한자는 우리나라 글이 아니다, 또는 한자를 쓰면 경제발전이 둔화된다, 그리고 한문은 너무 어려워 대중적 학문이 못 된다 등등에서 한문은 고사하고 배우기 쉬운 한자까지도 완전 철폐했던 것입니다. 그러나 이것은 아닙니다. 경제대국인 일본은 자기 나라 글이 있음에도 불구하고 행정상 모든 공문서는 물론 신문 잡지 간판까지도 전부 한자를 쓰고 있습니다. 어떻게 우리나라에서 쓰면 경제발전이 안 되고 후진국이 되는데 일본에서 쓰면 경제대국이 되고 선진국이 되는지 참으로 알 수 없는 일입니다.

이제 와서 비록 만시지탄은 없지 아니 하나 현명하신 현 대통령께서 예하 관청에게 한자 병용을 지시한 바 있어 천만다행으로 사료되오나 앞으로 실현 여부가 주목됩니다. 아시고 계시다시피 인간 일상생활에서 없어서는 아니 될 무한한 윤리와 철학과 성이 잠재해 있는 한문교육이 50년간 전폐되다보니 반세기 동안 우리 국민은 윤리가 무엇인지 예의염치가 무엇인지 가정에서 학교에서 들어보지도 배워보지도 못한 것입니다.

예부터 용맹 있는 사람이 배우지 못하면 도둑밖에 될 것이 없다는 말과 같이 사람이 사는데 가장 기본적인 인성 인본을 모르고 물질에만 눈을 뜨다보니 예의심 양보심과 그리고 부끄러움이 무엇인지도 모르고 이기적인 사람만 온 세상을 꽉 메우다보니 사회는 험악해질 수밖에 없는 것입니다.

오늘날 우리 사회가 날로 험해지고 부정부패 비리가 난무하는 이유도 바로 여기에 있는 것입니다. 이제 와서 이와 같은 현실을 과연 누가 빚어낸 것인지 굳이 책임을 묻는다면 첫째도 둘째도 역대 문교 위정자에 있으며, 그 다음으로는 국민에게 도의진작과 인성교육에 책임과 의무가 있는 우리 유림도 다 같이 책임을 통감하여야 할 것입니다.

그러므로 새천년을 맞는 오늘날에 와서는 비록 연령층으로 보나 모든 관점에서 볼 때 시대에서 낙후된 것은 사실이지만 그러나 고령을 앞세우고 자포자기해서는 아니 됩니다. 예부터 대기는 만성이라고 했습니다. 유림 모두가 힘을 내고 합쳐서 불의와는 절대 타협 아니 하고 견위수명하는 선비 정신만 발휘한다면 어떠한 큰일도 해낼 수 있으며 오늘날의 험악한 사회상도 깨끗하게 정화시킬 수도 있다고 감히 말씀드립니다.

한마디로 성 회복 문제는 우리 유림의 몫이요, 유림이 앞장서야만이 이 문제가 해결된다고 생각합니다. 오늘날에 와서 비록 늦은 감이 없지 아니 하나 이제라도 우리 유림은 대오각성하고 심기일전하여 과감히 개혁하고 모든 분야에 참여하여야 합니다.

이미 구시대는 지나가고 신시대는 하루가 다르게 변천하고 있습니다. 이제는 광복 후 50년간 벗지 못한 구태를 벗어 던지고 현대감각에 맞추어 신구절충의 새로운 유림상으로 거듭 태어나야 할 것입니다.

듣건대 21세기는 바로 동양권 중심 시대가 온다고 합니다. 동양 중심은 바로 유학시대를 의미하는 것이요, 유학의 시대는 바로 실종된 윤리을 되찾는 유림적 시대인 것입니다. 그러므로 이에 맞추어 앞으로 우리 공주 유림도 시대와 반목되는 지나친 보수의식을 과감히 불식하고 좀 더 시속에 공감하고 시민과 조화를 이룰 수 있는 바로 융통성 있는 선비로서의 가치관을 확립해 나갈 것이며 동시에 유학적 근본이 상하지 않는 범위 내에서 개혁을 계속 추진하면서 시대적 변화에 적극 부응 대처해 나갈 것입니다.

끝으로 이 자리에 참석해 주신 존경하는 남녀 시민 여러분께서는 앞으로 오늘 행사인 도의선양에 앞장서 주심은 물론 공주 향교와 유도회 발전을 위해서 적극 협조해 주시고 아낌없는 성원과 지도편달해주실 것을 부탁 말씀드리며 여러분의 건승과 각 가정마다 2000년을 맞이해서 만복이 항시 충만하시기를 기원하면서 두서없는 무사蕪辭로 대회사를 가름합니다.

감사합니다.

2000년 1월 11일

공주향교 전교 이덕희

5.2.6 졸업식에서 전교 축사

요사이 며칠간 때 아닌 봄눈이 내리고 기온이 영하로 떨어지는 변덕스러운 겨울 날씨가 이어집니다마는 이것은 어디까지나 잠시일 뿐 절후節候는 절대 속일 수가 없습니다.

그래서 지난 삼동三冬에 일찍이 보기 드문 혹한과 폭설로 위세 당당했던 동장군도 이제는 훈훈한 봄기운을 이기지 못해 어디론가 사라지고 어느덧 동면에서 깨어난 만물이 서서히 준동하는 소생의 계절이 아름답고 향기로운 봄 냄새를 만끽하면서 지난 4년이란 긴 세월을 하루같이 근속하면서 모든 고난과 역경을 극복하고 피나는 각고刻苦 끝에 소정의 과정을 무난히 마치고 동시에 졸업이라고 하는 결실을 맺게 된 주부 졸업생 여러분에게 진심으로 축하하여 마지않습니다.

아시다시피 저는 현재 본 학원을 운영하는 책임자로서 또는 오늘 졸업하시는 학생 여러분을 직·간접으로 지도했던 선생 중 한 사람으로서 물론 예기했던 일이지만 오늘 여러분들이 졸업을 하고 본 학원을 떠난다고 생각하니 졸업을 축하하기 보다는 진심으로 서운한 감 금할 길 없습니다. 저하고 여러분하고 거의 매일같이 만나서 고운 정, 미운 정을 나눈 지도 이미 2년 7개월이 되었습니다. 비록 여러분의 담임은 못했지만 본 학원의 책임자가 되다보니 여러분에게 본의 아닌 꾸지람도 했고 때에 따라서는 농담으로 가족적 분위기를 도출하기도 했습니다. 이것은 모두가 추억이 될 것입니다. 속담에 정들자 이별이란 말이 너무나 실감이 나서 저로서는 더욱 서운한 감정 무어라 표현 할 수가 없습니다. 서운한 것은 오늘 졸업하시는 학생들도 마찬가지라고 생각합니다. 그러나 만나면 헤어지고 헤어지면 또 만나는 이합집산은 자연 섭리에 의하여 이루어지는 이치라고 생각합니다.

졸업생 여러분! 여러분들은 참으로 대단하신 분들이라고 늘 생각해 왔습니다. 말이 4년이지 가정을 이끄는 주부로서 고달픈 생활을 영위하면서도 그 바쁜 시간을 할애해서 4년간을 한결같이 공부했다는 것은 정말 저마다 못하는 일입니다. 여러분의 이 자랑스러운 졸업이야말로 일생 중 가장 큰 업적의 하나로 남을 것입니다. 4년간 근속해서 꾸준히 공부하여 유종의 미를 거두었다는 그 자체만 해도 높이 평가 아니 할 수 없습니다. 여러분들은 이제 신구가 겸비한 훌륭한 주부들입니다. 가정에서는 물론 사회적으로도 앞서가는 주부가 될 것이며, 주부 사회에서도 표본적인 주부가 될 것입니다. 다시 한 번 훌륭하신 그 정신과 굳은 의지력에 감복하지 아니할 수 없습니다. 여러분들께서 학원 문을 떠나시는 오늘날 여러분의 공부는 부인으로서 상당한 수준에 도달했다고 사료됩니다. 옛날부터 공부는 평생해도 못 다한다고 하였습니다. 그러므로 공부는 한도 끝도 없는 것입니다. 그래서 공부를 다 하고 이 세상을 떠나는 사람은 하나도 없을 것입니다. 그러므로 공부는 많이 하고 적게 하는 것이 문제가 아니라 바로 공부하는 사람의 정신과 심법心法이 중요한 것입니다. 여러분들께서는 4년 동안 공부하면서 이미 무슨 공부가 옳고 무슨 공부가 그르다고 하는 판단이 서서, 자기 주관이 뚜렷해 졌으리라고 생각합니다. 공부라고 다 좋고 다 옳은 것은 아닙니다. 옳고 좋은 공부를 잘 선택해서 공부하는 것이 가장 현명한 공부라고 하겠습니다. 만일 선택을 잘못해서 공부한다면 헛수고만 하고 아무 소득 없이 세월만 허송하고 마는 것입니다. 그러나 여러분들께서는 4년 동안 실속 있고 소득 있는 실학 공부를 하시어 가정적으로나 사회적으로 유효적절하게 생각했던 바 이상으로 활용 하실 것으로 믿습니다.

주부 졸업생 여러분! 그 동안 고생 많이 했습니다. 장장 4년간에 걸쳐 가정을 돌보며 공부하려면 얼마나 정신적 육체적 고생이 많았겠습니까? 그러나 이제는 자랑스럽게도 고생 끝에 좋은 결실을 맺고 집으로 돌아가게 되었습니다. 앞으로 집에 돌아가시게 되면 자연 가사에 열중하고 전념하게 되어 4년간 모든 정성을 다하여 쌓아 온 형설지공螢雪之功이 서서히 무너지지 아니할까 걱정되어 떠나시는 마당에 한 말씀 부탁하고 싶은 것은 오늘날 책을 손에서 놓고 비록 학원에서 떠난다고 해서 집에 돌아가시어 책을 책상 속에 넣어 두거나 또는 완전 덮어 두게 되면 이것은 그동안 고생하시면서 4년간 배운 것이 다 허사로 돌아가고 말 것입니다. 그러므로 아무쪼록 학원을 떠나 집에 가시더라도 항시 책을 주위에 놓아두시고 시간 나는 대로 틈틈이 떠들어 보셔야 된다는 것을 잊어서는 아니 됩니다. 이것은 여러분과 작별하는 귀중한 선물이며, 간곡한 부탁입니다. 끝으로 부디 졸업 후 여러분에게 영광과 행복만이 깃들기를 기원하면서 다시 한 번 오늘이 있기까지의 노고를 치하 드리고 영광의 졸업을 축하하면서 아울러 석별의 인사를 마칩니다. 감사합니다.

2000년 3월 30일 졸업식에서 전교 인사

경진庚辰 3월 30일 명륜학원 제 3회 졸업식에서

5.2.7 명륜학원 입학 환영 인사

지난 겨울 매서운 눈보라를 피하려고 동면했던 만물이 자연 섭리에 의하여 다시 소생하면서 이제는 나무마다 푸른 기운이 감돌고 만화는 곳곳에서 꽃 방울을 터뜨리면서 아리따운 자태를 마음껏 뽐내는 아름다운 계절 약동의 계절 이때를 즈음 하여 오늘 주부 사회에서 표본이 되고 현모양처가 되시는 훌륭하신 주부 입학생 여러분 앞에서 부족한 이 사람이 입학 환영사를 하게 된 것을 더없는 영광으로 생각합니다.

본인은 본 명륜 학원을 운영하는 책임자 공주향교 전교로서 또는 학생을 직접 가르치는 선생중 한 사람으로서 오늘 주부 여러분의 본 학원 입학을 진심으로 축하하며 쌍수로 환영하는 바입니다. 오늘 입학하시는 여러분들은 가정을 이끄는 주부로서 잡다한 살림을 영위하시기도 어려우실텐데 그 와중에도 바쁜 시간을 할애해서 좋은 공부를 하시겠다고 이렇게 2000년도 본 학원 입학식에 참여하신다고 하는 것은 주관이 뚜렷하고 판단력이 정확하신 주부가 아니고서는 참으로 어려운 일이며 아무나 못하는 일이라고 사료됩니다. 여러분께서는 일찍이 들르시어 본 학원에서 무엇을 가르치고 학원 생활은 어떻게 한다고 하는 것까지는 잘 아시고 오늘 입학하시는 것으로 알고 있습니다. 그래서 아시다시피 우리 명륜 학원에서는 글자 그대로 윤리를 밝히고 가르치는 학원으로서 처음 1학년으로 입학하게 되면 1학년 수준에 맞추어 몽학蒙學을 가르치기 시작하여 다음으로 소학小學, 대학 그리고 부지런히 공부하면 논어論語, 맹자孟子까지도 배우고 4년만에 졸업하게 되는데 졸업 후에도 개인 의사에 따라 더 배울 수도 있으며 대가없이 무상으로 수강 할 수 있는 곳이 바로 본 학원의 특징이라고 하겠습니다. 그런데 입학해서 1년도 못되어 중도하차하는 학생도 간혹 있습니다.

물론 가정의 부득이한 사정으로 중도이폐中途以廢하는 것은 말할 것도 없거니와 혹시 공부를 해보니 어려워서 도저히 남을 따를 수 가 없다는 이유만으로 그만두는 분도 간혹 있는데 이것은 말이 안됩니다. 물론 오늘 입학하시는 학생들은 절대 이런 일이 없으리라고 생각됩니다마는 이렇게 의지가 약하고 결심이 없는 학생이라면 당초 입학하지 아니 하는 것이 옳을 것입니다. 그래서 예부터 각고공부刻苦工夫라고 하였는데 이것은 모든 고통과 어려움을 참고 견디는 것이 바로 공부라고 하는 말입니다. 오늘 입학하시는 현명하신 주부들께서는 이미 공부가 어렵다고 하는 것을 과거 학창 시절을 통하여 체험한 바 있어 별 문제가 되리라고는 생각지 안습니다마는 의지 약한 분이 혹여 한 분이라도 있다면 오늘을 기점으로 마음을 단단히 다지시기 바랍니다. 공부는 기회가 있고 때가 있는 것입니다. 기회와 때를 놓치면 하고 싶어도 못하는 것입니다. 그러나 여러분들께서는 이제 기회와 때를 만났으니 이 시기를 놓치지 마시고 열심히 배우시어 다음날 학원을 떠나실 때 괄목할 만한 지식을 얻어 자랑스럽게 또는 당당하게 학원 문을 떠나시어야 됩니다. 여러분들이 이제 와서 영어나 불어를 배우시겠습니까? 그렇지 아니 하면 일어나 중국어를 배우시겠습니까? 그래도 배울 것은 우리가 가정에서 또는 사회에서 그리고 행동거지에서 항시 사용할 수 있는 한자한문 뿐 이라고 생각됩니다. 여러분들은 남달리 향학열이 높으신 만학도로서 모든 학문중에서 일상 생활 중 수시로 유효하게 쓸 수 있는 한문학을 잘 선택하신 것입니다. 여러분께서는 앞으로 공부하시면서 여건상 또는 시간상 여러모로 다소 어렵다하더라도 이미 각오하시고 입학하신 이상 모든 난관을 극복하면서 남도하는데 왜 나라고 못 할소냐. 하는 굳은 결심으로 참고 견디면서 4년이라고 하는 기간을 하루같이 다니시어 유종의 미를 거두셔야 됩니다. 여러분께서 점차 배워 보시면 아시겠지만 한

문 공부는 처음에는 어려운 듯 하지만 배우면 배울수록 흥을 돋구고 재미가 있어 다른 공부보다 배우기가 용이하다는 것을 말씀드리고 싶습니다. 그래서 조금도 어렵게 생각마시고 열심히 하시면 된다는 것을 알려드립니다. 끝으로 배우면 내 것이 되고 아는 것이 힘이 된다고 하는 격언을 되새기면서 또는 입학하시는 여러분께서 오늘을 시작으로 배우시는 공부가 일취월장하시기를 기원하면서 간단히 환영인사에 가름합니다.

2000년 4월 1일 입학식에서

전교 이덕희

5.2.8 관계례冠笄禮 축사

온 누리는 가는 곳마다 자태를 뽐내면서 만발했던 오색백화五色百花는 지금껏 그 잔화가 곳곳에 남아 있어 행인으로 하여금 발길을 멈추게 하니 때는 비록 녹음이 우거진 신록의 계절 초여름이라고 하지만 아직도 봄기운이 남아 있는 듯하며 뿐만 아니라 날씨 또한 한서가 상반되어 춥지도 덥지도 아니 하니 지금이 가장 생활하기에 둘도 없이 좋은 시절이 분명한데다가 알고 보면 이 달 5월이 바로 연중 가장 소중한 달이기도 합니다.

이 달 5월중에는 첫째 나라의 꽃이요, 보배이기도 한 어린이의 날이 있고 둘째 부모가 아니면 자신이 태어날 수 없는 어버이날이 있는가 하면 세번째로 스승이 아니면 배울 수 없는 스승의 날도 있으며 또 하나는 국가의 장래를 도맡을 성년의 날도 있어 이 달이 연중 어느 달보다 제일 중요한 달로 사료됩니다. 거기다가 금상첨화로 성년의 날 하루 앞둔 오늘 지난 조선조 시대의 혼이 담겨있고 우리 공주의 뜻 깊은 유서를 상징하는 선화당宣化堂에서 또는 비단폭 같이 유유히 흐르는 경치 좋고 정서 어린 금강변錦江邊에서 도에서 나오신 유상곤 자치문화국장님을 위시하여 백남훈白南勳 부시장님, 그리고 각계 기관장님과 내외 귀빈을 모신 가운데 장차 이 나라의 일꾼이 되고 동량지재棟梁之材가 될 씩씩하고 늠름한 청년의 예비신랑과 현숙하고 아리따운 요조숙녀의 예비신부들이 무수히 참여해서 관례冠禮와 계례笄禮의 성년식을 거행하게 된 것을 무한 기쁘게 생각하면서 제가 외람히도 이 뜻깊은 자리에서 축사를 하게 된 것을 다시없는 영광으로 생각하는 바입니다.

아시다시피 오늘 행하는 이 관계례는 우리 주변에서 사라진지 이미 오래되어 영원토록 잃어버린 줄 알았으나 다행히도 이 귀중한 문화를 되찾아 이 세상에 드러낸지도 어언 10여 성상星霜이 됩니다. 이것은 일찍이 반세기동안 단절되었던 맥을 이을 뿐 아니라 점차 사라져가는 모든 전통적 고유문화를 창달·발전 시키면서 정신문화 계발에도 더 없이 큰 공헌을 하게 되어 이 또한 반향班鄕 예절로 국중國中에서 가장 유명한 우리 공주의 자랑이요, 나아가서 충남의 일대성사라고 아니할 수 없습니다.

다시 말해서 오늘 행하는 이 관계례는 예부터 우리 조상님들이 행하여 오신 미풍양속의 전통예절로서 주로 사대부 그리고 명문가에서 행하여 왔던 의식으로 알고 있으나 실은 특정인이 아닌 일반 서민층에서도 누구나 행할 수 있는 통속적인 문화로서 광복 후에도 간혹 행하는 이가 있었떤 것으로 알고 있습니다. 일찍이 문헌을 상고해 보면 옛날의 관례는 남자 20세가 되어야 행하는 것으로 되어 있으며 계례는 여자 15세만 되면 누구나 할 수 있었으나 중고中古에 와서는 연령제한을 아니 하고 10세 이상만 되면 남녀 관계없이 행할 수 있었던 예로서 생각컨대 이것은 당시 일시적으로 잘못된 풍습이기도 하지만 오늘 행하는 이 관계례는 남녀간 만 20세가 된 성년이라야 행하는 예로서 20에 관이라고 하는 성현의 말씀과도 부합되어 더욱더 뜻이 깊다고 하겠습니다. 오늘날같이 예의범절이라고는 찾아볼 수 없이 사회가 극도로 혼탁한 시점에서 정부까지 이것을 부추겨 8촌 이상 친족혼을 주장하면서 온 국민을 짐승우리로 몰아 넣으려고 하는가 하면 요즈음 와서는 설상가상으로 가부장 호주제도까지 완전 파괴하여 한지붕 밑에서 애비는 이가, 자식은 박가가 되는 웃지 못할 각성各姓받이 일가족을 만들려고 하는 판국인데 우리 국민들은 이 사실을 아는지 모르는지 참으로 답답하기만 합니다. 그래서 아마도 이 짐승 법안을 막을 수 있는 사람들은 오직 우리 유림가족 밖에 없다고 생각됩니다. 때문에 그동안 수십년을 두고 동성동본금혼법을 지키기에 전국적으로 앞장서온 우리 공주 유림들은 또다시 가부장 호주제도 수호에도 선봉장이 되어야 하겠습니다. 그리하여 기필코 이 두 가지만은 목숨 걸고 사수하여야 합니다. 왜 이자리에서 이 말씀을 드리는가 하면 그동안 수십년을 지속적으로 금혼법 폐지와 호주제도 폐지 등을 강력히 주장해 온 아주 불순하고 못된 극소수 무리들은 모두가 우리 조상님이 수천년을 지켜온 예의 법도를 전연 모르는 무지에서 나온 소치이기 때문에 오늘날 전통적 예의문화를 재현하는 이 관계례하고는 너무나도 대조적인 연관성이 있어 이 말씀을 드리는 것입니다. 아시다시피 우리나라는 예부터 자칭 동방예의지국임을 만방에 과시하면서 수천년을 지켜온 각종 고유 전통문화가 이제와서 거의 자취를 감춘 이 시점에서 오늘이 관계례 재현 행사는 너무나도 가치있는 행사요 뜻있는 행사라고 생각됩니다.

오늘 이 뜻 깊은 관계례에 참여한 선남선녀 성인들은 이제부터 당당한 어른이 된 것입니다. 그러므로 어제까지의 어린 마음을 깨끗이 버리고 오늘부터 어른이라고 하는 긍지와 자부심을 갖고 마음가짐과 몸가짐을 더욱 조심하고 신중히 하여 세인들에게 남다른 면을 보여주시고 함부로 행동하는 청소년들에게 모범이 되어주시기 바랍니다. 이것이 바로 오늘 행사의 근본취지요 바람이라고 사료됩니다.

끝으로 오늘 이 행사가 있기까지 특별 배려해 주신 심대평沈大平 지사님과 공주 부시장님께 감사드리며 아울러 오늘 행사에 심혈을 기울려 차질 없이 주선해 주신 노일선盧一善 회장님과 관계자 여러분에게도 다 같이 경의를 표하는 바입니다. 그리고 공사간 바쁘신 일정에도 오늘 이 관계례를 지켜보시면서 관계자冠笄者 여러분을 축복해 주시기 위해서 참석해 주신 내외 귀빈 여러분에게 깊은 감사 드리며 또한 오늘 관계례에 직접 참여하신 예비신랑신부들의 앞날에 무한한 영광과 행운이 언제나 함께하기를 진심으로 기원하면서 이것으로 두서없는 축사로 대신하고자 합니다. 감사합니다.

2001년 5월 20일

공주향교 전교 이덕희

5.2.9 명륜보감明倫寶鑑 서문

고금을 막론하고 사람은 누구나 우주 간에 생존하는 모든 만물과 같이 태어나게 된다. 그러나 사람이 독특하게 만물 중 영장이 되어 만물을 지배할 수 있는 지혜와 능력을 가진 것은 특별한 천질天質을 타고났을 뿐 아니라, 바로 사람만이 배울 수 있는 학문에서 기인된 것이다. 만약 학문이 없었다고 할 때, 인류도 모든 동식물과 조금도 다를 바 없이 무지하고 행동 또한 같을 것이다. 때문에 사람은 금수같이 살지 아니하고 사람답게 가치 있이 살기 위해서 나도 배우고 자손도 열심히 가르치려고 최선을 다 한다. 그러나 학문이라고 하는 것이 다 좋고 다 옳은 것만은 아니다. 그러므로 학문은 잘 선택하여 배워야한다. 원래 학문이란 이상하고 특별한 것을 배우는 것이 아니라, 사람의 도리를 배우는 것이다. 예나 이제나 사람의 도리는 일상생활에서 잠시도 떠나서는 아니 되는 삼강과 오륜 내에 있기 때문에 이것을 버리면 금수와 다름없다. 그러나 근세 학문은 사람의 도리를 가르치고 인격도야에 역점을 두는 것이 아니라, 다만 잘 살기위한 수단과 방법을 가르치고 배우는 학문으로 완전 변한 것이다. 그리하여 인륜과 도덕은 여지없이 말살되고 세상은 점점 험악하여 무질서와 혼란에 빠지게 된 것이다.

이때를 당하여 우리 공주유도회에서는 광복 후 오십 여년을 나침반 없이 항해하는 선박이 방향을 잃고 우왕좌왕하는 것과 조금도 다름없는 우리나라 교육정책의 한심함을 비판하고 개탄하면서, 자신이 몹쓸 곳으로 빠져도 자각 증상을 잃어버리고 있는 청소년과 학생들에게 다소나마 깨우쳐주고 실종된 윤리를 하루 속히 되찾으려는 절박감에서, 성경현전 중 현사회의 잘못된 국민의식을 바로잡고 실추된 도덕성 회복에 도움이 될 수 있으면서 해석이 다소 용이한 좋은 문구만을 발췌하여 그 내용의 이해를 돕기 위해서 외람이도 편역자의 의견도 부치면서 여러 가지로 풀이 편찬하여 책이름을 〈명륜보감〉이라하였다. 이번에 우리공주유도회에서 처음으로 책자를 펴냄에 있어서 임원님 여러분께서 중지를 모아주시고 음으로 양으로 도아 주시어 책자가 무난하게 편집 발간케 되므로 임원님께 진심으로 감사하오며, 짧은 기간에 편역을 마치다보니 여러 가지로 부족함과 미흡한 아쉬움을 남기게 된 것이 매우 유감스럽다. 다만 바라건대 앞으로 이 〈명륜보감〉을 통하여 청소년선도와 학생교육 그리고 윤리회복과 사회정화에 조금이나마 도움이 되었으면 하는 마음 간절할 뿐이다.

단기 4331년 무인년 2월

공주향교 유도회장 이덕희 씀

5.2.10 공주향교지公州鄕校誌 발간사

역사는 인류와 더불어 병행공존하게 된다. 그러므로 역사는 인간사회의 과거 변천, 성쇠 그리고 흥망을 빠짐없이 기록하게 되는 것이다. 그래서 역사는 인류가 남기고 간 발자취의 대소를 분류하여 큰 자취는 역사에 기록하고 작은 자취는 개인기록으로 남아 있어 후손에게 전하게 된다. 하지만 아무리 훌륭한 자취를 기록으로 남긴다 해도 세상에 드러내지 못하고 상협 속의 유물로 남아 있게 되면 세월의 흐름과 더불어 자연 민멸하게 마련이다. 그러므로 장장 600년의 역사를 가지고 있는 공주향교의 발자취도 아직 상협 속의 기록으로만 남아 있어 세월이 흐를수록 공주유림의 재한을 가중시켜온 것이다.

그러던 중 오늘날 다행히도 상자 속의 유물이 책자로 변신하여 온 세상에 드러내게 되었으니 비록 만시지탄은 없지 아니하나 향교와 더불어 공주 전 유림의 일대 경사가 아닐 수 없다.

일찍이 전통윤리문화의 상징인 향교는 선성선현을 모신 문묘 내에서 공자님의 인과 의, 충과 효의 인본사상을 주입시키는 유일한 교육기관으로 향교는 오늘날 학교사의 발원지요 원조로서 이조 500년래 많은 인재와 학자들을 배출시킨 곳이다. 그러나 국치 이후 시대의 변화에 따라 유교가 쇠퇴하게 되었고 이어서 향교가 사조에서 밀려나게 된 것이다.

광복 후 유교가 다소의 회복세를 보이다가 이단에 밀리어 다시 쇠퇴 일로를 걷게 되었고 향교는 또 주인을 잃은 듯 세인의 무관심 속에 발전 없이 유지만을 다행으로 여기다 보니 자연 교지도 생의生意를 못 하게 된 것이다. 이것은 아마도 전국적인 현상으로 우리 공주 향교도 예외가 될 수 없어 역대 전교님의 관심 속에서 오늘에 이른 것이다.

그러던 중 김순 전교님께서 재임 시 편집위원까지 조직하여 많은 자료를 수집해 놓은 것을 시작으로 계속 자료를 보강하고 수단을 접수하면서 실제 편집에 착수하다보니 새삼 쉬운 일이 아님을 느낄 뿐 아니라 우리 향교로서는 전무후무한 방대사업이요, 대 역사라 아니할 수 없다.

생각건대 공주 향교는 역사상 발자취가 무려 600년이란 장구한 세월이 흘렀으니 기록으로 남은 문헌이 온전히 보관될 리 없어 훼손되거나 유실 된 자료가 태반으로 사료된다.

다만, 현재 잔존한 기록을 습집하고 역대 공산지公山誌(군지郡誌) 등을 참고로 그리고 타 교지도 참작 인용하면서 편찬하게 된 것이다.

그러나 편집이 시작되면서 수집된 문건 중 상협에서 기록으로 남은 습유문헌과 각 문중에서 입수된 수단收單 등 원고를 기획된 목차에 의하여 나름대로 선택, 보충, 정정, 배열하여 편집을 마치고 상재에 붙이고 보니 혹 목차의 선후를 잃지 아니 했나, 꼭 수록되어야 할 문안과 사적이 혹 누락이나 되지 아니 했나, 또는 고증 잘못으로 수록되어서는 아니 될 것이 등재되지나 아니 했나 여러 가지로 염려가 불소하다. 더욱 아쉬운 것은 향교에 대한 기록문서가 유실 없이 온전하게 잘 보존 되었다면 더 좋고 훌륭한 교지가 되었을 것을 하는 아쉬움을 남기면서 오늘날 본지가 서광을 보기까지는 전 전교 김순씨의 공로가 지대하였으며 그리고 관계 임원님 여러분께서 장기간 적극 협조해주신 결정체라고 사료되어 심심한 사의를 표하오며 앞으로 강호 제현의 아낌없는 지도와 편달을 바라는 바이다.

1999년 3월 일

공주향교 교지편찬위원회 위원장 전교 이 덕 희 삼가 씀

5.2.11 홍주향교지洪州鄕校誌 축간사

자고로 역사는 인류와 자연이 남기고 지나간 사물의 변화자취를 일일이 수집하여 기록으로 남겨 후세에 전하는 것이 가장 중요한 것이요 문헌은 세상에 드러내야 그 진가를 발휘한다. 아무리 좋은 역사자료가 있고 문헌이 있다 해도 상협箱篋 속에 깊숙이 숨겨두고 세상에 드러내지 아니한다면 이것은 한갓 휴지밖에 아니 될 뿐 빛을 낼 수 없어 진주를 진흙에 묻어두는 것과 조금도 다를 바 없다.

그러나 오래된 역사자료와 문헌을 일일이 들추어 책자로 편집한다는 것도 용이한 일은 아니다. 때문에 간혹 자기선대문자自己先代文字를 평생 발간 못하고 두식蠹蝕 아니

면 유실하는 예가 없지 아니 하니 참으로 애석한 일이다. 그러나 홍주향교洪州鄕校에서는 다행히도 역대전교님들의 각별하신 정성으로 금옥金玉 같은 자료를 유실 없이 오랫동안 보존하였다가 실기失機하지 아니 하고 시기 맞추어 세상에 드러내게 되었으니 교지 발간이 비록 늦은 감은 없지 아니 하나 이것은 홍주향교에 일대 쾌거요 경사라고 아니 할 수 없다. 예부터 홍주는 많은 명현과 충신열사, 그리고 청백리가 무수히 배출 되었다. 따라서 명승고적도 많을 뿐 아니라 또한 홍주는 충남에서 공주와 더불어 관찰사가 머물던 곳이기도 하다. 이러한 반향班鄕과 문향文鄕, 그리고 충절의 고장에서 홍주향교가 창건 이래 교육관련으로 고려말기부터 영재교육을 맡아 수많은 국가 동량지재를 배양육성하던 향교에서 사상 처음으로 새롭게 교지가 출간되어 향교 역사와 문헌이 오랜만에 세상에 빛을 보게 되었으니 이것은 다시 말해서 홍성의 전 유림의 영광이요 전군민이 다 같이 경하할 일이다. 오랫동안 수집 편찬 간행까지 불철주야 심혈을 경주傾注하신 한우태韓羽泰 전교님을 비롯하여 임원님 그리고 관계자 여러분들이 동심同心 육력戮力하여 제반 난관을 극복하고 출간하게 된 그 공로에 치하와 깊은 감사를 드리며 앞으로 교지발간校誌發刊이 큰 계기가 되어 홍주향교洪州鄕校가 더욱더 발전되기를 기원하면서 무사蕪辭로 간략히 서언序言하는 바이다.

단기 4338년 갑신납월甲申臘月

충청남도 향교재단이사장 이덕희

6. 나들이

유럽 11개국 여행기(40일간 본 대로 느낀 대로)

6. 나들이

유럽 11개국 여행기(40일간 본 대로 느낀 대로)

평소 유럽하면 여행은 상상도 못할 정도로 거리가 멀다고 생각하였다. 그러나 1986년도에 둘째 자식이 유학을 같이 할 사람과 불시결혼을 하고 불과 한 달도 안 되어 자부와 함께 서독으로 유학을 떠난 이래 수시로 편지도 오가고 전화도 오가게 되었다. 그리고 이제 만 3세가 되는 손자 목소리를 간간이 들어볼 수는 있었지만 항시 보고 싶은 생각이 있었다. 이렇게 자식내외가 수년간 서독에 머물다 보니 비로소 서독을 위시한 유럽에 관심을 많이 갖게 된 것이 사실이다. 그렇지만 유럽까지 여행하리라고는 꿈에도 생각 못했던 터였다.

그러던 중 언젠가 자식내외가 서독에 있는 동안 부모를 한번 정도는 유럽여행을 시켜주겠다는 결심을 한 듯 편지가 온 적이 있다. 그러나 내심에 생각하기를 저희들이 본가에서 약간씩 보내주는 돈 가지고 쓰고 생활하기도 부족한 처지에 무슨 돈이 있어서 부모를 구경시켜주겠단 말인가 하고 반신반의하였다. 그러면서도 생각하기를 길은 머나멀고 또 거액의 여비가 소요될 텐데 하고 마음에는 호기심이 생기지만 엄두를 낼 수 있겠는가 하던 중이었다.

그러던 어느 날 책상서랍을 뒤지다보니, 5년 전에 군 농협에서 천만 원이 꼭 필요하여 대부를 받을 때, 매년 80만원씩 5년 납으로 부득이 500만 원짜리 공제를 들은 것을 금년 봄에 타게 된 것을 발견하였다. 매년 불입할 때는 힘이 들었지만, 이제 와서 500만원을 타게 되니 공돈 같았다. 이 돈을 어딘가 유용하게 써야할 텐데 하고 무한 궁리 끝에 언뜻 자식이 가 있는 서독이 생각났다. 에라, 이 돈 없는 셈치고 여행비에 쓰자! 평소 가려니 생각조차 못하던 유럽이다. 항시 동경하던 유럽이지만, 이러한 기회가 아니고서는 가보기 어려운 3만 리 길이다. 서독에 자식이 가 있다 보니 이제는 얼마간 가까워진 길이다. 수년전에 동풍 되어 몸이 부자유스러운 아내지만 비행기만 타면 함께 갈 수 있을 것 같았다. 아내가 금년에 6순이 되고 몸도 불편하지만, 그렇다고 모든 것을 뒤로 미뤄서는 안 될 일이었다.

이와 같이 생각한 끝에 결심을 하고서 우선 아내에게 이 뜻을 전한 다음, 집에서 살림하는 큰 자식내외에게 상의해보니 백번 찬성이었다. 다음은 서독에 이 뜻을 자식에게 알려서 시기를 택하는 일이 남았다. 며칠 후 전화로 이 뜻을 알리니, 시기는 저희들이 방학이 되어야 하니 기다리다가 7월 하순 쯤 해서 오세요 하면서, 여행을 하려면 넉넉히 2개월은 잡아야 되고 줄인다 해도 40일은 넘어야 됩니다 하면서, 아직 2개월 정도 남았으니 그동안 여권도 수속하고 여행에 대한 모든 것을 준비하라는 것이다.

나는 작년도에 동남아 5개국을 여행한 일이 있어 여권이 있지만 아내는 새로 수속을 하여야 하고, 또 장기간 여행이기 때문에 의복, 약, 오래두고 먹을 밑반찬, 애들에게 한 가지씩이라도 줄 수 있는 선물 아닌 선물의 준비 등에 공연히 마음이 바쁘고, 나아가 머나먼 곳의 10여 개국씩이나 구경을 할 것이다 하는 생각을 하니 마음이 설레기도 하면서 가는 날이 빨리 오기를 손꼽아 기다렸다.

세월은 빨라 어느덧 7월 하순이 다가왔다. 여권수속도 마치고 여행준비도 거의 되어갔다. 단, 비행기 표를 서독에서 끊어 보내는 것과 국내에서 끊는 것 중 어떤 것이 유리하냐 내지 편리하냐 하는 문제, 또는 가급적 쉬지 아니 하고 논스톱으로 가는 비행기도 있느냐는 문제 등을 백방으로 알아보니, 영국에는 논스톱이 있으나 서독은 몇 곳을 거쳐야 자식이 있는 베를린까지 간다는 것이었다. 별 수 없이 일본을 거쳐서 소련 상공으로 가는 왕복표를 끊었다.

7월 27일에 집에서 출발하여 서울에 사는 넷째 아우에게서 일숙하고 다음날 오전 8시 20분에 일본 비행기 JAL을 타고 출발하여 2시간 만에 일본 나리타成田 공항에 기착, 3시간 쉬었다가 오후 1시 20분에 다시 일본 비행기 JAL을 타고 서독 프랑크푸르트를 향해서 출발하였다. 그날은 마침 구름이 별로 없는 맑은 날씨이고 마침 창가에 자리하게 되어 계속 소련 상공을 지나면서 내려다보며 구경도 많이 하고 사진도 많이 찍었다. 12,000 휘트 상공에서 지상을 내려다보니 확실하게 볼 수는 없어도, 산인지 도시인지 강인지는 짐작할 수 있었는데, 우리가 지나간 곳은 거의가 무인지대로 계속 암벽 같은 것만 깔려 있는 듯 보였다.

일본으로부터 비행시간 12시간 만에 서독 동부지방인 프랑크푸르트 국제공항에 도착하니 우리나라 시간으로는 밤 1시 반이 넘었다. 그러나 그곳은 우리나라와 시차가 7시간이나 있어 아직 해가 남아 있었다. 다시 서독 비행기를 타고 1시간 만에 베를린 테겔 비행장에 도착하니 비로소 날이 어두워 갔다.

서울에서부터 불편한 아내를 도우면서 장거리를, 그것도 몇 번씩 갈아타다보니 매우 피로했다. 부랴부랴 공항을 빠져나가 보니 자식내외와 그리고 처음 보는 손자가 언제부터인지 나와 있었다. 불편한 저의 어머니 모습을 처음 보니 눈물이 피차 비오듯하는 것 같았다. 가지고나온 승용차에 타고 불과 5분 거리에 있는 아파트 제 집으로 갔다. 그날 밤은 부자간, 모자간, 고부간에 그간의 쌓인 회포를 풀다보니 별로 잠도 못 잤다. 그리하여 다음날은 그대로 푹 쉬었다.

그 다음날 비로소 승용차를 타고 동서 베를린 시내를 왔다 갔다 하면서 허물어진 베를린 장벽은 물론 베를린 시내 여기저기를 주마간산 격으로 대충 구경하고 집에 돌아왔다. 그리고 그 다음날 또 그 다음날도 쉴 겸, 적응할 겸 해서 몇 번이고 반복해서 안 가본 베를린 시내를 구경했다.

비록 장벽은 없어지고 통독은 되었다 해도 동베를린에 가보면 서베를린과는 너무나 현격한 차이가 있었다. 건물이 손질을 몇 십 년이나 아니 하였는지 취색하고 여기저기 많이 허물어져 있으며 게다가 상가는 거의 눈에 뜨지 않았다. 도로의 포장도 낡았고 공공시설도 깨끗하지가 않았다. 한국은 어떠한 도시를 가든지 건물의 아래층은 대개가 상가로 되어있는 데에 비해, 동베를린은 전혀 상가가 없다시피 하고 거기다가 인적도 별로 없다시피 하니까, 마치 골목에서 유령이라도 나올 것도 같았다. 개방사회와 폐쇄되었던 사회가 이토록 차이가 있나 싶었다. 내 생각에는 서베를린과 동등하게 되려면 적어도 10년은 걸리지 아니할까 싶었다.

기간 베를린에서 수일간 푹 쉬고 대충 구경도 했으니, 내일은 서유럽 11개국을 구경하기 위해서 출발하는 날이다. 1개월 이상의 여행이다 보니 전날은 하루 종일 먹을 것, 입을 것, 기타 모든 생활필수품 약간씩을 골고루 넣어서 짐을 꾸렸다.

계획한 여행방법은 동서베를린을 제외한 동서독을 포함해서 11개국 순방을 계획하면서 승용차를 이용키로 하여, 사전에 불란서 제 8인승 왜곤 푸조 중고차를 매입해 놓고 있었다. 여행사를 통한 여행이 아니고서는 이 방법을 많이 택한다고 한다. 모든 나라가 인접해 있고 또 입국출국의 수속이 간편하여 불과 몇 분이면 가능하기 때문에 이 방법을 택한 것이다. 그 외에는 기차여행이 있다고 하는데, 기차로는 유럽 일주만 할 뿐이지, 가볼 곳을 가보고 쉴 때 쉬기가 어렵다고 한다.

기사는 별도로 있는 것이 아니고 손자를 포함한 가족 5인 중 3인이 기사였다. 자식 내외가 유학 떠날 때 본국에서 면허증을 따가지고 갔고, 나도 떠날 때 한국면허를 국제면허로 교환하여 가지고 갔다. 그래서 운전에는 별로 어려움이 없을 것이다라는 생각도 들었으나, 단, 계획한 것으로 보아 장장 8000km 이만리 길을 무사고로 운전하는 것이 관건이었다. 그리고 1개월 이상을 객지의 객지에서 지낼 생각을 하니 성치 못한 아내가 제일 걱정이었다. 이 생각 저 생각 하면서 잠도 별로 못자고 새벽 4시경에 일어나 밥을 지어 먹고 엘리베이터도 없는 4층에서 많은 짐을 내려 차에 실었다.

짐이 꽤 많았다. 당초 야영계획도 있어서 한국에서 대형천막도 사서 미리 보내어 천막이 두 개나 되고 기타 담요 등 거친 물건은 차 꼭대기에 실어서 바람을 타지 않도록 단단히 매고 그리고 쌀, 전기밥솥, 밑반찬, 일용품 등은 차내에 꽉 차게 실었다. 그러다 보니 짐이 꽤 많아서 사람은 간신히 탈 정도였다. 날이 새면서 식사를 마치고 짐을 싣기 시작한 것이 겨우 6시 반에 마무리되어 출발하게 되었다.

베를린을 출발하여 처음엔 동독으로 그리고 다시 서독으로 가게 되는데, 그 이유를 간혹 모르시는 분을 위해서 간단히 설명하고자 한다. 평소에 베를린하면 서독과 동독의 분계선에 위치되어 양분된 줄로 알았던 바, 알고 보니 그것이 아니고 분단 전 독일의 수도 베를린은 통일될 때까지 완전히 동독 속에 있었다. 그리 따지고 보면 동독은 하나지만 서독은 둘로 또 나눠진 셈이다. 그래서 베를린에서 서독으로 가고자 할 때는 동독을 지나야 한다.

이후 동독을 포함해서 11개국을 일부분씩이나마 구경을 했지만, 그 많은 나라를 분리해서 상세히 설명하기는 매우 어렵다. 왜냐하면 서유럽은 모든 면에서 대동소이하다고 생각이 들 뿐 아니라, 부분적이나마 본 대로 느낀 대로 설명을 다 하자면 첫째 지면이 허락을 아니 할 것이요, 둘째는 소설가의 기행문같이 살 붙여서 재미있고 진진하게 쓸 재주가 없기 때문이다. 그래서 11개국을 일부분이나마 구경하면서 나름대로 보고 느낀 것을 가식 없이 간단하게 소개하고자 한다. 간단한 메모와 몇 달 전의 기억에 의지하다 보니 더러 소략하게 소개되는 나라와 여정이 있는 것도 불가피함을 양해하시기 바란다.

첫날 6시 반에서 베를린을 출발하여 서쪽으로 향하였다. 동독의 큰 벌판을 지나 서독 중부를 관통하여 서독 남부 호수 변 야영장에 도착하였다. 이곳 야영장에서 첫 일박을 할 셈이었다. 첫날이라서 일찍 떠나기도 했지만, 쉬면서 구경할 만한 곳은 구경하면서 온 것임에도 500km를 달렸다. 우리나라 리 수로 1250 리를 달린 셈이다. 한국의 서울 근교에는 유료야영장이 있는지 모르지만, 공주 근교에는 야영장이 있어다 무료로 빌리고 있다. 편의시설이 전혀 안 돼 있어서 무료일는지 모른다. 반면 이 곳은 야영장 사용료가 한국의 여관비보다 비싸다. 수도, 전기, 화장실, 샤워장 등 편의시설은 잘 되어 있으나 너무 비싸다고 느꼈다.

베를린시의 건물과 도로 등에서 동독 서독이 현격히 다른 점을 간단히 소개한 바 있으나, 농림 분야에서도 차이가 컸다. 같은 나라이니까 풍토는 같아 보이나, 촌락만을 보아도 잘 살고 못살았던 차이가 뚜렷하게 나타났다. 그러나 통일이 된 이상, 멀지 않아 동독도 서독같이 잘살게 되고 퇴락된 건물도 깨끗이 손질 될 것이다.

독일은 너무나 사람이 살기가 좋은 나라이다. 아마도 유럽 전체가 그러한 것 같다. 독일은 첫째 기후의 한열의 차이가 심하지 아니 하여 아주 덥지도 아니 하고 아주 춥지도 아니 하여 집에서든 자동차에서든 여름에도 선풍기나 에어컨이 없는 나라다.

둘째는 독일의 넓은 국토이다. 넓은 국토가 산이 거의 없어 산이 국토의 10분의 1도 안되어 보인다. 산이 7할을 차지하는 우리나라에 비할 때 너무나 부럽다. 하루 종일 달려도 끝이 없는 그 광활한 국토, 온 들판이 밀밭 아니면 옥수수 밭, 채소밭 그리고 목초지다. 그 넓은 농토이지만 모두가 기계영농이기에 사람 힘이 별로 들지 않는 것 같았다. 씨도 기계로 뿌리고 퇴비나 비료도 기계로 주는 것은 물론, 수확도 기계로 하고 수확하고 남은 밀대 짚까지도 기계로 거두어 묶어서 다시 기계로 차에 실어간다. 영농 기계는 우리나라에서 못 보던 것이 한두 가지가 아니고 또 모두가 초대형이다.

셋째, 국토전체가 전원도시 같다. 그리하여 도시나 농촌이나 할 것 없이 모두 숲속에 묻혀있는 것 같았다. 들판에도 숲이 있는 곳은 집이 있고 집이 있는 곳이 수목이 즐비하다. 들판에도 간간이 자연림이나 조림된 숲이 조화롭고, 우리나라 전체에도 없는 대형 소형 천연 호수가 그리 많아 그렇게도 아름다울 수가 없었다. 도시 내에는 휴식공간이 넓은 공원이 많고 게다가 도시 주변에는 자연호수까지 있어서 휴일이 되면 초만원에다 외국 관광객까지 합쳐 인산인해다.

차량이 그리 많아도 공간이 넓고 잘 정비되다보니 어디서든 주정차가 용이하다. 서베를린의 인구가 2백만인데 차량도 2백만 대라고 한다. 노동자도 자가용, 학생도 자가용, 자가용이 가가재家家在요 인인유人人有다. 넓은 국토에 거미줄 같이 뻗은 고속도로, 이른바 아오토반은 거의가 6차선이다. 속도의 제한도 없는 아오토반은 누구나 무료로 사용한다. 아이젠-반이 철-도 이듯이 아오토-반은 (고속)자동차-도로를 뜻한다고 한다. 일직선 같은 고속도로, 가도 가도 끝이 없는 평야, 좁은 우리나라에 비해서 너무나 부러웠다. 우리 한국은 왜 그렇게도 국토가 좁고 거기다가 산지가 70%나 차지하는가 싶다.

소개할 것이 하도 많아 이렇게 쓰다보면 한도 끝도 없을 것 같아 독일 소개는 이것으로 마치고, 다음은 유고슬라비아다. 유고슬라비아는 비록 사회주의국가라고 하지만, 내가 볼 때는 시대의 사조에 따라 민주화 바람이 불어서인지 전혀 이질감을 못 느끼는 곳이다. 단, 폐쇄되었던 나라라서 그런지 도시나 농촌 주택이 몇 10년이나 손을 못 본 듯이 퇴색하고 낡은 것이 눈에 확 띈다. 그리고 유럽은 대개는 동일하다고 생각되지만, 특히 이 나라는 100 리를 가도 또는 도시에 들어가도 슈퍼 이외에는 가게를 구경하기 어렵다. 가다보니 이 나라 서북부 해안의 어떤 해수욕장을 지나게 되어 잠시 쉬었다 갔는데, 그렇게도 평화스럽고 자유스러울 수가 없었다. 이것을 보고 이곳도 완전 개방사회로구나 하는 느낌을 가졌다.

다음은 오스트리아다. 확실히 이 나라는 잘사는 나라 같다. 그 넓은 들판에 옥수수밭이며, 그리고 들판 경관도 무더기무더기 수목이 우거지고 우거진 속에는 반드시 촌락이 형성되어 있어서 나라 전체가 마치 공원 같다. 서북부 산간지방으로 가면 알프스 산맥의 골짝 골짝이 그리 아름다울 수가 없고 터널이 유명하다. 터널 길이가 무려 16km짜리가 있고, 10km짜리는 물론 2~3km짜리는 부지기수이다. 골짝 골짝이 젖소를 수백 마리씩 방목하기도 한다. 알프스 산 높이 2750m까지 포장된 이차선 도로가 나있어 올라가보니, 8월인데도 그곳에는 아직도 눈이 쌓여있다. 그야말로 만년설이다.

티셔츠 바람으로 올라갔으나 추운 줄 몰랐다. 그곳에서 다시 케이블카를 타고 3010m 정상까지 올라가서 알프스의 경관과 정취를 만끽했다.

다음은 이탈리아다. 이탈리아의 북부지방은 산악지대가 많이 있으며 순 석산으로 되어있어서 개간은 불가능한지 다 묵어있다. 그러나 고층 중턱까지 집을 많이 짓고 산다. 어느 곳을 가든지 잘 사는 것이 보이고 산으로 가나 들판으로 가나 그리 경관이 아름답다. 들판에는 우리나라에서도 많이 있는 이태리 포플러 나무가 많이 심어져 있다. 도시가 아닌 농촌에도 주택가에는 반드시 방음장치가 되어있는 것으로 보아 부유한 나라임을 짐작할 수 있고 국민을 위한 위생복지시설이 그리 잘 되어있다고 한다. 고층 건물은 아파트 외에는 별로 없으나 우리나라와는 사뭇 다른 건축 양식의 건물이 참 아름답다.

사전에 예약된 콘도에서 며칠간 유숙하면서 그 세계적으로 유명한 수상도시 베니스를 구경하다보니 언젠가 TV에서 이 도시를 소개한 장면과 똑같았다. 마치 해상에다 집을 6,7층씩 건축한 것 같아, 배를 타고 지나면서 구경하여야 된다. 또 어떠한 집이든 배에서 문을 열고 집으로 들어간다. 골목길도 수로로 되어서 배가 아니면 꼼짝을 못한다. 건물이 몇 백 년이 되었다고 하지만, 충충한 대로지만, 아직도 그 예술적 조각은 어느 집이든 똑같으면서 그리 아름다울 수가 없었다. 한 마디로 말해서 건물의 외부는 거의가 조각품으로 된 것 같았다. 교통수단이 배이다 보니 집집마다 소형 배가 없는 집은 없는 것 같았다.

이제 스위스 차례다. 독일, 프랑스, 이태리 그리고 오스트리아에 둘러싸인 알프스의 나라 스위스는 살기 좋고 아름다우며 잘사는 나라라고 평소에 들어왔다. 유럽은 호수가 많아 풍경이 아름다워 주말에 즐기는 휴식처가 되지만, 특히 스위스 서남쪽의 제네바 호수는 세계에서 제일 아름답다고들 한다. 호수 변 높은 도로에서 호수를 내려다보니 그 경관은, 한 마디로, 보던 호수 중 최고의 절경이다. 호수 변에 깨끗한 제네바 도시가 일목요연하게 내려다보이니 제네바의 아름다움은 가히 짐작이 갈 것이다.

도시내부에는 국제기구가 많이 있다 한다. 이곳도 사전에 예약이 된 조그마한 시온이라고 하는 도시의 변두리 콘도로 찾아가서 여장을 풀고 며칠 쉬면서 구경했다. 이곳은 고층 중턱으로 시를 벗어나 약 14km를 올라가는데, 가보니 교통이 좋을 뿐 아나라, 양옥 반 목조 반으로 되어 있는 건물이 그리 견고하면서도 현대식이었다. 대개 3,4층으로 되어 있는 건물로서 거의가 개인별장이나 콘도라고 하는데 산마다 중턱까지 집이 꽉 차있다. 건물이 없는 곳은 산 중턱까지 전부가 뙈기 포도밭이다. 어떻게 경사가 심한 산지를 개간하여 포도를 심었는지, 한 치의 땅도 놀리는 법이 없다.

어심에 생각하기를, 잘사는 나라에서 어떻게 저렇게도 근면한가 싶었다. 우리 한국도 생각을 해보았다. 우리 한국은 그다지 잘 사는 편도 아니고 못사는 편도 아니지만, 농촌에 가보면 놀리는 땅이 많다. 놀리는 땅은 앞으로 점점 더 많아질 것으로 생각 된다. 이것이 우리 농촌의 실정이요, 문제점이다. 이에 반해 이곳 스위스는 잘 살면 잘 살수록 더욱더 노력을 하는 것 같다. 우리는 개인 자가용으로 승용차를 가지고 있지만, 이곳은 헬기는 물론 경비행기를 가지고 있는 사람도 많다고 한다.

산간으로 가면 수백 년씩 된 거목이 즐비한 것으로 보아 아마도 이 나라는 치산을 잘하고 산림정책도 백년을 내다보는 모양이다. 우리나라는 어느 곳 어느 산을 보아도 쓸모없는 잡목이 많이 있고 경재산림, 가재 목은 별로 없으니, 우리나라 산림정책이 과연 백년을 내다보는 산림 정책인지 알 수 없다. 그나마도 푸른 산으로 탈바꿈한지 몇 년이나 되었던가. 예부터 위정자는 치산치수를 잘해야 한다고 한다.

뿐만 아니라, 스위스의 모든 정책은 백년을 내다보고 설계하는 것 같았다. 이 나라뿐 아니라 내가 가본 유럽은 다 그러한 것 같았다. 개인 가옥까지도 건물은 물론 교량, 도로, 기타 공공시설이 우리나라 같이 미봉적이요 일시적인 것은 찾아 볼 수 없다. 모두가 백년설계요 영구적으로 보인다. 이곳에서 처음 슬라브 고층건물도 보았으나 개인 건물은 거의 이층으로 튼튼하게 목재를 많이 사용하였고 기와지붕이었다. 스위스의 들판을 보면 대부분이 옥수수이고 밀밭이 간혹 있었다. 그리고 밀식으로 조성된 왜성 사과밭도 적지 않았다. 그러나 과일은 잘고 그 맛은 우리나라 과일맛보다 훨씬 못하였다.

다음은 프랑스다. 프랑스는 국토가 광활하다. 하루 종일 달려도 끝이 없는 들판이다. 간혹 산이 있다면 평지와 같은 야산이다. 이 넓은 들판이 거의가 밀밭이요, 옥수수 밭 그리고 목초지다. 우리나라 산간 지방만 보다가, 또는 조금 넓어야 김제 만경들 아니면 평택들을 보다가, 유럽의 어느 나라도 산이 심지어 1%도 되지 아니 하는 것 같은 광활한 들판을 보니, 마음이 후련하고 한편 한없이 부럽다. 이 넓은 들판을 가지고 있는 유럽인이 못 살 리가 없다. 거기다가 우리나라와 같이 조금만 여유가 있으면 일을 아니 하고 놀고먹어야 하는 나쁜 습성, 또는 사치와 놀이에만 치중하고 장래를 염려하지 않는 우리 민족에 비해, 유럽인들은 의복과 음식 사치는 전혀 없으며 매우 간소하고 검소하며 모든 것이 미래를 위해서 노력하는 것 같았다.

스위스 제네바에서 파리로 해서 프랑스 북부지방을 시간이나 거리에 큰 구애 없이 횡단 종단하여 나갔다. 프랑스에서 며칠간 머물면서 도시나 농촌 풍경을 많이 구경했다. 네 장의 지도를 대동하고 승용차로 가보고 싶은 곳은 봐 가면서 다닌다. 하루 종일 다니다가 해가 떨어지면 이젠 여관 혹은 호텔을 찾는다. 유럽에선 여관과 호텔의 구분이 그리 크지 않은 것 같다. 다니다가 국경이 나오면 국경을 넘어 다른 나라로 간다. 이러한 식으로 세월없이 여행하다보니 시일이 많이 소요된다.

그럭저럭 가다보니 우리 일행은 파리 시내에 당도했다. 세계에서 아름답고 유명한 파리에 도착한 것이다. 우리나라같이 하늘을 찌를 것 같은 고층은 눈에 띄지 아니 하고, 건물이 6,7층으로 균일하게 시내를 메운 것 같아 더욱 조화를 이룬다. 건물마다 서로 다른 예술적 조각품들이 그리 아름답다. 우리나라에서 보는 건축 양식이 아니다. 과연 세계에서 유명도시로 자랑할 만 하다고 생각된다. 메트로폴리스 시내를 주마간산 격으로 대충 돌아보고 적당히 휴식을 취한 다음, 철탑으로는 세계에서 제일 높다는 320m의 에펠탑도 올라가서 파리 시내를 굽어보았다. 물론 승강기로 올라가기 때문에 아내도 같이 올라갔는데, 그 곳에서 아내에게 매우 힘드시지요하는 사람이 있어서 보니 유럽에 와서 처음 보는 한국 청년 두 사람이었다. 그리 반가울 수가 없어 물어보니 서울에서 왔다고 했다. 관광객이 그리 많아도 한국 사람은 드문 것 같다. 가끔 한국사람 같아서 물어보면 전부가 일본사람이다. 에펠탑의 그 웅장한 모습은 형언하기 어렵다. 네기둥 안이 무려 1000평 가까이 차지한 것 같으니 그 웅장함을 가히 짐작할 수 있다.

파리를 뒤로 한 우리일행은 프랑스 북부의 항구도시 칼레에 도착하여 승용차를 맡기고 도버해협을 건너기 시작했다. 영국에서는 자동차들이 좌측통행을 해야 하므로 안전을 생각하여 차를 놓고 갔다. 한 시간이나 되었을까, 영국 도버해안이 보이기 시작하는데, 멀리서 보이는 도버는 우리들을 아름답고 신기한 백색해안으로 맞이한다. 차가 없는 우리는 도버에서 무조건 런던 행 철도를 올라탔다. 런던에 도착하여 작은 호텔에서 일박하면서 그림으로만 보던 이층버스를 타고 또 햄버거를 먹기도 하면서 런던 시내를 구경했다. 차도 없고 하여 영국과 런던을 감각적으로 느끼고만 오려 했지만, 런던의 물가는 스위스와 함께 가장 비싸 보였다.

　다음날 우리는 다시 프랑스 항구에 도착하여 차를 되찾아 타고 이제 북동쪽으로 향했다. 벨기에 브뤼셀을 지나 네덜란드 암스테르담을 거쳤다. 두 나라는 작지만 썩 잘 사는 나라들 같았다. 풍차의 나라 네덜란드에서 풍차는 거의 눈에 띄지 않았던 것도 신기했다. 대신, 말끔히 정리된 도시나 시골의 골목이나 공원, 비옥한 들판 곳곳에 아름다운 꽃들이 풍요로웠다.

　우리는 네덜란드의 한 해변을 들른 후, 다시 서독의 북부지방으로 들어와 달리다가 세계적인 항구도시 함부르크에 도착했다. 이 항구에서 풍성한 수산시장을 구경하면서 우리의 입맛에 맞는 해물을 필요한 만큼 사서 아름다운 들판의 한 가운데에서 요리하여 오랜만에 한국 요리도 맛볼 기회를 가졌다. 서두르진 않았지만 한 나라라도 더 구경하는 일이 중요하므로 우리 일행은 북쪽을 향하여 출발하였다. 그리고 얼마 안 있어 우리에게 낙농의 나라로 잘 알려진 덴마크의 국경이 나타났다. 덴마크를 둘러보고 다시 내려와 동독 땅에 들어서서 달리고 쉬다가 드디어 베를린에 다시 돌아왔다. 이렇게 남부의 스페인과 포르투갈, 그리고 북부의 핀란드와 노르웨이, 스웨덴을 제외한 서유럽의 중심을 중심으로 우리는 일주했다.

　이런 일주에 총 달포가 지났다. 여독도 풀 겸 아이쇼핑도 할 겸 겸사겸사 다시 며칠을 베를린에 머문 후, 자식 네에서 5분 거리의 베를린 테겔 공항에서 훗날을 기약하며 아쉬운 발길을 비행기로 돌렸다. 베를린 테겔 공항은 우리가 이렇게 만나고 헤어진 곳이지만, 다음날 우리의 만남을 가능하게 해 줄 곳이기도 할 것이다. 김포공항에 도착하여 생각해보니, 이 공항을 떠나 만 42일 만에 돌아온 셈이다.

　　　　　　　　　　　1991년도 늦가을 공주 이인 영모재永慕齋에서